DK 健身大百科

跑步
运动解剖学

科学分析跑步技巧，合理预防运动损伤，全面覆盖以往训练方式

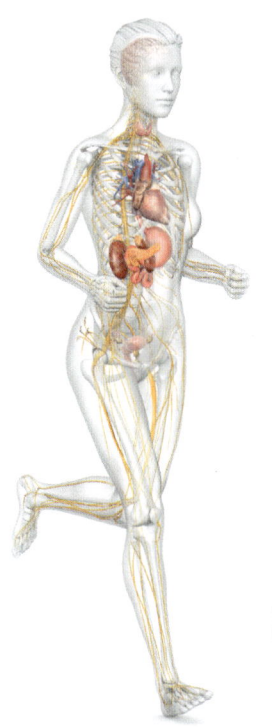

[加]克里斯·纳比尔 著
Chris Napier

蔡佳 译

广东科技出版社
全国优秀出版社
·广州·

Original Title: Science of Running: Analyse your Technique, Prevent Injury, Revolutionize your Training
Copyright © Dorling Kindersley Limited, 2020
A Penguin Random House Company
广东省版权局著作权合同登记号
图字：19-2023-128

图书在版编目（CIP）数据

跑步运动解剖学 /（加）克里斯·纳比尔（Chris Napier）著；蔡佳译. -- 广州：广东科技出版社，2025.5. -- （DK健身大百科）. -- ISBN 978-7-5359-8393-0

Ⅰ. G822；G804.4

中国国家版本馆 CIP 数据核字第 2024C44J96 号

跑步运动解剖学（DK健身大百科）
PAOBU YUNDONG JIEPOUXUE（DK JIANSHEN DABAIKE）

出 版 人：严奉强
责任编辑：温　微　曾　超　张天白
责任校对：韦　玮
责任印制：彭海波
出版发行：广东科技出版社
　　　　　（广州市环市东路水荫路11号　邮政编码：510075）
销售热线：020-37607413
https://www.gdstp.com.cn
E-mail：gdkjbw@nfcb.com.cn
经　　销：广东新华发行集团股份有限公司
排　　版：广州市广知园教育有限公司
印　　刷：佛山市南海兴发印务实业有限公司
　　　　　（佛山市南海区大沥镇盐步永青路永平工业区12号　邮编：528247）
规　　格：787 mm×980 mm　1/16　印张13.5　字数270千
版　　次：2025年5月第1版
　　　　　2025年5月第1次印刷
定　　价：108.00元

如发现因印装质量问题影响阅读，请与广东科技出版社印制室联系调换（电话：020-37607272）。

www.dk.com

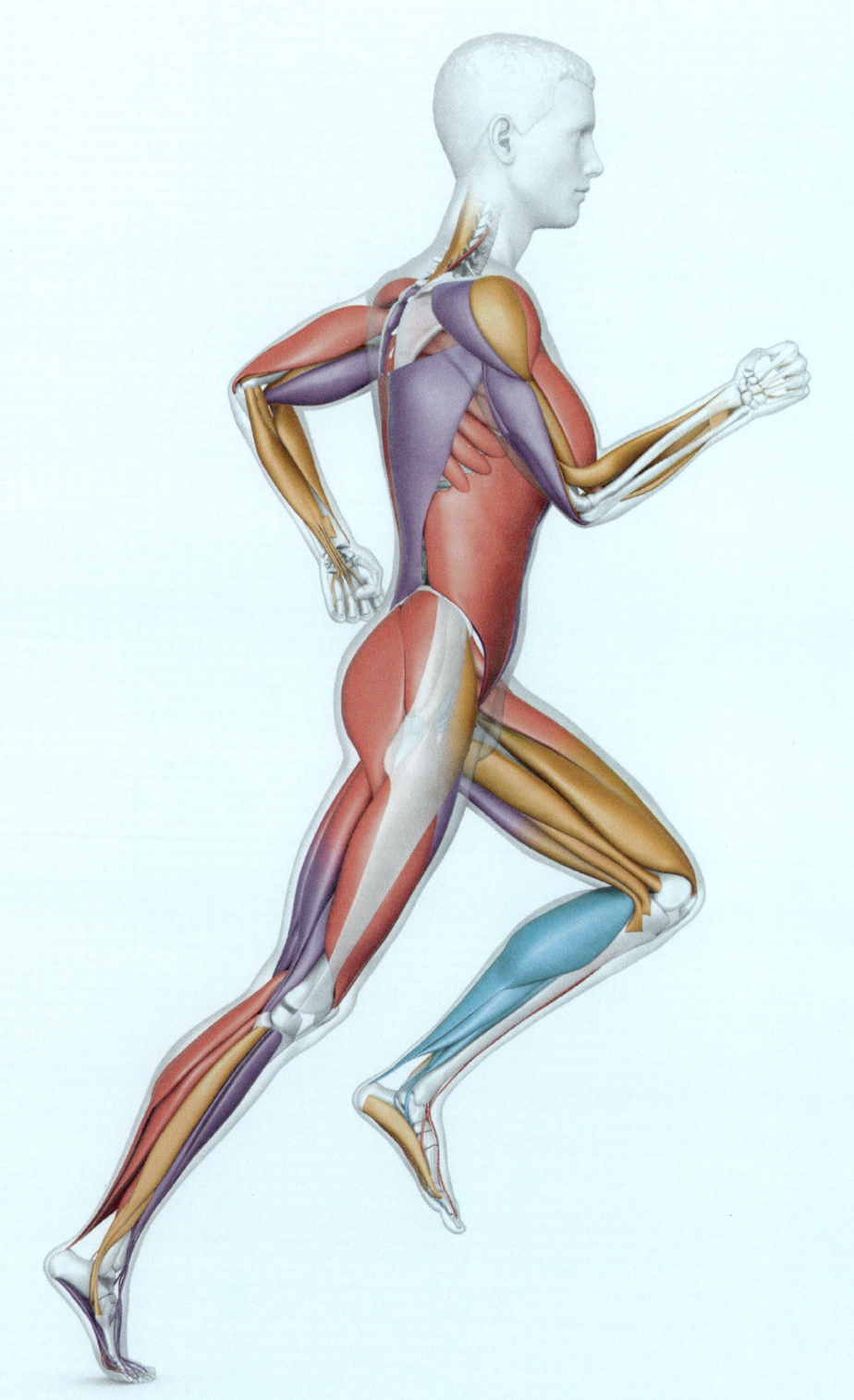

目　录

关于跑步	1	
关于本书	2	
术语说明	4	

跑步解剖学

人如何跑步	8
人体如何运动	10
运动的动力驱动	26
如何控制身体的动作	32
影响跑步的外部因素	40

预防跑步受伤

受伤的风险	48
常见的运动损伤	50
髌股疼痛	51
跟腱病变	52
胫骨内侧应力综合征	53
足底跟痛	54
髂胫束疼痛	55
深部臀肌综合征	56
臀肌肌腱病变	56
应力性骨折	57
避免运动受伤	58
跑步周期	60
个人步态	64
跑步姿势	68
跑步前后的例行动作	70
动态拉伸	72
前后摆腿	72
侧向摆腿	74
小腿拉伸	76
准姿练习	78
动作A	78
动作B	79
动作C	80
跨步	81
跳步	82
交叉步	83
静态拉伸	84
改良鸽式	84
阔筋膜张肌小球放松	86
梨状肌小球放松	88

力量训练

力量训练的规划	92
足弓隆起	94
脚趾反阻	98
降足跟	102
脚踝外翻	106
脚踝内翻	108
提髋	112

下台阶	114	追踪训练情况	162	比赛的技巧	204
上台阶	116	训练的技巧	164		
站姿转髋	120	选择并执行训练计划	170	词汇表	208
伸髋	124	连续慢跑	174	关于作者和致谢	210
传统硬拉	126	连续快跑	175		
单腿抵球深蹲	130	间歇训练	178		
腘绳肌滚球	134	坡度跑训练	180		
弓箭步	136	交叉训练	181		
平板对侧提膝转体	138	训练计划	182		
侧支撑转体	142	5千米初阶计划	184		
跳箱	144	10千米初阶计划	186		
单腿跳	148	10千米高阶计划	188		

如何训练

		半程马拉松初阶计划	192		
为什么要进行系统训练	152	半程马拉松高阶计划	194		
设定训练目标	154	全程马拉松初阶计划	198		
评估体能状况	156	全程马拉松高阶计划	200		

> 定期跑步对身体健康有诸多益处，也能提高生活品质。

跑步看似不是什么难事：前后迈开双脚，你就在跑步了。既然如此简单，为什么我们还要研究跑步的科学呢？因为当你对跑步略做研究，你就会发现跑步其实融合了生物力学和生理学知识，这项运动实在是另有奥妙。如果你想提高运动表现，避免运动损伤，那么熟悉跑步背后的科学不仅能够帮你达成目标，还能让你在全球数百万人追捧的跑步运动中尽享愉悦。

为什么要跑步

除了纯粹的乐趣之外，还有许多理由促使人们去跑步。经常跑步对身体健康有诸多益处，也能提高生活品质。跑步可以使你变得更强壮、更健康，随着身体对这种动态活动的日益适应，你患上疾病或产生残疾的概率也会变小。

休闲跑步可以预防肥胖、高血压、2型糖尿病、骨关节炎、呼吸系统疾病和癌症，还能改善睡眠质量。即便是低强度的跑步，也能显著降低包括心血管疾病在内的各种原因导致的死亡风险。

休闲跑步对于心理健康也有诸多益处，可以缓解压力、改善情绪，还能预防抑郁、焦虑和痴呆。加入跑步社团进行社交互动，参与"公园跑"之类的团体活动，也能提升幸福感。

虽然跑步带来的健康益处显而易见，但是这项运动并非全然没有风险。事实上，跑步也会带来一些特定的伤害，典型的例子就是"跑步膝"。然而，人们可以采取多种方法来降低跑步带来的风险，科学的用武之地也正在于此。

跑步背后的科学原理

作为一名运动物理治疗师，我已帮助过数以千计的跑者（不管是跑步新手还是资深跑者）延续其挚爱的跑步运动。我曾深入研究过跑步引起的相关损伤，这些研究为本书内容提供了依据。我在伤者身上一再看到，如果了解损伤发生的原因、恢复的最佳方式，他们就能改善自身的跑步体验。

科学跑步所带来的帮助远不止损伤预防。如果你想提高跑步成绩，那么了解跑步所涉及的生物力学和生理学知识将大有裨益。如果你知道如何在跑步中发现问题，然后对症下药，那么形式上的微小改变也会带来结果上的巨大进步。甚至如果你知道哪种训练可以锻炼跑步时所运用的关键肌群，那么即使是中等强度的力量训练计划

关于跑步

也会让你在城市道路、山间步道或田径赛道上的跑步获益颇丰。

众所周知，无论是跟踪跑步距离还是记录个人最好成绩（PB），跑者一直都对数字十分痴迷。然而，如果跑者知道如何利用这些数字来提高成绩，那么事情就会大为改观。同样，如果跑者知道人体的运作机制，那么就可以采取最佳的方式与其进行协调配合。要想成为资深跑者，你得知道哪种训练能让你跑得更快，哪项锻炼能让你更加强壮，以及比赛当天采取哪种策略能让你发挥出最佳水平。杰里·齐亚克是本书"如何训练"一章的合著者，同时也是一位经验丰富的教练，曾为不同水平的运动员设计过多种训练计划。我们希望，本书所分享的知识能够帮助你提高运动表现，改善训练体验，免受疼痛伤害，享受跑步的乐趣。

克里斯·纳比尔博士
运动物理治疗师
全程马拉松个人最好成绩 2 小时 33 分钟

关于本书

关于跑步，略懂相关知识就能在提高成绩、防止受伤方面做得更好。本书介绍了最新的跑步生物力学研究，以及关于训练技巧的建议，这些训练技巧已在实验室、田径赛道或山间小径等多种环境中被证实行之有效。

> 了解人体在跑步时的反应，能够提升跑步速度，强化肌肉力量，优化运动表现。

本书简介

无论你的能力水平、动机或目标如何，都可以将跑步科学运用到你的训练中。遵循本书的指导，将为你的跑步带来巨大益处。

"跑步解剖学"这一章深入探讨了跑步的生理学原理，让你了解跑步时身体内部发生的变化，以及身体需要具备哪些条件才能以最佳状态进行跑步。

"预防跑步受伤"这一章探讨了跑步受伤发生的原因，概述了降低受伤风险的措施，以及受伤时快速恢复的方法。

通过将部分或全部"力量训练"章节的内容加入训练计划中，所有跑者都可以改善跑步姿势，提升跑步体验。这些训练经过精心挑选，旨在针对跑步中的核心肌群进行强化，使它们具备更强的力量储备，从而可以承受长时间跑步所带来的冲击力和训练负荷。本章介绍的各项锻炼亦有助于受伤的跑者快速康复。

"如何训练"这一章概述了所有你应该知道的训练知识，能让你高效并安全地进行训练。无论你是想学习如何制订一份个性化的训练计划，并根据进度不断调整，还是想寻找专门的比赛备战计划，为某项特定赛事做准备，抑或是需要一份从零开始到5千米的安全快速的"步行—跑步"计划，本章都提供了专业指导，能够帮助你实现个人目标，在比赛中取得成

本书术语说明

本书第4～5页以插图的形式对运动术语进行了定义，描述了各种身体动作。在学习过程中，你可以利用这些术语准确理解跑步所涉及的身体动作，并将这些理解运用到认识自身的解剖结构和优化跑步体态中。了解这些术语还将帮助你理解本书中关于力量训练的说明。

打破误区

跑者稍做研究则不难发现，现在网络平台充斥着大量相互矛盾的建议。现有的矛盾信息如此之多，以致跑步这一简单的运动变得令人困惑，甚至需要专门的研究来厘清真相。但是，千万不要被以下常见误区所误导，所有这些都已被研究所证伪。

误区　　　　　　　　　　　　　　　　　事实上……

跑步会损伤膝关节，导致我在年长时患上关节炎。 → **跑步有助于预防膝骨关节炎**
越来越多的证据表明，休闲跑步可以预防膝骨关节炎的发生。也有证据表明，即使你已患有膝骨关节炎，跑步不仅不会导致病情恶化，反而可能改善相关症状。

我之所以受伤，是因为跑步前热身时没有充分拉伸。 → **动态拉伸才更科学**
研究表明，静态拉伸并不能减少受伤风险，反而可能降低运动表现。静态拉伸虽然可以改善关节灵活性，帮助肌肉放松，但对锻炼后的体能恢复并没有帮助。建议在热身时加入动态拉伸（见第 70 页）。

我之所以受伤，是因为鞋不合脚。 → **鞋子类型不是关键因素**
没有证据支持任何特定类型的鞋子（无论是极简型、极繁型、传统型或其他类型）能防止运动受伤。相反，跑者应避免频繁更换鞋子类型（见第 58 页），并随时监测鞋子承受的整体训练负荷（见第 163 页）以减少受伤风险。

我应该进行高频率、低阻力的力量训练来增强跑步所需的力量。 → **高阻力训练效果最佳**
低阻力训练可以增强力量是一种误解。跑步时，肌肉耐力会自然提高，所以耐力训练不应是力量训练的重点。研究表明，每周安排 2 次高阻力训练，持续 6 周或更长时间，可以提高跑步成绩，降低受伤风险。

如果我想跑得更快且避免受伤，那么我需要前脚掌先着地。 → **脚掌着地模式没有优劣之分**
错误观点认为：前脚掌着地可减少受伤风险并提高跑步经济性。尽管受伤类型可能会因足部着地位置不同而有所变化，但脚后跟着地和前脚掌着地的跑者的整体受伤发生率没有差异。

术语说明

人体关节可以完成多种动作。书中以插图形式列明了相关术语,利用这些术语可以对每种动作类型进行准确描述。在本书中,特别是第92~149页的力量训练部分,我将大量使用这些术语。特在此页列明,以便参考。

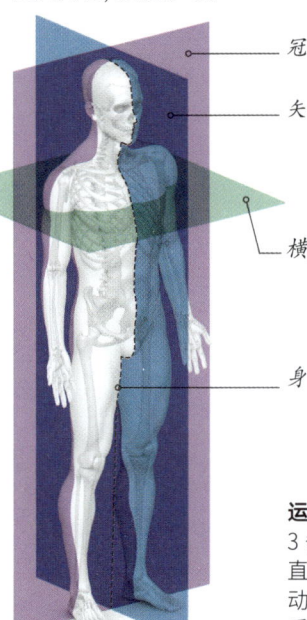

动作平面

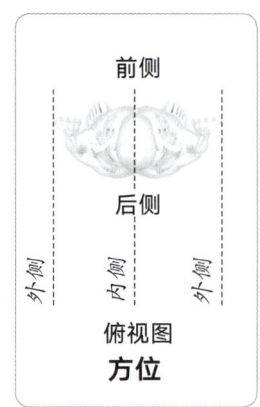

运动平面
3条假想线穿过身体形成3个相互垂直的解剖平面。与轴线平行的所有运动都会落在其中一个解剖平面内。前后运动落在矢状面内;侧向运动落在冠状面(或称额状面)内;旋转运动落在横断面内。

髋关节

髋关节是一种球窝关节(见第15页),能够在多个运动平面内进行大范围的运动。髋关节能够进行内收/外展、外旋/内旋以及伸展/屈曲运动。

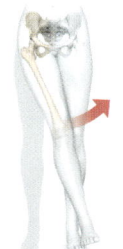

内收
大腿移向身体中线。

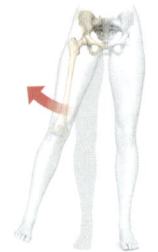

外展
大腿远离身体中线。

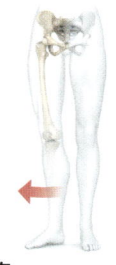

外旋
大腿向外旋转。

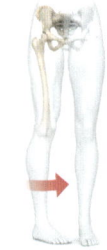

内旋
大腿向内旋转。

脚踝与足部

脚踝和足部有30多个关节,这些关节使其能够完成复杂多变的运动。脚踝主要充当铰链关节(译者注:也称为屈戌关节或枢纽关节,见第14页),能够完成背屈和跖屈运动。脚踝下方的距下关节可以完成外翻和内翻运动。旋前(也称内旋)和旋后(也称外旋)为组合运动,需要脚踝和足部共同活动。

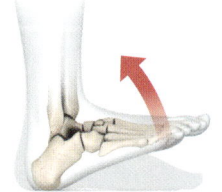

背屈
弯曲脚踝,使脚趾向上。

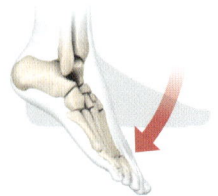

跖屈
弯曲脚踝,使脚趾向下。

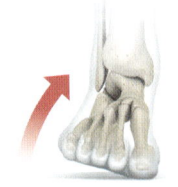

外翻
翻转脚踝,使足底向外。

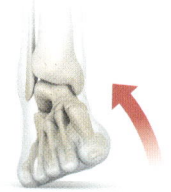

内翻
翻转脚踝,使足底向内。

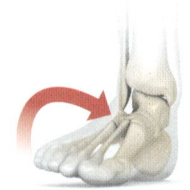

旋前
结合背屈、外翻和外展动作。

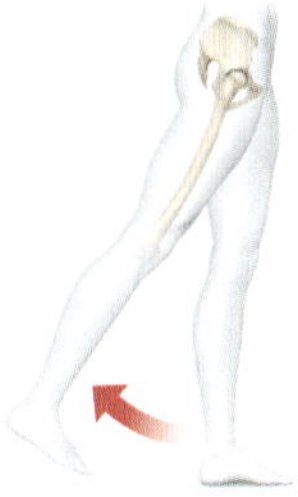

脊柱

脊柱为上半身提供结构支撑,并在上下半身之间传递负荷。脊柱能够进行伸展、屈曲、旋转、侧屈以及这些动作的组合。

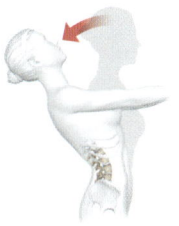 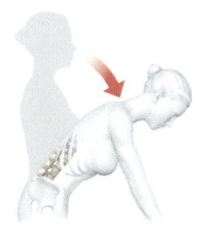

伸展
以腰部为枢轴点,后仰躯干。

屈曲
以腰部为枢轴点,前屈躯干。

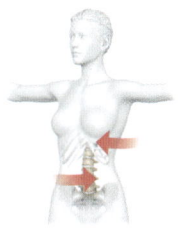 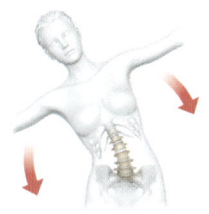

旋转
以身体中线为轴,向左或向右旋转躯干。

侧屈
以身体中线为轴,向左或向右侧弯躯干。

伸展
大腿向后伸展,从髋部拉直身体。

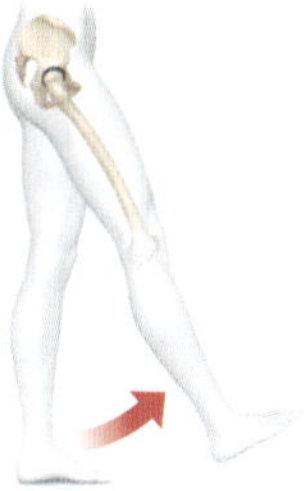

屈曲
大腿向前抬起,从髋部弯曲身体。

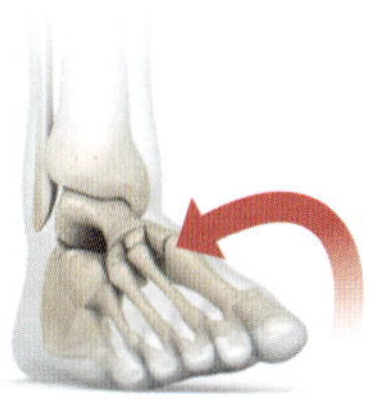

膝关节

膝关节是一种改良的铰链关节(见第14页),在跑步时可承受10倍于体重的负荷。主要完成屈曲、伸展动作,也可完成部分内收/外展以及外旋/内旋运动。

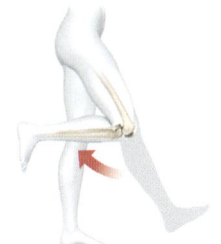 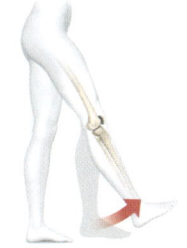

屈曲
弯曲膝关节,缩小膝关节弯曲的角度。

伸展
伸直膝关节,增大膝关节弯曲的角度。

旋后
结合跖屈、内翻和内收动作。

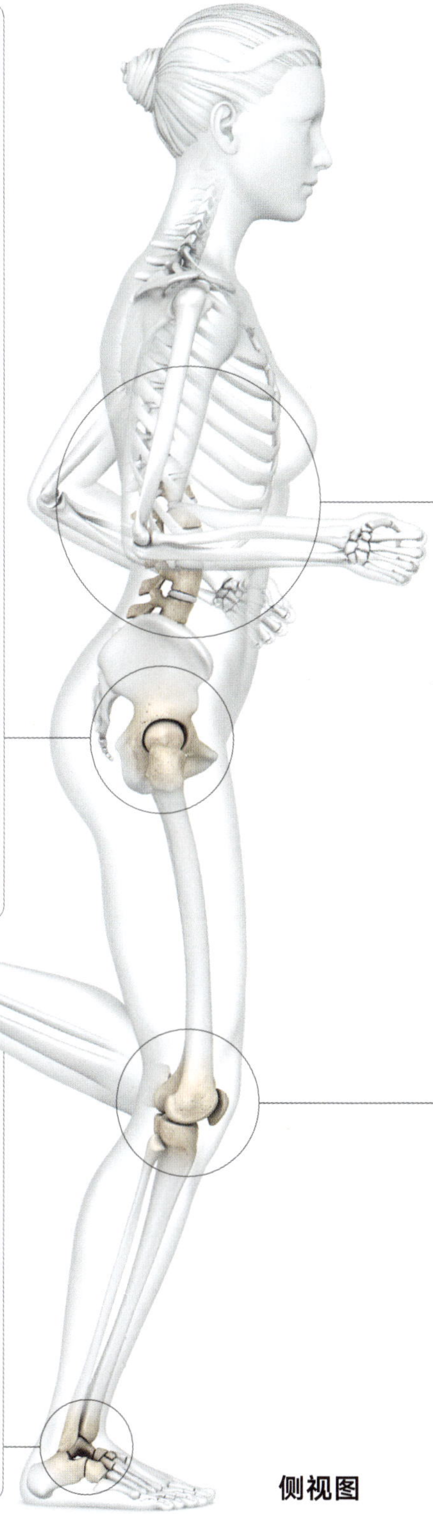

侧视图

跑步
解剖学

跑步动作要求身体像一台复杂的机器一样运转，同时执行多种功能以实现这种动态行为。了解其中涉及的生物力学和生理学知识可以帮助你提高运动表现，避免受伤。本章探讨了跑步时人体所调用的系统，并阐释了运用哪些特定系统可以帮助你成为更快、更高效的跑者。

跑步运动解剖学

人如何跑步

跑步时双脚一前一后，动作看似简单，但需要肌肉、关节和神经系统各要素相互协调配合，每一要素对于运动表现、训练技巧和安全性都至关重要。只要你略懂运动解剖学知识，每个要素都可以通过训练得到改善。

跑步的动作周期

跑步时，人体会运用特定的关节和肌肉运动，使两腿相互配合完成一系列动作。每次跑步，这一动作周期都要重复数千次。跑步的动作周期通常由完整序列中的4个关键事件来定义：初始着地期、站立中期、脚趾离地期和摆动阶段。每迈出一步，人体都承受着冲击带来的巨大的地面反作用力（GRF，见第40~41页），身体会将这股能量转化，并循环利用后传递至下一步。

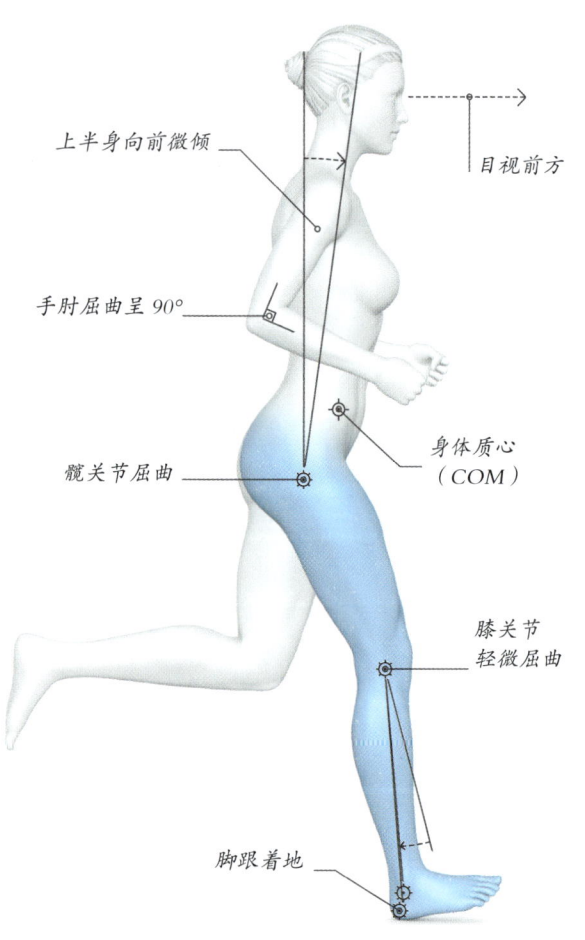

上半身向前微倾
目视前方
手肘屈曲呈90°
髋关节屈曲
身体质心（COM）
膝关节轻微屈曲
脚跟着地

初始着地期
大多数跑者在跑步时都是脚后跟着地，只有少部分人会采取足中部着地（译者注：也称全脚掌着地）或前脚掌着地。足部着地模式（见第66页）、足部着地时的腿部姿态，以及足部着地时身体质心的位置，都会影响地面反作用力在全身的分布。

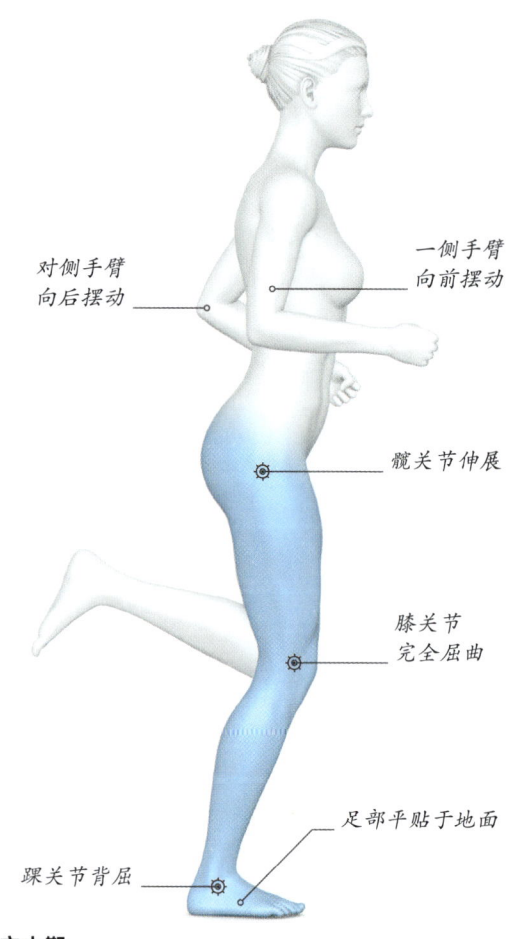

对侧手臂向后摆动
一侧手臂向前摆动
髋关节伸展
膝关节完全屈曲
足部平贴于地面
踝关节背屈

站立中期
站立中期处于初始着地期与脚趾离地期的中间阶段，此时垂直地面反作用力达到最大值，腿部肌肉和肌腱得到充分拉伸。腿部会将触地时的制动力转化为前进的推动力。身体质心在此时处于最低位置。

事件与阶段

跑步周期包括一系列时刻，或称为"事件"，这些时刻被划分为2个主要阶段：站立阶段和摆动阶段。足部与地面接触的阶段，称为站立阶段。这一阶段始于足部初始着地，终于脚趾离地，可进一步细分0为3个子阶段（见第60～62页）。当足部离地时，就进入摆动阶段。摆动阶段以腾空期子阶段开始和结束，此时双脚同时离地（见第63页）。

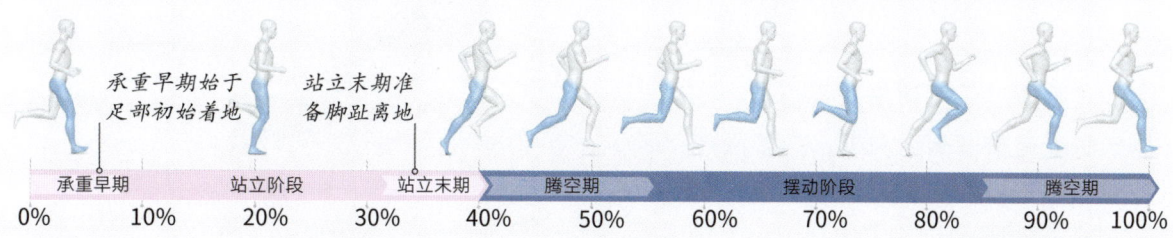

承重早期始于足部初始着地

站立末期准备脚趾离地

承重早期 | 站立阶段 | 站立末期 | 腾空期 | 摆动阶段 | 腾空期

0%　10%　20%　30%　40%　50%　60%　70%　80%　90%　100%

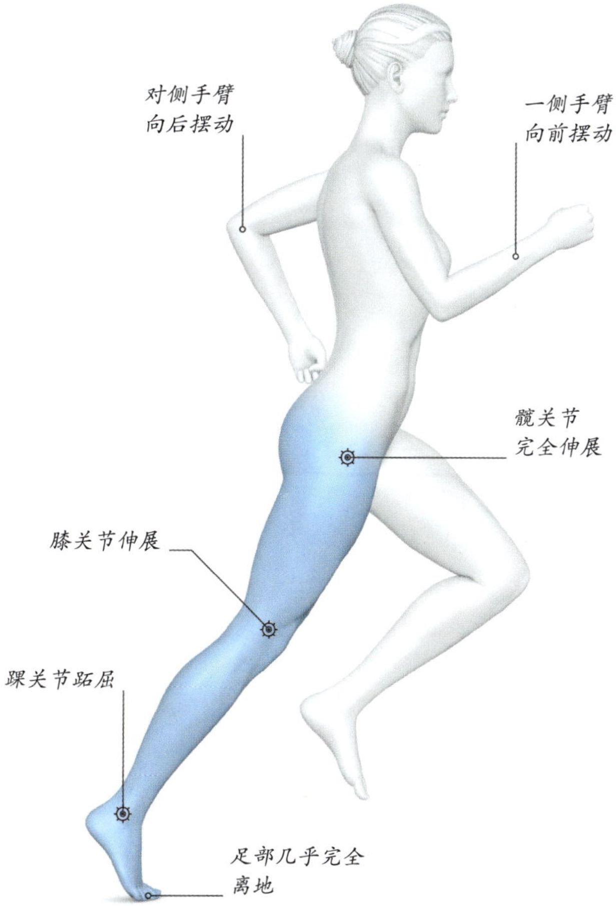

对侧手臂向后摆动

一侧手臂向前摆动

髋关节完全伸展

膝关节伸展

踝关节跖屈

足部几乎完全离地

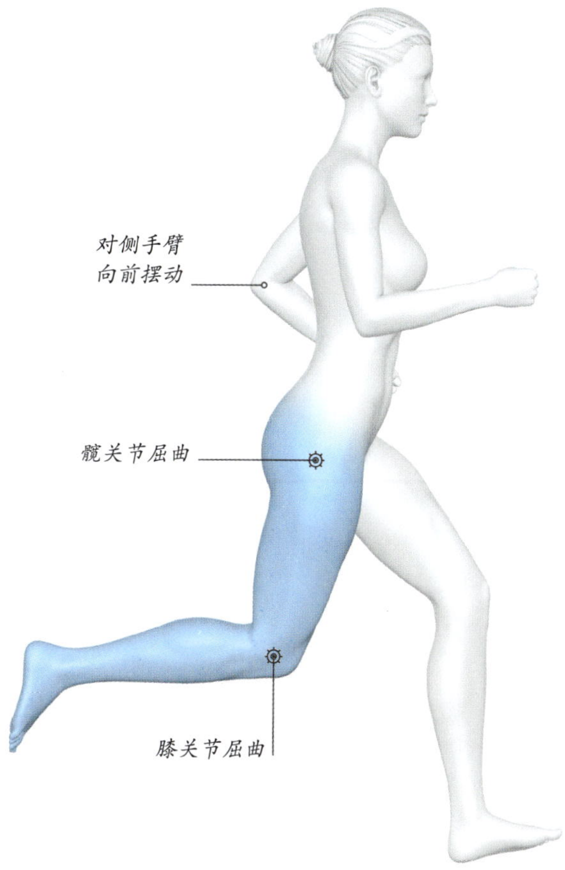

脚趾离地期

髋关节和膝关节伸展，脚踝跖屈将身体推离地面。当足部离地时，脚踝跖屈的程度最大，而髋关节和膝关节也会最大限度地伸展，推动身体向前移动。

对侧手臂向前摆动

髋关节屈曲

膝关节屈曲

摆动阶段

当足部离地时，腿部从躯干后方的脚趾离地位置摆动至身体质心的正前方，足部准备再次着地。这一动作所需的大部分能量产生于站立阶段拉伸的肌肉和弹性回弹的肌腱。

人体如何运动

骨骼肌通过肌腱附着在骨骼上。有的肌肉较长且横跨多个关节，比如腘绳肌；有的肌肉较短且只存在于较小区域内，比如足部内在肌。

肌肉系统

人体肌肉通过数千次强力收缩来产生运动，展现了良好的耐力和弹性。跑者需要强大的腿部、核心肌群和手臂力量才能完成全身动作。而力量训练(见第92～149页)可以提高跑步表现，防止受伤。

相互平行的骨骼肌纤维

肌肉的内在结构呈带状纹路，称为横纹

骨骼肌纤维

骨骼肌纤维由滑动的肌丝组成，通过收缩做出各种动作。力量训练可以改善血液流动，增加支配骨骼肌纤维的神经数量，从而使肌肉产生更多力量，收缩时间更长。

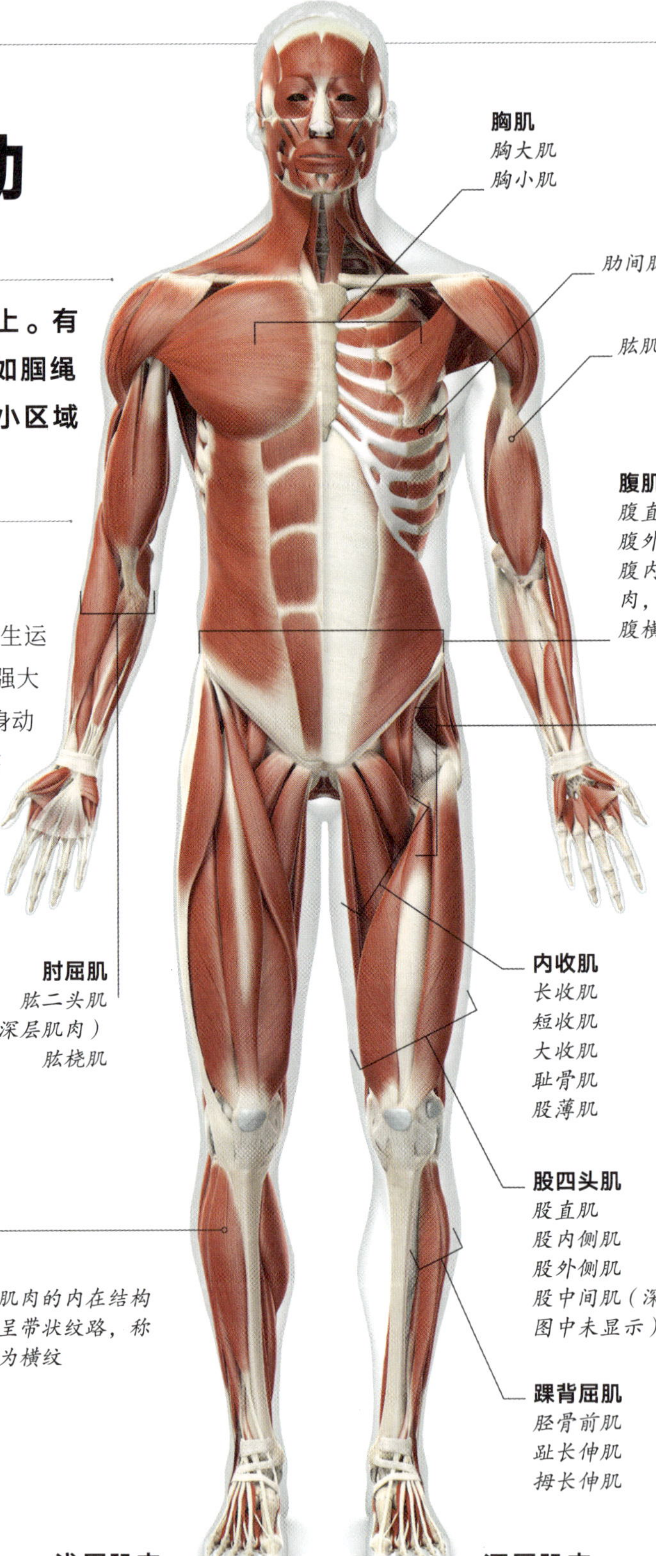

胸肌
胸大肌
胸小肌

肋间肌

肱肌

腹肌
腹直肌
腹外斜肌
腹内斜肌（深层肌肉，图中未显示）
腹横肌

髋屈肌
髂腰肌（由髂肌与腰大肌组成）
股直肌（见股四头肌）
缝匠肌
内收肌（见下方）

时屈肌
肱二头肌
肱肌（深层肌肉）
肱桡肌

内收肌
长收肌
短收肌
大收肌
耻骨肌
股薄肌

股四头肌
股直肌
股内侧肌
股外侧肌
股中间肌（深层肌肉，图中未显示）

踝背屈肌
胫骨前肌
趾长伸肌
拇长伸肌

浅层肌肉　　深层肌肉

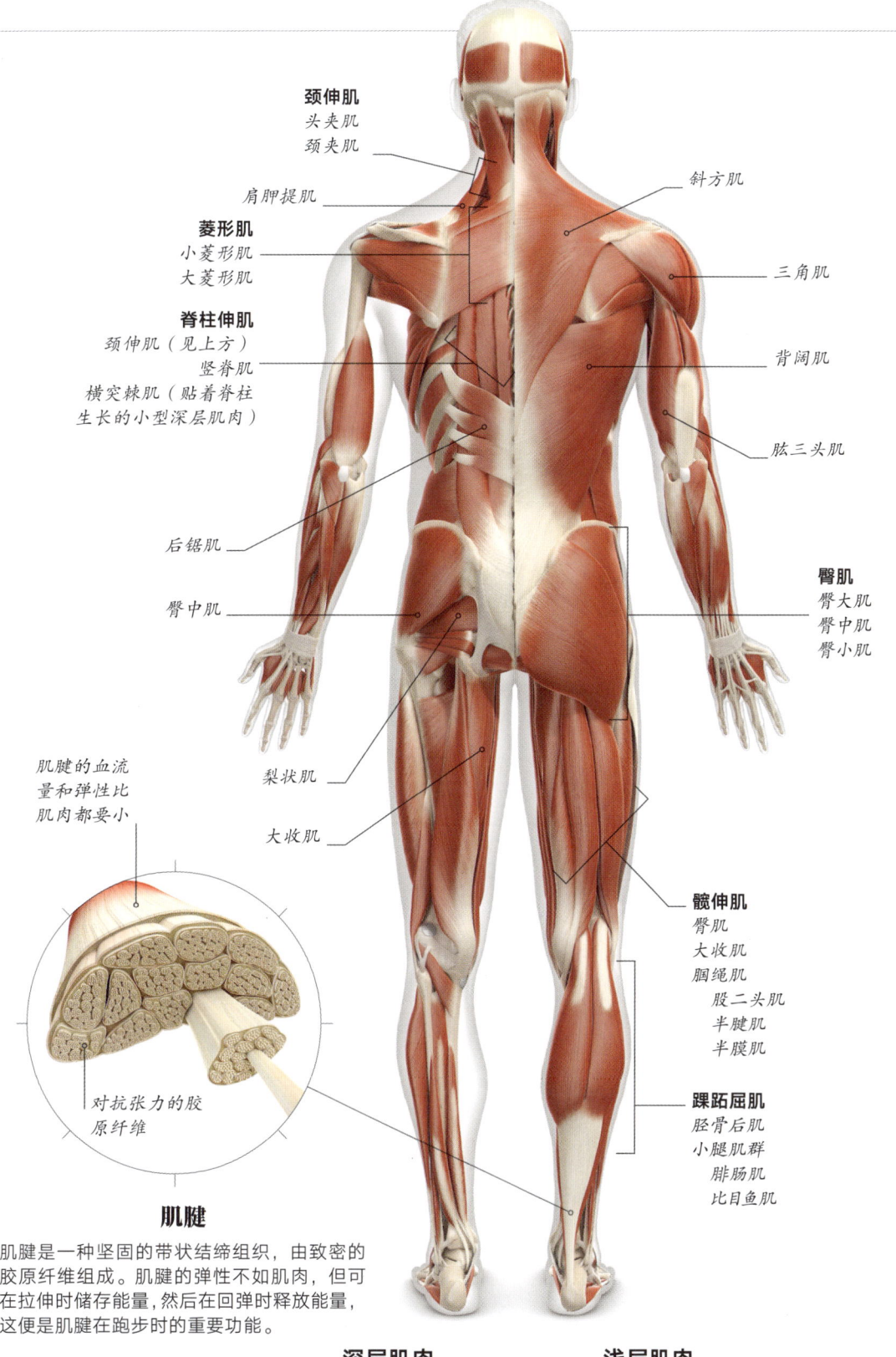

跑步运动解剖学

肌肉的运作方式

人体大部分肌肉为骨骼肌。骨骼肌与骨骼相连,其收缩和舒张活动可受躯体运动神经支配而实现自主控制。骨骼肌纤维可以对运动神经元的激活做出反应,运动神经元由中枢神经系统控制。骨骼肌通常在关节任意一侧成对运作,以控制动作方向。神经冲动激活骨骼肌纤维,骨骼肌纤维收缩产生的力通过肌腱传递至骨骼,最终形成关节运动。

收缩类型

肌肉收缩主要有 3 种类型:
向心收缩: 肌肉收缩时其长度会缩短;
离心收缩: 肌肉收缩时其长度会拉长;
等长收缩: 肌肉收缩时其长度保持不变。

跑步时,离心收缩与地面反作用力的吸收和储存有关(见第 40~41 页),而向心收缩与身体的向前推进有关。

图例

- 向心收缩的肌肉
- 离心收缩的肌肉
- 无张力下被拉长的肌肉
- 等长收缩的肌肉

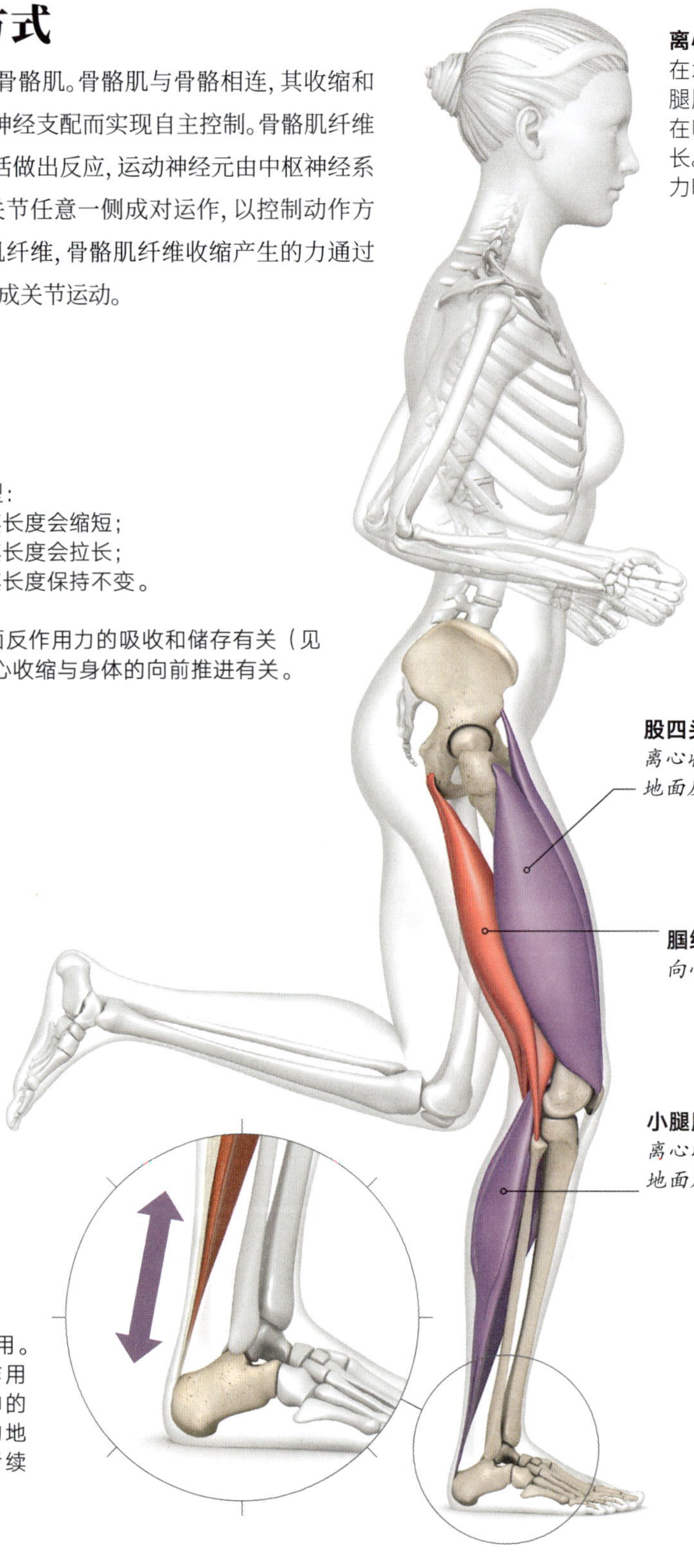

跟腱拉长

跟腱在跑步时起着重要作用。在承重早期,它受张力作用而拉长,就像一条被拉伸的橡皮筋,借而储存大量的地面反作用力能量,以供后续身体离地时使用。

离心收缩
在承重早期(见第 60 页),小腿肌肉和股四头肌离心收缩,在吸收着地的冲击力时被拉长。跟腱在吸收地面反作用力时也被拉长。

股四头肌
离心收缩以吸收地面反作用力

腘绳肌
向心收缩

小腿肌肉
离心收缩以吸收地面反作用力

承重早期

12

向心收缩

在站立末期（见第 62 页），小腿肌肉、股四头肌、腘绳肌近端和臀肌向心收缩，推动身体迈出下一步。

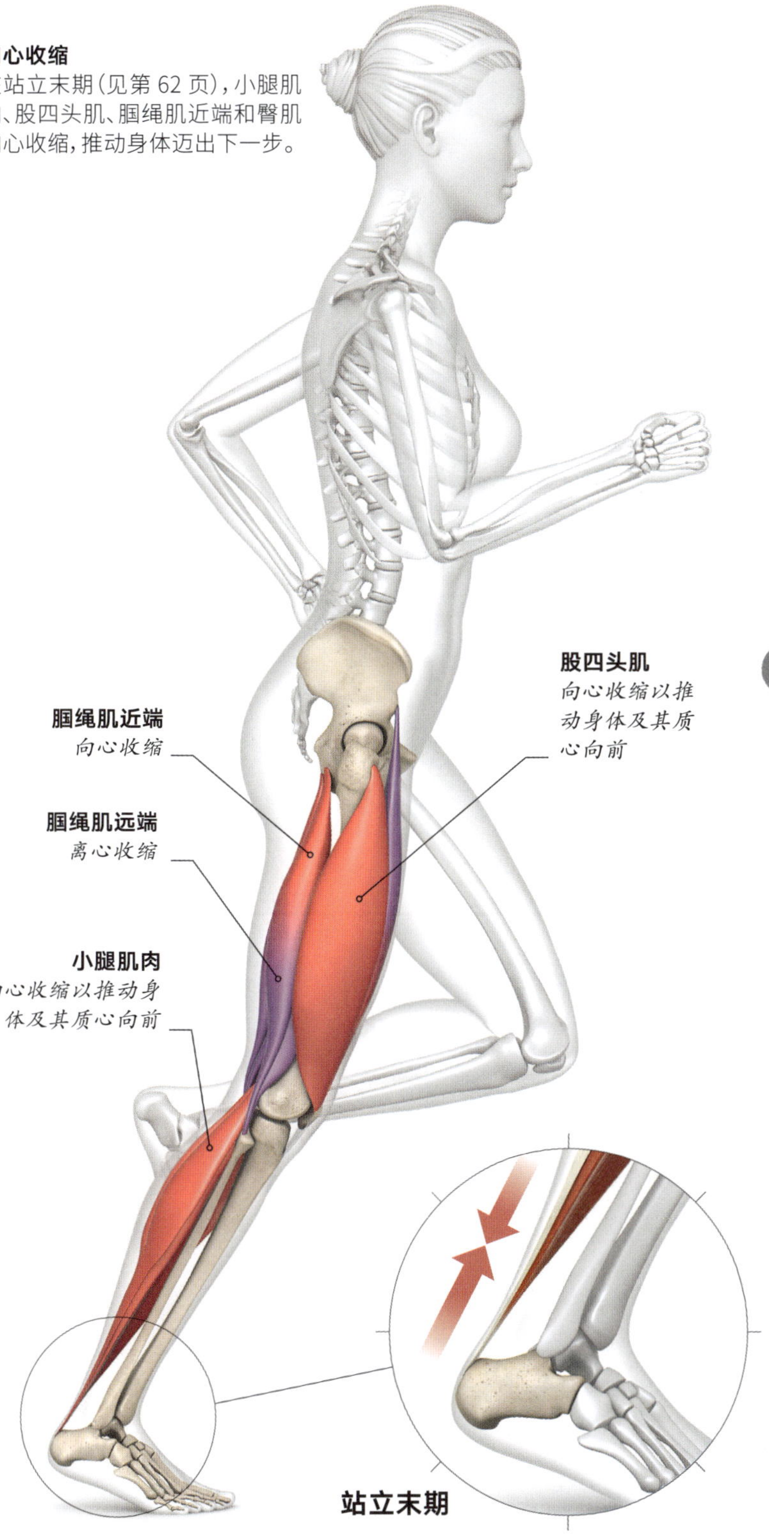

腘绳肌近端
向心收缩

腘绳肌远端
离心收缩

小腿肌肉
向心收缩以推动身体及其质心向前

股四头肌
向心收缩以推动身体及其质心向前

站立末期

肌肉修复

肌肉由柱状细胞聚集在一起组成，并被结缔组织包围。肌肉损伤会启动身体的修复机制。白细胞清除坏死组织后，新的肌纤维和结缔组织开始再生，同时新的血管和神经也会生成。

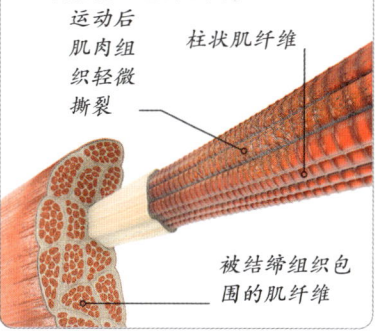

运动后肌肉组织轻微撕裂

柱状肌纤维

被结缔组织包围的肌纤维

适应性训练

慢缩型肌纤维与快缩型肌纤维

骨骼肌纤维有 2 种类型：慢缩型肌纤维和快缩型肌纤维。慢缩型肌纤维具有一定的抗疲劳性，主要用于稳态有氧运动。快缩型肌纤维能够产生强大的爆发力和活动力，但维持时间较短。尽管训练不能改变肌纤维的类型，但训练的类型可以决定肌肉中哪种类型的纤维会增加体积或数量。

慢缩型肌纤维为匀速阶段提供动力

快缩型肌纤维为冲刺阶段提供动力

半程马拉松

跟腱缩短

脚趾离地时，跟腱如弹簧般回缩，利用承重早期储存的弹性能量来推动身体前进。

跑步运动解剖学

关节

骨头与骨头连接的部位称为关节。关节可能是纤维关节(如颅骨缝合处)、软骨关节(如耻骨连接处)或滑膜关节(如膝关节处)。在滑膜关节中,关节腔中的滑液可以对关节骨起到很好的润滑作用。按照其形状和结构,这些关节可进一步细分。跑步中使用最多的就是滑膜关节,其类型有滑动关节、铰链关节和球窝关节。

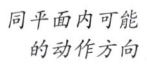

铰链关节

一端骨头的圆柱状末端嵌入另一端骨头的圆弧状凹陷端。这种结构的关节活动范围有限,基本在同一平面内,就像铰链一样。肘关节就是铰链关节,膝关节也是铰链关节,但略有不同。

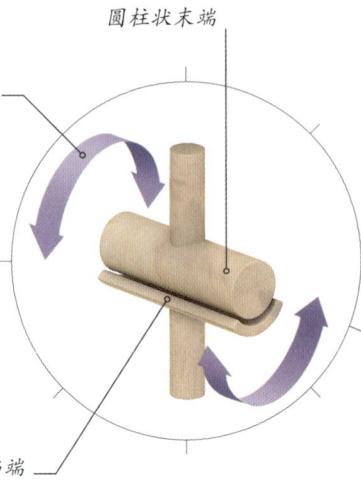

滑膜关节的内部结构

骨头在充满滑液的腔内相连。这些滑液可以润滑关节,减少骨头之间的摩擦并增大活动范围。骨头表面覆盖着光滑而密实的软骨,这些软骨可以使骨与骨之间以最小的摩擦滑动。关节周围包裹着由结缔组织构成的滑液囊,既能支持骨头完成动作,又能防止骨头脱位。关节周围与关节内部的韧带将骨头连接在一起。

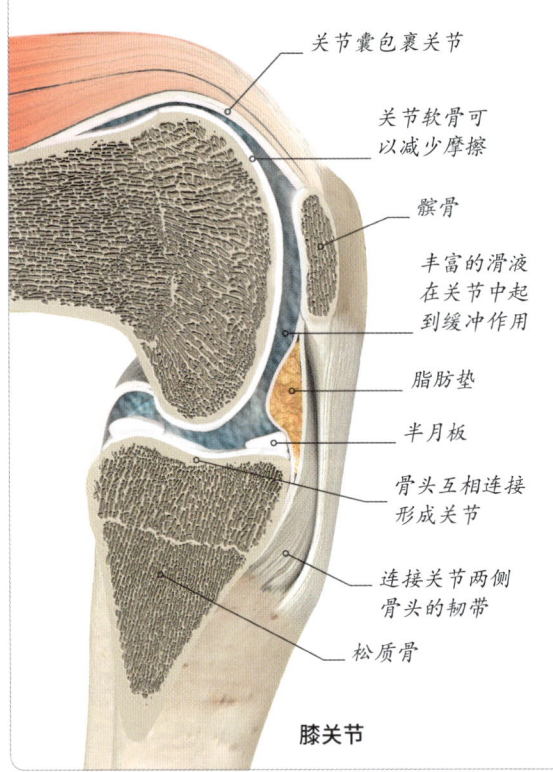

膝关节

滑动关节

在滑动关节中,表面较为平整或轻微弯曲的骨头直接接触。这种结构的关节活动范围有限,无法旋转。滑动关节大多位于椎骨之间和足部跗骨之间,它们的滑动作用可以保证纵向足弓在落地时平贴于地面,这对于跑步至关重要。

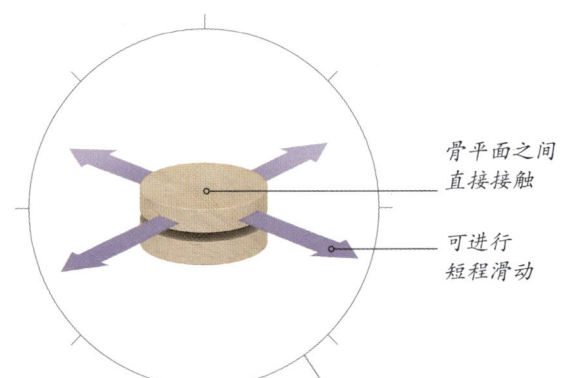

滑膜关节的类型

为了可以自由奔跑,身体需要协调诸多关节进行活动,不同类型关节的动作决定了身体跑步时的动作。关节的形状和结构则决定了关节的活动范围。

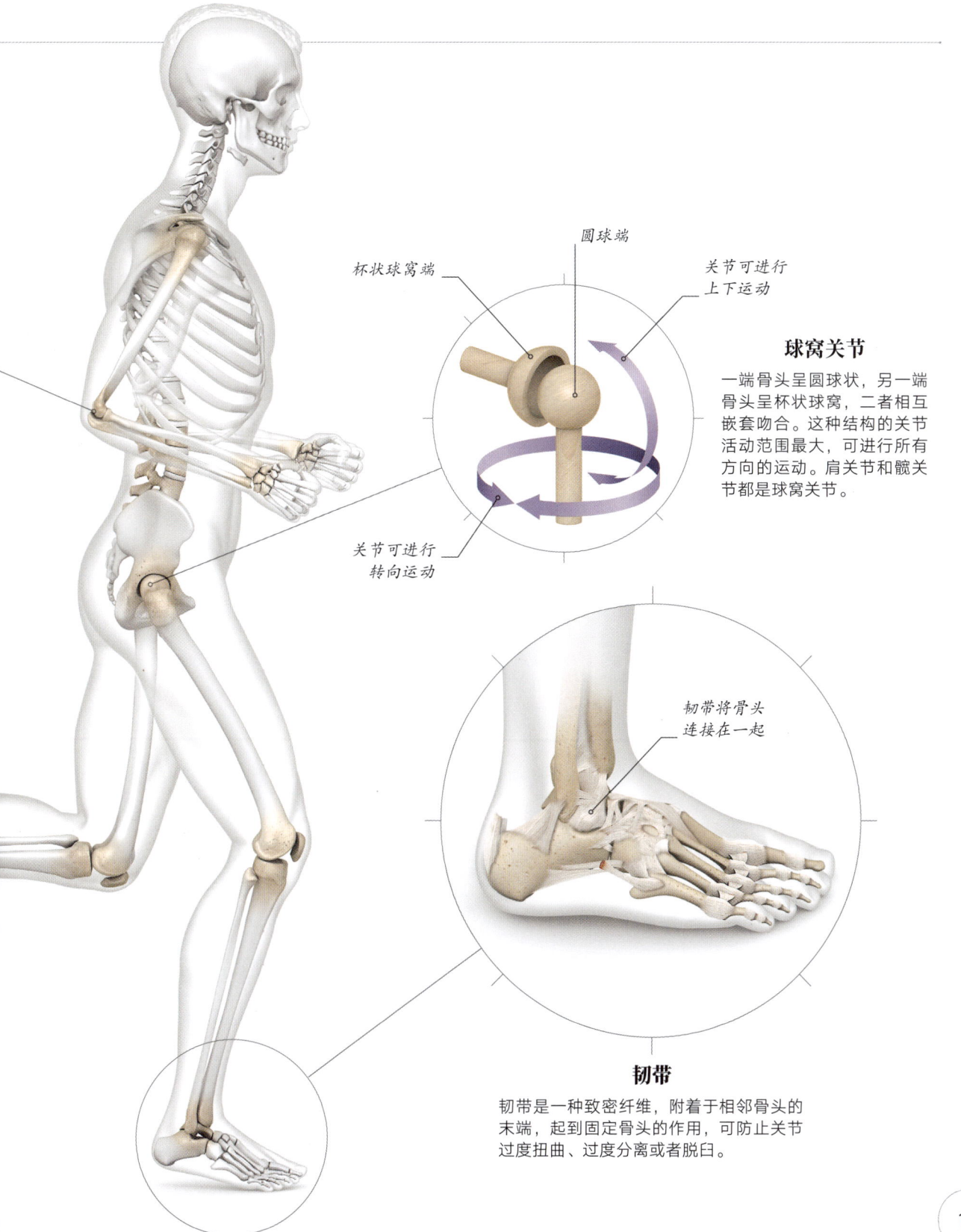

圆球端

杯状球窝端

关节可进行
上下运动

球窝关节

一端骨头呈圆球状，另一端骨头呈杯状球窝，二者相互嵌套吻合。这种结构的关节活动范围最大，可进行所有方向的运动。肩关节和髋关节都是球窝关节。

关节可进行
转向运动

韧带将骨头
连接在一起

韧带

韧带是一种致密纤维，附着于相邻骨头的末端，起到固定骨头的作用，可防止关节过度扭曲、过度分离或者脱臼。

脚踝与足部

人们每迈出一步，都离不开脚踝和足部的作用。脚踝和足部构成一个稳定的基座，既能吸收地面反作用力（见第40～41页），又能产生力量推动身体离地。足部韧带形成一个拱形的三角形结构，位于遍布足底的分支纤维带之上。这种结构十分独特，使足部既能像杠杆一样，在减速到加速的过程中为腿部提供支点，又能像弹簧一样帮助脚趾离地。

足部核心肌群

足部内在肌与外在肌（见第96页）、肌腱，以及控制足弓的感觉神经和运动神经相互影响，为迈出的每一步提供力量和稳定性。这些元素协同工作的方式，与核心肌群稳定下背部和骨盆的方式十分相似。

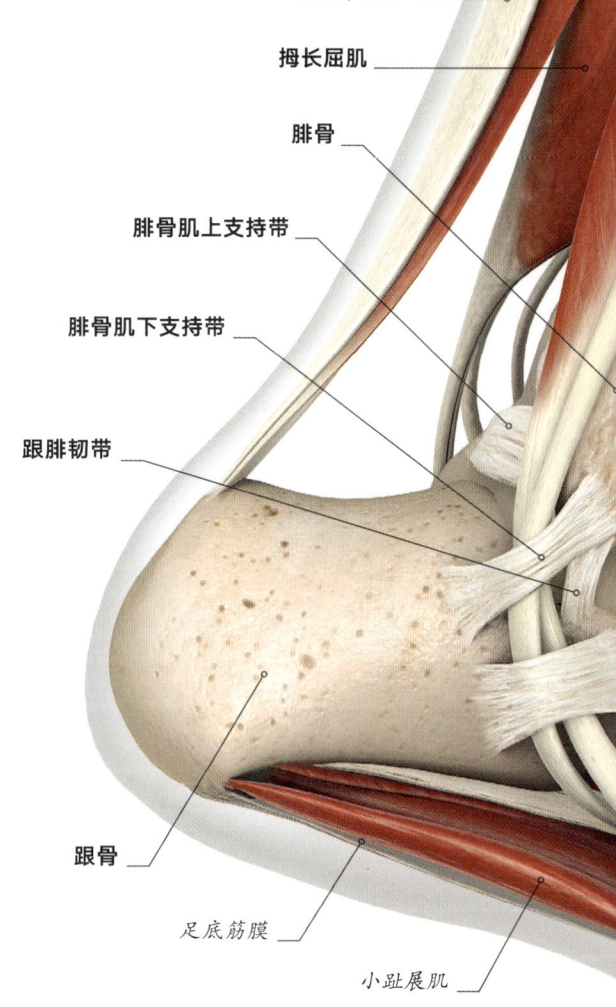

比目鱼肌
腓肠肌下方粗壮扁平的肌肉

跟腱
将腓肠肌和比目鱼肌与跟骨相连

拇长屈肌

腓骨

腓骨肌上支持带

腓骨肌下支持带

跟腓韧带

跟骨

足底筋膜

小趾展肌

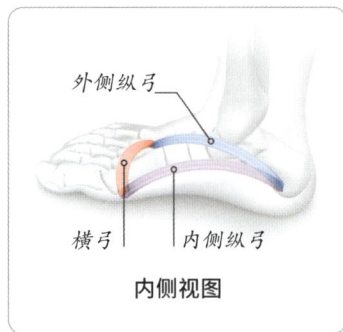

外侧纵弓

横弓　**内侧纵弓**

内侧视图

足弓
跗骨和跖骨通过韧带、肌肉和肌腱相互连接，形成3个足弓。这3个足弓从跟骨延伸至足部两侧的跖骨，形成一个稳定的三角形。

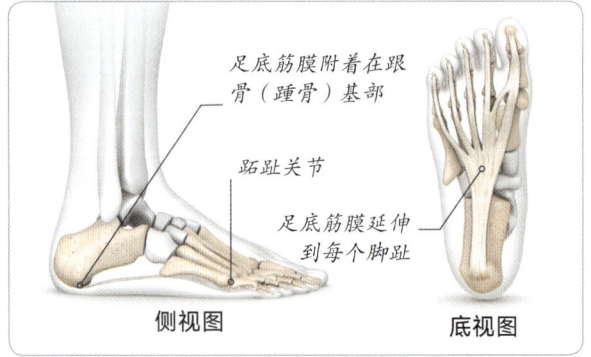

足底筋膜附着在跟骨（踵骨）基部

跖趾关节

足底筋膜延伸到每个脚趾

侧视图　底视图

足底筋膜
足底筋膜是一根强壮的纤维带，它横跨足底并延伸到每个脚趾，抑制内侧纵弓发生塌陷。其作用就像连接跟骨与跖趾关节的线缆，当脚趾背屈（见第4页）时，足底筋膜就会缩短，使足弓收紧。

足部结构
足部有3个足弓、26块骨头、33个关节以及100多条肌肉、肌腱和韧带。在跑步过程中，这个复杂的结构常承受高达3倍于体重的负荷。

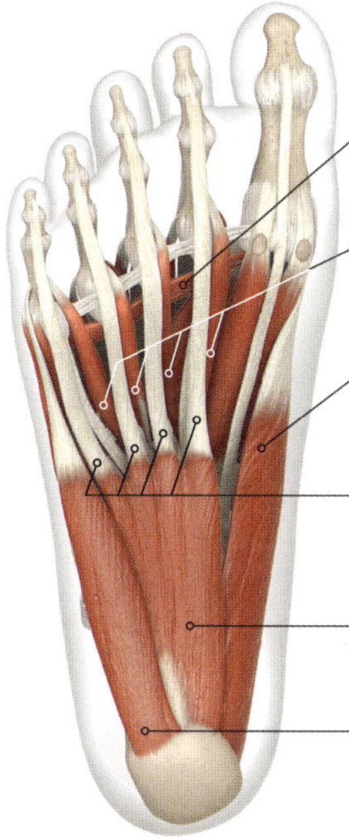

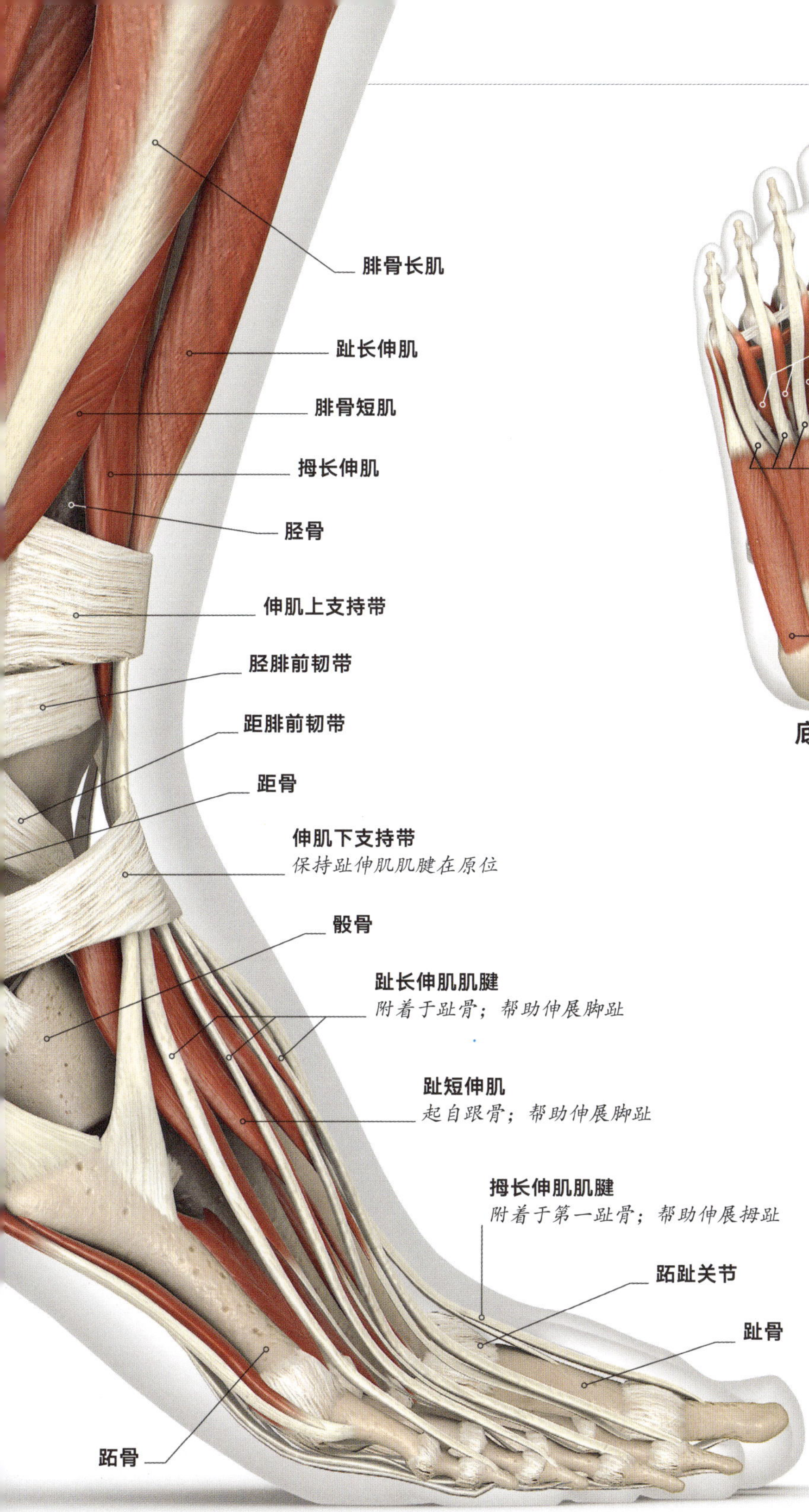

- 腓骨长肌
- 趾长伸肌
- 腓骨短肌
- 拇长伸肌
- 胫骨
- 伸肌上支持带
- 胫腓前韧带
- 距腓前韧带
- 距骨
- 伸肌下支持带
  保持趾伸肌肌腱在原位
- 骰骨
- 趾长伸肌肌腱
  附着于趾骨；帮助伸展脚趾
- 趾短伸肌
  起自跟骨；帮助伸展脚趾
- 拇长伸肌肌腱
  附着于第一趾骨；帮助伸展拇趾
- 跖趾关节
- 趾骨
- 跖骨

侧视图

- 拇收肌
- 蚓状肌
- 拇展肌
- 趾长屈肌肌腱
- 足底方肌
- 小趾展肌

底视图

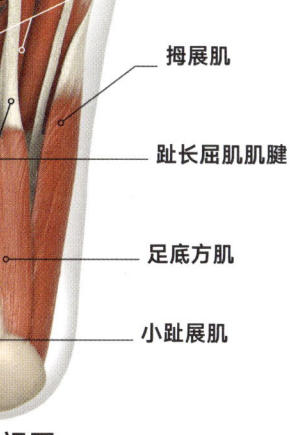

解剖变异

足弓高度

大众常常误认为足弓高度与足部受伤风险相关联，然而很少有证据能够证实这个观点。事实上，静态条件下（即脚离开地面时）的足弓高度并不是预测跑步站立阶段足弓塌陷程度的可靠指标。

膝关节

膝关节是人体最大的关节,连接股骨与胫骨,且被髌骨覆盖。膝关节是改良版的铰链关节,可完成滑动(见第14页)、内旋和外旋动作。跑步时,膝关节既要承受巨大的重量(相当于体重的8~12倍),又要能够灵活运动,所以很容易受伤。

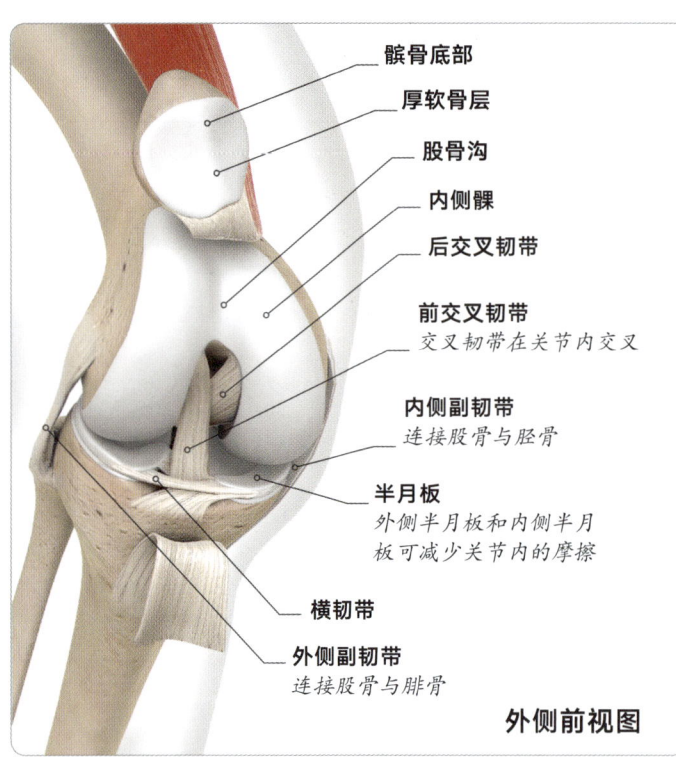

- **髌骨底部**
- **厚软骨层**
- **股骨沟**
- **内侧髁**
- **后交叉韧带**
- **前交叉韧带** 交叉韧带在关节内交叉
- **内侧副韧带** 连接股骨与胫骨
- **半月板** 外侧半月板和内侧半月板可减少关节内的摩擦
- **横韧带**
- **外侧副韧带** 连接股骨与腓骨

外侧前视图

- **股外侧肌** 股四头肌的主要组成部分
- **髂胫束** 厚实的结缔组织,在大腿外侧伸展开来
- **股二头肌长头**

髌骨后方

髌骨位于股骨2个髁状突起之间的凹槽中。其大部分关节面被软骨覆盖,可以分散跑步过程中产生的巨大压力。在遭受冲击或旋转时,可导致髌骨在凹槽内移位,引发髌股疼痛。强壮的交叉韧带在髌骨后方交叉,有助于稳定膝关节。同时,两侧副韧带负责稳定关节两侧。

- **外侧副韧带** 连接股骨与腓骨
- **腓骨**
- **腓骨长肌**
- **比目鱼肌**

 解剖变异

Q 角

Q角是2条线之间的夹角。一条位于髂前上棘与髌骨中心之间,另一条从胫骨粗隆向上延伸至髌骨中心。Q角范围为13°~18°。角度大小主要与身高有关,与性别或骨盆宽度关系不大。即使目前研究并未充分证实此观点,但Q角越大,受伤风险越高,越容易产生髌股疼痛(见第51页)。

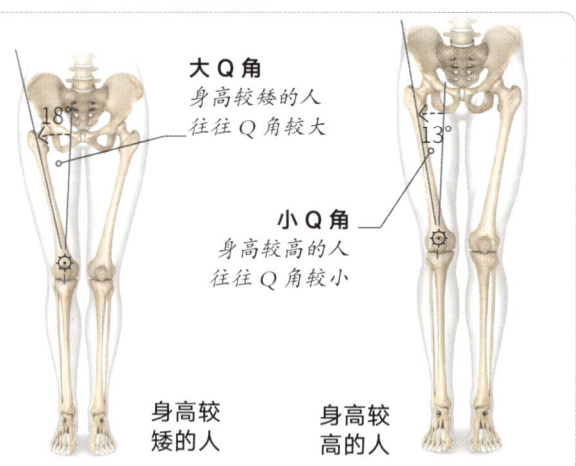

大 Q 角 身高较矮的人往往 Q 角较大

小 Q 角 身高较高的人往往 Q 角较小

身高较矮的人 | 身高较高的人

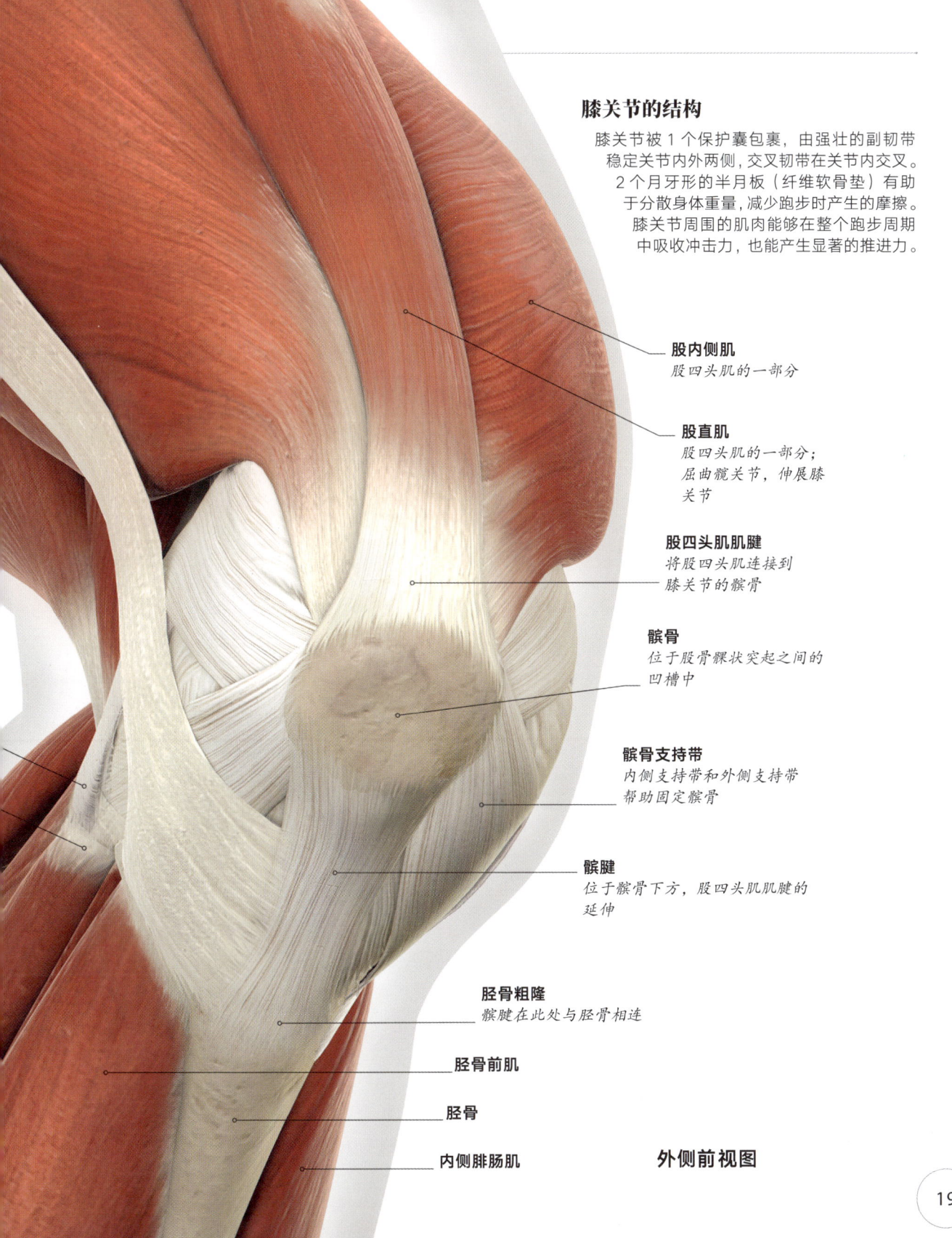

膝关节的结构

膝关节被1个保护囊包裹,由强壮的副韧带稳定关节内外两侧,交叉韧带在关节内交叉。2个月牙形的半月板(纤维软骨垫)有助于分散身体重量,减少跑步时产生的摩擦。膝关节周围的肌肉能够在整个跑步周期中吸收冲击力,也能产生显著的推进力。

股内侧肌
股四头肌的一部分

股直肌
股四头肌的一部分;
屈曲髋关节,伸展膝关节

股四头肌肌腱
将股四头肌连接到膝关节的髌骨

髌骨
位于股骨髁状突起之间的凹槽中

髌骨支持带
内侧支持带和外侧支持带帮助固定髌骨

髌腱
位于髌骨下方,股四头肌肌腱的延伸

胫骨粗隆
髌腱在此处与胫骨相连

胫骨前肌

胫骨

内侧腓肠肌

外侧前视图

髋关节

腿部的股骨头嵌入髋关节处的盆腔内,形成一个滑膜关节(见第14页)。髋关节为球窝结构,可使身体在3个解剖平面内做出大幅度的动作,但其主要功能还是提供稳定性,在我们站立或行走时承受体重。

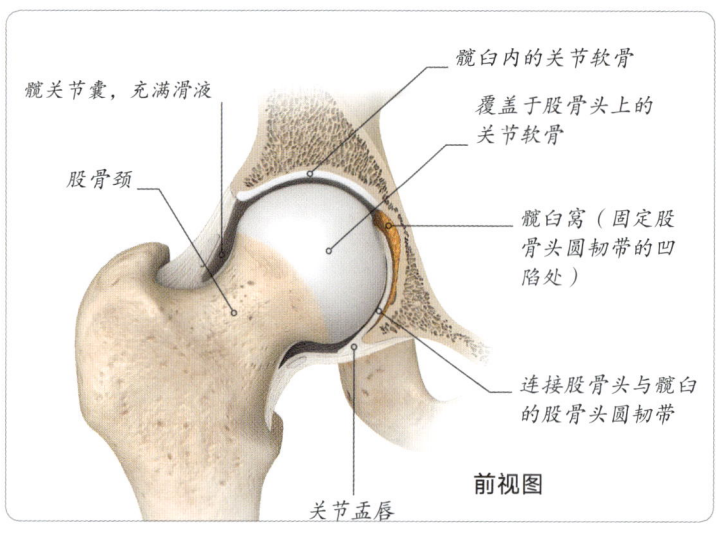

髋关节囊,充满滑液
髋臼内的关节软骨
股骨颈
覆盖于股骨头上的关节软骨
髋臼窝(固定股骨头圆韧带的凹陷处)
连接股骨头与髋臼的股骨头圆韧带
关节盂唇
前视图

髋关节横断面

髋关节让腿部在跑步的承重早期得以摆动并内旋。髋臼("窝状")很深,可以完全包裹几乎整个股骨头("球状"),为关节提供了较大的接触面积,从而提高了关节稳定性。关节周围被强壮的韧带和厚实的结缔组织囊包围。马蹄形的纤维软骨层(即关节盂唇)紧挨着髋臼,进一步增加了关节窝的深度。

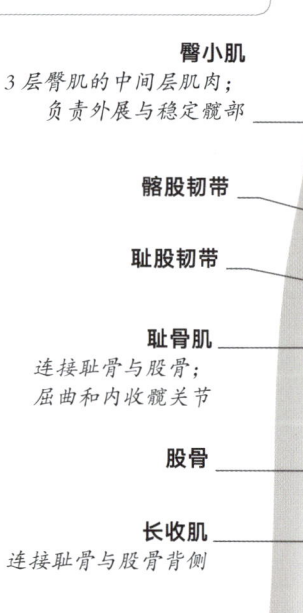

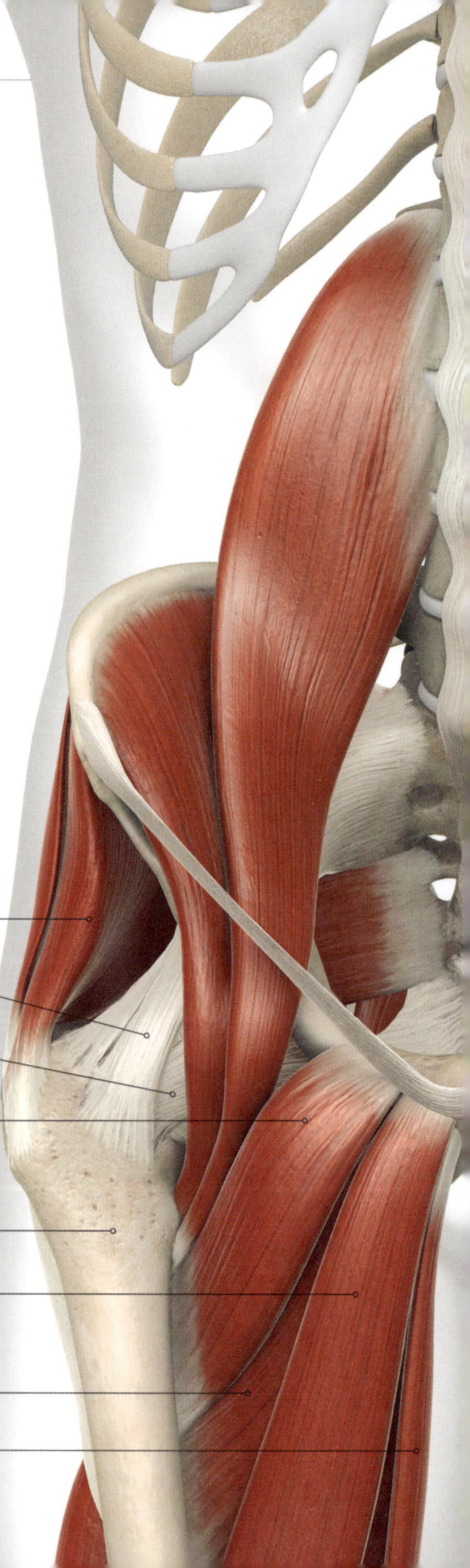

臀小肌
3层臀肌的中间层肌肉;负责外展与稳定髋部

髂股韧带

耻股韧带

耻骨肌
连接耻骨与股骨;屈曲和内收髋关节

股骨

长收肌
连接耻骨与股骨背侧

大收肌

股薄肌

前视图
深层肌肉

髋关节的结构

髋臼是特别深的关节窝，可保持髋关节的稳定。关节盂唇与髂股韧带、耻股韧带和坐股韧带共同增强关节的稳定性。

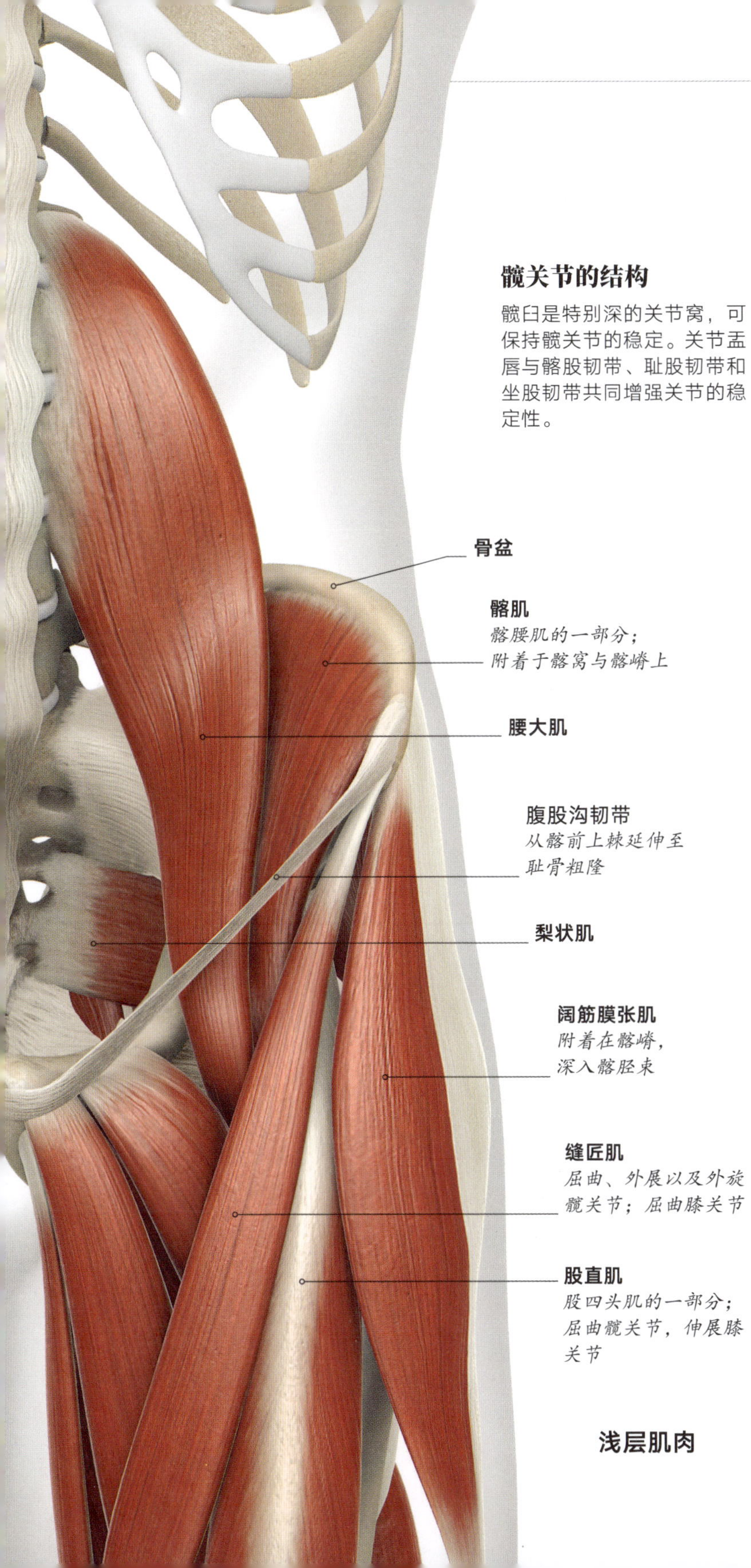

- **骨盆**
- **髂肌** 髂腰肌的一部分；附着于髂窝与髂嵴上
- **腰大肌**
- **腹股沟韧带** 从髂前上棘延伸至耻骨粗隆
- **梨状肌**
- **阔筋膜张肌** 附着在髂嵴，深入髂胫束
- **缝匠肌** 屈曲、外展以及外旋髋关节；屈曲膝关节
- **股直肌** 股四头肌的一部分；屈曲髋关节，伸展膝关节

浅层肌肉

解剖变异

股骨髋臼撞击综合征

髋关节的形状因人而异。髋臼有深有浅，股骨头有圆形也有锥形。有些结构发生变化，可能会导致出现股骨髋臼撞击综合征，表现为股骨头挤压髋臼前侧，使得身体在承重早期（见第60页）做出某些复杂动作（例如组合了屈曲、内收和内旋的动作）时，会引起髋关节或腹股沟区域的疼痛。

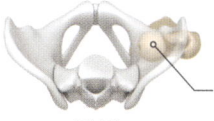

前侧 / 后侧
俯视图
髋关节窝与股骨头

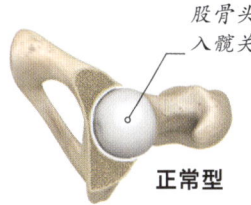

股骨头完美嵌入髋关节窝

正常型

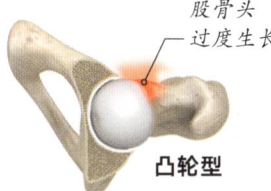

股骨头过度生长

凸轮型

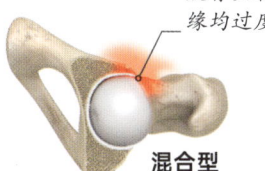

股骨头和髋臼缘均过度生长

混合型

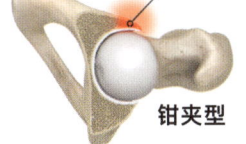

髋臼缘的骨头过度生长

钳夹型

骨盆

骨盆由2块大而弯曲的髋骨以及骶骨和尾骨组成，通过3个关节和强有力的韧带网将所有部分连接在一起，形成盆状结构，以保护骨盆内的器官。跑者需要重点关注骨盆的稳定性和对齐程度。坐姿状态下，骨盆支撑上半身重量；站姿状态下，骨盆将上半身重量转移至腿部。骨盆还是躯干与腿部大量肌肉的附着点。

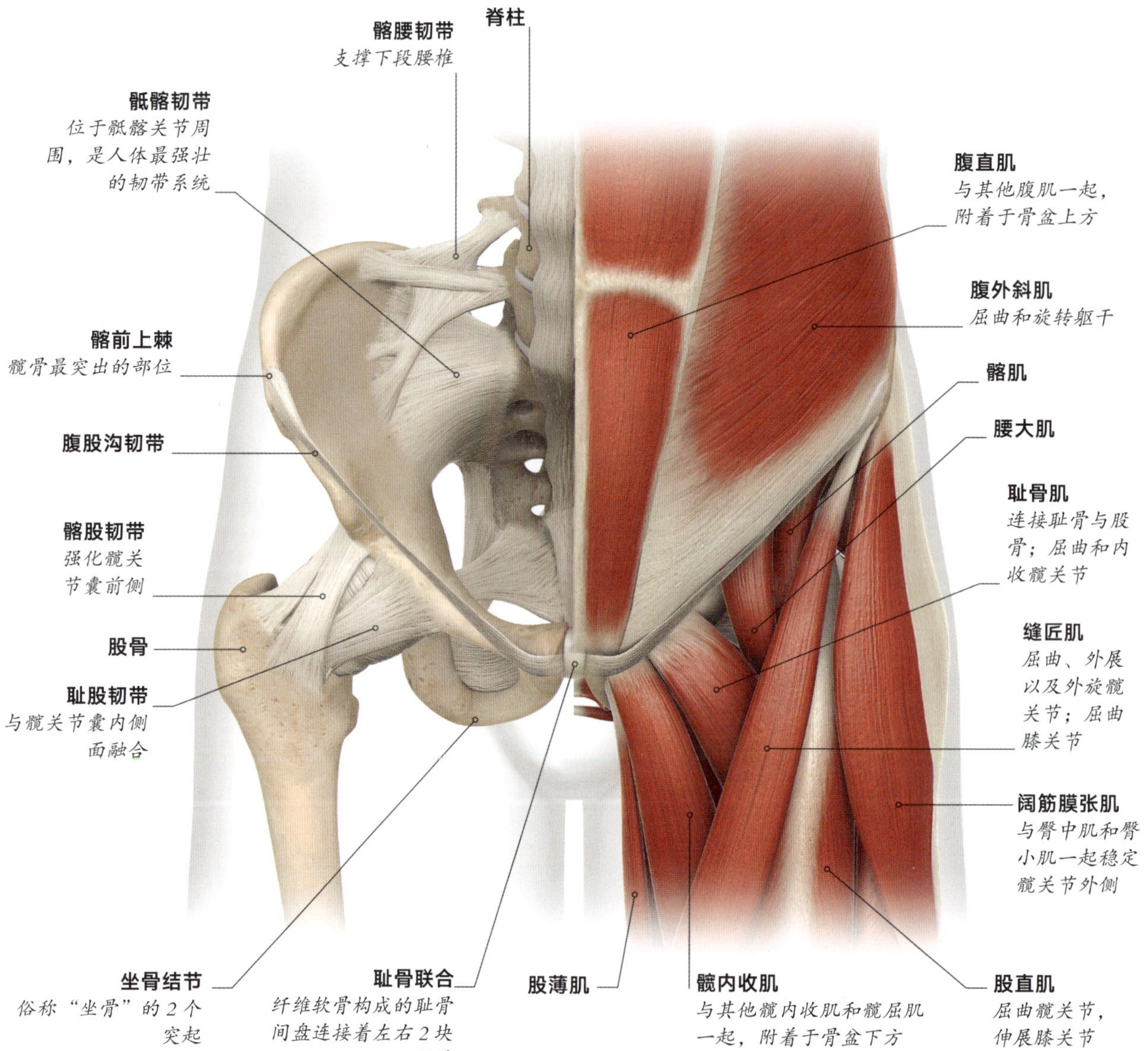

髂腰韧带
支撑下段腰椎

脊柱

骶髂韧带
位于骶髂关节周围，是人体最强壮的韧带系统

腹直肌
与其他腹肌一起，附着于骨盆上方

腹外斜肌
屈曲和旋转躯干

髂前上棘
髋骨最突出的部位

髂肌

腰大肌

腹股沟韧带

耻骨肌
连接耻骨与股骨；屈曲和内收髋关节

髂股韧带
强化髋关节囊前侧

缝匠肌
屈曲、外展以及外旋髋关节；屈曲膝关节

股骨

耻股韧带
与髋关节囊内侧面融合

阔筋膜张肌
与臀中肌和臀小肌一起稳定髋关节外侧

坐骨结节
俗称"坐骨"的2个突起

耻骨联合
纤维软骨构成的耻骨间盘连接着左右2块耻骨

股薄肌

髋内收肌
与其他髋内收肌和髋屈肌一起，附着于骨盆下方

股直肌
屈曲髋关节，伸展膝关节

前视图

解剖变异

坐骨神经的位置

坐骨神经采用多种路径穿过梨状肌。它可以从梨状肌的下方、上方，甚至内部穿过。它可能会出现分支，也可能不会。当梨状肌因长时间跑步而紧绷时，某些解剖变异可能导致坐骨神经受压迫，在臀部深处和大腿后侧产生疼痛（见深部臀肌综合征，第56页）。改良鸽式和梨状肌小球放松（见第84、88页）等拉伸动作，可以帮助缓解该症状。

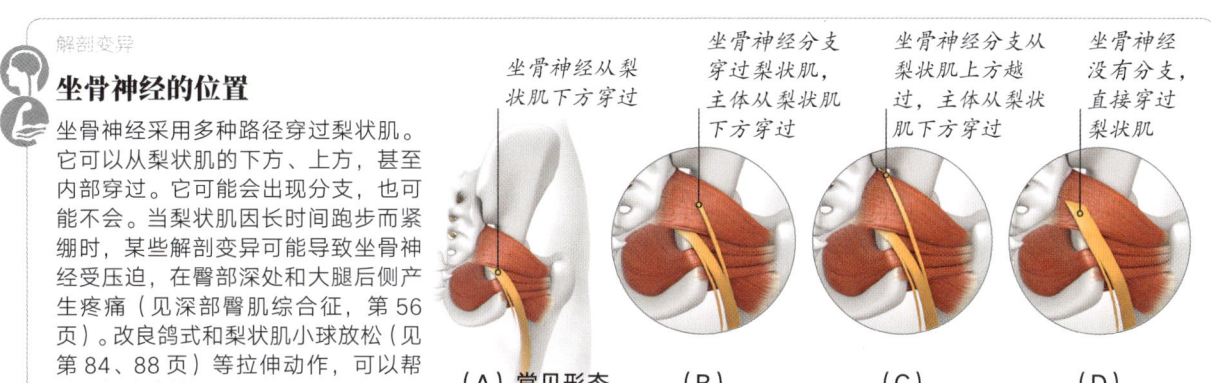

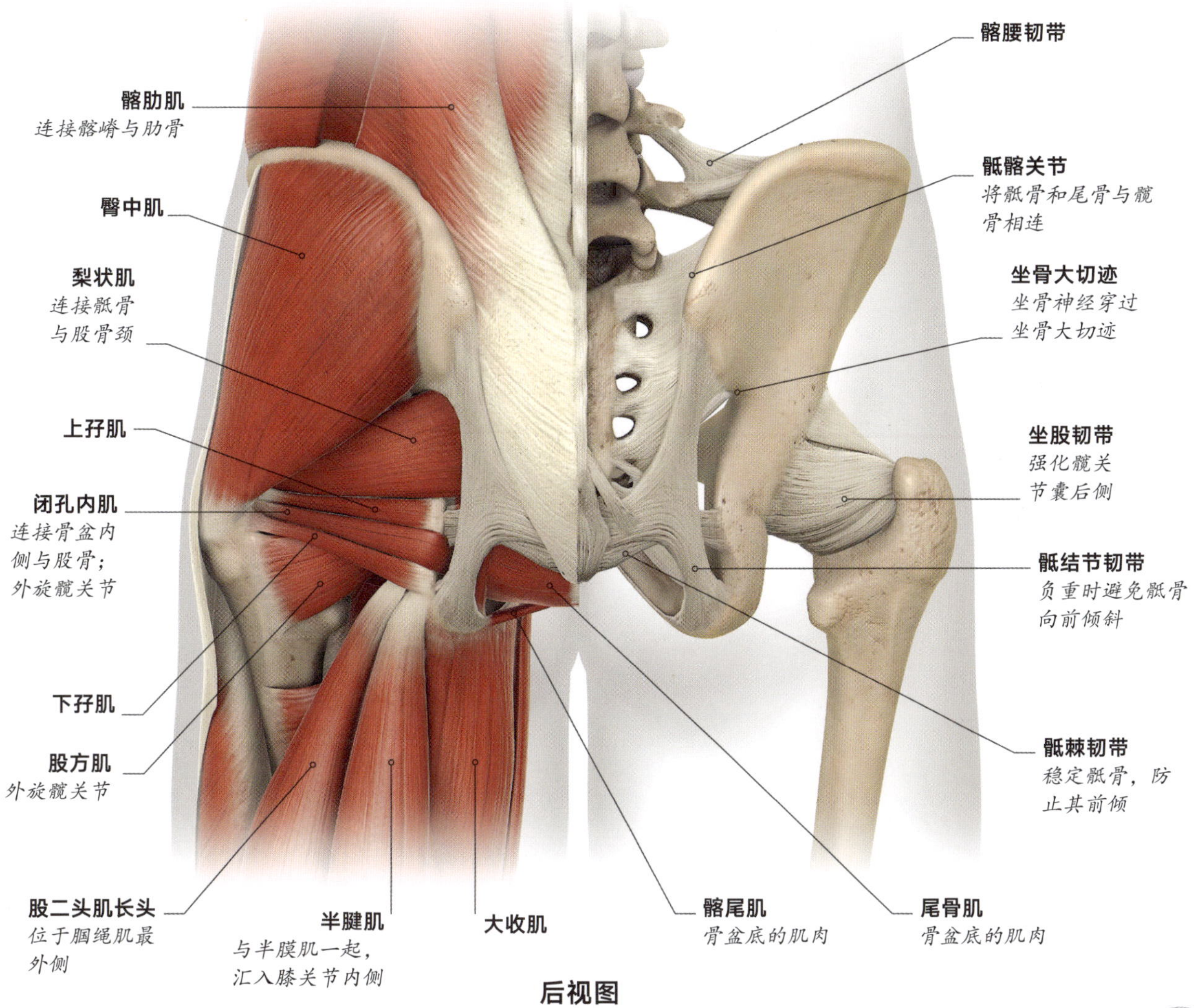

(A) 常见形态：坐骨神经从梨状肌下方穿过
(B) 坐骨神经分支穿过梨状肌，主体从梨状肌下方穿过
(C) 坐骨神经分支从梨状肌上方越过，主体从梨状肌下方穿过
(D) 坐骨神经没有分支，直接穿过梨状肌

后视图

- 髂肋肌：连接髂嵴与肋骨
- 臀中肌
- 梨状肌：连接骶骨与股骨颈
- 上孖肌
- 闭孔内肌：连接骨盆内侧与股骨；外旋髋关节
- 下孖肌
- 股方肌：外旋髋关节
- 股二头肌长头：位于腘绳肌最外侧
- 半腱肌：与半膜肌一起，汇入膝关节内侧
- 大收肌
- 髂尾肌：骨盆底的肌肉
- 尾骨肌：骨盆底的肌肉
- 骶棘韧带：稳定骶骨，防止其前倾
- 骶结节韧带：负重时避免骶骨向前倾斜
- 坐股韧带：强化髋关节囊后侧
- 坐骨大切迹：坐骨神经穿过坐骨大切迹
- 骶髂关节：将骶骨和尾骨与髋骨相连
- 髂腰韧带

核心肌群

核心肌群由身体中段的肌肉组成，作用是协调上半身与下半身动作。跑步时，强健的核心肌群可以让你更好地控制躯干与四肢，最大限度地产出、转化、控制运往下肢的力量和下肢的动作。脊柱则对躯干起支撑作用。

核心肌群

核心肌群由多层肌肉组成。其中，深层肌肉稳定躯干，浅层肌肉产生动作。

脊柱

脊柱包裹和保护脊髓并支撑身体的重量。脊柱由颈椎、胸椎和腰椎组成。脊柱的3段结构自然弯曲，形成了一个"S"形，使得身体重量均匀分布，从而让脊柱能够承受压力。不同区段的脊柱，在跑步的时候有不同的活动范围（见第141页）。

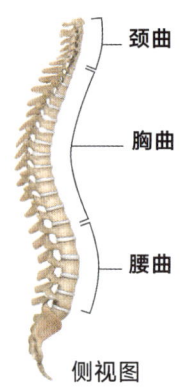

颈曲
胸曲
腰曲

侧视图

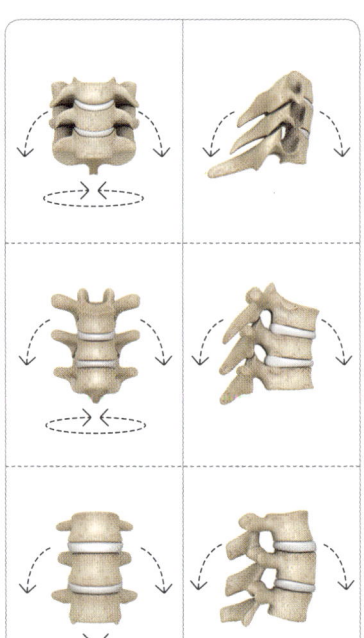

颈椎
颈椎位于颈部，由上段的7节椎骨组成，可以使颈部做出大幅度动作：伸展、屈曲、侧屈和旋转。

胸椎
胸椎位于胸部，由中段的12节椎骨组成，可进行大部分的躯干旋转动作。肋骨与胸椎相连。

腰椎
腰椎由5块最大的椎骨组成，有些人可能有6块椎骨。可进行屈曲和伸展动作，以及某些侧屈和旋转动作，并承担大部分的身体重量。

前视图　　侧视图

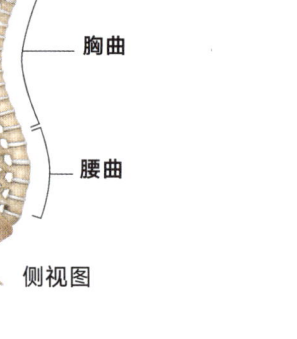

肋间软骨
胸廓
横突间韧带
脊柱伸肌群
可使脊柱伸展的长形肌肉
腰方肌
脊柱
髂腰韧带
前纵韧带
稳定椎骨，防止椎体前倾
骨盆

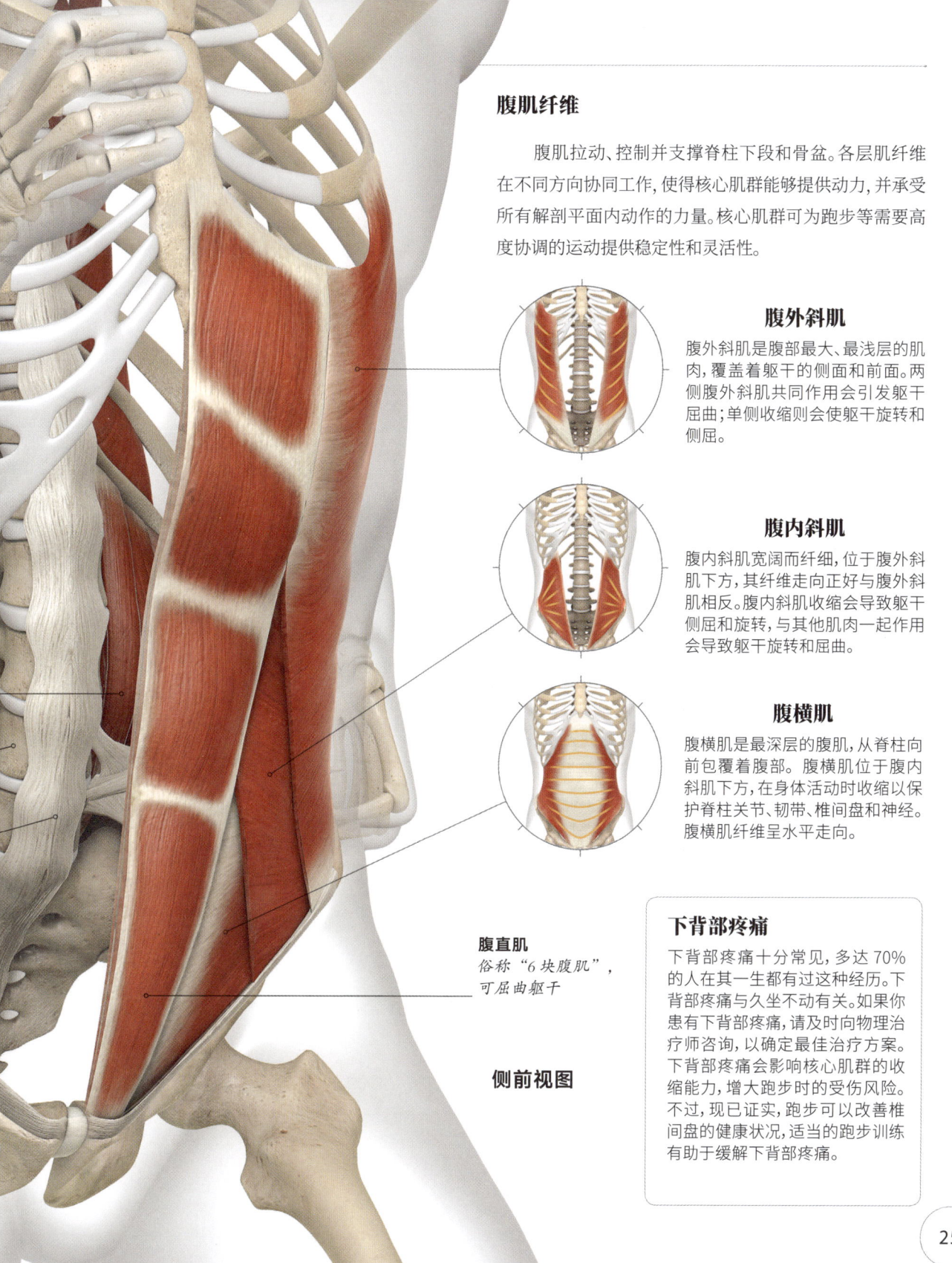

腹肌纤维

腹肌拉动、控制并支撑脊柱下段和骨盆。各层肌纤维在不同方向协同工作，使得核心肌群能够提供动力，并承受所有解剖平面内动作的力量。核心肌群可为跑步等需要高度协调的运动提供稳定性和灵活性。

腹外斜肌
腹外斜肌是腹部最大、最浅层的肌肉，覆盖着躯干的侧面和前面。两侧腹外斜肌共同作用会引发躯干屈曲；单侧收缩则会使躯干旋转和侧屈。

腹内斜肌
腹内斜肌宽阔而纤细，位于腹外斜肌下方，其纤维走向正好与腹外斜肌相反。腹内斜肌收缩会导致躯干侧屈和旋转，与其他肌肉一起作用会导致躯干旋转和屈曲。

腹横肌
腹横肌是最深层的腹肌，从脊柱向前包覆着腹部。腹横肌位于腹内斜肌下方，在身体活动时收缩以保护脊柱关节、韧带、椎间盘和神经。腹横肌纤维呈水平走向。

腹直肌
俗称"6块腹肌"，可屈曲躯干

侧前视图

下背部疼痛

下背部疼痛十分常见，多达70%的人在其一生都有过这种经历。下背部疼痛与久坐不动有关。如果你患有下背部疼痛，请及时向物理治疗师咨询，以确定最佳治疗方案。下背部疼痛会影响核心肌群的收缩能力，增大跑步时的受伤风险。不过，现已证实，跑步可以改善椎间盘的健康状况，适当的跑步训练有助于缓解下背部疼痛。

跑步运动解剖学

运动的动力驱动

我们从食物中摄取的营养物质以及从空气中吸入的氧气，作为身体所需的原料可以产生能量，这些能量驱动着身体的运动。人体心肺系统与消化系统之间的相互作用十分复杂，身体通过这些系统为肌肉提供能量。

能量的来源

胃肠系统处理我们每天摄入的食物。跑步时，我们主要依靠碳水化合物获取能量，但在某些情况下，人体也借助脂肪和蛋白质来供能。碳水化合物经处理后以糖原的形式储存于肝脏和肌肉中。脂肪经处理后以甘油三酯的形式储存于肝脏中，或者以脂肪的形式储存于脂肪组织中。蛋白质被分解为氨基酸，成为新生肌肉组织的原料。

糖原储备的增加

通过适当训练，身体将学会如何在肌肉中储存更多糖原，以及在比赛配速跑步时如何更有效地保存糖原。若跑步时间超过90分钟，身体的这种学习能力就尤为重要，因为那个时候糖原储备通常已消耗殆尽。由于糖原是最高效的能量来源，所以应尽可能地延长其被消耗的时间，这样对跑者来说更有用。

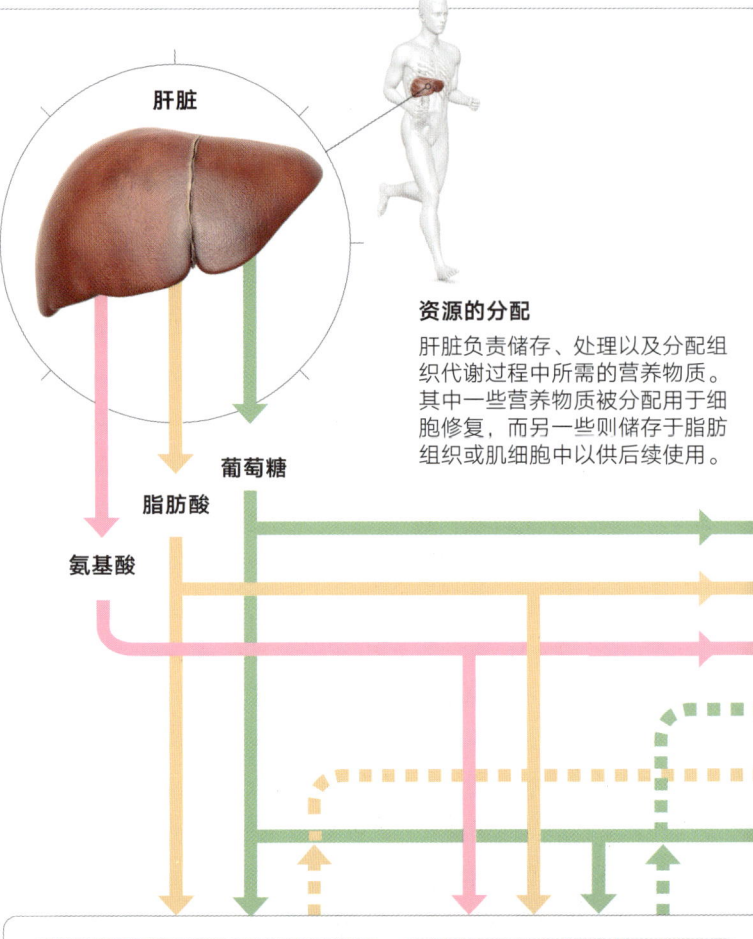

肝脏

资源的分配

肝脏负责储存、处理以及分配组织代谢过程中所需的营养物质。其中一些营养物质被分配用于细胞修复，而另一些则储存于脂肪组织或肌细胞中以供后续使用。

葡萄糖
脂肪酸
氨基酸

脂肪细胞

甘油三酯富含能量，以脂肪的形式储存于肌肉和脂肪组织中，然后在需要时被分解为游离脂肪酸，释放到血液中，为细胞提供能量。另外，多余的葡萄糖也会转化为脂肪。

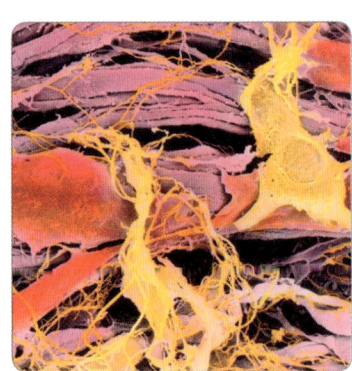

肌细胞

糖原储存于肌细胞中，随后释放出来为肌肉收缩提供能量。如果血糖过低，糖原还会从肌肉中释放到血液中，以提高血糖水平。

肝脏中营养物质的路径

━━━ 葡萄糖离开肝脏以待被利用
╌╌╌ 葡萄糖从储存中被释放出来
━━━ 脂肪酸离开肝脏以待被储存
╌╌╌ 脂肪酸从储存中被释放出来
━━━ 氨基酸离开肝脏以待被利用

肝细胞

葡萄糖过量时以糖原颗粒的形式储存于肝细胞中，然后根据需要释放。

能量的获取

肌肉的生长、更新和修复，以及跑步时主要肌群的收缩，都需要能量。身体直接从肝脏获得适当的能量供应，肌细胞和脂肪细胞也会提供备用能量。

人体能量系统

三磷酸腺苷分子可储存、传输和释放能量，用于肌肉收缩。人体有3种途径获取三磷酸腺苷，或者说有3种能量系统产生三磷酸腺苷。至于主要使用哪种系统，则取决于运动的持续时间和强度。

运动首先利用的是储存于细胞中的三磷酸腺苷。肌纤维储存有足量的三磷酸腺苷，可维持10秒钟的肌肉收缩。这种快速提供大量能量的方式只能在瞬时、短期，以及最大运动强度时使用。因为一旦使用，5分钟后才能恢复能量供应。跑步时，会首先启动该系统让你先动起来。

当储存的三磷酸腺苷耗尽后，细胞会进行无氧呼吸或有氧呼吸，将食物中的能量来源（通常是葡萄糖）在肌细胞内转化为三磷酸腺苷，以维持稳定的能量供应。

在高强度跑步中，氧气通常供不应求，因此，身体主要进行无氧呼吸。开始跑步时，无氧呼吸系统就会启动，并为运动提供能量。有氧呼吸系统（见第28页）启动时间较长，当其接替开始工作时，无氧呼吸系统即停止运行。

有氧呼吸系统是推动中强度或低强度运动的主要系统。它可以利用储存的葡萄糖，维持身体运行长达90分钟之久。长跑主要仰仗有氧呼吸系统，但任何时候身体爆发都需要短时的额外能量，而这是有氧呼吸系统无法满足的。例如，比赛冲刺时，身体就需要无氧呼吸系统发挥作用。

有氧呼吸和无氧呼吸都始于糖原分解。糖原分解是指从糖原中释放葡萄糖，随后发生细胞呼吸（也称为链式反应，见第28～29页），将葡萄糖转化为三磷酸腺苷，从而为肌肉收缩提供能量。

细胞呼吸

肌细胞呼吸之所以如此命名,是因为其发生在肌细胞内。首先,将糖原(储存于肌肉或由肝脏直接供应)转化为葡萄糖后释放出来。然后,通过有氧呼吸或无氧呼吸将葡萄糖转化为三磷酸腺苷分子,为肌肉收缩提供所需能量。

有氧呼吸与无氧呼吸

进行有氧呼吸时,身体会利用氧气将葡萄糖转化为三磷酸腺苷。在剧烈运动时,如果氧气不足(输送不足或消耗过快),身体则会转为无氧呼吸。无氧呼吸虽然无须氧气参与,但仍会造成乳酸堆积。乳酸并非只是代谢废物,相反,当减速进行慢跑时,乳酸就会成为有氧呼吸重要的能量来源。乳酸堆积会导致肌肉有灼烧感,产生身体疲劳,因此,无氧呼吸提供的能量是有限的。

耐力

有氧呼吸

有氧呼吸能够极为有效地产生能量,因此是耐力运动中产生能量的主要方式。1个糖原分子可以产生大约38个三磷酸腺苷分子。

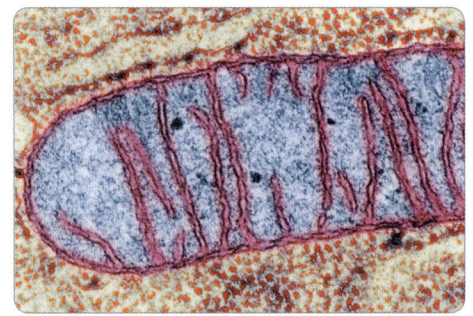

线粒体

有氧呼吸主要发生在线粒体中,所以线粒体被称为细胞的"能量中心"。进行耐力训练可以增加线粒体的数目和体积,从而提高身体有氧呼吸的效率。

2个三磷酸腺苷分子

有氧呼吸的第一阶段发生在肌细胞的细胞质中。通过糖酵解过程将葡萄糖分解为丙酮酸,生成2个三磷酸腺苷分子以供使用。然后,丙酮酸进入细胞线粒体,准备进入细胞有氧呼吸的下一阶段。

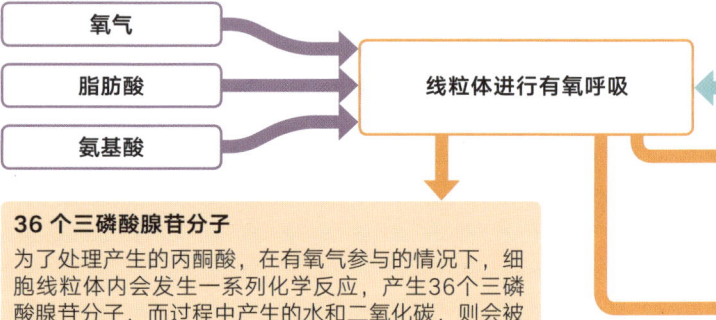

氧气 / 脂肪酸 / 氨基酸 → 线粒体进行有氧呼吸

36个三磷酸腺苷分子

为了处理产生的丙酮酸,在有氧气参与的情况下,细胞线粒体内会发生一系列化学反应,产生36个三磷酸腺苷分子,而过程中产生的水和二氧化碳,则会被清除出体外。

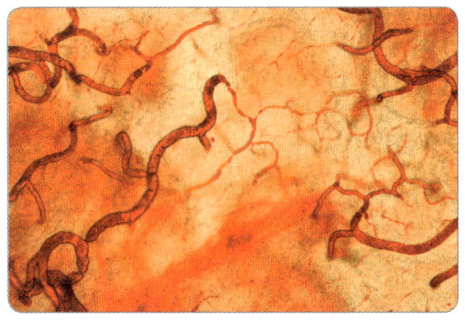

毛细血管

毛细血管是血管的微小分支,可将氧气和营养物质输送至细胞进行有氧呼吸。进行耐力训练可以增加毛细血管的密度,提高其功能性,进而强化肌肉的耐力表现。

耐力

 **乳酸阈**

在稳态运动(指持续进行低强度至中强度的有氧运动)中,有氧呼吸能够提供肌肉所需的能量。但是,当运动强度开始上升并超过有氧代谢能力时,血乳酸就开始呈指数级堆积。乳酸阈表示体内血乳酸开始呈指数级堆积前,你可以承受的最大运动强度。乳酸阈与长跑能力高度相关,因为它反映了肌肉持续进行有氧呼吸的效率及乳酸消除能力。

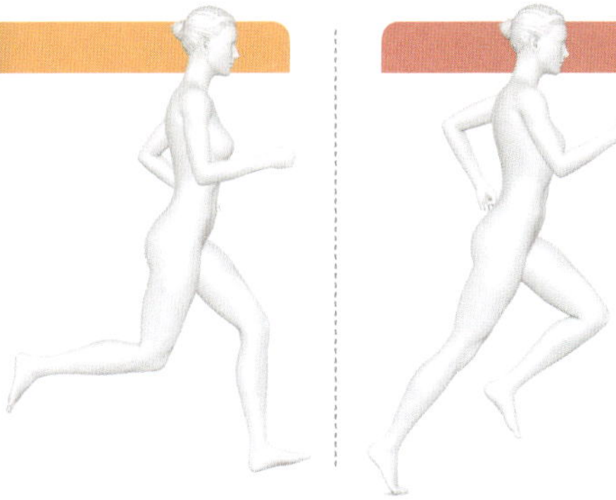

脂肪的代谢

当糖原储备耗尽时，肌细胞会将脂肪转化为能量。人体脂肪所储存的能量是糖原储存的30多倍。为了提供能量，必须先将甘油三酯分解成游离脂肪酸（此过程被称为脂肪分解），然后经由血液送至肌肉进行细胞呼吸。

脂肪储备的有效利用

进行耐力训练，可以增加身体在休息或是中强度（稳态有氧）运动时的脂肪代谢能力。对于长跑者而言，这种适应能力尤为重要，因为它能够使身体在长时间跑步中维持糖原储备。由于身体储存的糖原数量毕竟有限，所以如果身体在进行长时间的中强度运动时，能够有效代谢脂肪，将会是一大优势。

"撞墙期"是指当体内糖原耗尽时，身体突然出现强烈的疲劳感。增强身体利用脂肪储备的能力，可以维持糖原储备，从而推迟或避免"撞墙期"的到来。

速度

无氧呼吸

无氧呼吸发生在细胞的细胞质中，无须氧气参与。但细胞能量系统只能产生2个三磷酸腺苷分子，其提供的能量在最大运动强度时仅可满足2分钟左右的需求。

葡萄糖 → 糖酵解 → 丙酮酸

2个三磷酸腺苷分子
无论是有氧呼吸还是无氧呼吸，其糖酵解过程是相同的。但对于无氧呼吸而言，其糖酵解过程产生的能量就是整个无氧呼吸过程所能产生的全部能量，后续不会再产生新的三磷酸腺苷分子。

发酵作用

水

二氧化碳
二氧化碳作为代谢废物，通过肺部呼出体外。

乳酸
发酵作用会将丙酮酸分解成为乳酸，引起肌肉疼痛和疲劳。乳酸反过来也可以转化为丙酮酸，以供再次使用。

速度

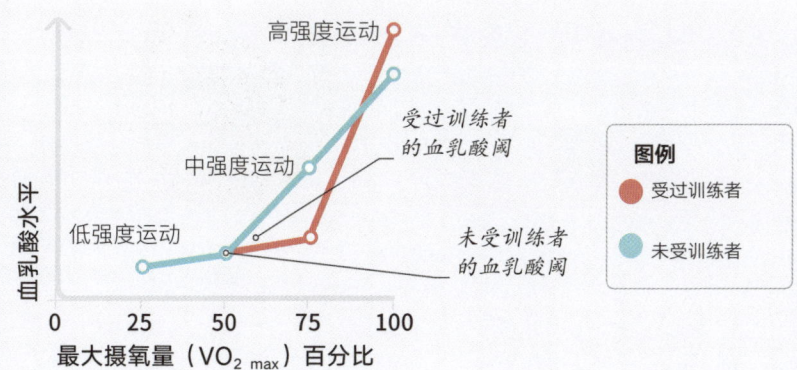

血乳酸浓度

左图显示了受过训练者和未受训练者在不同运动强度下的血乳酸水平，以最大摄氧量（见第31页）的百分比表示。有运动习惯的人，其血乳酸堆积曲线偏右。经过训练的肌肉可以在血乳酸大量堆积前承受更高的运动强度。你可以通过跑步的配速或跑步的感觉来找到你的乳酸阈（见第160页），从而避免血乳酸水平呈指数级增长，防止产生疲劳感。

氧气输送

人体各主要器官作为一个整体密切协作，为肌肉收缩提供所需氧气。氧气通过肺部进入血液，并被输送至运动中的肌肉。在肌肉组织中，氧气被交换成二氧化碳，二氧化碳被血液带回肺部呼出。心脏的泵血功能维持着这种重要的血液循环。

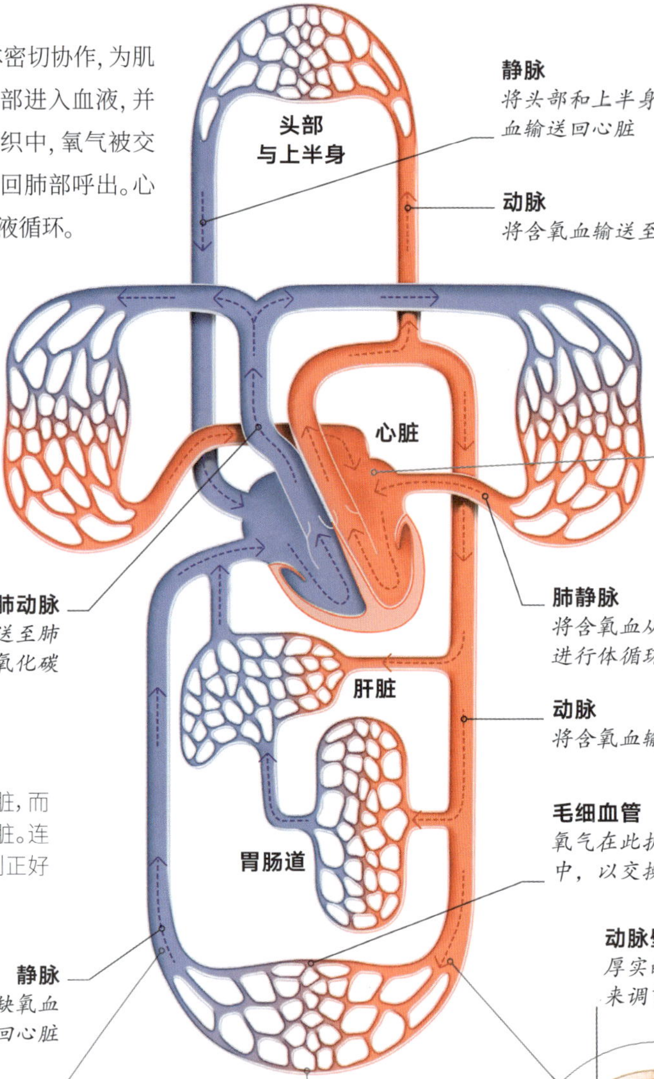

静脉
将头部和上半身的缺氧血输送回心脏

动脉
将含氧血输送至上半身

头部与上半身

右肺　心脏　左肺

肺动脉
将缺氧血输送至肺部以排出二氧化碳

肺静脉
将含氧血从肺部输送至心脏，进行体循环

肝脏

动脉
将含氧血输送至下半身

胃肠道

毛细血管
氧气在此扩散至组织细胞中，以交换出二氧化碳

心脏与循环系统

动脉（红色标识）携带含氧血离开心脏，而静脉（蓝色标识）携带缺氧血进入心脏。连接心脏与肺部的肺循环的运作方式则正好相反。

静脉
将腿部的缺氧血输送回心脏

动脉壁
厚实的肌肉壁会改变直径来调节血流量

静脉瓣
单向瓣膜，可防止血液回流

下半身

静脉
静脉将缺氧血从运动中的肌肉输送至心脏和肺部，以排出二氧化碳和热量。

毛细血管
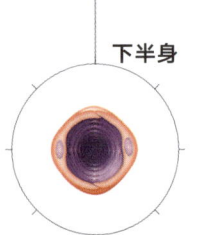
毛细血管网将动脉和静脉与组织细胞连接起来，是氧气与代谢废物进行交换的场所。

动脉
动脉将富氧血从心脏和肺部输送至运动中的肌肉。

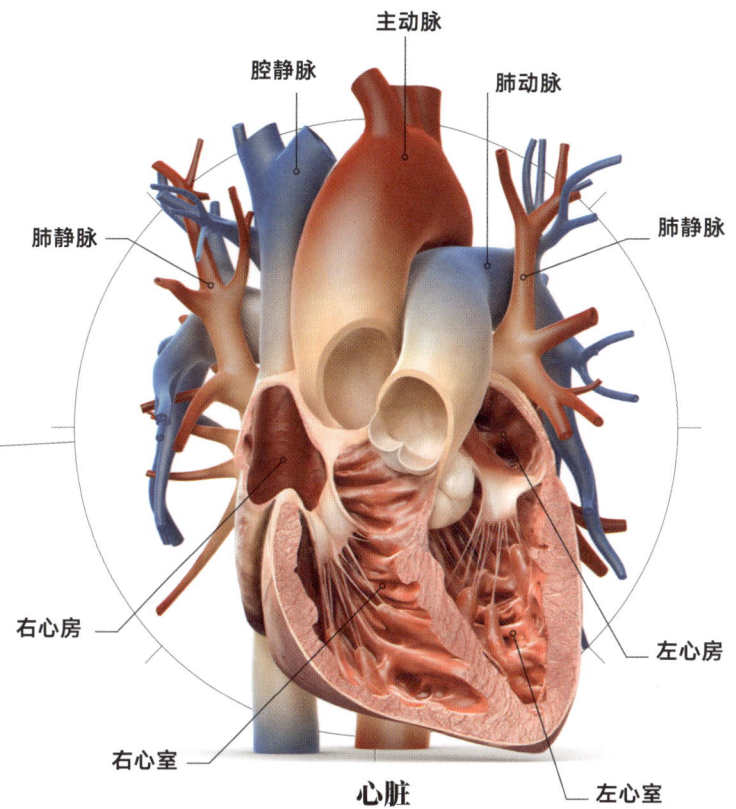

心脏

心脏会依照身体不断变化的需氧量，来调节血液循环的速度。运动期间，心肌收缩的速率和强度增加，可最大限度地提高血液循环效率，从而消耗更多的氧气。通过训练，左心室的容积大小会增加，使得心脏能够容纳更多的血量。

将含氧血泵送至全身

最大摄氧量

最大摄氧量是衡量人体在最费力时可消耗的氧气量。最大摄氧量值越高，表明肌肉中可供有氧呼吸的氧气越多。人体向肌肉输送氧气的能力取决于4个因素：最大心率；每搏输出量（一次心跳时从心脏泵出的血量）；血液中血红蛋白含量（可输送氧气）；输送至肌肉的血液参与循环的比例。其中一些因素可通过训练加以改善，而另一些则是由基因决定的。

适应性训练

通过训练，身体可产生适应性，从而改善为运动供能的能量系统。

有氧训练

有氧训练的目的是提高人体有氧呼吸系统的效率，使其在无氧呼吸系统开始工作之前维持更长的时间。有氧训练可提高有氧耐力和最大摄氧量。有氧训练带来的影响有：

- 只在较强运动强度下才产生乳酸堆积
- 加快乳酸清除速度
- 增加每搏输出量
- 增加体内血量
- 增大红细胞体积，促进氧气输送
- 加快肌肉的毛细血管化（见第28页）
- 增加线粒体（见第28页）的数目和体积，改善有氧呼吸
- 提高线粒体氧化酶活性和线粒体运作效率
- 提高现有的毛细血管运作效率
- 改善血液循环
- 增加慢缩型肌纤维（见第13页）的尺寸大小
- 增加肌肉的肌红蛋白含量（可增加肌肉含氧量）

无氧训练

无氧训练可增加人体耐受性和清除血乳酸的能力，还可提升乳酸阈（见第28页）。无氧呼吸适应性训练带来的影响有：

- 增强肌肉力量
- 提高肌肉运作效率
- 增加肌肉运用氧气的能力
- 增强肌肉缓冲能力（使肌肉能够承受细胞呼吸产生的乳酸堆积）
- 提高乳酸清除能力

跑步运动解剖学

如何控制身体的动作

在跑步过程中，大脑和神经系统与内分泌系统协同工作，以有意识或无意识的方式调节、控制我们跑步时的动作。这些系统对于维持体内的平衡状态也起着重要作用。

控制身体的网络

大脑是人体的控制中枢。它通过脊髓与周围神经系统发送和接收信息。周围神经系统包括2部分：自主神经系统和躯体神经系统。自主神经系统负责调节体温、呼吸和心率等非自主行为。躯体神经系统包括运动神经和感觉神经，以控制骨骼肌的自主运动。

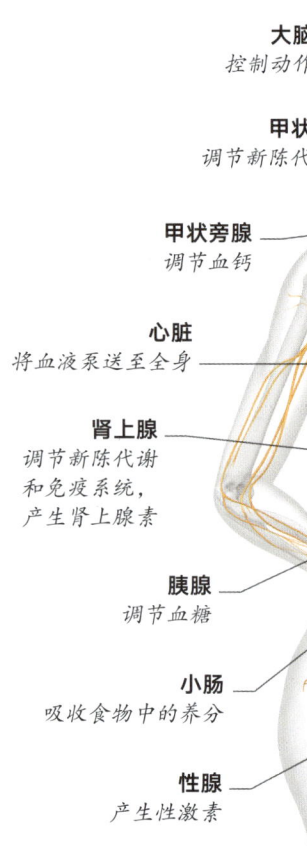

大脑
控制动作

甲状腺
调节新陈代谢

甲状旁腺
调节血钙

心脏
将血液泵送至全身

肾上腺
调节新陈代谢和免疫系统，产生肾上腺素

胰腺
调节血糖

小肠
吸收食物中的养分

性腺
产生性激素

周围神经
运动神经和感觉神经形成网络，遍布全身

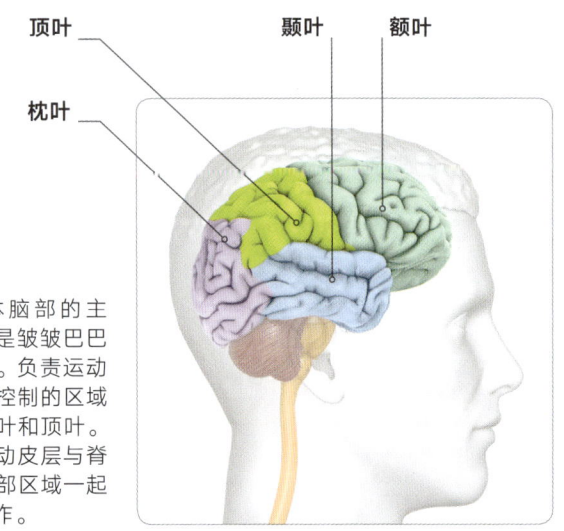

顶叶　颞叶　额叶
枕叶

大脑皮层
大脑是人体脑部的主体，其表面是皱皱巴巴的大脑皮层。负责运动控制和感觉控制的区域分别位于额叶和顶叶。跑步时，运动皮层与脊髓和其他脑部区域一起控制身体动作。

神经内分泌系统
周围神经将来自身体各个部位的信息传递给大脑进行处理，并向身体发出动作控制指令。大脑还与内分泌系统协同工作以应对体内的各种变化，从而维持内部平衡。

人体如何做出动作

运动皮层(位于额叶后方)负责协调肌肉活动,包括不自主运动和自主运动。脊髓和周围神经中的运动神经元发出信号,告知肌肉在必要时进行收缩和放松。跑步时,运动皮层控制多个可精准协调且快速反应的运动神经元的放电活动,促使特定肌肉收缩,从而做出指定动作。

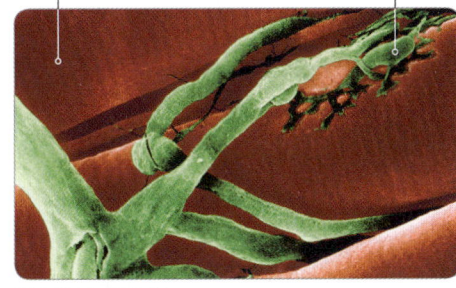

神经肌肉接合处
每个运动神经元在神经肌肉接合处与受其支配的肌纤维相连接,传递神经冲动,从而引起肌肉收缩。每条骨骼肌纤维通常都只有 1 个神经肌肉接合处。

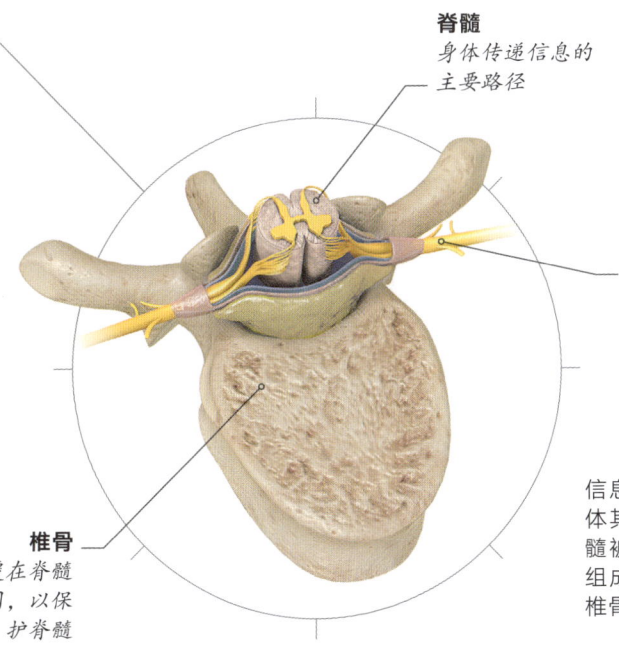

- **松果体**:帮助调节昼夜节律
- **下丘脑**:调节体温
- **小脑**:协调和调节身体动作
- **垂体**:控制其他腺体的分泌

脑部横断面
小脑的体积比大脑小,位于脑部后下方,负责维持动作的协调性和准确性。脑部还包含其他一些重要腺体。

- **脊髓**:身体传递信息的主要路径
- **脊神经**:在大脑与身体之间传递信息
- **椎骨**:包覆在脊髓周围,以保护脊髓

脊髓
信息通过脊髓在大脑与身体其他部位之间传递。脊髓被包覆在脊柱(由椎骨组成)中,脊神经从相邻椎骨之间的小开口处伸出。

平衡性与协调性

身体维持动作的平衡性与协调性，通常依赖于我们在潜意识层面对感觉信息和运动信息的整合程度。例如，跑步时，身体重心会不断调整，内耳中的感受器会结合视觉输入信息与大脑进行协调控制，以保持身体平衡。与此同时，腿部会根据接收到的运动信息调整下肢的僵硬程度，以适应各种地形变化。通过不断地调整，身体才能保持头部稳定并看得更远。

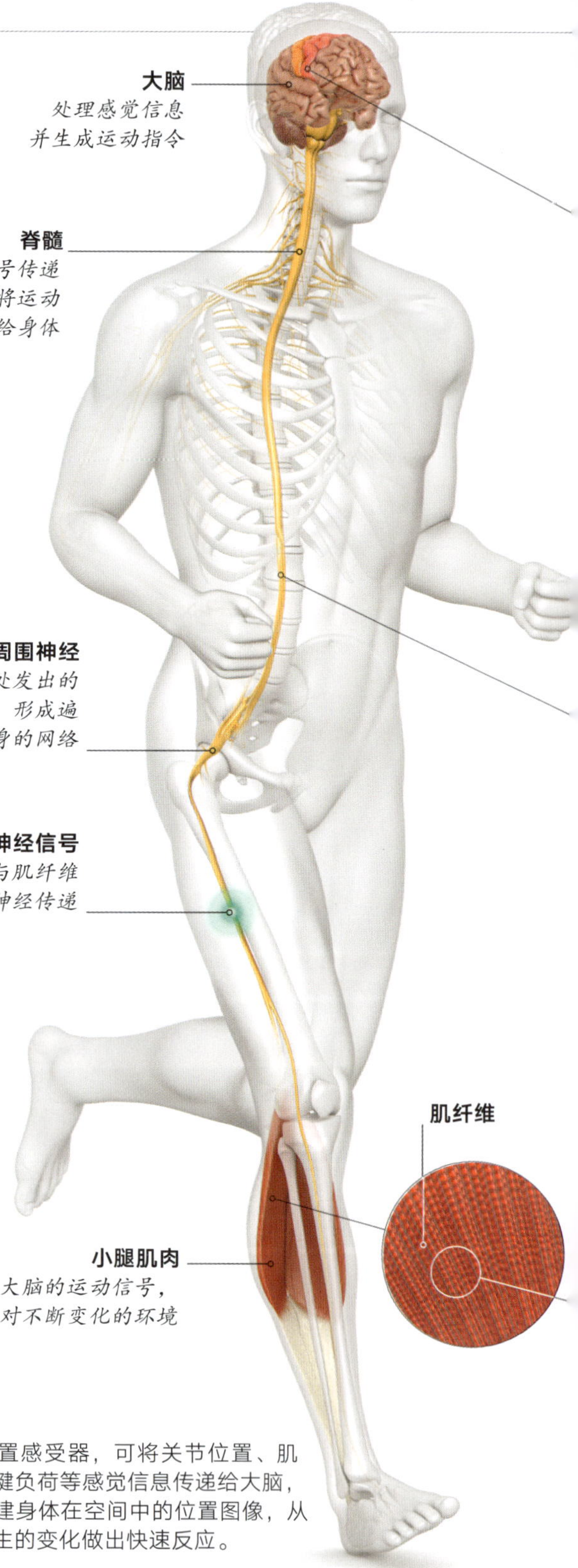

身体为了跑步而进化

人体解剖学中已有证据表明，人类为了跑得更远，在很多方面都有所进化。例如，能量的优化利用、躯干和头部的稳定，以及体温的调节。例子之一是我们进化出项韧带，因为我们的类人猿祖先并不存在这种身体结构；例子之二是我们进化出相对较长的跟腱。

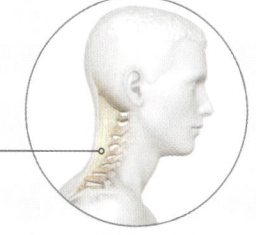

项韧带
项韧带的进化是为了防止头部在跑步及其他活动中向前倾斜

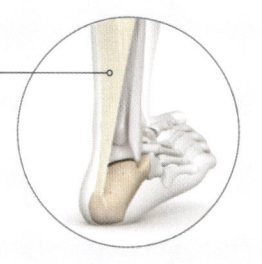

跟腱
跟腱储存、释放能量的能力，可能是为了应对长途奔跑而进化的结果

大脑
处理感觉信息并生成运动指令

脊髓
将感觉信号传递给大脑，将运动信号传递给身体

周围神经
从脊髓处发出的脊神经，形成遍布全身的网络

神经信号
沿着大脑与肌纤维之间的神经传递

肌纤维

小腿肌肉
接收来自大脑的运动信号，使身体应对不断变化的环境

本体感受器
亦被称为位置感受器，可将关节位置、肌肉长度和肌腱负荷等感觉信息传递给大脑，使其能够创建身体在空间中的位置图像，从而对突然发生的变化做出快速反应。

感觉皮层
接收和处理与触觉、痛觉和温度有关的感觉信息

运动皮层
生成自主动作指令

运动皮层和感觉皮层
运动皮层位于大脑皮层（见第32页），参与规划、协调和控制自主动作。感觉皮层与其相邻，负责处理和整合来自全身各处的感觉数据。

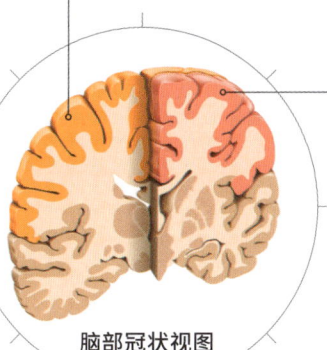

脑部冠状视图

运动神经元
传递神经信号至肌纤维

中间神经元
连接神经与脊髓

感觉神经元
传递来自周围神经的神经冲动

脊髓
脊髓主要包含3种类型的神经细胞。感觉神经元将感觉数据从身体传递至大脑。运动神经元将动作控制指令从大脑传递至骨骼肌纤维。二者均通过中间神经元与中枢神经系统进行信息交互。

来自大脑的运动信号

送往大脑的感觉信号

肌梭纤维
检测肌肉长度的变化

感觉神经元
传递感觉信息至大脑

肌细胞

肌梭
肌梭是肌肉中的感受器，可接收肌肉长度和张力变化的信息，并将其传递给中枢神经系统。肌梭通过反射动作可以产生更强大的力量来对抗肌肉收缩，防止肌肉过度拉伸。

平衡性
内耳半规管呈环状，充满液体，包含绒毛状感受器，可以检测身体在3个解剖平面内的运动。半规管发送给大脑的信号能够监测头部随身体移动时的空间位置，还能检测突然发生的偏差，比如你跑步时跑下路缘石。大脑会将这些信息与其他感觉数据整合起来进行解读，然后做出相应反应来维持身体平衡以及头部水平。

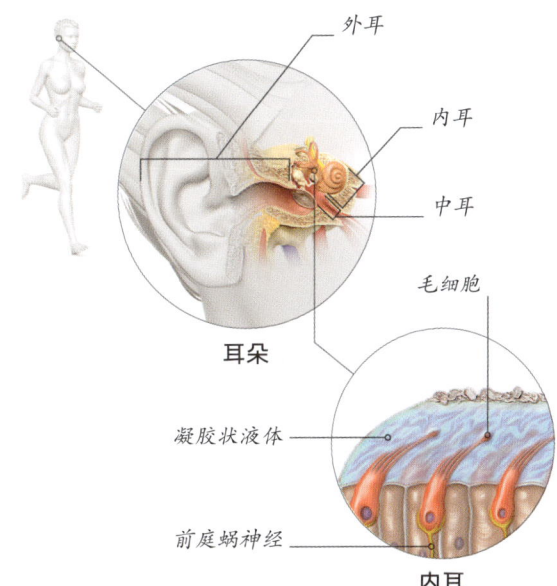

耳朵

内耳

运动方向
凝胶状液体包裹着内耳耳石膜内纤细的绒毛状感受器。当头部移动时，这些感受器可以通过其周围液体的流动获取信息，帮助大脑确定运动方向。

视觉与协调性
眼睛与其他感受器的工作方式相同，都是将感觉输入信息（眼睛接收的是视觉输入信息）传递给大脑进行处理。这样做可以让你提前预测前方地形，随时调整各种肢体动作，避开移动物体（比如狗或人群）。这种协调控制大部分发生在潜意识层面。每迈出一步，身体都会受到冲击，但保持头部水平就仍能发挥眼睛的视觉功能。

无意识功能

除了有意动作之外，大脑和神经系统还控制着许多无意识功能来支持运动。自主神经系统负责调节跑步时的体温、呼吸和心率。它可分为交感神经系统和副交感神经系统。运动期间，交感神经系统主要处于活跃状态，可加速心率、扩张血管与气道，并抑制消化功能。

体内稳态

体内稳态是一种内在平衡状态。在此状态下，即使外部条件不断变化，但身体内部仍能运作良好，保持动态平衡。自主神经系统与内分泌系统相互协调，将激素释放到血液中以维持体内稳态。激素是一种化学信使，可影响细胞功能。激素控制着体内的诸多生理反应，如能量代谢和组织生长。

自主神经系统

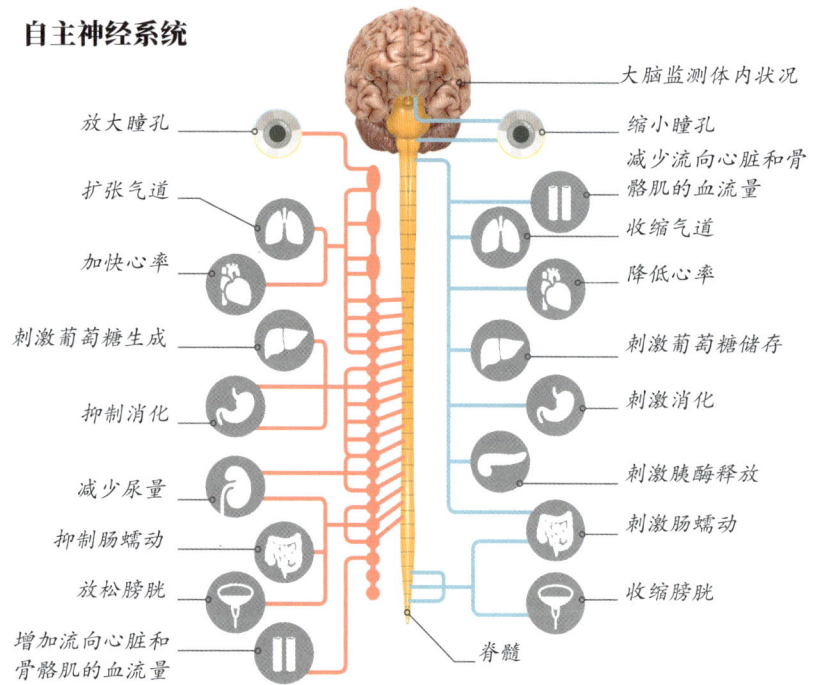

交感神经系统
交感神经系统能够启动"战斗或逃跑"反应，可在压力下维持正常功能。比如，增加心率与肌肉收缩力量，扩张气道以及通往心脏和肌肉的血管，将葡萄糖释放到血液中以增强肌肉力量。

副交感神经系统
副交感神经系统是身体持续运作的维护系统，在运动后的恢复中发挥着作用，有助于消化、排尿和储存能量等。其作用往往与交感神经系统相反。

激素平衡

内分泌系统调节激素的产生，使其能够根据需要发挥重要功能，但过度训练会破坏激素平衡。因此，开展正常训练，一定要在负荷过重与及时恢复之间取得平衡（见第163页）。如果负荷过重或恢复不足，就会导致生理和心理症状，表现为过度训练综合征，这是一种破坏神经系统和激素的疾病。

激素的补充

说到激素补充剂，人们通常会想到体育运动中的兴奋剂，但在某些情况下，医生也会建议你出于健康原因补充自身激素。

雌激素
过度训练会降低女性的雌激素水平。女性跑者如果患有运动相对能量缺乏症（见第57页），雌激素水平会急剧下降，从而导致骨骼量流失，增加骨骼肌受伤的风险。可通过使用雌激素贴片或服用避孕药对雌激素进行补充，使其回到正常水平，并降低受伤风险。

甲状腺素
甲状腺功能减退和过度训练都会降低甲状腺素的循环水平，从而降低代谢速率和蛋白质合成数量。通常可用甲状腺激素替代治疗以促进激素平衡。

胰岛素
胰岛素负责控制葡萄糖进入身体各个组织。如果没有胰岛素发挥作用，只有微量葡萄糖进入细胞，会造成灾难性后果。糖尿病会影响胰岛素的产生和（或）功能。补充胰岛素是常见的治疗方法。

影响训练的激素

激素	产生位置	功能
皮质醇	肾上腺	• 刺激葡萄糖的产生,但以消耗蛋白质和脂质为代价 若训练过度,体内会产生过多的皮质醇,导致蛋白质过度分解,带来睡眠问题,还有可能增加压力感
睾酮	睾丸(男性)、肾上腺和卵巢(女性)	• 增加肌肉量和骨骼量 • 提高激素水平,增大肌纤维,缩短运动后的恢复时间 若训练过度,垂体会停止分泌睾酮,直至身体完成恢复。男性的睾酮水平高于女性
雌激素	卵巢(女性)、肾上腺和睾丸(男性)	• 促进储存的脂肪分解以产生能量 • 帮助保持骨密度 女性的雌激素水平高于男性
红细胞生成素	肾脏	• 刺激骨髓产生红细胞,红细胞将氧气从肺部输送至肌肉细胞,从而增加携氧能力
内啡肽	垂体和中枢神经系统	• 产生"跑者愉悦"(见第207页),这是一种与长时间耐力训练有关的欣快感 由于身体逐渐适应内啡肽,所以随着时间的推移,在同样程度的刺激下,产生的内啡肽会减少
肾上腺素	肾上腺	• 触发"战斗或逃跑"反应:提高心率、扩张气道、收缩血管、刺激肌糖原和脂肪的分解,这些功能对于竞赛型选手非常有用
甲状腺素	甲状腺	• 调节代谢速率,维持肌肉、大脑和整体激素功能 甲状腺素必须保持平衡,以确保肌肉正常收缩
胰岛素	胰腺	• 促进细胞从血液中吸收葡萄糖,并将其转化为能量或将其以糖原形式储存于肌肉和肝脏中
心房钠尿肽	心肌	• 帮助调节血压 跑步时,收缩压会升高,因为心脏需要将含氧血泵送至全身各处,以维持身体机能,尤其是在左肌肉新陈代谢的过程中
生长激素	垂体	• 影响蛋白质合成、肌肉量、骨密度、肌腱和韧带强度,以及其他对跑步起着重要作用的功能 由于身体逐渐适应生长激素,所以训练得越多,身体分泌的生长激素会越少。若想释放等量的生长激素,就必须更加努力地训练

温度控制

人类是恒温动物，为了生存，我们必须将体内温度控制在一个很小的范围内。极端温度可能会对人类生存构成威胁。运动期间，身体会产生热量，必须将热量排出体外，才能使核心温度保持在合理范围内。如果散热不充分，可能会导致某种形式的中暑甚至死亡。就算没有这么严重，至少运动表现会受到影响。如果身体处于温度、相对湿度的极限状态，或者两者兼而有之的环境条件，那么体温调节会更加难以实现。

体温调节

温度感受器会检测体温是否偏离适宜范围。如果发生偏离，下丘脑就会启动合适的修正机制，以恢复体内稳态。当体温重新恢复正常时，下丘脑就会关闭修正机制。

如何提高体内温度

下丘脑可对热量产生的过程进行刺激，以提高体内温度：

- **收缩表皮血管**
表皮血管收缩可以减少流向皮肤的血流量，防止热量以辐射形式从血液散发到大气中。
- **刺激肌肉颤抖**
肌肉颤抖可以产生热量。
- **加快新陈代谢**
新陈代谢会因受到激素刺激而加快，从而促进了热量的生成。

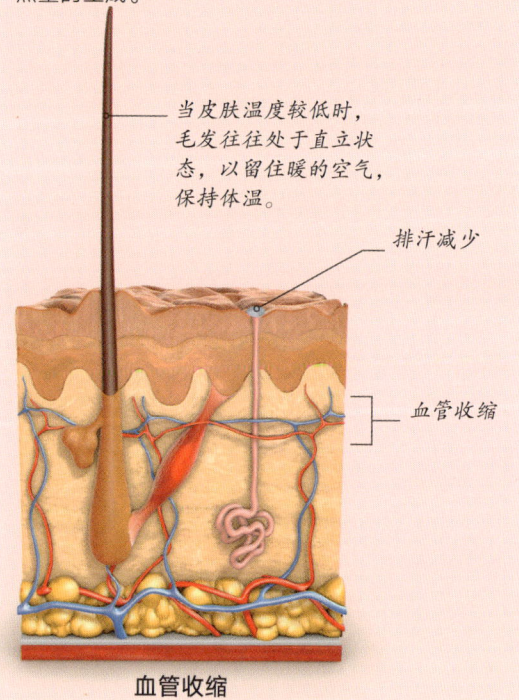

当皮肤温度较低时，毛发往往处于直立状态，以留住暖的空气，保持体温。

排汗减少

血管收缩

血管收缩

体内核心温度的变化

跑步会提高体内温度。在低温条件下跑步时，若保暖措施不足，体温可能会降低。体内核心温度必须保持在 37 ～ 37.8°C。

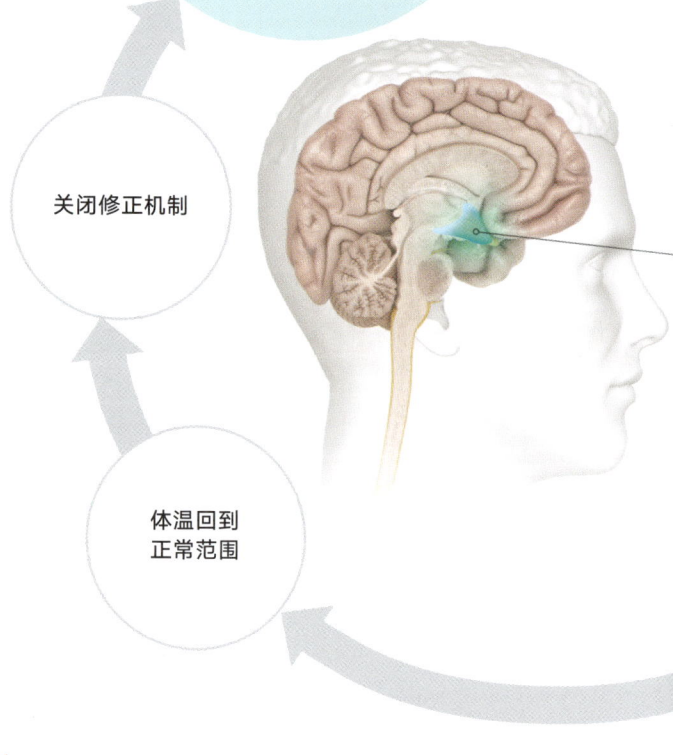

关闭修正机制

体温回到正常范围

体温过低

热衰竭和热射病

身体同时遇到外部环境热应激和体内发热的情况,可能会导致热衰竭或热射病。热衰竭的症状包括乏力、头晕、恶心以及脉搏虚弱急促。体温调节功能在热衰竭时仍能发挥作用,但无法迅速散热。热射病是一种危及生命的疾病,需要立即送医。热射病是由身体的体温调节机制失效引起的,其特征是停止排汗、脉搏和呼吸急促且伴有紊乱、方向迷失或意识丧失。

适应性训练

通过进行专门训练,身体在高温环境下运动的耐受性会提高,排汗速率与核心温度之间的敏感度也会增加。当体内核心温度较低时,身体就开始排汗,从而使得核心温度不断保持在可控范围内。如果你即将面临的比赛环境气温远高于日常训练时的温度,那你应该考虑"热适应"方案,比如训练后洗热水澡或桑拿,甚至是在温度较高的房间内训练,以提高在高温条件下的比赛表现。

体内温度调节过程

- 温度感受器检测到体温变化
- 下丘脑:下丘脑位于人的脑部,是人体重要的内分泌腺,也是体温调节中枢。当体温偏离正常范围时,它会启动合适的修正机制,使体温恢复正常水平。
- 启动修正机制
- 当下丘脑无法启动合适的修正机制时,体内核心温度就会持续上升或下降,超出预期范围。

体温过高

如何降低体内温度

下丘脑会刺激散热机制,以降低体内温度。

- **增加排汗**
身体通过排汗可以带走过多的热量,使体温下降。排汗是降低体温的主要方法,能够有效散发肌肉收缩所产生的热量。脱水可能会使身体无法正常排汗,进而影响热量的散发。高温潮湿的环境或不利于排汗的衣服也会影响身体的散热能力。
- **舒张表皮血管**
表皮血管舒张可以增加流向皮肤的血流量,使热量以辐射形式从皮肤散发到外界环境中。随着流向皮肤的血流量增加,流向肌肉的血流量会相应减少,这意味着为运动供能的富氧血也随之减少。

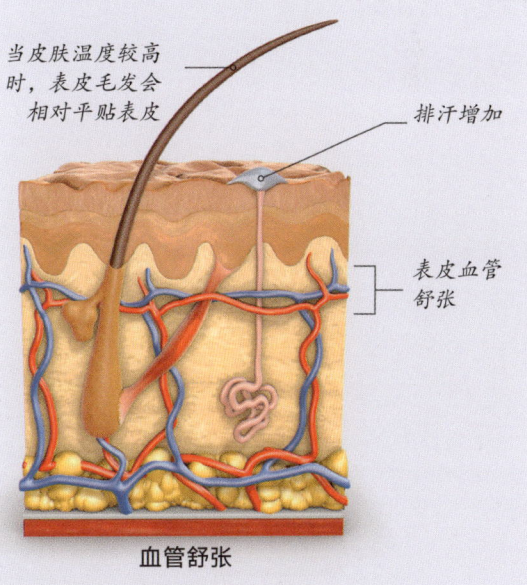

当皮肤温度较高时,表皮毛发会相对平贴表皮 — 排汗增加 — 表皮血管舒张

血管舒张

跑步运动解剖学

影响跑步的外部因素

跑者会受到多种外部因素的影响。每次足部着地时,冲击力都会作用于全身。跑者需要通过肌肉收缩(见第12~13页)和姿势变化来应对这些冲击。此外,跑者所处的环境(如天气、地形和海拔高度)也会影响身体的活动方式。

地面反作用力

跑步会周期性地受到冲击力的影响。一旦重力迫使足部着地,就会向地面施加一个力,这个力会产生一个大小相等但方向相反的地面反作用力。地面反作用力作用于人体不同方向,包括垂直方向、前后方向(用于推进与制动)和侧向。许多运动伤害都是由地面反作用力(具体来说是其大小和作用频率)造成的,身体在吸收地面反作用力的同时,必须储存尽可能多的能量并将其转化为推进力,才能将身体推离地面。一些研究发现运动伤害与地面反作用力垂直分量的作用频率有关,而另一些研究发现运动伤害与向后的制动力有关。

反作用力如何冲击身体

尽管地面反作用力影响全身,但其吸收部位主要集中在下肢。足部的着地模式会影响地面反作用力在全身的分布。在跑步周期的承重早期(见第60页),下肢的姿势会影响冲击力作用于全身的方向。身体感受冲击力的方式,将会影响下肢采取何种动作来吸收负荷。例如,步长越长,产生的制动力就越大;膝关节屈曲幅度越大,着地时需要的股四头肌力量就越大,但这也会减小膝关节以上部位受到的冲击力。

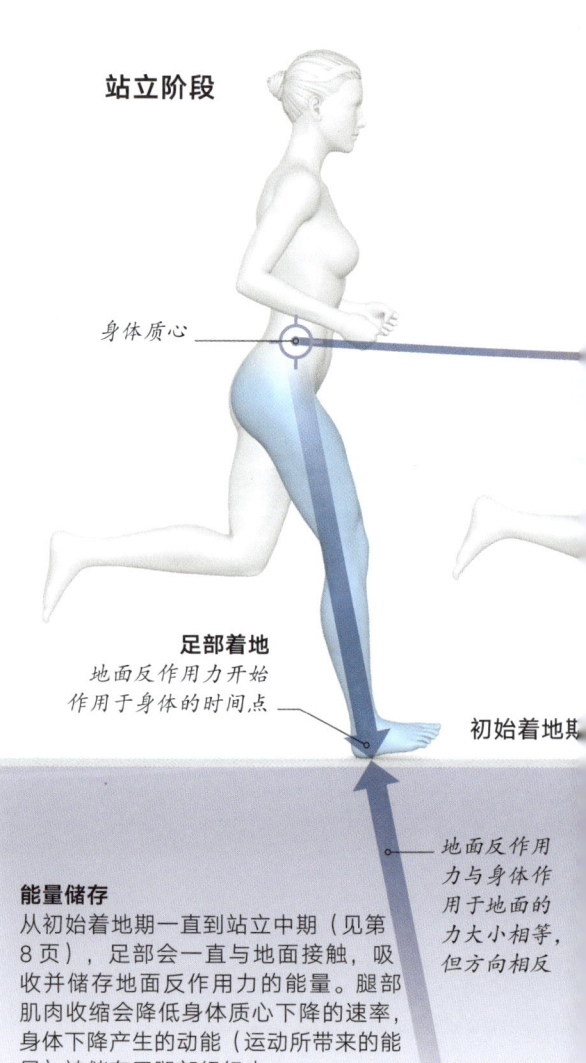

站立阶段

身体质心

足部着地
地面反作用力开始作用于身体的时间点

初始着地期

能量储存
从初始着地期一直到站立中期(见第8页),足部会一直与地面接触,吸收并储存地面反作用力的能量。腿部肌肉收缩会降低身体质心下降的速率,身体下降产生的动能(运动所带来的能量)被储存于腿部组织中。

地面反作用力与身体作用于地面的力大小相等,但方向相反

储存与转化能量

足部每一次着地时,腿部都会吸收地面反作用力的能量,并利用这些能量推动身体腾空。在站立阶段的前半段,身体质心会下降。此时,关节会发生屈曲,而腿部的黏弹性组织(如跟腱),在储存地面反作用力能量的同时,会因身体质心的下降而得到拉伸(见第12页)。身体质心在站立中期处于最低点。在站立末期,储存的能量被释放(见第13页),身体质心加速抬升,以对抗重力作用。

 最小化地面反作用力

尽管研究人员已进行了大量研究,但仍无法确定一种最佳的步态模式来降低地面反作用力所造成的运动伤害。目前认为,脚后跟着地(见第66页)、垂直振荡的幅度过大(见第65页),以及步幅过大(见第64页)都会增加来自地面的反作用力。步幅过大和前脚掌着地(见第66页)还会增加制动力。其中一种能够减少地面反作用力垂直分量以及制动力的干预措施是增加步频(见第64页)。

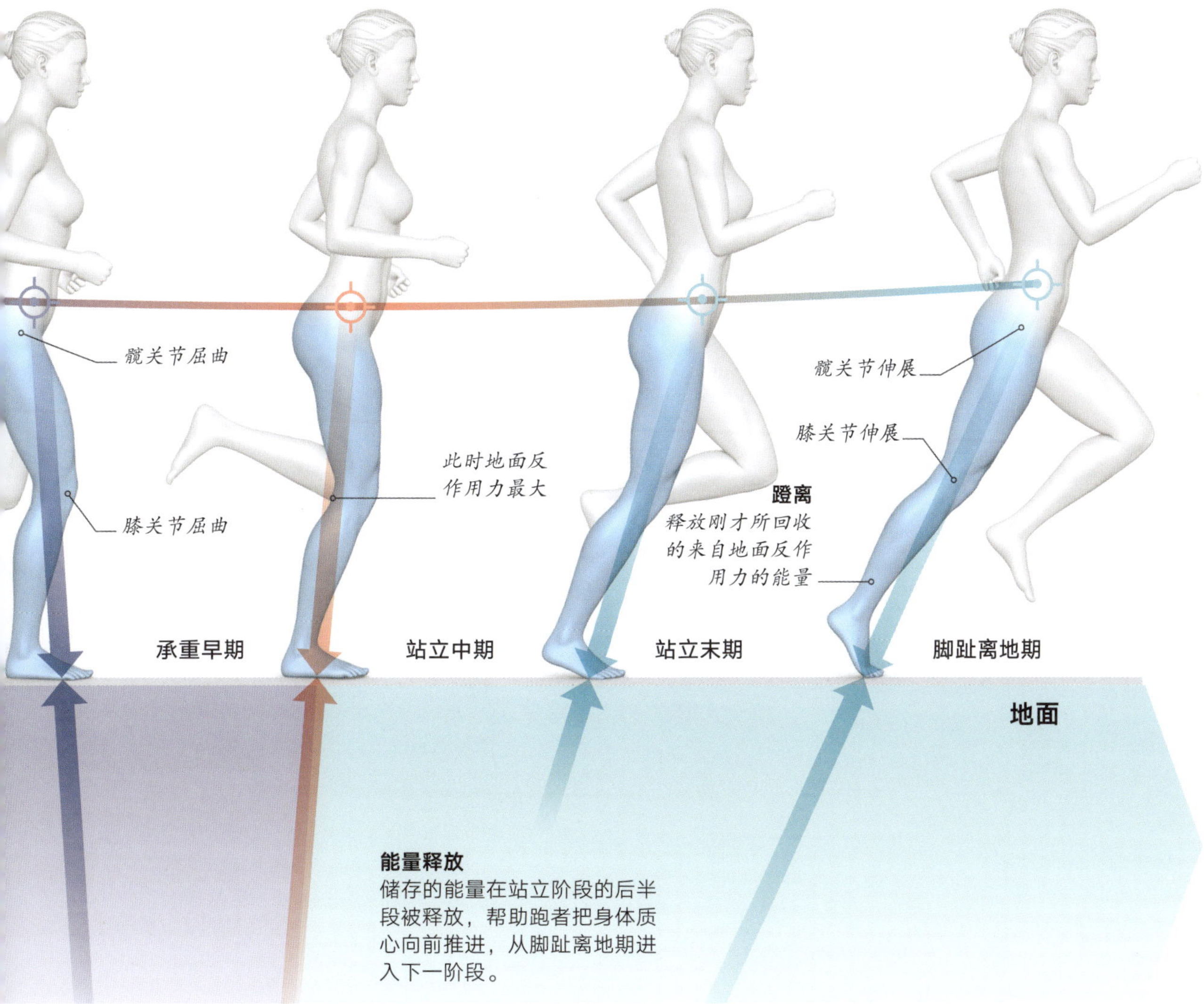

髋关节屈曲

膝关节屈曲

此时地面反作用力最大

髋关节伸展

膝关节伸展

蹬离
释放刚才所回收的来自地面反作用力的能量

承重早期　　站立中期　　站立末期　　脚趾离地期

地面

能量释放
储存的能量在站立阶段的后半段被释放,帮助跑者把身体质心向前推进,从脚趾离地期进入下一阶段。

跑步运动解剖学

力矩

当地面反作用力作用于身体时,会在关节上形成旋转的力量(称为"力矩"或"扭矩")。力矩是作用在物体上的力使物体绕轴(或枢轴点)旋转程度的度量。作用力的施加位置可以是离枢轴点的任何距离,这一距离称为力臂,物体会顺着作用力的方向绕轴旋转。作用力施加在物体上的外部力矩会受到内部力矩的抗衡。跑步时,踝关节与膝关节相当于枢轴点,足部与小腿相当于力臂。地面反作用力与枢轴点的相对位置决定了作用于力臂的外部力矩方向。枢轴点周围的肌肉会产生内部作用力(形成内部力矩)来抗衡外部作用力。内力与外力的相互作用决定了力臂的运动方向。

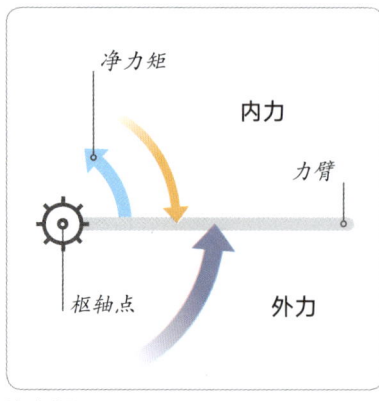

净力矩
在上图中,外部力矩(来自地面反作用力)大于内部力矩(来自肌肉力量)。外力与内力相互作用产生净力矩,从而决定力臂(小腿或足部)围绕枢轴点(膝关节或踝关节)旋转的力度和方向。

图例
- 内部力矩
- 外部力矩
- 地面反作用力
- 净力矩

膝关节
当初始着地时,地面反作用力指向膝关节后方。这股力量作用在小腿上,促使膝关节屈曲。为了抗衡这股力量,股四头肌会进行离心收缩(见第12页),产生一个使膝关节伸展的力矩来控制其屈曲程度。针对股四头肌离心收缩的力量训练会强化肌肉的反应能力。

脚后跟着地
当脚后跟着地时,地面反作用力指向踝关节后方,促使踝关节跖屈(见第66页)。为了对抗这股力量,胫骨前肌会进行离心收缩(见第12页),产生一个使踝关节背屈的力矩来控制其跖屈程度。

脚后跟着地

前脚掌着地
当前脚掌着地时,地面反作用力指向踝关节前方,促使踝关节背屈(见第66页)。为了抗衡这股力量,小腿肌肉会进行离心收缩(见第12页),产生一个使踝关节跖屈的力矩来控制其背屈程度。

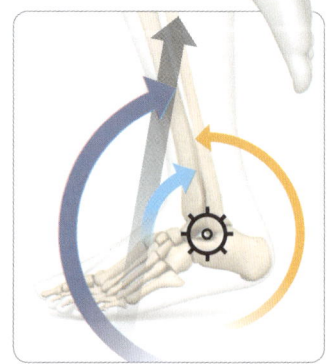

对角线弹性支撑机制

跑步时，身体受到旋转力的作用，会产生反向旋转，使躯干呈对角线拉伸，并在每次跨步时交替拉伸。这些动作将力量从下肢传递到上肢，然后再传递回去。躯干肌肉分层排列，使其既能产生又能吸收这些旋转的力量。位于对角线位置的腹内斜肌与腹外斜肌，以及背部的背阔肌与胸腰筋膜也对这种力量的传递起作用。因此，躯干在一个方向收紧时，其实也在为相反方向的松弛提供能量。

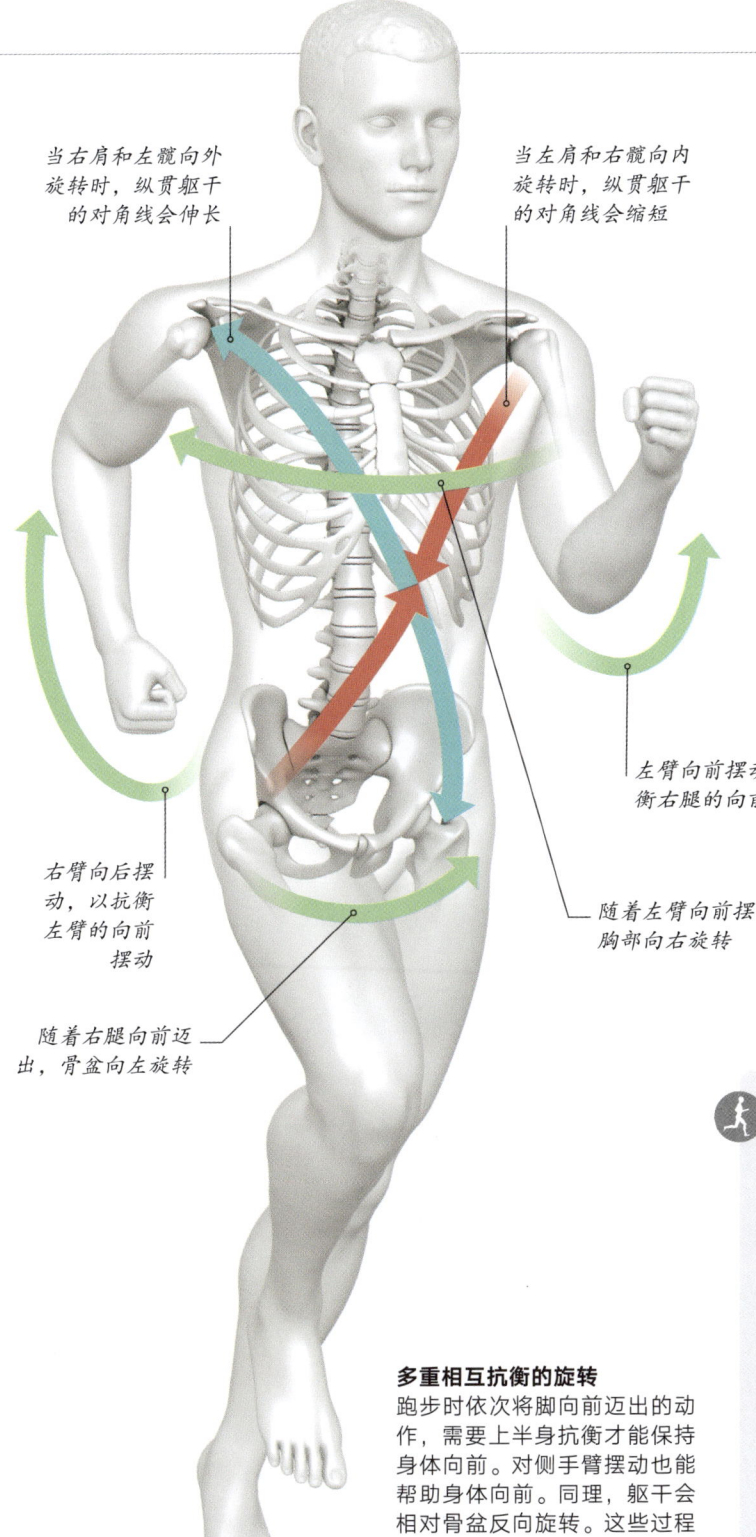

当右肩和左髋向外旋转时，纵贯躯干的对角线会伸长

当左肩和右髋向内旋转时，纵贯躯干的对角线会缩短

左臂向前摆动，以抗衡右腿的向前动作

右臂向后摆动，以抗衡左臂的向前摆动

随着左臂向前摆动，胸部向右旋转

随着右腿向前迈出，骨盆向左旋转

摆动阶段晚期

多重相互抗衡的旋转
跑步时依次将脚向前迈出的动作，需要上半身抗衡才能保持身体向前。对侧手臂摆动也能帮助身体向前。同理，躯干会相对骨盆反向旋转。这些过程都是在对角线弹性支撑机制的帮助下完成的。

运动链上的旋转

运动链是将身体视为多个部位相连的概念。每个部位都进行小范围的独立动作，这些动作与相邻部位的动作连在一起后，就会形成更大范围的整体动作。跑步时，身体为了抗衡地面反作用力和全身旋转力，会在多个相邻的身体部位和关节上进行一系列的旋转动作，这些动作结合在一起形成更大范围的整体动作。跑步动作主要分布在矢状面（见第4页）内。在这个平面内的旋转力，会使手臂和腿部前后摆动。在横断面上，胸部与骨盆会相互抗衡彼此的旋转动作。

天气因素

无论是训练还是比赛,你可以掌控很多因素,但天气除外,并且它会极大影响你的表现。一些气候条件甚至会导致医疗资源紧急介入。然而,经过充分准备和策略调整,你依然可以在恶劣天气中表现出色。

高温

在高温天气锻炼比在凉爽天气锻炼更有挑战性且相对费劲。这很可能是一种安全机制,避免我们在严苛条件下运动过量。为了在高温条件下散热,身体会将流往肌肉的血液转送至皮肤(见第38~39页)。但这样做会导致肌肉供氧量减少,引发疲劳。

> **利用高温环境**
>
> 在高温环境下训练颇有好处,这类训练有时被称为"穷人的高原训练",因为在此条件下进行训练可以产生类似高海拔训练(见第45页)的效果。身体通过增大血浆容积来适应高温,从而获得更强的能力将红细胞输送至工作的肌肉中。只需在高温下训练10天,就能将最大摄氧量提高5%。

风阻

风阻的影响取决于你的行进速度。这就是为什么在短跑比赛中要测量风速,以及为何要在自行车比赛中结队骑行,因为这样的队形可以节省能量。虽然风阻的影响在耐力跑中不太明显,但研究表明,在别人后面跟跑,尤其是在顶风时跟跑,跑步的效率会提高很多。

顶风跑

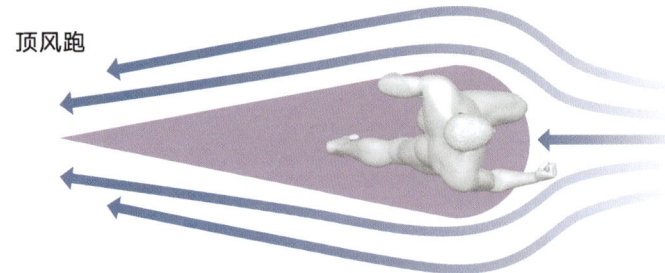

破风跑

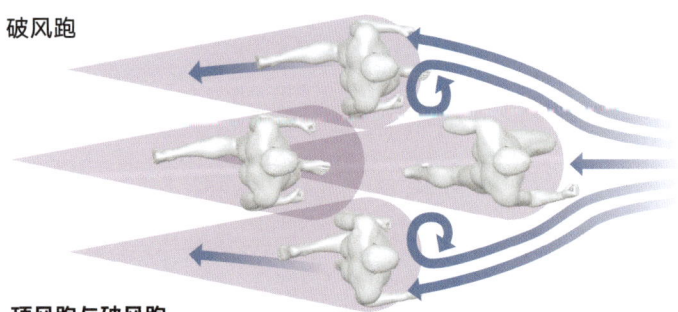

顶风跑与破风跑

如果跑步时采用破风队形,队伍前方的跑者将挤着穿过空气,从而改变周围气流方向,在其身后产生湍流和负压气囊。队伍后方的跑者在这个负压气囊(即低压气穴)中跑步,就可以减少阻力,当他采用与其他人相同的配速跑步时,就会节

湿度

身体通过排汗散热,但湿度会削弱这种能力,明显影响人体的耐热性。湿球黑球温度指数是测量温度的一种有效工具,该指数充分考虑湿度、太阳辐射、风速和环境温度等因素,以估计这些环境因素对身体的整体影响。许多赛事组织现在都使用这一工具,并遵照美国运动医学会的关于比赛温度和湿度的指南来确定当天是否适合跑步。如果你经常在高温潮湿环境下训练,那么可以利用湿球黑球温度指数来帮助你安全地进行训练。

下雨

下雨天出门会让人很不方便,但一旦你踏出家门,在雨中跑步通常十分清爽愉快。热身过后,雨水也会让你感到凉爽舒适。但如果是湿冷天气,危险就会降临,因为一旦你被雨水淋湿,身体会更难以保持热量,可能导致身体失温以及其他与低温有关的问题。因此,购买一件跑步专用夹克,戴上帽子和手套,即使在低温潮湿的环境下跑步,也会大大提升跑步时的安全性。

低温

不出意外，低温天气跑步产生的生理反应与高温天气时相反。为了保存热量，血液会从身体外围部位回流至核心部位。如果在低温条件下训练，一定要穿戴恰当，比如选择能吸汗的聚酯纤维衣物，戴上手套和保暖帽，以减少四肢的热量流失。

空气污染

许多在大城市生活的跑者都会关心空气污染问题。在空气污染地区跑步有若干注意事项。比如，跑步时暴露于污染中的时间长短十分重要。驾车1小时穿过城市然后去健身房跑步，并不会降低空气污染对身体的伤害。训练时间缩短、强度提高，才有可能缩短身体暴露于污染的时间。最好在污染程度相对较低的清晨或傍晚跑步。尽可能让自己远离放射性污染，即便只是隔着一点点距离或几棵树这样的障碍物，危险程度都大有区别。远离大马路，空气污染程度将会呈指数级下降。室内训练不一定是最好选择，因为清洁剂、新地毯或新家具中都含有化学物质，都有可能损害空气质量。如果你生活的地区空气污染十分严重，那你需要综合权衡一下，是否还有必要进行户外运动，因为暴露于严重污染的空气所引发的危害，很可能超过运动带来的好处。

地形因素

地形不同，给跑者身体带来的挑战也截然不同。要想熟练地在斜坡上跑上跑下，必须进行练习。另外，在不平整的路面上跑步，需要不同类型的肌肉相互合作，否则可能会引发特定的受伤风险。在高海拔地区跑步，即使是轻松慢跑，似乎也相当费力。

坡度

上坡跑与平地跑相比，需要身体克服更大的阻力。你需要更多的肌纤维来推动身体质心离地，此时肌腱（见第11页）的弹性回缩贡献较少，因此需要更多的肌肉向心收缩（见第13页）。下坡跑时，虽然重力可以提供动量，但身体经受的冲击力也更大，因此需要更多的肌肉离心收缩（见第12页）。

多变路面

在坚实、平坦的路面上跑步，比如公路或跑步机上，可以产生快速稳定的效果，但会增加肌肉过度使用的风险。相反，在多变的路面（比如山间小径）上跑步，会增添步幅的变化（节奏、着地模式等）频率，虽然这会影响配速和跑步效率，但可以降低肌肉过度使用所带来的受伤风险。地面积雪、结冰或满是碎石等因素也会影响运动表现，改变对肌肉的需求。

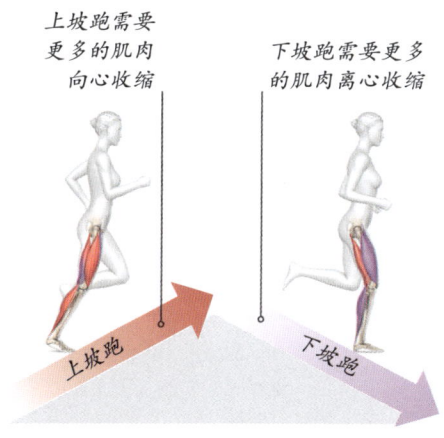

上坡跑需要更多的肌肉向心收缩

下坡跑需要更多的肌肉离心收缩

上坡跑　　下坡跑

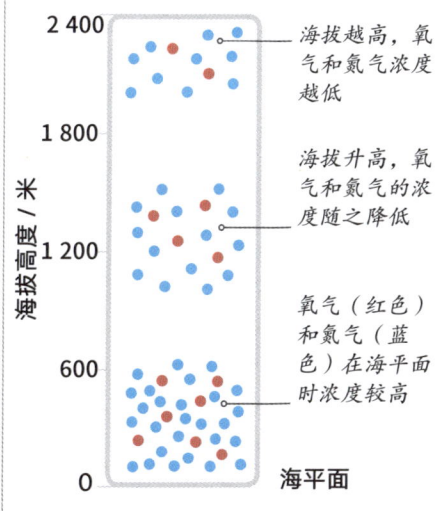

海拔越高，氧气和氮气浓度越低

海拔升高，氧气和氮气的浓度随之降低

氧气（红色）和氮气（蓝色）在海平面时浓度较高

海平面

氧气和氮气在大气中的浓度

海拔高度

高海拔地区气压较低，意味着可从空气扩散至血液中的氧气较少。血液氧合程度较低造成最大摄氧量（见第31页）降低。在海拔600米处，你就可以感觉到高度变化所带来的影响，不过大多数跑者要到海拔900米左右才会真正受到影响。在高海拔地区训练十分有益，可以让身体产生适应性，比如能够增加向肌肉输送氧气的红细胞数量。因此，许多优秀运动员在参加海平面高度的比赛前都会前往高海拔地区进行训练。

预防
跑步受伤

跑者其实知道，运动受伤在所难免。但他们也清楚，无法跑步，才会更令人沮丧。如果我们可以先了解相关的知识，就能在一开始避免运动伤害的发生，即便受伤了，也能在受伤后加速恢复进程。本章将会解释运动受伤发生的常见原因，也会教你如何尽可能地降低受伤的风险。

受伤的风险

跑步对健康大有裨益，但本身也存在受伤风险。跑步受伤大多是自身运动过度造成的，而非遭受外来伤害。一般而言，跑步受伤的风险主要来自3个方面：生物力学因素、解剖结构因素以及错误的训练方式。

高达 **50%** 的跑者每年都会因运动受伤。

生物力学因素

跑步的生物力学也被称为"跑步姿势"，是指跑者在跑步时运用和定位身体不同部位的方式。每个人跑步姿势不同，产生的受伤风险也有所不同。一些常见伤害，比如髌股疼痛、髂胫束疼痛和胫骨应力性骨折，都与特定的跑步生物力学有关。最新研究表明，改善跑姿有助于预防受伤。在本章第60~69页，我们将学习跑步生物力学，以及如何评估跑步姿势进而做出改变等知识。

解剖结构因素

解剖结构上的一些"异常"，比如扁平足或膝外翻，被认为会增加跑步受伤的风险，但这种观点尚未得到证实。不过，只要逐渐增加训练负荷，身体就会逐渐适应这些异常的地方，进而对训练产生适应性。

错误的训练方式

经常改变训练负荷，是一种常见的错误训练方式。跑步会使身体反复遭受冲击力（见第40~41页），导致组织受损，而组织愈合又需要时间。因此，当训练过度时，修复进程将赶不上压力对身体造成的变化，就会导致受伤。

受伤部位

跑步引发的运动损伤多集中于下半身。最常见的是膝关节，其次是脚踝与足部。因为跑步姿势不科学，有些人可能比其他人更容易受伤（见第48页）。据统计，从性别差异来看，女性跑者比男性跑者更容易遭受膝关节损伤。

不同部位的受伤风险

据统计，约三分之一的跑步受伤发生在膝关节，紧随其后的是脚踝、足部和胫骨。女性跑者更容易出现膝关节和髋部受伤；而男性跑者更容易出现胫骨、脚踝与足部受伤。

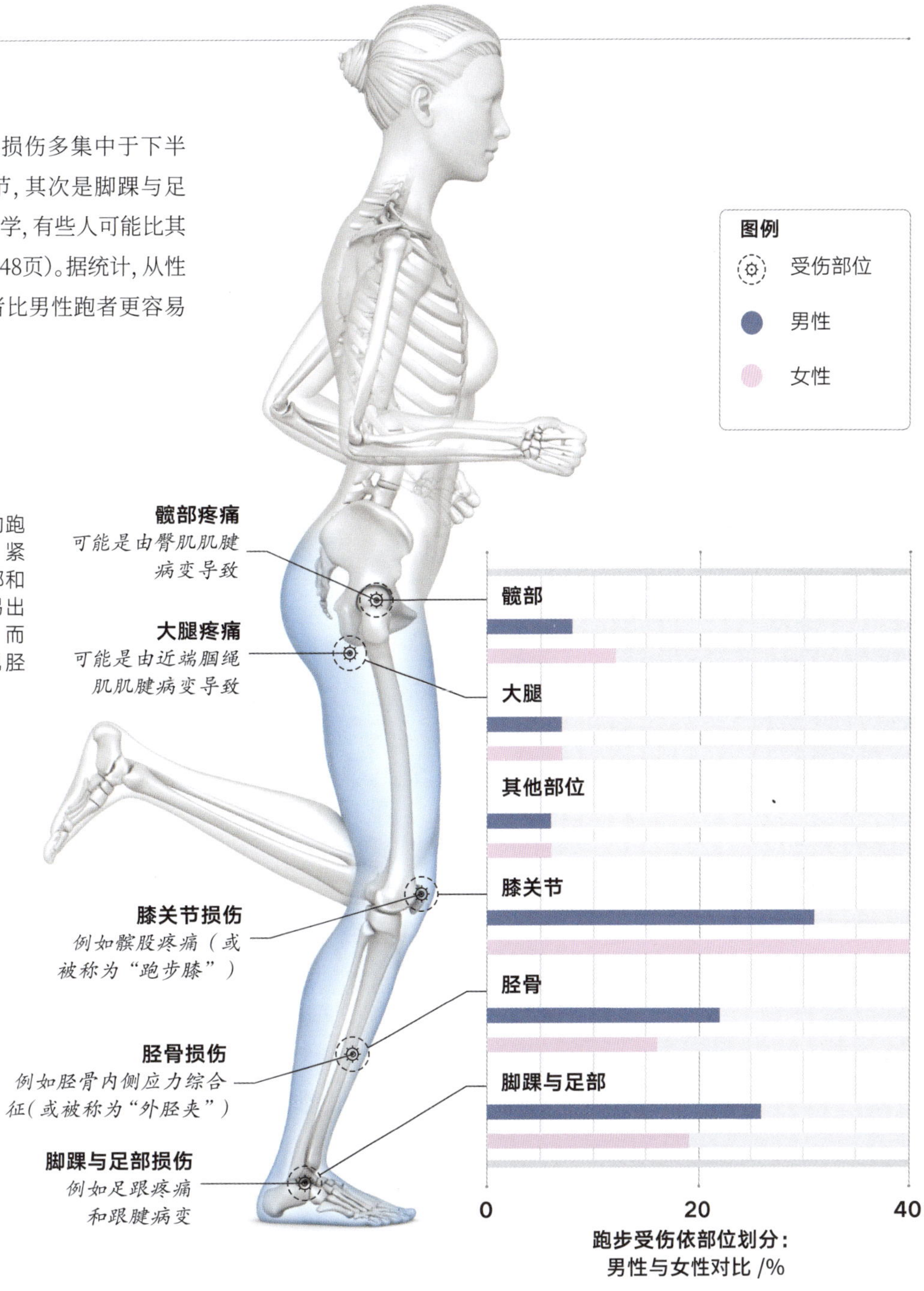

图例
受伤部位
男性
女性
髋部疼痛
可能是由臀肌肌腱病变导致
大腿疼痛
可能是由近端腘绳肌肌腱病变导致
膝关节损伤
例如髌股疼痛（或被称为“跑步膝”）
胫骨损伤
例如胫骨内侧应力综合征（或被称为“外胫夹”）
脚踝与足部损伤
例如足跟疼痛和跟腱病变
髋部
大腿
其他部位
膝关节
胫骨
脚踝与足部
0
20
40
跑步受伤依部位划分：
男性与女性对比 /%

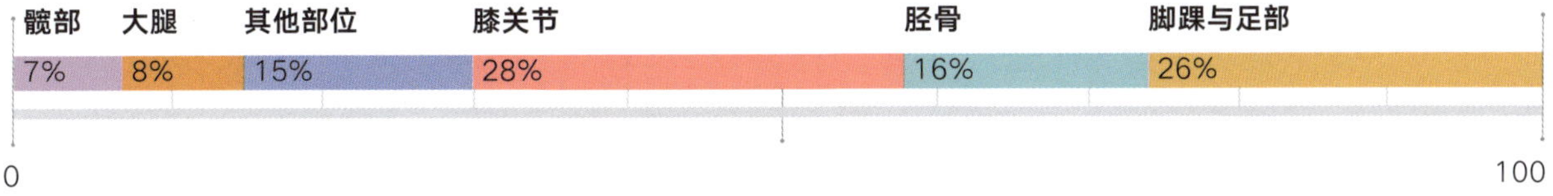

髋部 7%
大腿 8%
其他部位 15%
膝关节 28%
胫骨 16%
脚踝与足部 26%
0
100

跑步受伤依部位划分百分比

常见的运动损伤

运动损伤是体育活动中难以忽视的问题。令人遗憾的是,许多跑者都遭遇过下述损伤。然而,只要了解一点跑步知识,多数风险就有可能得到控制,也能大大增加受伤后康复的可能性。

什么时候需要停止训练

跑者在跑步过程中,难免会遭受许多皮肉伤伤,但关键是要认识到这些疼痛是劳累疼痛还是损伤疼痛。如果跑步时或跑步后的疼痛级别超过3分(满分10分,见右图),那就要暂停训练,并向物理治疗师寻求建议。此外,如果疼痛使你不得不改变跑步步态,那也要暂停训练。一些可穿戴传感器可以提前检测到这种异常现象,从而警告跑者其步态正在发生潜在变化。

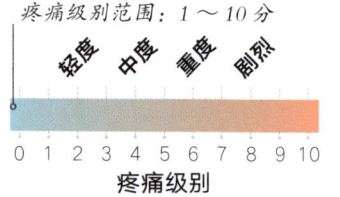

疼痛级别

运动后出现局部僵硬,或轻度疼痛,这些都属于正常生理反应,但一旦疼痛级别达到中度或以上,则可能表明出现运动损伤。

疼痛级别范围:1～10分

轻度 中度 重度 剧烈

0 1 2 3 4 5 6 7 8 9 10
疼痛级别

韧带移植 2月～1年
关节软骨修复 2月～1年
韧带扭伤:3级 5周～1年
2级 5周～6月
1级 0～3天
肌腱:肌腱炎 5周～6月
肌腱变性 5周～6月
撕裂伤 3周～7周
肌肉拉伤:3级 3周～6月
2级 4天～3月
1级 0～2周
骨损伤 5周～3月
运动后的肌肉酸痛 0～3天

自救措施

若遇到跑步受伤,要多想想POLICE法则,牢记一些自救措施:

● **自我保护(Protection)**:通过胶带或佩戴护具来保护易受伤区域,或使用常备矫形器以重新分配身体各部位的压力。

● **选择最优负荷(Optimal Loading)**:如果肌肉组织受伤,不要过度使用,也不要完全置之不用。要坚持运动,以保持肌肉力量和关节活动范围。一味回避疼痛,可能会改变使用身体的习惯,影响跑步步态,导致进一步受伤。

● **冰敷(Ice)**:将冰敷在受伤部位以缓解疼痛。

● **压迫并抬高患处(Compression & Elevation)**:抬高受伤部位,使用压缩绷带或袜子来减少肿胀,防止肌肉组织进一步损伤。

恢复时间
血液供应和细胞更新是存在差异的,这意味着某些组织的修复时间要比其他的更长一些。当你想要重新开始训练时,请记住这一点。所以,虽然自我感觉已经痊愈,但实际上有些组织可能还未真正修复,无法承受训练负荷带来的挑战。

髌股疼痛

髌股疼痛也被称为"跑步膝",表现为髌骨(膝盖骨)周围、后部或下部出现疼痛感。疼痛程度从轻度到重度各不相同。跑步或在进行走路、坐下、深蹲或爬楼梯等日常活动时都会感觉到这种疼痛。

常见原因

髌股疼痛的原因很多,但并非全都与跑步有关,常见因素有:训练强度或频率增加过快;个人生物力学结构,比如髋关节内收(见第4页)加重;在较硬的路面上跑步;经常选择下坡跑。

治疗手段

通常早发现、早治疗,一般就会早康复。治疗手段包括:

- 使用胶带、护具和常备矫形器来缓解短期疼痛。
- 暂时降低训练强度。
- 如果你的运动姿势以生物力学的原理来说比较容易受伤,建议请专业人士帮你调整跑步时的配速和姿势。
- 遵循计划对髋部和大腿肌肉进行静态拉伸与力量训练:见第86~87、112~123、130~133页。

何时能回归正常训练

恢复时间因人而异,可以将疼痛感作为恢复训练时机的指标。在健身脚踏车上或游泳池内进行低强度的交叉训练,不仅有助于增强力量,还能保持体能。逐渐增加训练负荷,坚持在较软的路面上跑步,尽量不要选择上坡跑或下坡跑,都可以使膝关节重新适应跑步带来的冲击。若以前你经常在公路或跑步机上跑步,那现在就多试着在小径上跑跑看,因为小径的地形更加多变。

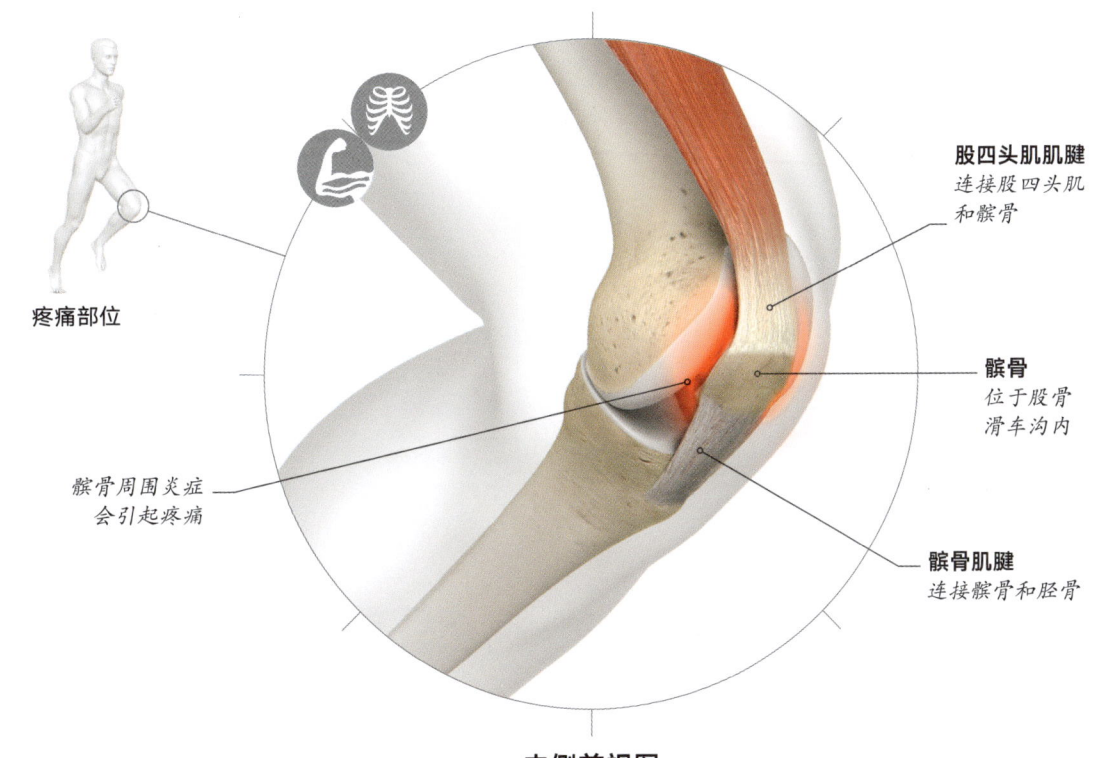

疼痛部位

髌骨周围炎症会引起疼痛

股四头肌肌腱
连接股四头肌和髌骨

髌骨
位于股骨滑车沟内

髌骨肌腱
连接髌骨和胫骨

内侧前视图

跟腱病变

跟腱病变是一种由于肌腱结构改变而引起的退行性疾病，表现为跟腱周围或跟腱汇入跟骨处疼痛。在早晨或刚开始跑步时，脚跟会有疼痛感，但热身过后，症状会逐渐缓解。然而，如果这种情况得不到及时恰当的处理，可能就会演变为一种慢性伤害，甚至造成致残性损伤。

常见原因

跟腱病变的发生通常与以下因素有关：训练负荷在距离、频率或强度上增加过快；个人生物力学上有所变化；经常更换跑鞋；在较硬的路面上跑步。

治疗手段

通常早治疗就会早康复。治疗手段包括：

- 如有必要，使用消炎药缓解疼痛。
- 暂时降低训练强度。
- 穿跟比较高的鞋子以减轻肌腱负担。
- 遵循计划进行小腿动态拉伸和跟腱力量训练：见第76~77、102~105、148~149页。

何时能回归正常训练

如果及早发现病情，并减少训练负荷，那么跟腱可在5~10天内恢复。等到跟腱稳定下来，再逐渐将训练负荷恢复至以前水平。请注意，疼痛感作为一项指标，并不总是能够准确判断跟腱损伤情况，在过度使用跟腱之后，可能需要24小时才能感知到症状。在游泳池内或健身脚踏车上进行低强度的交叉训练，不仅有助于增强力量，还能保持体能。速度训练和上坡跑会对跟腱造成压力，所以最好不要在伤愈前进行这些活动。

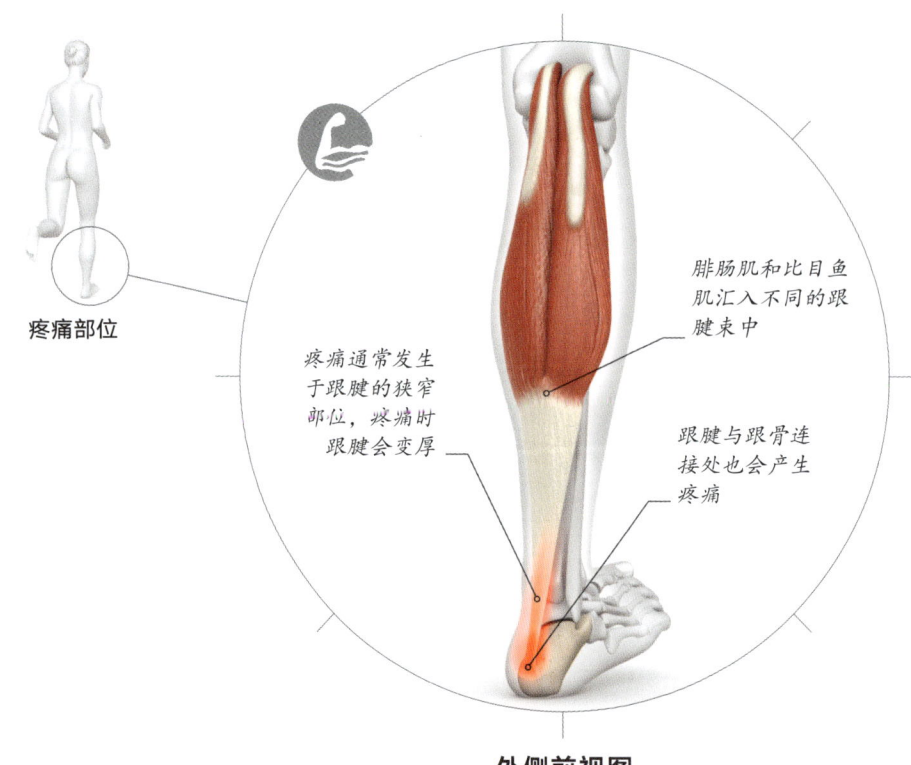

疼痛部位

腓肠肌和比目鱼肌汇入不同的跟腱束中

疼痛通常发生于跟腱的狭窄部位，疼痛时跟腱会变厚

跟腱与跟骨连接处也会产生疼痛

外侧前视图

胫骨内侧应力综合征

胫骨内侧应力综合征通常被称为"外胫夹",在一些负重运动中,这一病症会引起胫骨内侧疼痛,疼痛感从轻度到重度各不相同。受此影响的区域通常一触即痛,甚至还会向外侧区域扩散至少5厘米。胫骨内侧应力综合征常见于跑步新手,但在不同的路面上跑步、更换跑鞋或增加训练强度之后也可能发生。

常见原因

胫骨内侧应力综合征通常是因为身体遭受的冲击力增加造成的,而冲击力增加的原因有:在较硬或不平整的路面上跑步;训练强度突然增加;生物力学风险因素,比如足部旋前(见第67页)、外展症状加重、步宽过窄(见第65页),或步频较慢(小于170步/分钟)。

治疗手段

单一疗法通常效果不佳,但以下手段应该有所帮助:

- 暂时减少训练强度。
- 考虑训练历史、路面和跑鞋等因素;同时制订渐进式强度增量计划逐渐增加训练强度,从而控制冲击力带来的损伤。
- 如果存在生物力学风险因素,重新进行步态训练可能有助于改善情况。
- 加强比目鱼肌和胫骨后肌的力量训练:见第102~111页。

何时能回归正常训练

如果及早治疗,通常很快就会恢复,可以将疼痛感作为增加训练强度的指标。在游泳池内或健身脚踏车上进行低强度的交叉训练,不仅能够提高抗冲击能力,还有助于保持体能。如果想逐渐增加训练强度,理想情况是在柔软的路面上跑步,比如小径。尽量不要选择下坡跑或在不平整的路面上跑步,以便胫骨重新适应跑步冲击。

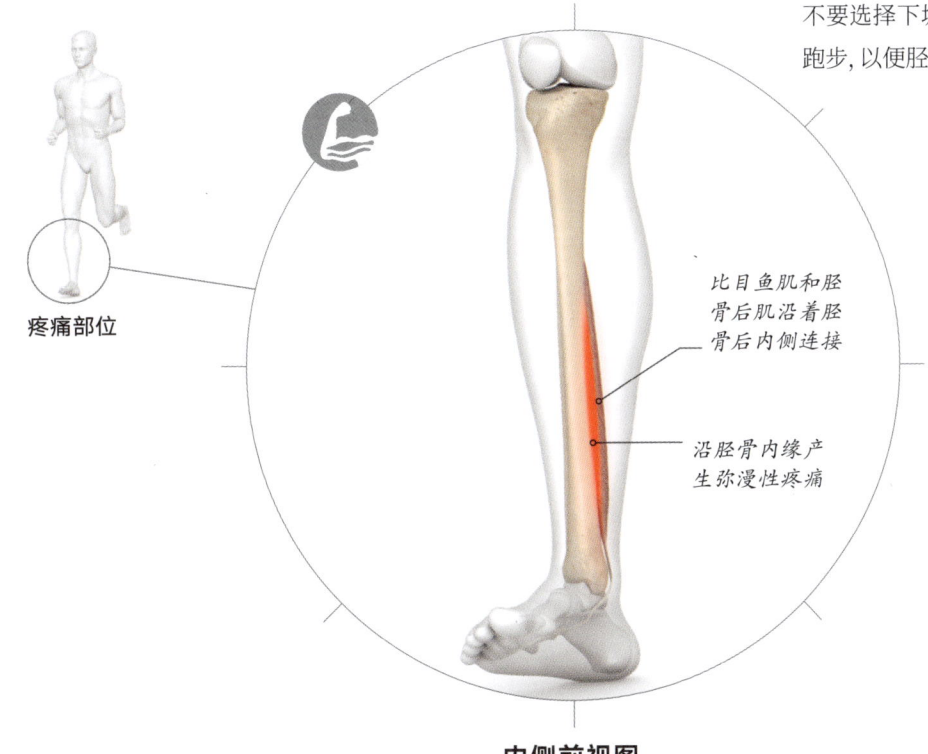

疼痛部位

比目鱼肌和胫骨后肌沿着胫骨后内侧连接

沿胫骨内缘产生弥漫性疼痛

内侧前视图

足底跟痛

足底跟痛泛指影响足底跟部的各种症状,最常见的是足底筋膜炎。通常,只要足底跟部承受重量,就会感到疼痛,特别是在早上或一段时间不运动后。但跑步时这种疼痛感可能会有所缓解。受足底跟痛影响的区域通常一触则极度疼痛。

常见原因

足底跟痛的常见因素有:训练负荷(距离、频率或强度)增加过快;在坚硬的路面上跑步;穿着新鞋或不合脚的鞋子(如跑步/休闲多功能鞋而非专用跑鞋)跑步;个人生物力学风险因素。

治疗手段

通常早治疗就会早康复,治疗手段包括:

- 穿支撑力足够好的鞋子或使用常备矫形器来分散足底跟部的压力,以从根本上缓解疼痛。不要急于换新鞋,过渡期应与旧鞋交替穿着。
- 暂时减少训练负荷。
- 遵循计划进行小腿拉伸以及针对足底筋膜和足部内在肌的力量训练:见第76～77、94～101、104～105页。

何时能回归正常训练

疼痛的严重程度和持续时间会影响恢复时间。如果足底筋膜负荷过重,可能需要长达24小时才能感知到症状,所以疼痛感作为一项指标,并不总是能够准确判断训练负荷是否过量。在游泳池内或健身脚踏车上进行低强度的交叉训练,不仅有助于增强力量,还能保持体能。在损伤完全恢复前,尽量不要进行速度训练。

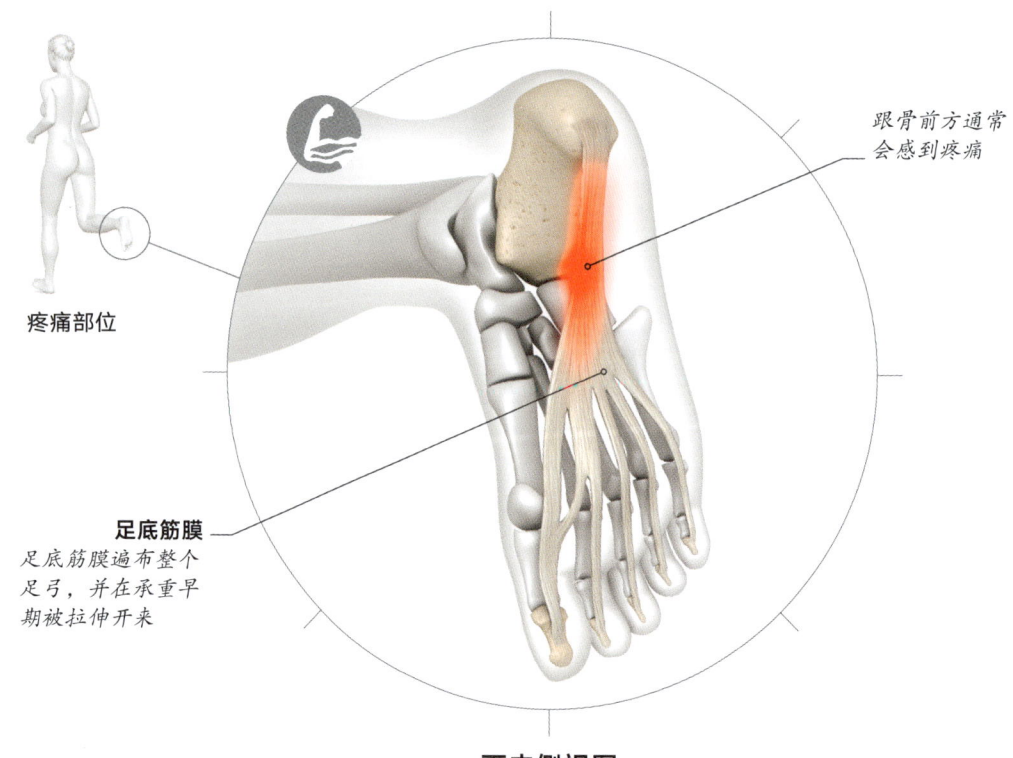

疼痛部位

足底筋膜
足底筋膜遍布整个足弓,并在承重早期被拉伸开来

跟骨前方通常会感到疼痛

下内侧视图

髂胫束疼痛

髂胫束是一种类似肌腱的结构,从髋部沿着大腿外侧一直延伸到膝关节。在站立中期(见第61页),只要膝关节弯曲,膝关节外侧就会感到疼痛。这是一种锐痛,会让人感到虚弱无力。长时间进行下坡跑也会使疼痛变得更严重。

常见原因

髂胫束疼痛的常见因素有:训练强度增加过快,下坡跑表现尤为明显;一些生物力学风险因素对髂胫束造成压力,比如对侧骨盆下降(见第67页)、髋关节内收(见第4页)、步宽过窄(见第65页);深层结构(而非自身)对髂胫束的压迫。

治疗手段

建议采用以下治疗手段:

- 对髋外展肌进行力量训练:见第112~125、130~133页。
- 进行动态拉伸和恢复拉伸,比如拉伸放松阔筋膜张肌(因为髂胫束本身不能被拉伸或放松):见第72~73、84~89页。
- 减少训练量并避免下坡跑,以降低训练负荷。
- 重新进行步态训练,以减少生物力学风险因素的影响。

何时能回归正常训练

恢复时间取决于髂胫束疼痛的持续时间。不要带着疼痛勉强跑步。控制你的跑步距离,如果感到髂胫束疼痛,那就不要再继续跑。过早恢复高强度训练,通常会加重伤情。

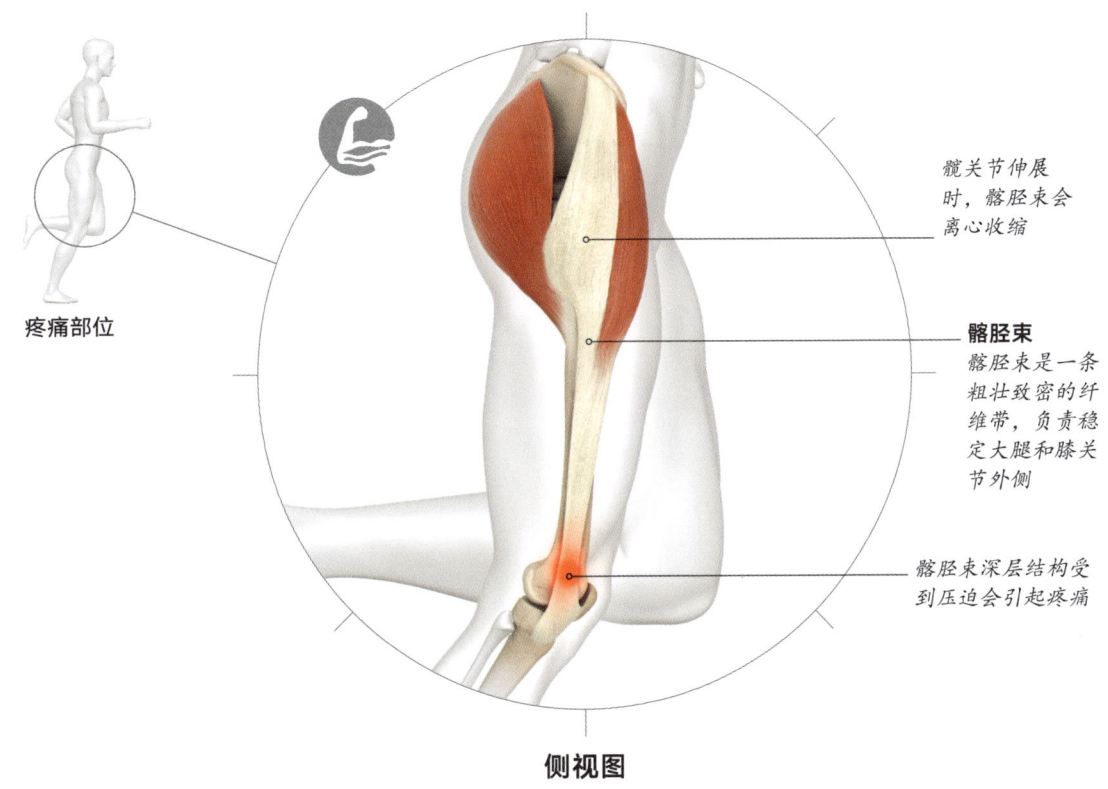

疼痛部位

髋关节伸展时,髂胫束会离心收缩

髂胫束
髂胫束是一条粗壮致密的纤维带,负责稳定大腿和膝关节外侧

髂胫束深层结构受到压迫会引起疼痛

侧视图

深部臀肌综合征

深部臀肌综合征过去又被称为梨状肌综合征,是一种因坐骨神经被挤压或压迫而引起的臀部疼痛。此时臀部深层肌肉会感到疼痛,同时还伴有坐骨神经痛或大腿后侧抽筋。长时间跑步和久坐都会加重这种疼痛。

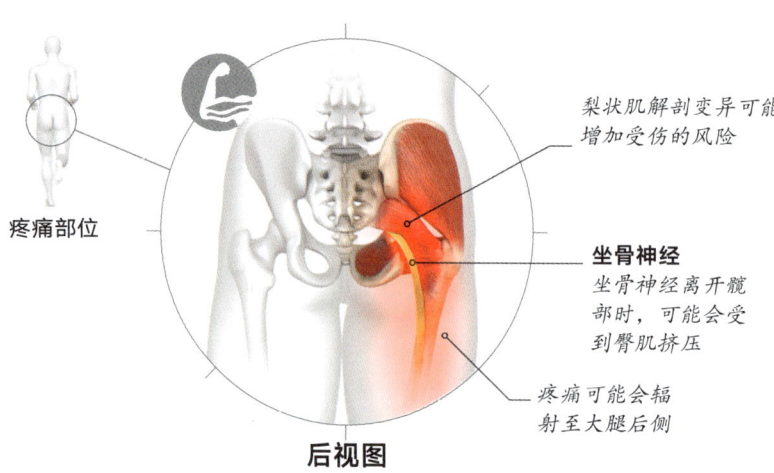

常见原因

深部臀肌综合征多见于长时间跑步或训练强度显著增加之后。在许多情况下,出现此症状之前会伴有下背部疼痛(俗称"腰痛")或经历其他创伤,比如跌倒或分娩。

治疗手段

建议采取以下治疗手段:
- 减少久坐时间。
- 进行一些可以伸展坐骨神经的运动,或者请物理治疗师按摩肌肉。
- 遵循计划对髋外展肌、髋伸肌和髋外旋肌进行力量训练,以增加它

臀肌肌腱病变

臀肌肌腱病变又被称为大转子滑囊炎,会让人感到疼痛难忍,髋部侧面(臀肌肌腱附着于股骨顶端的位置)通常一触即痛。相关症状可能会让患者活动不便,无论是跑步、步行,还是躺着,患侧都会觉得不舒服。

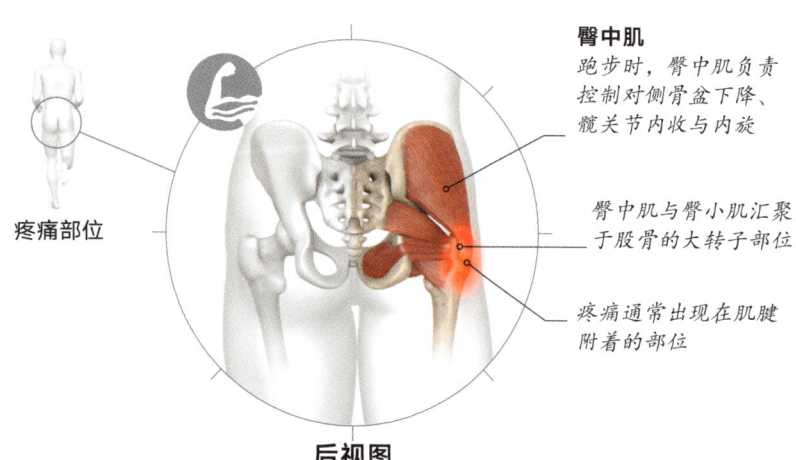

常见原因

臀肌肌腱病变是由于臀肌肌腱反复受力而引起的。当足部着地时(见第60~61页),腿部会吸收冲击力,但是如果肌腱无法承受这样的负荷冲击,很可能就会受伤。下坡跑和生物力学因素,比如髋关节内收(见第4页)和膝外翻(见第67页)加重,也可能导致臀肌肌腱病变。

治疗手段

建议采取以下治疗手段:
- 如果存在生物力学风险因素,应重新进行专业的步态训练。
- 对髋部后侧进行静态拉伸:见

应力性骨折

应力性骨折是疲劳诱发的骨裂现象,通常是由于训练过度和休息不足造成的。跑者遭受应力性骨折常见于胫骨、足部、髋部和骶骨。

常见原因

训练量或训练强度突然增加会造成训练负荷累积过重,这是应力性骨折发生的主要原因。前脚掌着地的模式跑步(见第66页),通常会造成跖骨骨折,因为这种方式会让跖骨承受较高负荷。营养不良和激素紊乱也会加大发生应力性骨折的风险,并且影响全身骨骼健康。长期能量不足可能会导致患上运动相对能量缺乏症,从而增加应力性骨折的风险。

治疗手段

停止跑步,减轻负重,尽早寻求帮助:

- 休息是治疗应力性骨折的主要方法。
- 根据骨折发生的阶段和严重程度,尽早进行承重运动可能对康复有益,有时穿上矫正鞋,可以维持骨骼量和骨骼强度。

何时能回归正常训练

发生应力性骨折后,逐渐增加训练负荷至关重要。通常建议先执行走—跑训练计划,让身体重新适应冲击。在回归任意形式的跑步训练前,应具备以下能力:能够连续每天跳跃30秒,坚持1周,且跳跃时完全感觉不到疼痛。

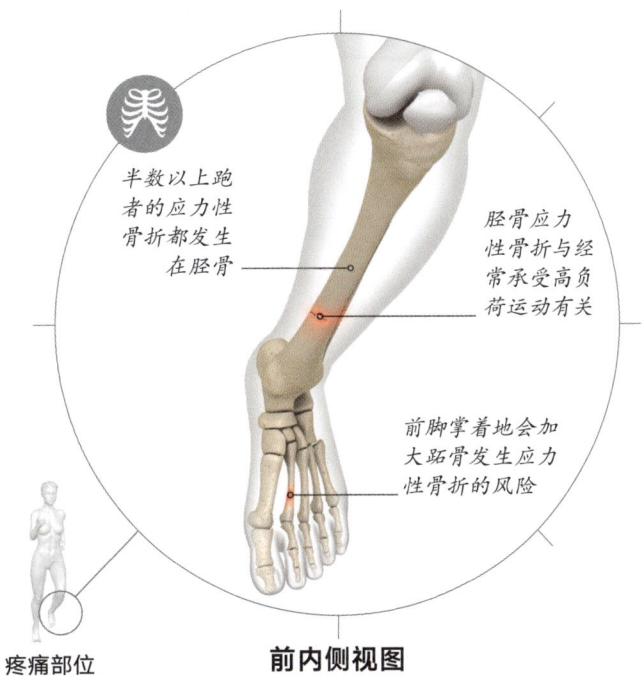

半数以上跑者的应力性骨折都发生在胫骨

胫骨应力性骨折与经常承受高负荷运动有关

前脚掌着地会加大跖骨发生应力性骨折的风险

疼痛部位

前内侧视图

们支撑跑步负荷的能力:见第112~113、116~125、130~133页。

- 进行动态拉伸和静态拉伸,特别是髋部后侧,以缓解神经的紧张状态:见第72~75、84~89页。

何时能回归正常训练

减少训练负荷,但不是说就彻底不跑。刚开始不要进行远程跑、速度训练和上坡跑。多花费些时间进行动态热身,尤其是前后摆腿(见第72~73页)和侧向摆腿(见第74~75页),以增加髋关节的活动范围。

第84~89页。

- 对髋外展肌进行力量训练:见第112~125、130~133、136~137页。

何时能回归正常训练

减少训练负荷,但不是说就彻底不跑。当症状好转时,应逐渐增加训练负荷。请记住,疼痛感作为一项指标,并不总是能够准确评估肌腱是否受伤,因为如果肌腱负荷过重,可能需要长达24小时才能感知到疼痛。在游泳池内或健身脚踏车上进行低强度的交叉训练,不仅有助于增强力量,还能保持体能。试着在柔软的路面上跑步,不要进行速度训练和下坡跑。

避免运动受伤

大多数跑者都会时不时受伤,但采取相关措施可以降低受伤风险。比如密切关注身体对训练的反应、了解个人跑步时的生物力学状态、将力量训练纳入训练计划、清楚寻求帮助的时机。

预防受伤的原则

跑步时,遵循一定的基本原则可以助你无痛跑步,并提高跑步表现。

考虑生物力学因素

跑步姿势不正确,会更容易受伤。例如,如果用前脚掌而非脚后跟着地,那么小腿受到的冲击力就会增加。因此,需要评估跑步姿势可能带来的受伤风险,并做出必要的改进(见第60~69页)。

监测训练负荷

训练负荷猛增是受伤的主要原因。因此,循序渐进地实施训练至关重要。训练量和训练强度都会给身体带来影响。可以借助高科技跟踪设备监测训练负荷(见第163页)。

采取力量训练

力量训练(见第92~149页)可以强化肌肉和关节力量,提高身体应对训练负荷的能力,并已被证实可以提高跑步表现。跑者应该进行高阻力、低频次的力量训练。

寻求专业帮助

如果疼痛级别超过3分(满分10分,见第50页),且疼痛导致了步态变化,或者疼痛正进一步恶化,请向熟悉跑步的临床医生寻求建议。

跑鞋选择与受伤预防

制鞋公司已在研发上投入了巨额资金,但无论是传统跑鞋,还是最新设计的极简主义和极繁主义跑鞋,都无法证明其能够有效预防受伤。

例如,极简主义跑鞋据称有助于改善跑步节奏、改变着地模式,并减少身体受到垂直负荷的频率。然而,迄今为止最为全面的研究也发现,从传统跑鞋改穿极简主义跑鞋6个月后,跑者的步幅和着地模式并未有明显改善。至于极简主义跑鞋可以减少垂直负荷的说辞,其他研究也有不一致的观点。就跑步的效益而言,人们普遍认为跑鞋越轻越好。因为重量每增加100克,跑步的经济性就会下降1%左右。现已证明,碳纤维板材和超弹性泡沫可以提高跑步经济性,但成本非常高。

更换跑鞋

突然改变跑鞋的缓冲厚度或足跟偏移量,可能会导致受伤。如果改穿极简主义跑鞋,需要强化足部和小腿肌肉(见第94~105页)。

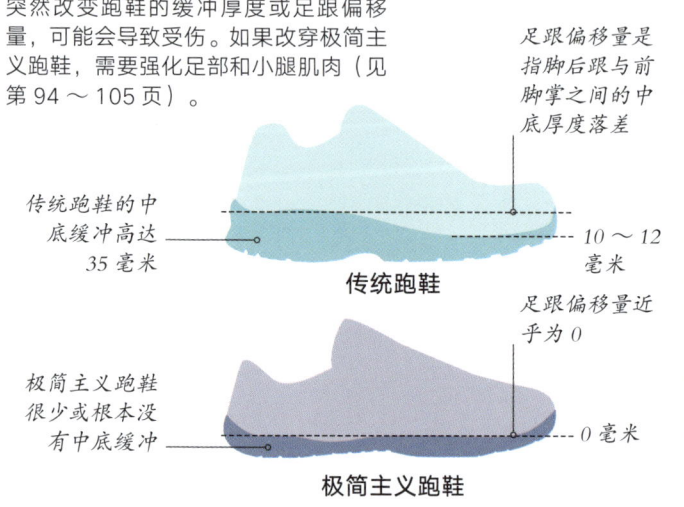

特殊考虑因素

跑步这项运动之所以广受欢迎,是因为几乎任何人都可以参与其中。但即便如此,跑者还应该考虑一些特殊因素,以降低受伤风险。

考虑因素	风险点	预防措施
年龄	年轻跑者的身体还处于生长阶段,所以受伤风险较高,尤其易发生骨头和肌腱损伤。老年跑者由于力量下降、生物力学因素发生变化,跟腱和小腿受伤的风险会增加	年轻跑者应注意训练负荷,强度不宜过大。老年跑者应加强力量训练(见第92～149页),并注意跑步姿势(见第60～69页)
性别	男性与女性的身体类型不同,因此容易受伤的部位也有所区别。研究表明,女性体质更容易遭受膝关节损伤,而男性体质更容易遭受脚踝、足部和胫骨损伤。目前还不清楚哪种性别的体质更容易遭受运动伤害	无论何种性别的体质开展针对性力量训练(见第92～149页),改进跑步姿势(见第60～69页),都可以帮助他们降低受伤风险
超重	超重跑者每迈出一步,身体都要承受更大的冲击力。这些冲击力累积起来,可能会增加受伤的风险	注意不要过快增加训练负荷,要给肌肉骨骼系统留出时间来适应所施加的负荷
怀孕期	在怀孕期做运动,对多数女性来说都是有益的。但激素的变化,骨盆底部的压力与疲劳,都会使怀孕期的跑者面临一些额外的风险	在开始或继续任何训练计划之前,请遵循最新的产前运动指南,并向医生或助产士咨询有关注意事项
产后期	女性产后发生骨盆底功能障碍、肌肉骨骼损伤和运动相对能量缺乏症(见第57页)的风险会增大	建议新手妈妈等待3个月,并经骨盆健康治疗师评估之后再回归跑步。回归的同时,还要遵循渐进式训练计划,比如从走—跑训练计划(见第184～185页)开始训练

> 在训练计划中增加力量训练可提高肌肉骨骼系统应对跑步负荷的能力。

跑步运动解剖学

跑步周期

我们可以将跑步理解为1个循环周期,该周期主要包括2个动作阶段:站立阶段和摆动阶段。2个阶段中间包含若干关键事件(见第8~9页)。受伤大多发生于站立阶段。为了更好地理解跑者所承受的负荷,有必要对其子阶段进行深入研究。

承重早期

随着前脚最先与地面接触,身体开始在垂直方向上减速,此时需要大量肌肉来控制并减弱地面反作用力。当足部平贴于地面时,肌腱和结缔组织会储存弹性能量,以供后续向前推进时使用。

上半身
为了保持身体平衡与稳定,躯干和手臂通过旋转动作来对抗下肢力量,即通过缩短一侧肌肉、拉长对侧肌肉来实现。

- 脊柱伸肌
- 三角肌
- 胸大肌
- 肱三头肌
- 肱二头肌
- 前锯肌
- 背阔肌
- 腹斜肌

- 阔筋膜张肌
- 髋关节
- 臀肌
- 股四头肌
- 腘绳肌

大腿
在臀肌和腘绳肌的作用下,髋部伸展,站立阶段由此开始。股四头肌离心收缩以减缓膝关节的屈曲。

- 膝关节
- 踝跖屈肌
- 踝背屈肌
- 踝外翻肌
- 踝关节
- 足部内在肌

小腿
由于足部内旋(可理解为脚背由外向内翻转)和足弓塌陷,产生足部旋前;同时,脚踝和膝关节屈曲,以吸收地面反作用力。

承重早期
占站立阶段15%~20%的时间

承重早期	站立中期	站立末期	腾空期	腾空期

0%　10%　20%　30%　40%　50%　60%　70%　80%　90%　100%
　　　　站立阶段　　　　　　　　　摆动阶段

60

站立中期

在站立中期，身体先是吸收地面反作用力并储存能量，随后释放通过储存而回收的能量。当身体正好通过支撑腿的正上方时，全身必须保持动态稳定，以应对肢体承受的最大负荷。

图例
- ●-- 关节
- ○— 肌肉
- 🔴 向心收缩的肌肉
- 🟣 离心收缩的肌肉
- 🟢 无张力下被拉长的肌肉
- 🟠 等长收缩的肌肉

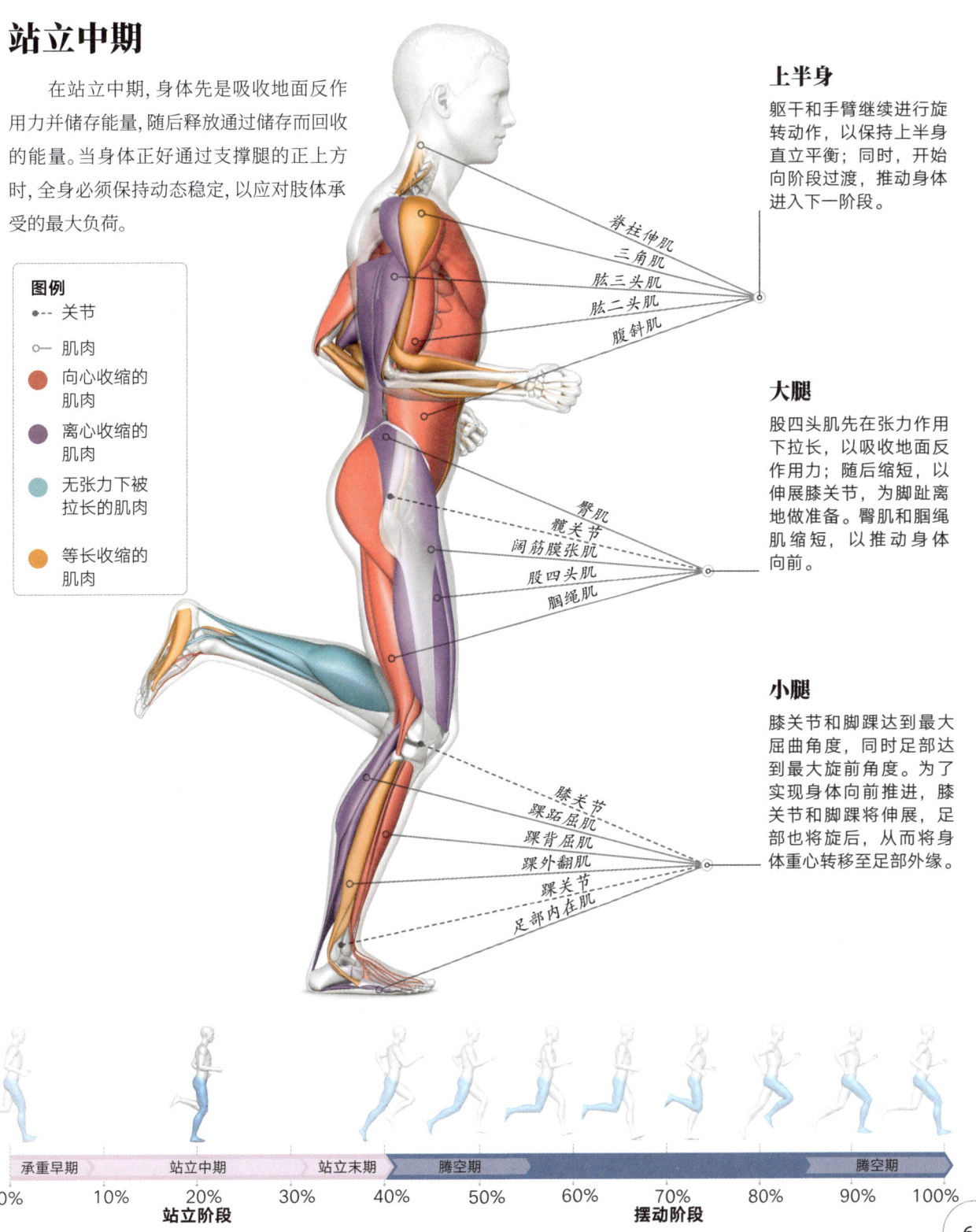

上半身
躯干和手臂继续进行旋转动作，以保持上半身直立平衡；同时，开始向阶段过渡，推动身体进入下一阶段。

- 脊柱伸肌
- 三角肌
- 肱三头肌
- 肱二头肌
- 腹斜肌

大腿
股四头肌先在张力作用下拉长，以吸收地面反作用力；随后缩短，以伸展膝关节，为脚趾离地做准备。臀肌和腘绳肌缩短，以推动身体向前。

- 臀肌
- 髋关节
- 阔筋膜张肌
- 股四头肌
- 腘绳肌

小腿
膝关节和脚踝达到最大屈曲角度，同时足部达到最大旋前角度。为了实现身体向前推进，膝关节和脚踝将伸展，足部也将旋后，从而将身体重心转移至足部外缘。

- 膝关节
- 踝跖屈肌
- 踝背屈肌
- 踝外翻肌
- 踝关节
- 足部内在肌

承重早期	站立中期	站立末期	腾空期				腾空期	
0%	10%	20%	30%	40%	50%	60%	70%	80%	90%	100%

站立阶段　　　　　　　摆动阶段

跑步运动解剖学

站立末期

站立末期是站立阶段的最后一个子阶段(也称为推进阶段),以脚趾离地为结束。此时髋部、膝关节和脚踝处于最大伸展状态,以推动身体向前移动。脚趾离地后,髋部和膝关节开始屈曲,脚踝开始背屈,为摆动阶段做好准备。

上半身

为了帮助身体向前推进,手臂一侧向前摆动,另一侧向后摆动。这有助于平衡力量大小相等但方向相反的下肢运动。

- 脊柱伸肌
- 三角肌
- 肱二头肌
- 肱三头肌
- 背阔肌
- 腹斜肌

大腿

髋部充分伸展,臀肌和腘绳肌缩短,以提供身体向上并离地所需的推进力。同时,髋屈肌被拉伸,这有助于在摆动阶段将动作恢复至原状。

- 臀肌
- 髋关节
- 阔筋膜张肌
- 腘绳肌
- 股四头肌

小腿

通过踝跖屈肌的作用,膝关节和脚踝完全伸展,帮助足部离开地面。

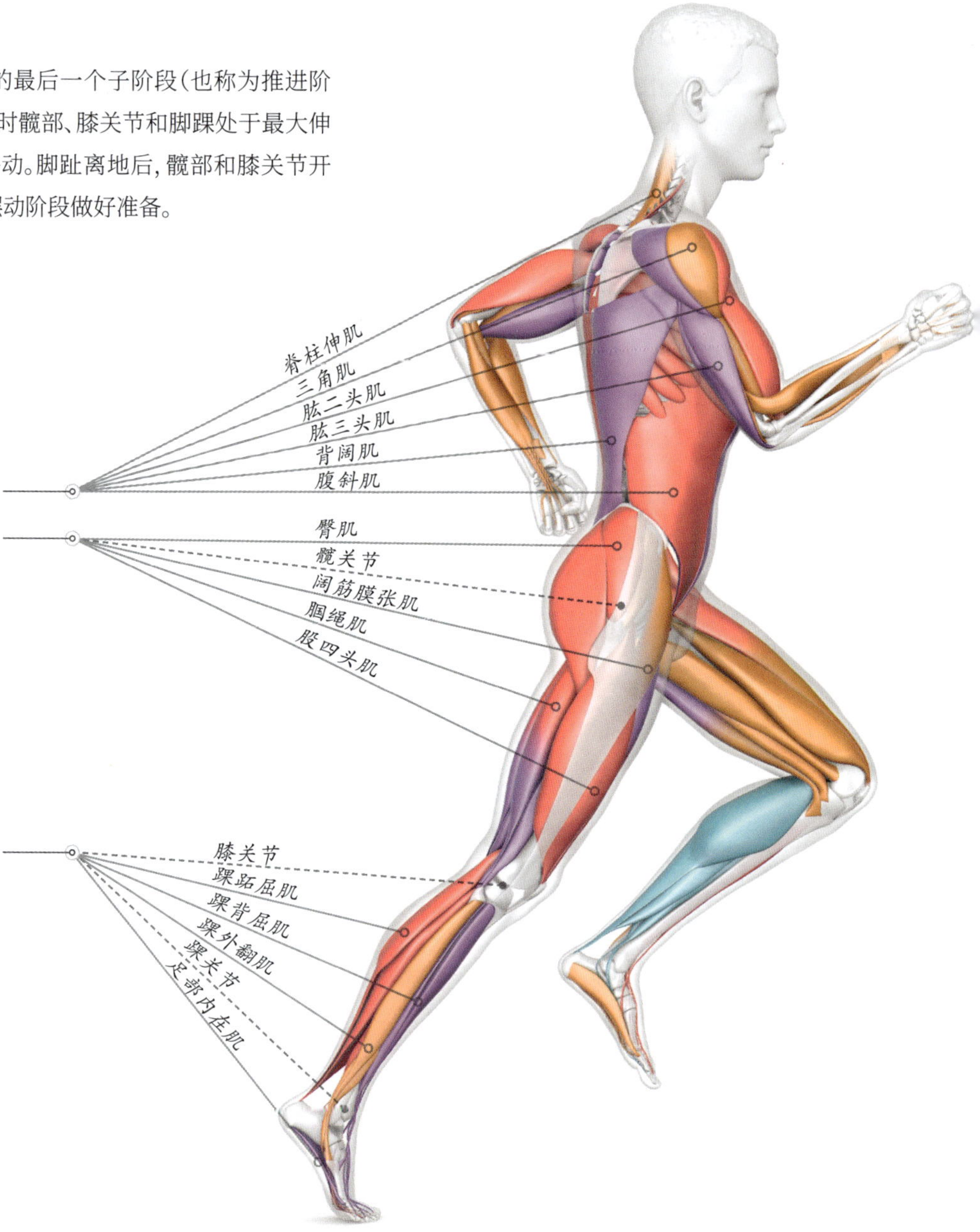

- 膝关节
- 踝跖屈肌
- 踝背屈肌
- 踝外翻肌
- 踝关节
- 足部内在肌

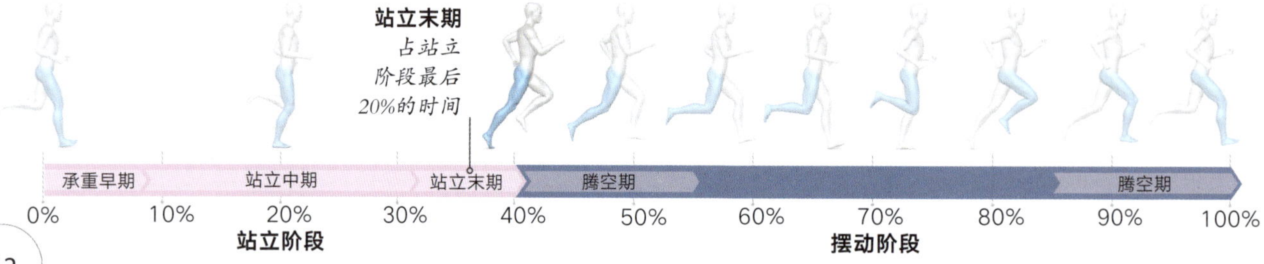

站立末期
占站立阶段最后20%的时间

| 0% | 10% | 20% | 30% | 40% | 50% | 60% | 70% | 80% | 90% | 100% |

承重早期 | 站立中期 | 站立末期 | 腾空期 | 腾空期

站立阶段 | 摆动阶段

62

摆动阶段

摆动阶段大约占跑步周期的60%。此时，髋部快速屈曲，以实现摆腿腾空，直至恢复到初始位置，为下一步提供动力。在摆动阶段后期，膝关节开始伸展，再次为站立阶段做好准备。

大腿

臀肌和腘绳肌放松，髋屈肌弹性回缩，这有助于髋部屈曲和腿部向前摆动。

小腿

膝关节和脚踝保持屈曲，以缩短腿部的"钟摆"幅度，从而减少摆腿腾空所需的体力。

上半身

躯干和手臂以相反方向往回旋转，为身体另一侧进入站立阶段做准备。

腾空期

在腾空期，一侧腿先摆动，另一侧腿后摆动，双脚同时离地。步行没有腾空阶段，这也正是跑步与步行的区别所在。

图例
- 关节
- 肌肉
- 向心收缩的肌肉
- 离心收缩的肌肉
- 无张力下被拉长的肌肉
- 等长收缩的肌肉

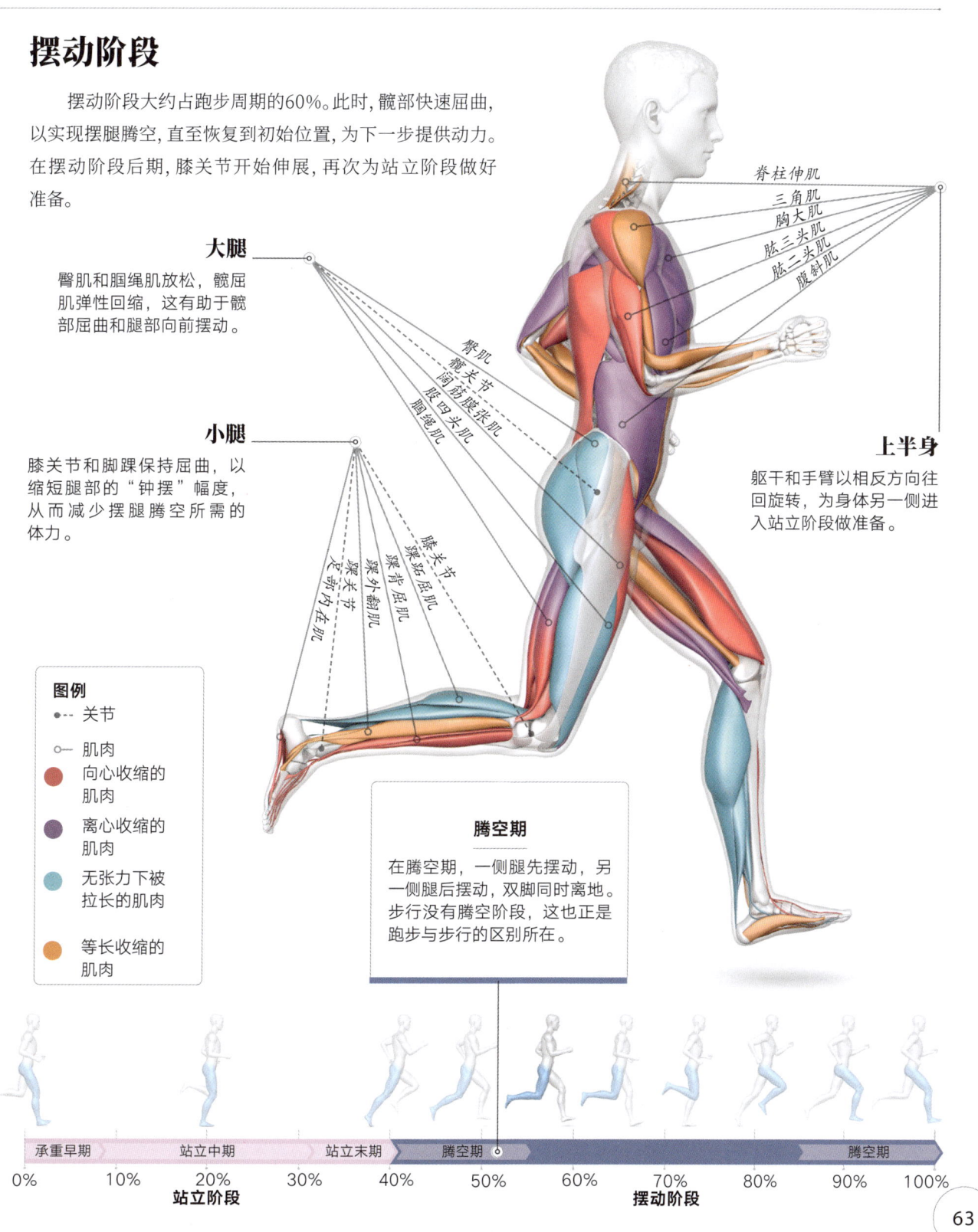

跑步运动解剖学

个人步态

"完美"的跑步步态是不存在的，但通过调整步态来提高跑步效率或帮助避免受伤却至关重要，尤其是在容易反复受伤的情况下。如果你发现跑步相关的问题，请向健康专家或教练咨询，他们可以为你提供安全指导，帮助你改善步态。

步幅模式

如果有人告知你，你在跑步时着地太重，或者你跑起来似乎效率低下，那么你可能需要调整步幅。理想的步幅可以让你在向前跑动时，产生的制动力或弹跳力最小。

步幅过大

每只脚在初始着地（见第8、60页）时经常落在离身体太远的地方，这被称为步幅过大，会导致制动力增加。而制动力会降低跑步效率，并增加胫骨、膝关节、髋部和下背的压力。

增加步频

为了让步幅减小，一个安全有效的方法是加快步速（或称为"步频"）。这样做可以缩短步长，使足部着地时更接近身体重心。节奏加快还会减小垂直反作用力、制动力、对臀肌的需求、膝关节受到的负荷、跟腱受力和过度振荡（见第65页右上图）。通常，步频增加5%～10%就足够了。实现方法之一是利用节拍器设置目标步频。可以在手机上下载节拍器软件，或在运动手表上设置发出"哔哔"声。

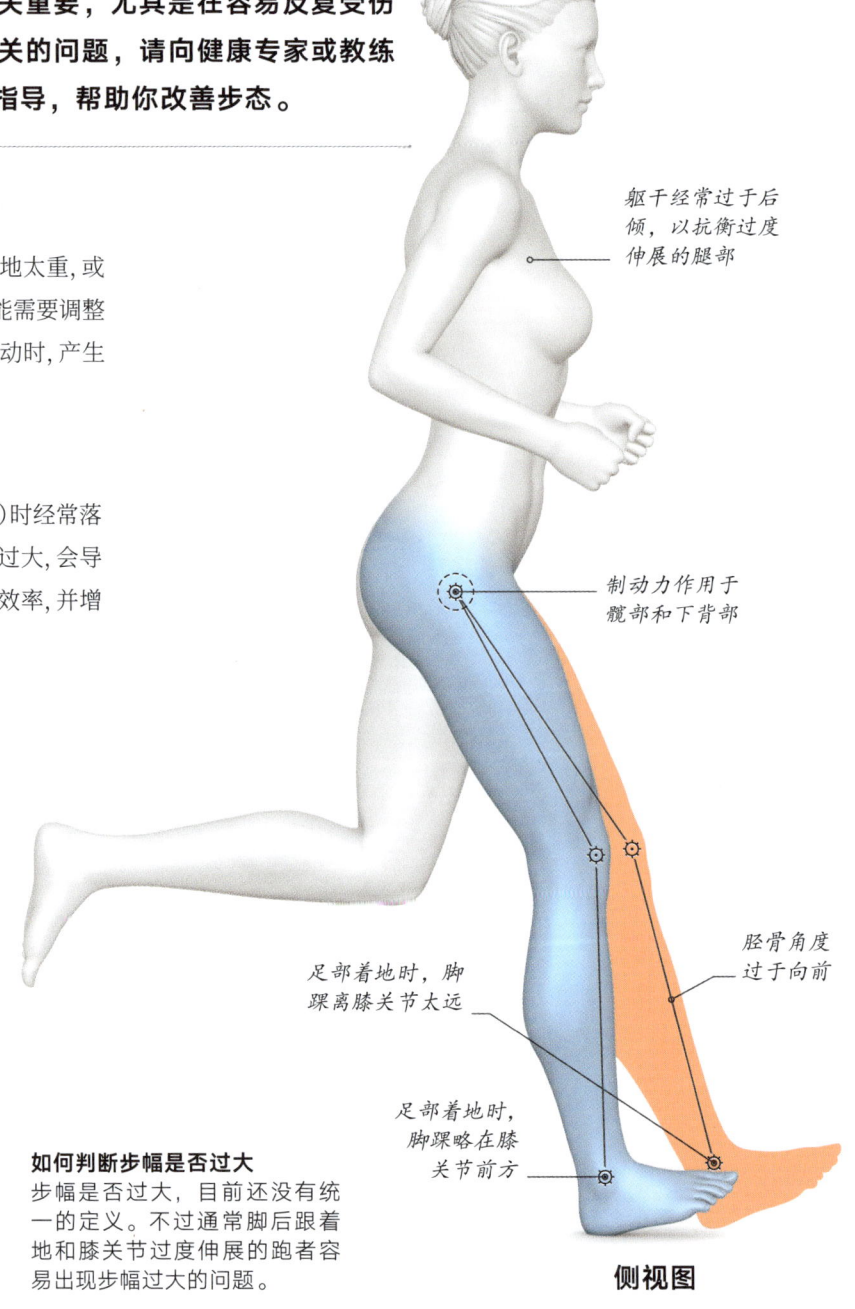

躯干经常过于后倾，以抗衡过度伸展的腿部

制动力作用于髋部和下背部

胫骨角度过于向前

足部着地时，脚踝离膝关节太远

足部着地时，脚踝略在膝关节前方

如何判断步幅是否过大
步幅是否过大，目前还没有统一的定义。不过通常脚后跟着地和膝关节过度伸展的跑者容易出现步幅过大的问题。

侧视图

垂直振荡

在跑步时,需要做一些垂直振荡,但并非振荡越大越好。振荡幅度过大,会增加垂直负荷,降低跑步效率。完美的振荡水平是怎样的,目前还没有统一的定义。但通过查看自己在镜子中的跑步姿势,或者让别人帮你录像,也可以了解振荡的程度。减少垂直振荡的方法有:跑步时尝试"软着陆",想象在较低的天花板下跑步,增加步频(见右图)。

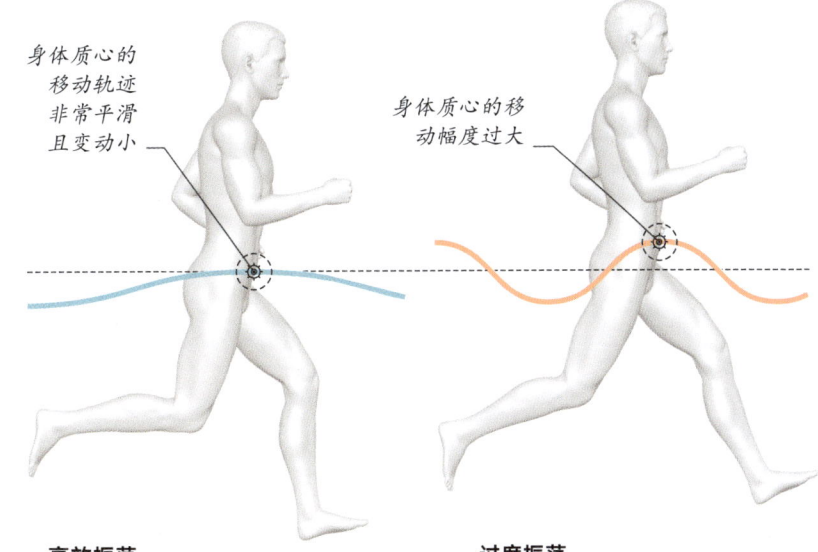

高效振荡
从上一步迈出到下一步,身体质心上下移动的幅度较小,这就是高效振荡。这通常可通过减小步幅、加快步频来实现。

过度振荡
从上一步迈出到下一步,身体质心上下移动的幅度较大,跑步效率低下。能量被浪费在推动身体质心向上以对抗重力方面,而不是用于推动身体向前。

步宽

足部着地时,双脚之间的横向距离称为步宽。跑步步宽比步行步宽要窄,因此跑步效率更高。维持较窄的步宽需要高度的动态稳定性和强健的髋部外展肌群,否则容易造成运动损伤。

分开膝关节跑步

如果你患有髂胫束疼痛、髌股疼痛或胫后肌腱功能障碍等疾病,那你需要加大步宽。虽然在跑步时,确定双脚之间的步宽难以量化,但保持膝盖分开似乎是一个有效的办法。你可以通过镜子或在身后录像,来确定在整个跑步周期中两膝之间存在多少空隙。

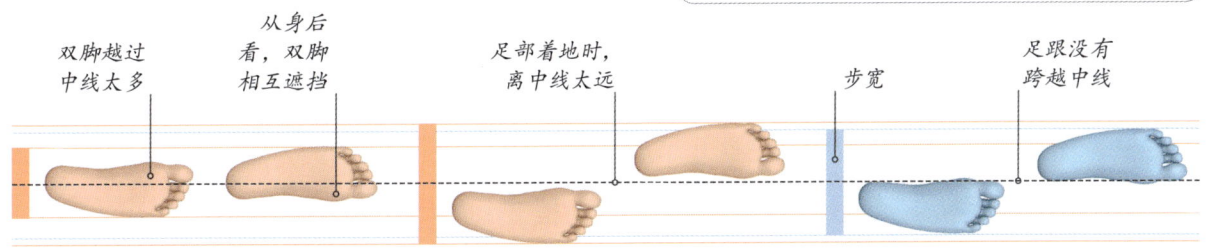

窄步宽
步宽较窄时,会增加足部旋前的程度与速度(见第67页)、髋外侧压力,这会导致各种受伤风险。

宽步宽
步宽较宽时,会增加跑步周期中消耗的能量,因此要在减少受伤和保持高效步宽之间取得平衡。

高效步宽
在整个跑步周期中,你应该能够从两膝之间看到光影的存在。从身后看,一脚在前,另一脚在后,但并不相互遮挡。

着地模式

着地是指足部在初始着地（见第8、60页）时首次触地的瞬间。一直以来，人们都认为，脚后跟着地会增加受伤风险，前脚掌着地时跑步的经济性会更好，但最新研究驳斥了这些观点。实际上，着地模式只是改变身体在承重早期的受力点。只有结合考虑你的既往受伤史，研究着地模式才真正有意义。

脚后跟着地

80%~95%的长跑者都采用脚后跟着地的方式，即在初始着地时用足部的后1/3着地。这与脚踝背屈有关，脚踝背屈是指脚趾向上朝向胫骨。脚后跟着地的好处是可以承受更大的垂直负荷。

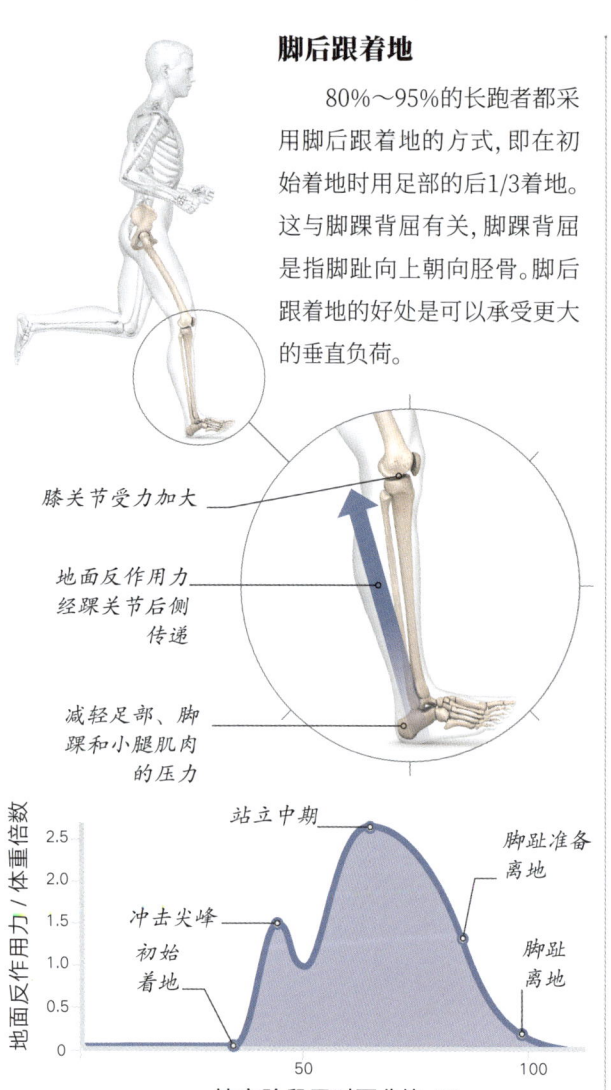

脚后跟着地时承受的垂直地面反作用力
脚后跟着地时的地面反作用力（见第40~41页）剖面图显示，脚后跟撞击地面的瞬间，会产生一个冲击尖峰。冲击力的方向会减少跟腱承受的负荷，但会增加胫骨前肌的负荷。

前脚掌着地

前脚掌着地是指在初始着地时用足部的前1/3着地。这与脚踝跖屈有关，脚踝跖屈是指脚趾朝向远离胫骨的方向。前脚掌着地的好处是可以产生更大的制动力。

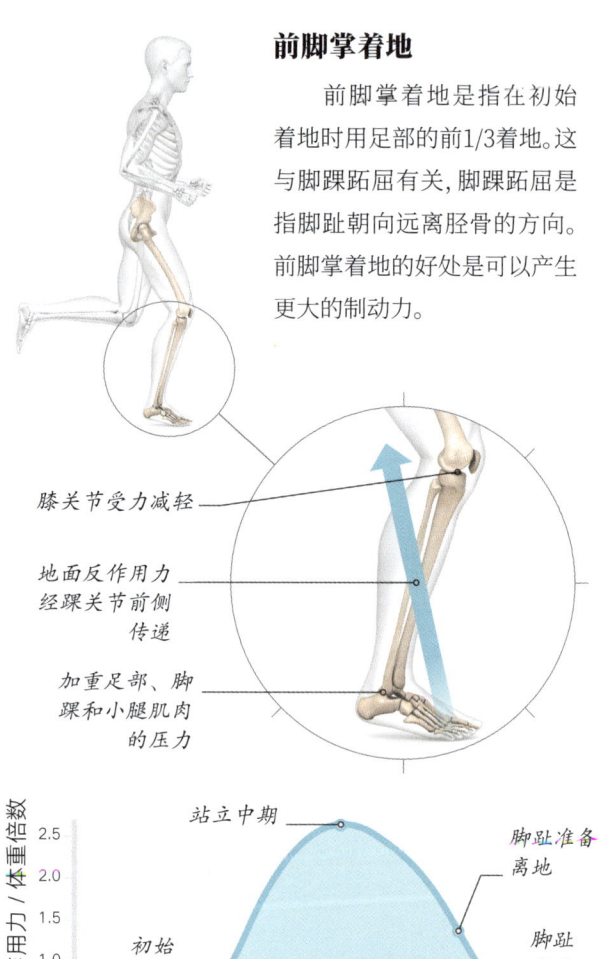

前脚掌着地时承受的垂直地面反作用力
前脚掌着地时，撞击地面的力量较小且传递较慢，因此通常感受不到冲击尖峰。冲击力的方向会增加跟腱和小腿承受的负荷，但会减轻胫骨前肌的负荷。

步态的常见变式

由于每个人的解剖结构不同，应对受伤或疲劳的能力也各有差异，因此在正常跑步步态的基础上，产生了若干变式。大多数步态偏差并不一定会造成运动伤害，但仍建议咨询专业教练或医疗人员。然而，如果偏差确实是由受伤造成的，那么即使你的跑步方式与其他人不同，也不一定需要强行改变。

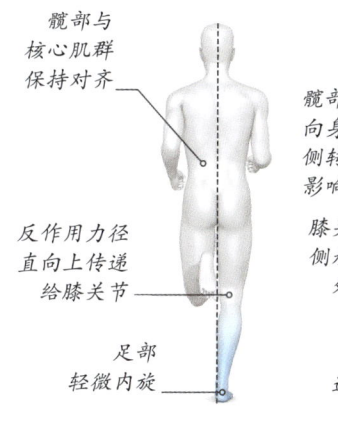
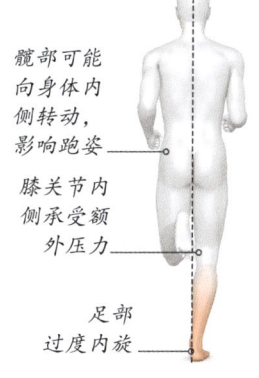
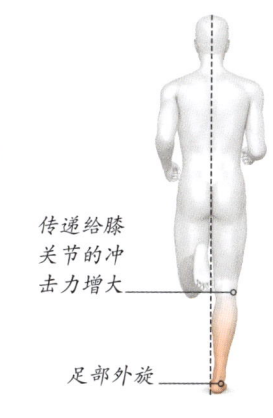
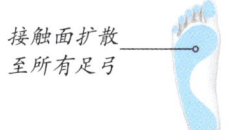
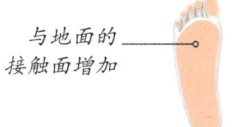
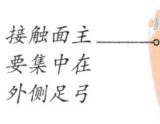

足部旋前

足部旋前是指在站立阶段前半段发生的足部内旋现象（见第60页）。这一动作是由脚踝、脚后跟和前脚掌处的关节共同作用形成的。通常认为，足部旋前是不好的动作，但它作为一种减震机制，却十分必要，也很高效。

足部正常旋前
足部正常旋前是指脚跟外侧先着地，接着足部内旋，在站立阶段将冲击力传递至足中段（全脚掌），然后利用脚拇趾（即大脚趾）末端推动脚趾离地。

足部过度旋前
足部过度旋前往往导致足部呈内八字，而且还会将冲击力传递至足底内侧。脚踝也会出现过度旋转，还可能影响到膝关节和髋部的姿势。

足部旋前不足
足部旋前不足的特征是足部较为僵硬，内侧足弓几乎或根本不与地面接触，导致足部减震能力降低。

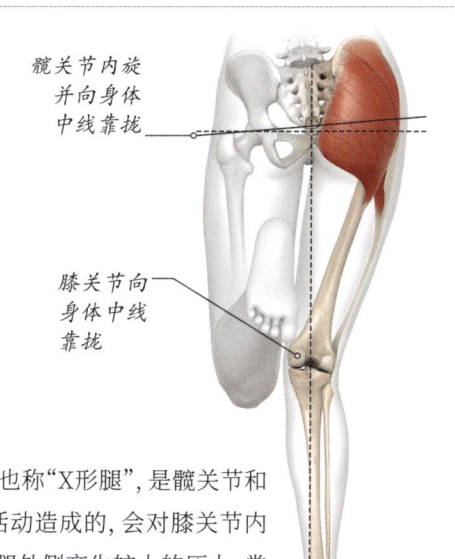

膝外翻

膝外翻，也称"X形腿"，是髋关节和膝关节联合活动造成的，会对膝关节内侧、髋部和大腿外侧产生较大的压力，常引发髌股疼痛和髂胫束疼痛。

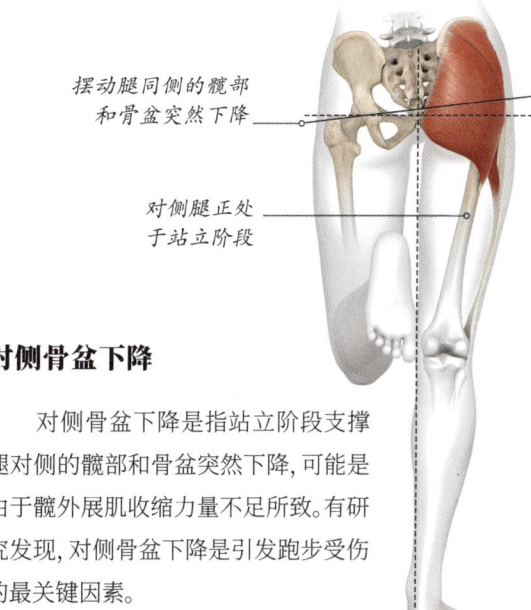

对侧骨盆下降

对侧骨盆下降是指站立阶段支撑腿对侧的髋部和骨盆突然下降，可能是由于髋外展肌收缩力量不足所致。有研究发现，对侧骨盆下降是引发跑步受伤的最关键因素。

跑步运动解剖学

跑步姿势

"理想化"的跑步姿势是不存在的，但健身教练和科学家认为相对完美的跑步姿势还是存在的。记住你在跑步时的个人生物力学状态，然后与本章描述的姿势相比较，你会找到优化跑步姿势的方法，从而提高跑步效率，防止运动受伤。

姿势

保持良好的跑姿至关重要，因为跑步姿势会影响呼吸、减震和动力供应。跑步遵循的基本原则是不要驼背，并目视前方。你可以想象有一根绳子正向上牵拉你的头部，伸展你的脊柱。

手臂

手臂和肩膀在保持上半身放松和提供动力方面起着重要作用。手臂和腿部协同合作，推动你向前奔跑或攀登山丘，同时最大限度地减少左右摆动，避免浪费体力。

核心肌群

核心肌群位于上下半身之间，连接着大量驱动上肢和活动下肢的肌肉。因此，核心肌群必须保持相对稳定，才能驱动这些肌肉。为了锻炼核心肌群，想象一下，肚脐被固定在一根绳子上，绳子牵拉着你向前，上半身动作与下半身动作相互抗衡，以保持身体平衡。在准姿练习和力量训练中，尝试着分别控制这些不同的肌肉（见第78～83、138～149页）。

足部

足部就像身体与地面的接口，着地模式是否有效对提高跑步效率影响很大。想象一下，足部就如同弹簧，在落地时吸收能量，在离地时释放能量。

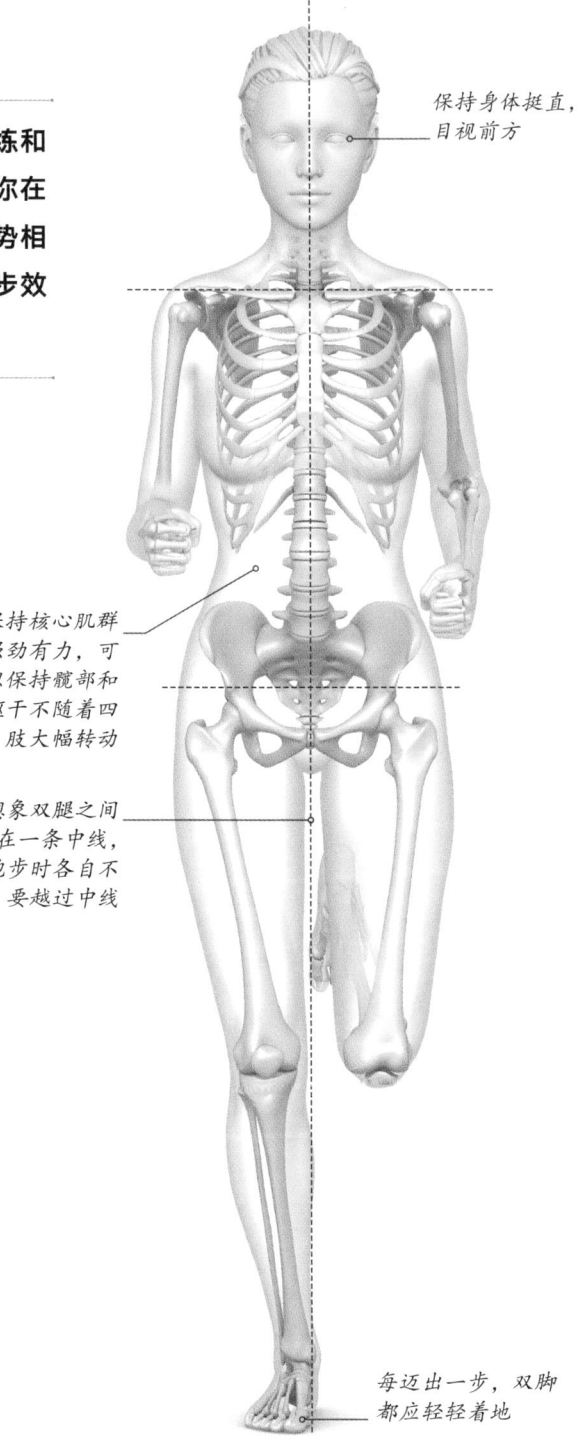

保持身体挺直，目视前方

保持核心肌群强劲有力，可以保持髋部和躯干不随着四肢大幅转动

想象双腿之间存在一条中线，跑步时各自不要越过中线

每迈出一步，双脚都应轻轻着地

前视图

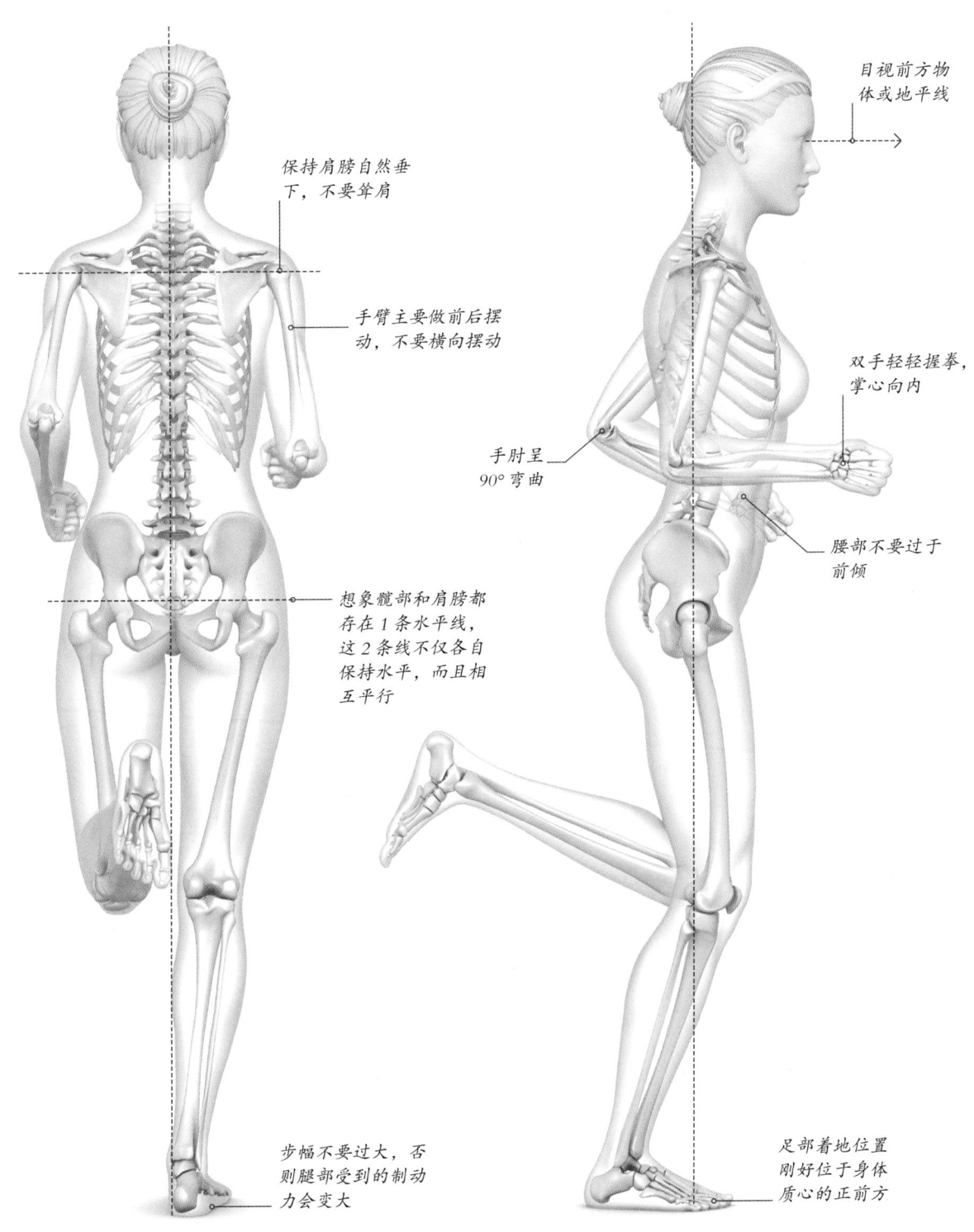

后视图　　　　　　　　　　　侧视图

跑步前后的例行动作

跑前热身和跑后冷身（恢复）非常重要。一些动态拉伸和准姿练习是专门为跑步而设计的，在训练开始前先行完成这些动作可以达到热身的目的，有助于实现锻炼效果的最大化；同时，训练结束后进行静态拉伸，有助于身体恢复。

热身计划可以将身体因过度使用而造成的风险降低50%。

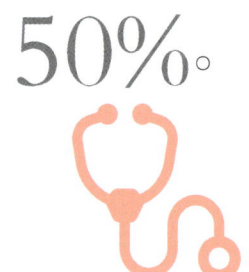

动态拉伸（热身）

动态拉伸（见第72~77页）可以让身体经过热身充分活动开来，为跑步做好准备。

动态拉伸的好处

本书介绍的动态拉伸动作，都是专门为跑步而设计的，可增加肌肉的血流量和关节的活动度。如果要进行跑步运动，那么专门制订一份严密的热身计划，可将身体因过度使用而造成的风险降低50%。

如何进行动态拉伸

每次动态拉伸，都是先从强度较小的慢速活动开始，然后在身体允许的情况下，再进行强度较大的快速活动。在拉伸过程中，可以感受到身体的活动范围在不断扩大。通过拉伸，你可以评估身体是否存在动作不对称或受限的情况，然后在开始锻炼前进行调整。

热身与冷身

你需要为每项训练的热身与冷身（恢复）建立一套经常性的例行动作，并确保每个阶段的动作都有充足的时间完成。锻炼一开始，可以先进行热身（包括动态拉伸和准姿练习），帮助身体做好跑步准备，以防受伤，提高运动表现。在比赛日进行充分热身更为重要，要确保身心均已做好最佳准备。每次跑步结束后，还要进行充分冷身以使身体恢复。

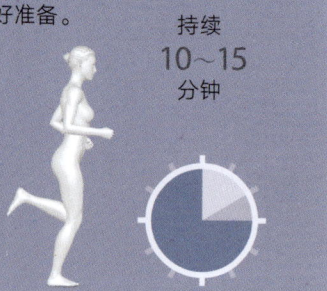

慢跑（热身）

一趟轻松的短程慢跑，基本上都会让身体活络起来，升高体温，促进肌肉的血液流动，并为神经肌肉系统的初步活动做好准备。

持续 10~15 分钟

动态拉伸与准姿练习（热身）

一套动态拉伸例行动作（包括专门为跑步而设计的准姿练习），可以让关节充分活动开来，并为神经肌肉系统迎接更为激烈的活动做好准备。

持续 10~15 分钟

准姿练习

准姿练习(见第78~83页)可以增加肌肉的血流量和关节的活动度。通过练习,可以改善跑步姿势,提高动作的对称性。

准姿练习的好处

通过准姿练习,可以形成良好的跑步姿势。准姿练习相当于把跑步动作拆解开来,然后再具体研究不同阶段的步态。

如何进行准姿练习

在跑步锻炼前后,每周应进行2~3次准姿练习。最好在田径场上实施练习,例如40~50米无障碍跑道。每个动作单腿重复练习15~20次。

> 准姿练习可以改善跑步姿势,提高动作的对称性。

静态拉伸(冷身)

经常性进行静态拉伸(见第84~89页),有助于保持或增加肌肉与关节的灵活性。

静态拉伸的好处

运动前并不建议进行静态拉伸,因为这样做可能会降低身体机能。静态拉伸属于跑后恢复动作,可以提高关节灵活性、改善肌肉形态。虽然跑后拉伸并不能直接提高运动表现,但可以让疲劳紧绷的肌肉得到放松。

如何进行静态拉伸

静态拉伸只能在锻炼后进行。静态拉伸动作建议保持30秒即可。时间再长的话,似乎也不会有太多帮助。

跑步
在锻炼过程中,注意跑步姿势,任何不对称的动作或偏离正常跑步步态的姿势都要避免。当身体疲劳时,更容易出现明显的动作不规范现象。因此可以考虑使用可穿戴传感器,借助它们检测着地模式或跑步姿势的变化,帮助你尽量避免疼痛或受伤。

慢跑(冷身)
如果你本来就是轻松慢跑,那么跑完之后再进行节奏缓慢的慢跑意义不大,但剧烈运动过后进行慢跑却十分有益,可以让你的心率慢慢降下来。

持续 10~15 分钟

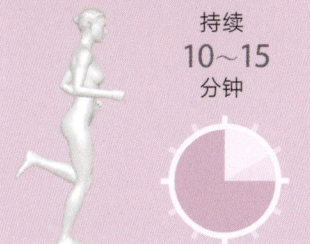

静态拉伸(冷身)
静态拉伸有助于剧烈运动后的身体放松,减轻跑步后产生的肌肉僵硬和酸痛,保持肌肉和关节的灵活性。

持续 10 分钟

跑步运动解剖学

上半身

前后摆腿时,没有必要时刻固定核心肌群和骨盆。允许腰椎进行一些屈曲和伸展动作,可使摆腿动作更加平稳流畅。同时允许躯干轻微转动。如此,当手臂前后自由摆动时,可以锻炼腹斜肌和胸肌。

脊柱
脊柱伸肌
前锯肌
胸大肌
腹直肌
腹外斜肌

动态拉伸

前后摆腿

前后摆腿属于动态拉伸动作,可以提高髋部和腿部后侧肌肉的灵活性,从而为跑步做好准备。该动作有助于防止受伤和提高运动表现,可以借助栏杆或椅背作为支撑物。单腿重复动作15~20次(或适量增加),然后双腿交替练习。身体逐渐活络以后,可以增加摆腿幅度。

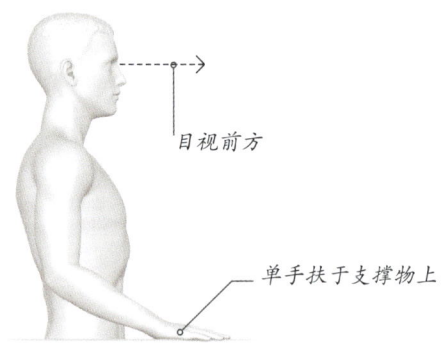

目视前方
单手扶于支撑物上
保持支撑腿挺直
摆动腿轻微弯曲

预备阶段
身体站直,与摆动腿同侧的那只手扶于支撑物上。身体重心转移至支撑腿,准备开始动态拉伸。摆动腿膝关节放松,轻微弯曲。

第一阶段
摆动腿向前摆动,用空闲着的对侧手去触碰脚趾,如果可能的话,轻拍脚趾。把摆动腿当成钟摆一样摆动,借助其产生的动量将腿甩至身体前方,保持膝关节轻微弯曲,体会大腿后侧、膝关节和小腿被轻微拉伸的感觉。保持支撑腿膝关节伸直。

图例
- 关节
- 肌肉
- 向心收缩的肌肉
- 离心收缩的肌肉
- 无张力下被拉长的肌肉
- 等长收缩的肌肉

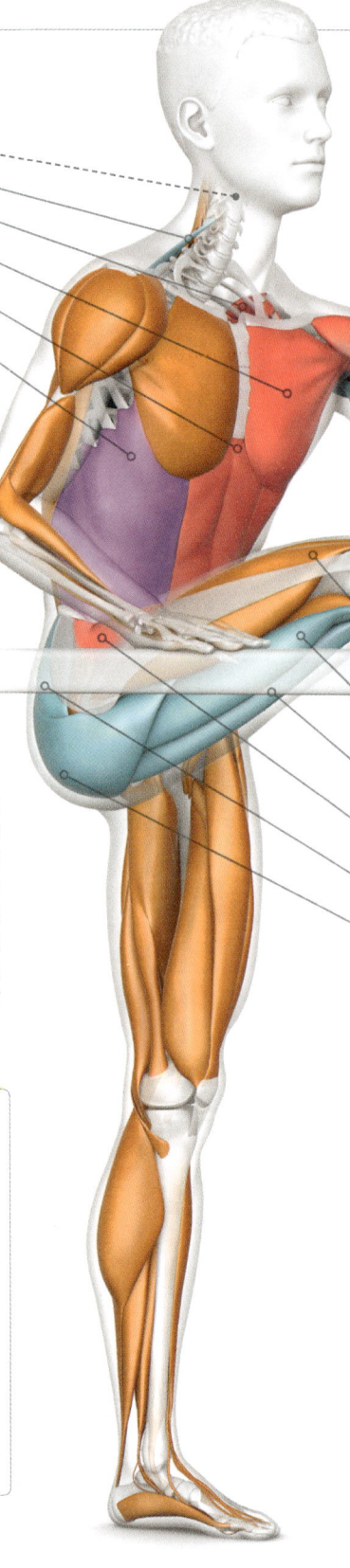

72

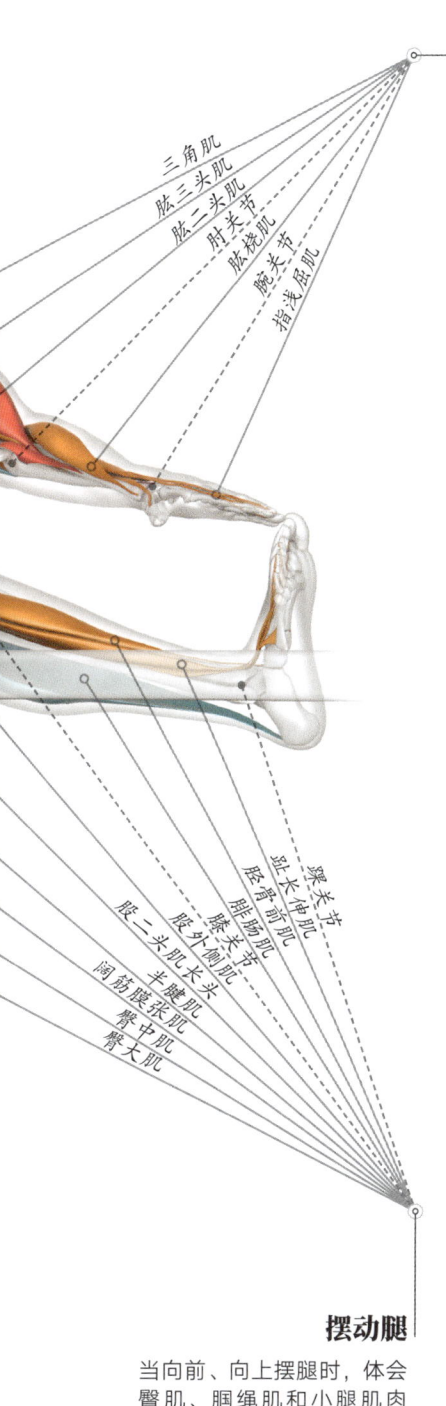

摆动臂

上半身轻微转动，让手臂可以碰到摆动腿的脚趾。肱二头肌负责举起手臂，并轻微伸展肱三头肌。

当摆动腿和对侧手臂向后摆动时，腹肌被拉长

第二阶段

向后摆动摆动腿，像钟摆一样将腿部和足部的重量向后甩，同时也将对侧手臂向后摆动。连续重复前后摆动动作，尽可能做到流畅。

摆动腿

当向前、向上摆腿时，体会臀肌、腘绳肌和小腿肌肉被拉伸的感觉。尽管腿部产生的动量可以协助抬腿，但主要依靠髋屈肌的作用完成摆腿。

摆动腿

保持摆动腿在矢状面（见第 4 页）内摆动。借助腿部动量将腿向后摆动，拉伸髋屈肌。

侧向摆腿

上半身
从身体一侧向另一侧摆腿时,左右腹外斜肌彼此拉扯,一侧向心收缩,另一侧离心收缩,使躯干和骨盆轻微转动。骨盆和髋部放松,以顺应侧向摆腿动作。利用腹斜肌帮助身体转动以及摆腿。

侧向摆腿可以提高内侧腘绳肌、髋内收肌、髋外展肌和髋外旋肌的灵活性,有助于防止受伤和提高运动表现。该动作可以借助栏杆或公园长椅的靠背作为支撑物。单腿重复动作15~20次(或适量增加),然后双腿交替练习。身体逐渐活络以后,可以增加摆腿幅度。

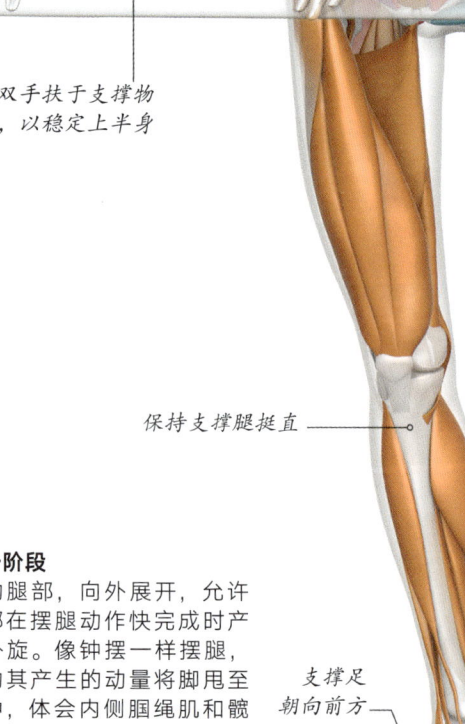

三角肌
前锯肌
胸大肌
腹直肌
腹外斜肌
肱肌
肱桡肌
指深屈肌

双手扶于支撑物上,以稳定上半身

保持支撑腿挺直

支撑足朝向前方

目视前方

双手扶于支撑物上

身体前倾,保持上半身挺直

身体前倾,踮起脚尖

预备阶段
身体前倾,双手扶于支撑物(如栏杆)上。确保身体与支撑物之间有足够的空间,可让腿部在身体前方自由地侧向摆动。身体重心转移至支撑腿,准备开始动态拉伸。

第一阶段
摆动腿部,向外展开,允许髋部在摆腿动作快完成时产生外旋。像钟摆一样摆腿,借助其产生的动量将脚甩至空中,体会内侧腘绳肌和髋内收肌被轻微拉伸的感觉。

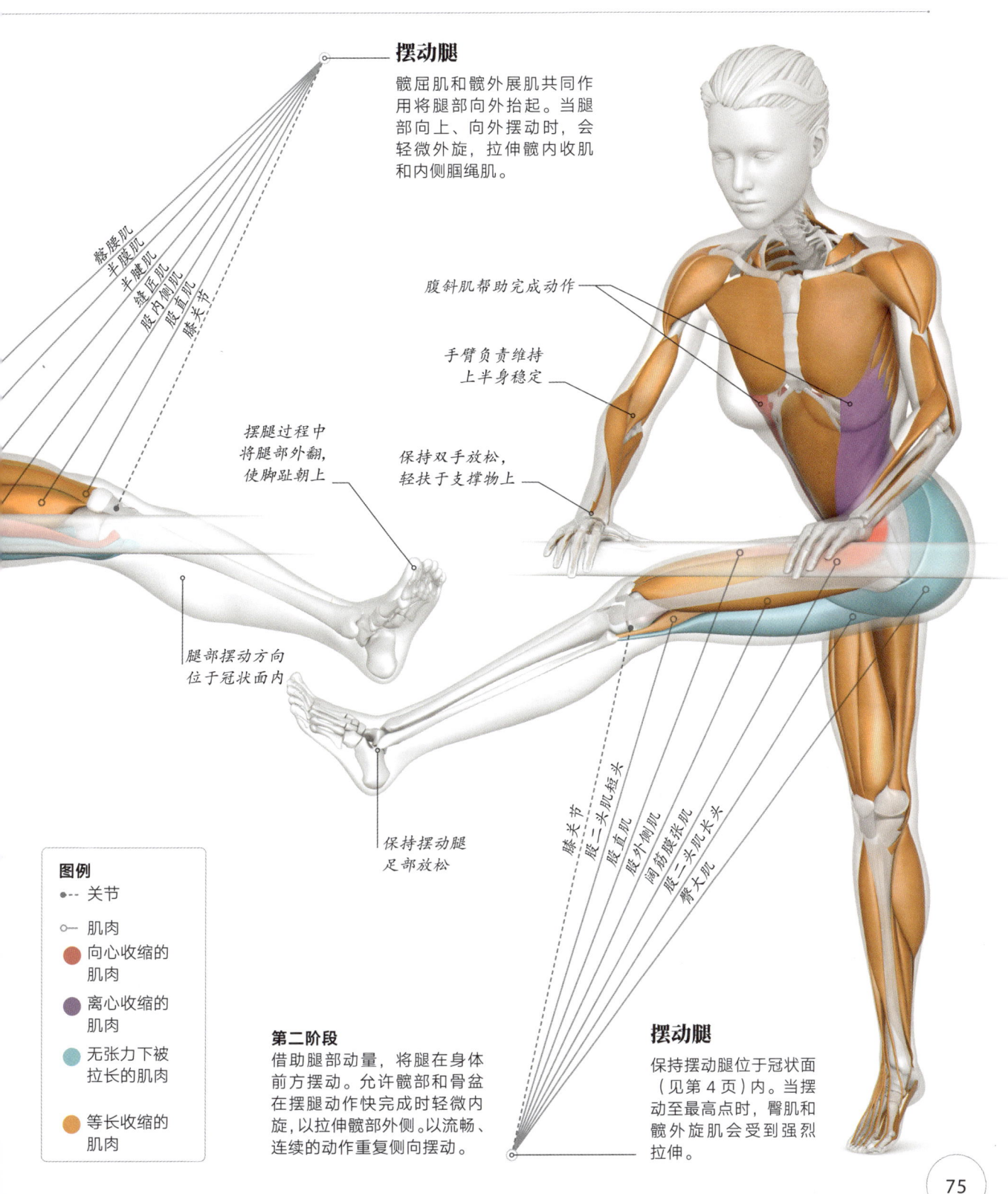

小腿拉伸

小腿拉伸可以提高小腿和跟腱的灵活性，有助于防止受伤和提高运动表现。锻炼期间，身体倚于墙壁或栏杆以获得支撑。单腿重复动作15～20次（或适量增加），身体逐渐活络以后，逐渐进一步下压脚跟。不要让拉伸动作处于某个位置不动，而要连续流畅地重复拉伸。下一页的小腿拉伸变式重在拉伸比目鱼肌，而非腓肠肌。

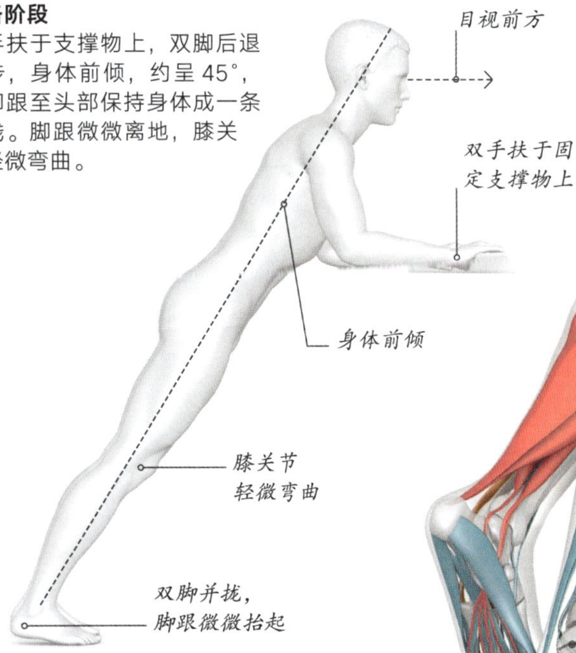

上半身

身体前倾，双手扶于栏杆，以支撑上半身。利用手臂、上半身和核心肌群保持上半身挺直。

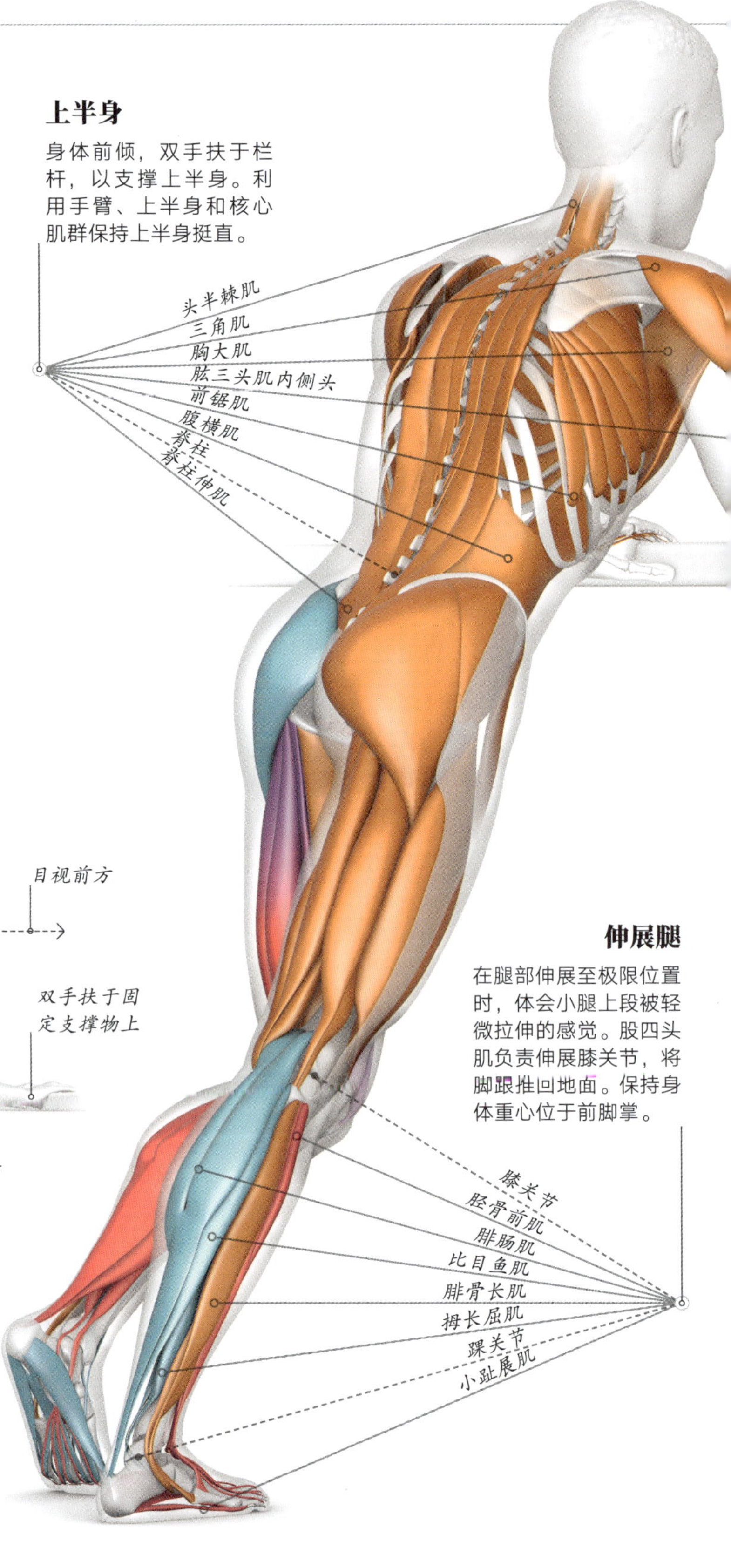

- 头半棘肌
- 三角肌
- 胸大肌
- 肱三头肌内侧头
- 前锯肌
- 腹横肌
- 脊柱
- 脊柱伸肌

图例

- ●--- 关节
- ○— 肌肉
- ● 向心收缩的肌肉
- ● 无张力下被拉长的肌肉
- ● 等长收缩的肌肉
- ● 离心收缩的肌肉

预备阶段

双手扶于支撑物上，双脚后退一步，身体前倾，约呈45°，从脚跟至头部保持身体成一条直线。脚跟微微离地，膝关节轻微弯曲。

- 目视前方
- 双手扶于固定支撑物上
- 身体前倾
- 膝关节轻微弯曲
- 双脚并拢，脚跟微微抬起

伸展腿

在腿部伸展至极限位置时，体会小腿上段被轻微拉伸的感觉。股四头肌负责伸展膝关节，将脚跟推回地面。保持身体重心位于前脚掌。

- 膝关节
- 胫骨前肌
- 腓肠肌
- 比目鱼肌
- 腓骨长肌
- 拇长屈肌
- 踝关节
- 小趾展肌

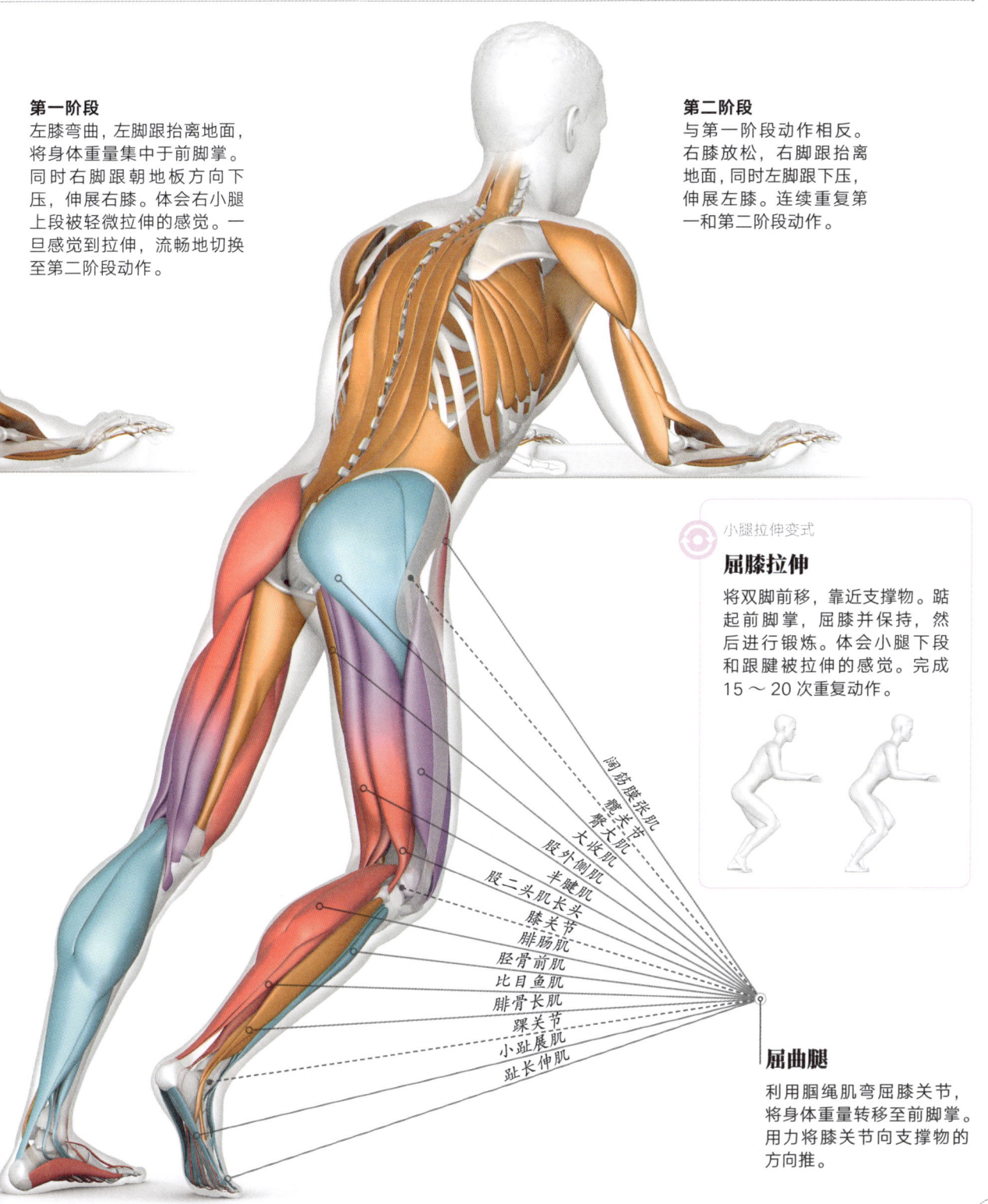

第一阶段
左膝弯曲，左脚跟抬离地面，将身体重量集中于前脚掌。同时右脚跟朝地板方向下压，伸展右膝。体会右小腿上段被轻微拉伸的感觉。一旦感觉到拉伸，流畅地切换至第二阶段动作。

第二阶段
与第一阶段动作相反。右膝放松，右脚跟抬离地面，同时左脚跟下压，伸展左膝。连续重复第一和第二阶段动作。

小腿拉伸变式

屈膝拉伸
将双脚前移，靠近支撑物。踮起前脚掌，屈膝并保持，然后进行锻炼。体会小腿下段和跟腱被拉伸的感觉。完成15～20次重复动作。

阔筋膜张肌
髋关节
臀大肌
股外侧肌
半腱肌
股二头肌长头
膝关节
腓肠肌
胫骨前肌
比目鱼肌
腓骨长肌
踝关节
小趾展肌
趾长伸肌

屈曲腿
利用腘绳肌弯屈膝关节，将身体重量转移至前脚掌。用力将膝关节向支撑物的方向推。

77

准姿练习

动作A

动作A类似于行军姿势,强调膝关节抬高、手脚协调、身体微向前倾等正确姿势。肌肉需要通过发力来抬高膝关节,从而起到热身的目的,帮助身体适应正确的跑步姿势。尽量保持脚步轻盈,同时注意动作可以略显夸张,但步幅要小,以便身体缓慢地向前移动。

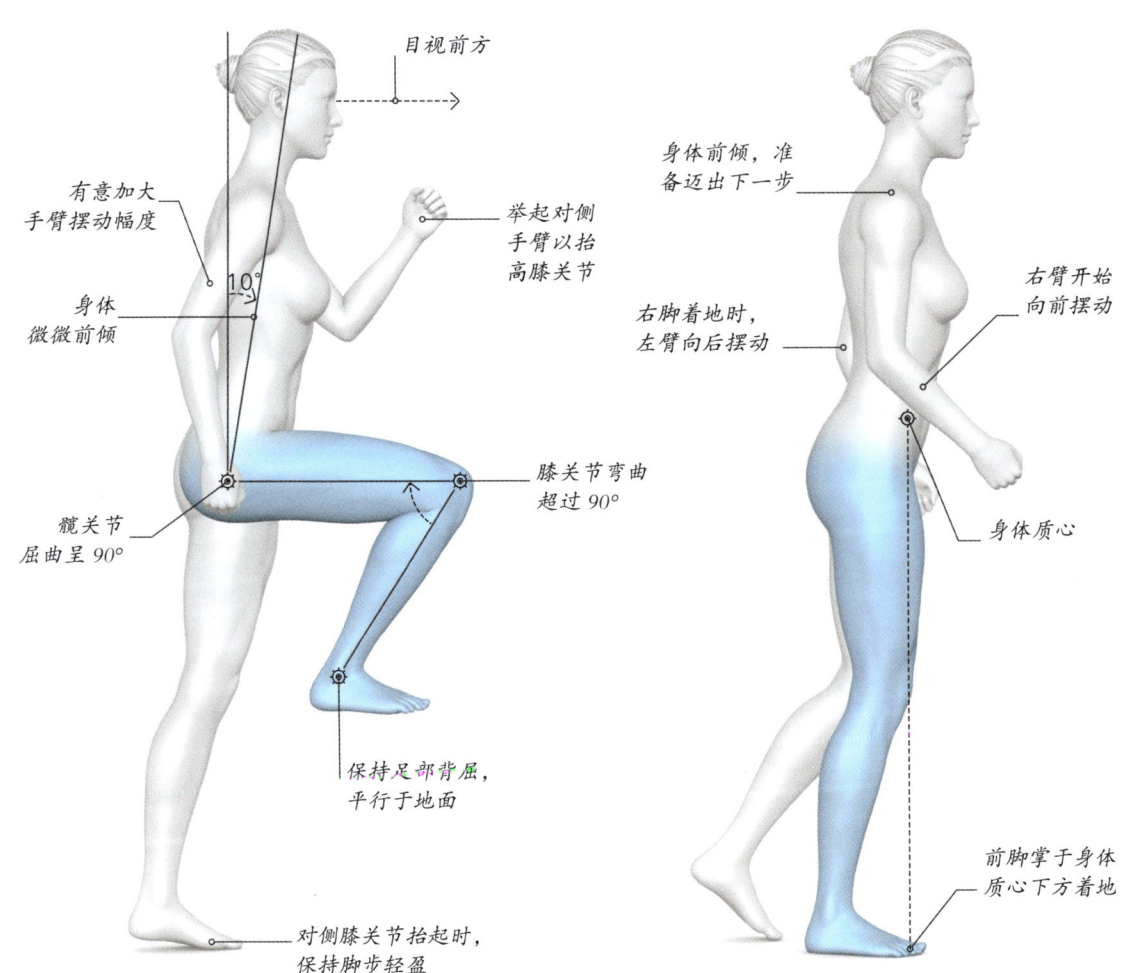

抬高膝关节
身体站直,微向前倾。右膝抬高,像跑步时一样摆动手臂。准备迈出下一步时,左脚跟抬离地面,身体重量集中于左脚前脚掌。

保持小步幅
右腿快速收回地面,位置稍前于左脚,右脚前脚掌着地。左臂像跑步时一样向后摆动。单腿重复动作15~20次。

动作B

动作B在抬起膝关节后,增加了一个快速伸展膝关节的动作,以拉伸腘绳肌。伸展膝关节的动作速度较快,使整体动作看起来如同跳跃。尝试尽可能流畅地完成动作。经常性练习此动作可以提高下肢的稳定性,并增加髋部、膝关节和脚踝的活动范围。

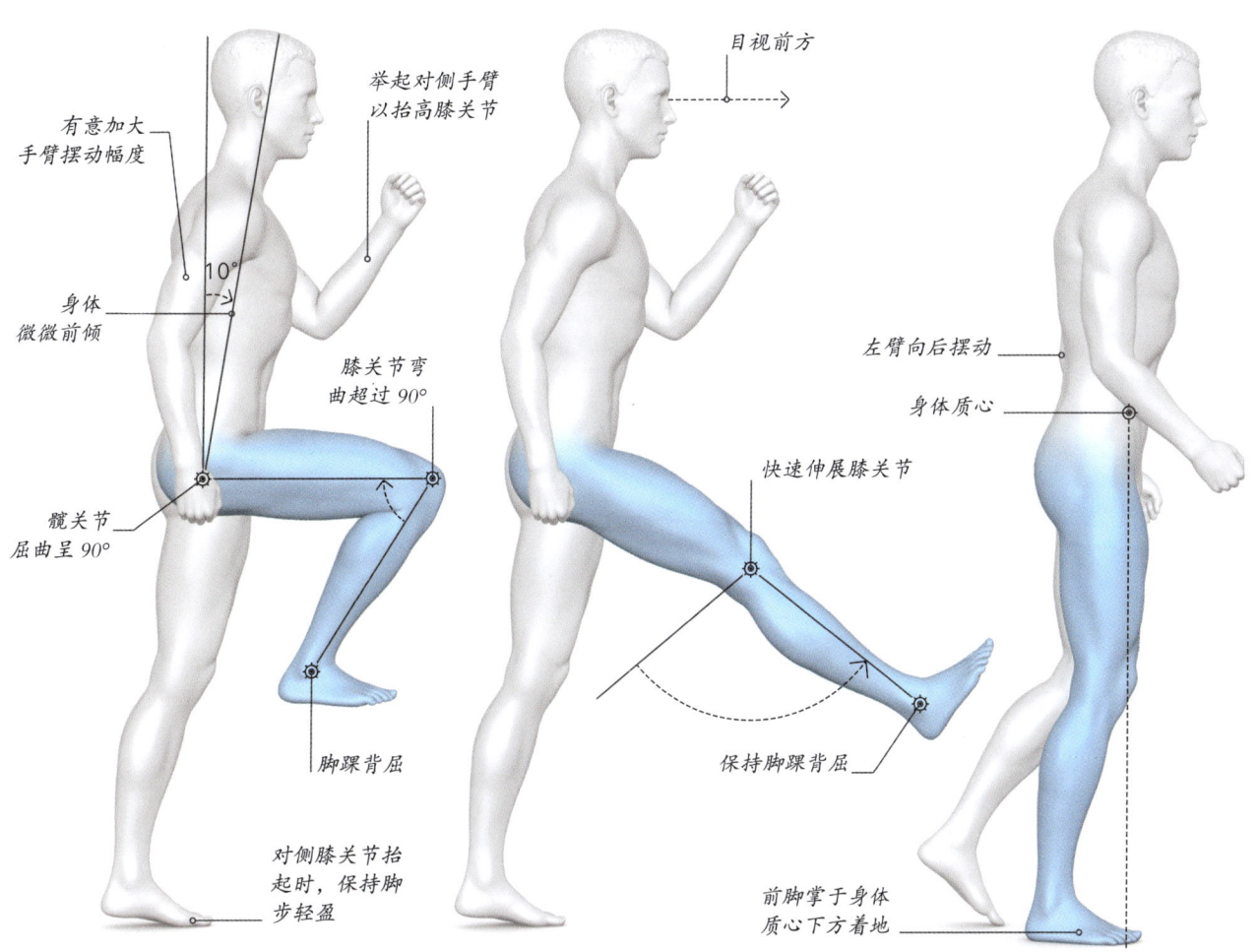

抬高膝关节
身体站直,微向前倾。右膝抬高,像跑步时一样摆动手臂。准备迈出下一步时,左脚跟抬离地面。

伸展膝关节
准备将右腿拉回地面时,用力伸展膝关节使腿部伸直。

在身体质心下方着地
将伸展的右腿快速收回至身体下方,位置稍前于左脚,右脚前脚掌落于身体质心下方。左臂像跑步时一样向后摆动。

动作C

　　动作C采用小而稳定的跑步步伐。每迈出一步，加入一个流畅的后蹬动作。经常练习此动作可以提高髋屈肌和股四头肌的灵活性，改善步频，并提高跑步效率。手臂保持跑步一样的摆动姿势，后蹬腿时举起对侧手臂。如果你觉得摆动手臂会分散注意力，也可以将手臂贴于腰间，专注完成其他动作。

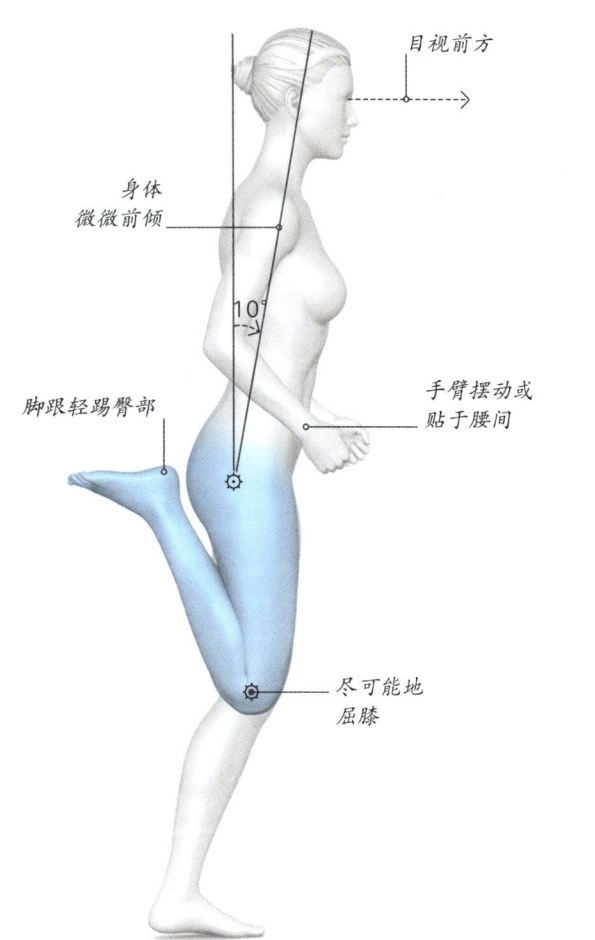

踢向一侧臀部
身体站直，微向前倾。右腿后蹬，右脚跟快速轻踢一侧臀部，在迈出下一步前，保持左腿伸直。左脚跟离地，身体重心集中于左脚前脚掌。

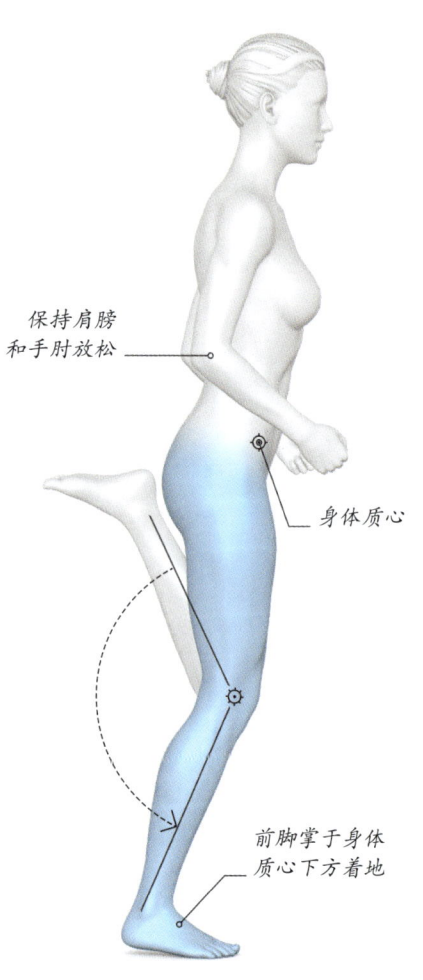

踢向对侧臀部
在双脚离地短暂腾空后，立即让右腿落地。右脚前脚掌于身体质心下方着地，位置稍前于左脚。

跨步

跨步练习可以让你在高速情况下完善跑步姿势。尽量让你的跨步姿势夸张一点。一开始先用较为舒适的配速跑步,注意跑姿和步法,然后在最后5～10秒加速至最大速度的80%。

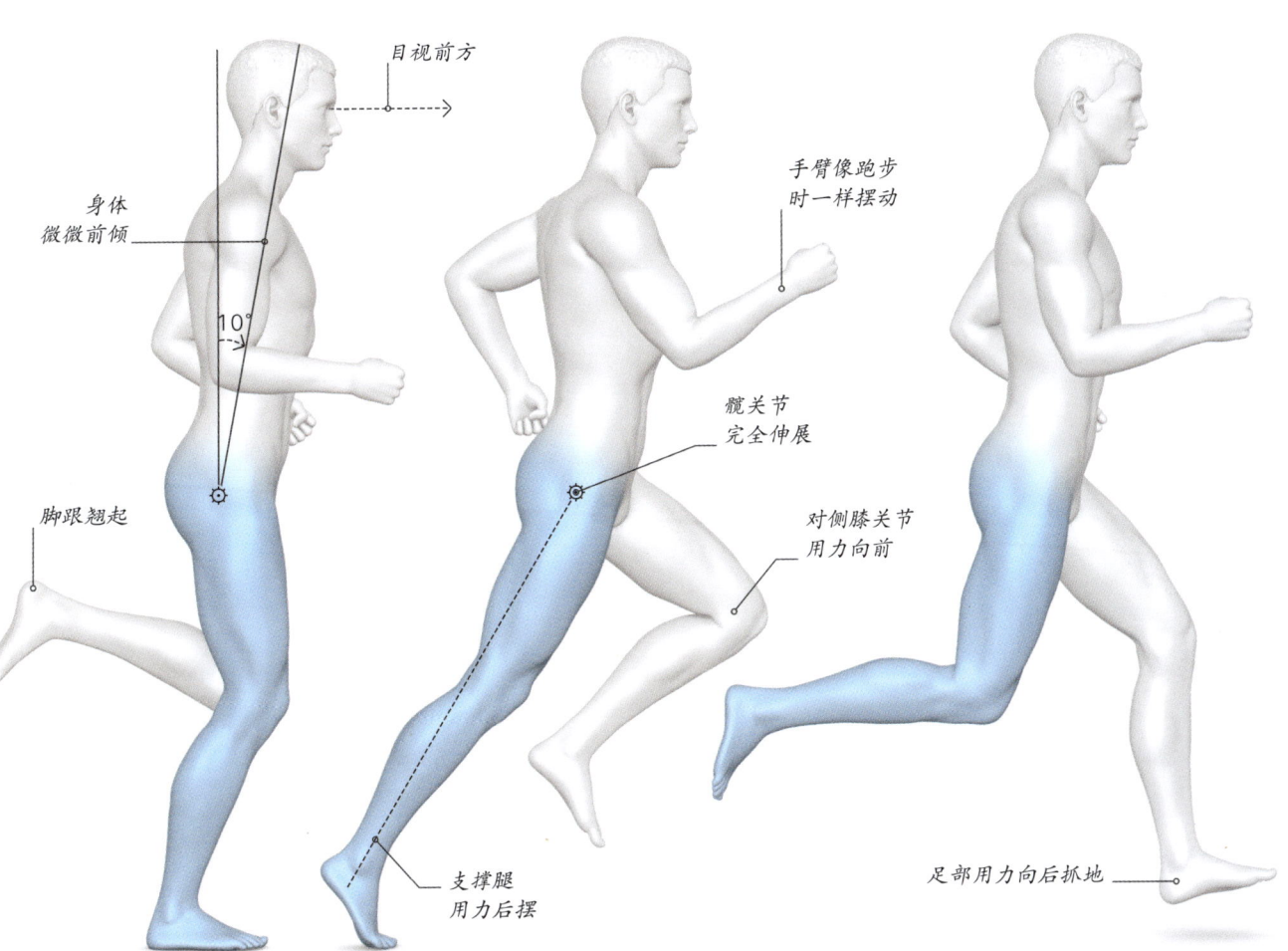

专注跑姿

身体站直,微向前倾,准备跨步。注意跑姿,确保前脚掌或脚后跟(依个人习惯而定)着地位置落于髋部下方,保持肩膀放松。

开始加速

开始加速时,支撑腿用力后摆,并将对侧膝关节向上、向前抬起。如果抬膝动作足够有力,就会强力伸展支撑腿髋部,有助于支撑腿蹬离地面。

最后冲刺

保持跑步姿势,在终点线前以最大速度的80%冲刺。手臂像跑步时一样前后摆动,以此增加动力。

跳步

跳步可以增强下肢的弹跳力。着地时,借助爆发力将身体径直弹起,然后对侧膝关节发力做此动作。尽可能地向上、向前跳,然后在跳起时保持冲刺姿势。带着一定的速度着地,准备再次向前跳跃。

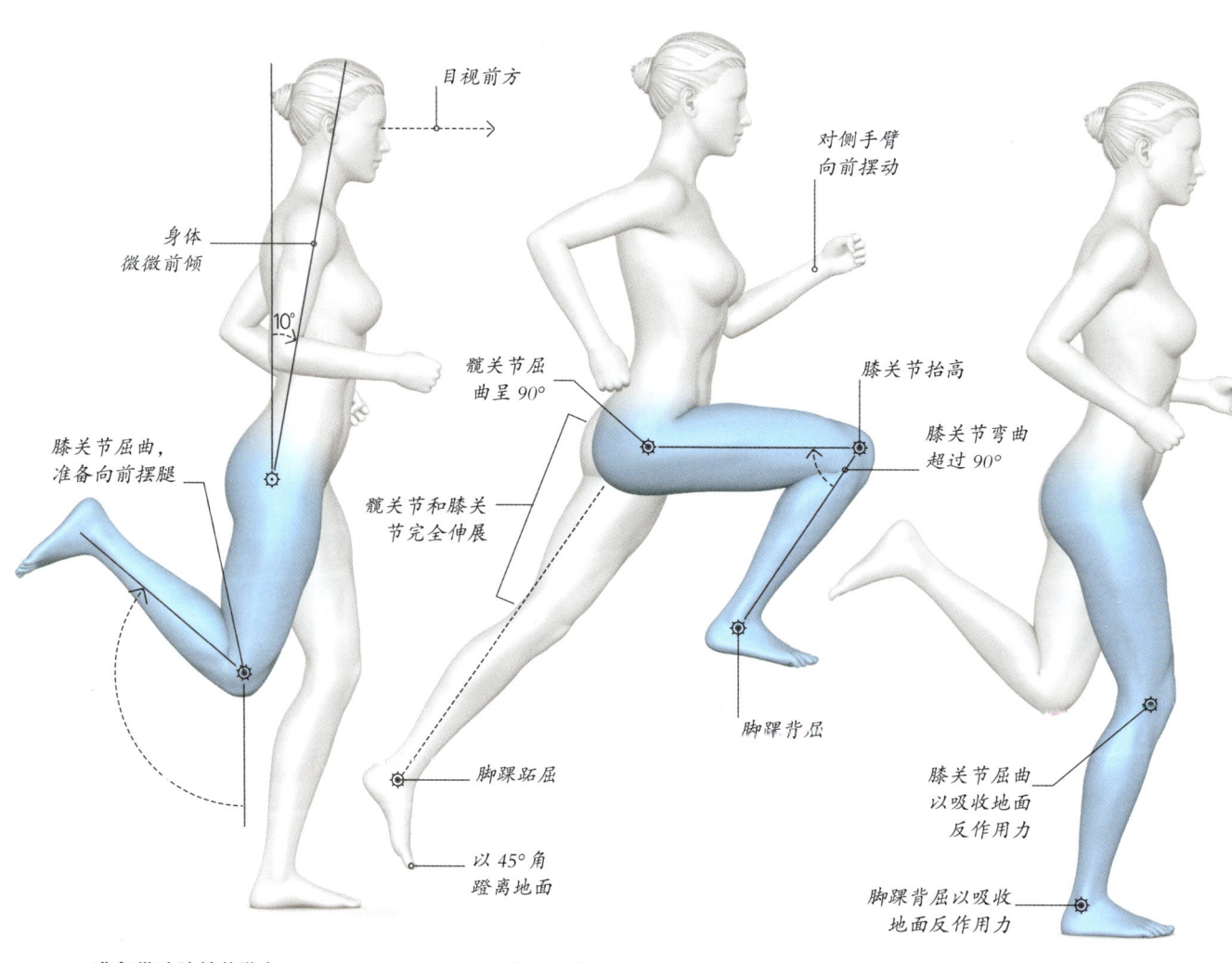

准备带动膝关节发力
当左脚着地时,身体前倾,身体重心落于左脚前脚掌,膝关节和髋关节轻微屈曲。右腿膝关节屈曲,准备在跨出下一步时抬高膝关节。

爆发式蹬离地面
用力蹬地以推动身体向上、向前离地。右腿膝关节用力向前,双臂像跑步一样摆动,带动身体离地。

轻盈着地
右脚着地并吸收地面反作用力,并将其转化为下一步的动力。腿部如弹簧般能够储存地面反作用力的能量,爆发式向前、向上推动身体。

交叉步

交叉步是一种侧向移动动作,可以提高跑者的敏捷性、协调性和灵活性。尽可能快速且流畅地完成动作。逐渐熟悉动作以后,可以增加动作的速度,以应对协调性方面的挑战。一开始任意选择一个方向移动,然后立即向相反方向移动,此为一组动作。

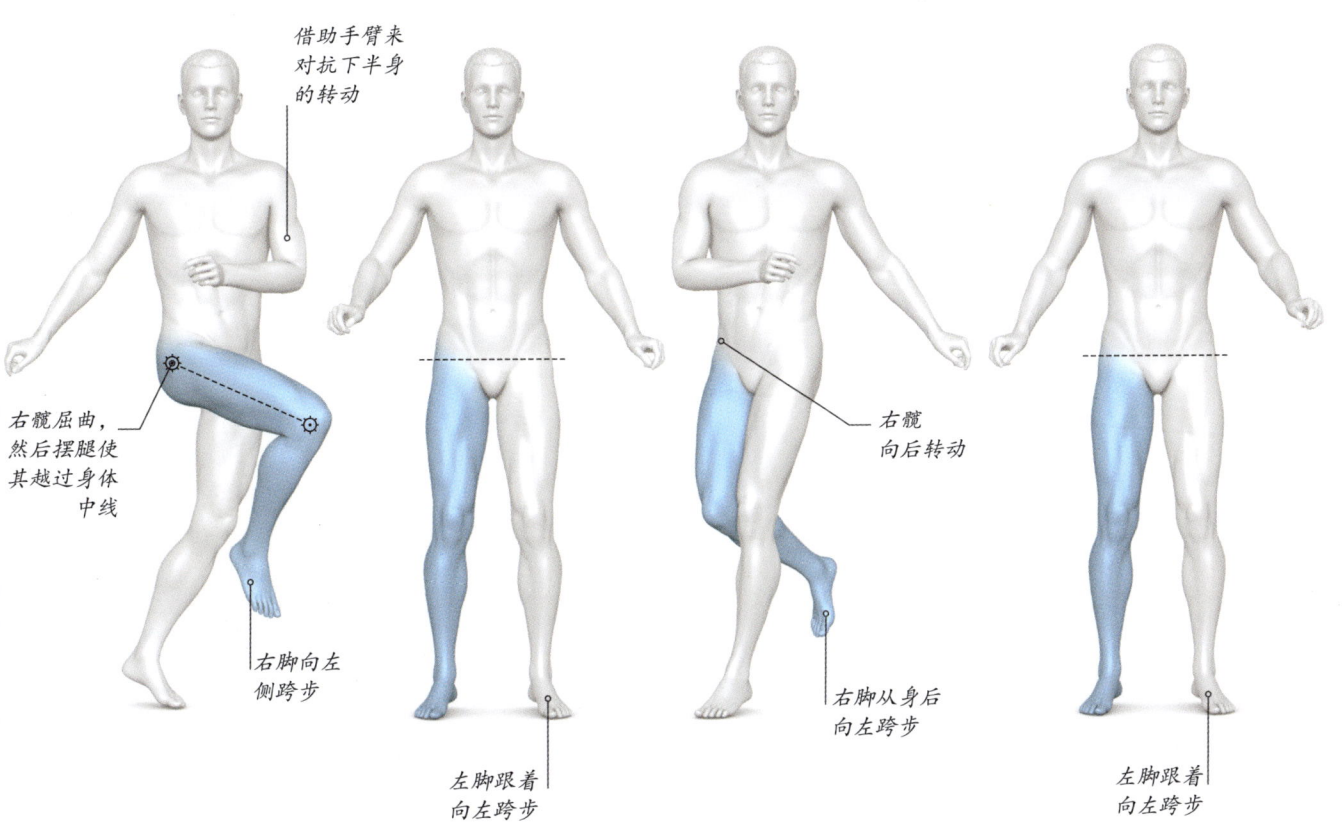

在身前跨步
开始时微微抬起双脚前脚掌。若要向左移动,则注意抬右腿。抬高右腿膝关节,然后摆腿越过身体中线向左跨步。

向侧方跨步
左脚跟着向左跨步。保持脚步弹性,前脚掌处于轻盈状态。

在身后跨步
右髋向后转动,然后右腿摆至身后向左跨步。

向侧方跨步
左脚跟着向左跨步。若要向右移动,则注意抬左腿,完成相反动作即可。

跑步运动解剖学

预备阶段
双手和膝关节撑地，手臂伸直。腕关节与肩关节垂直对齐，膝关节与髋关节垂直对齐。

保持背部挺直，脊柱中立

伸展腿部
将脚向后滑动，在伸展髋部的同时放松髋屈肌、收缩臀肌。

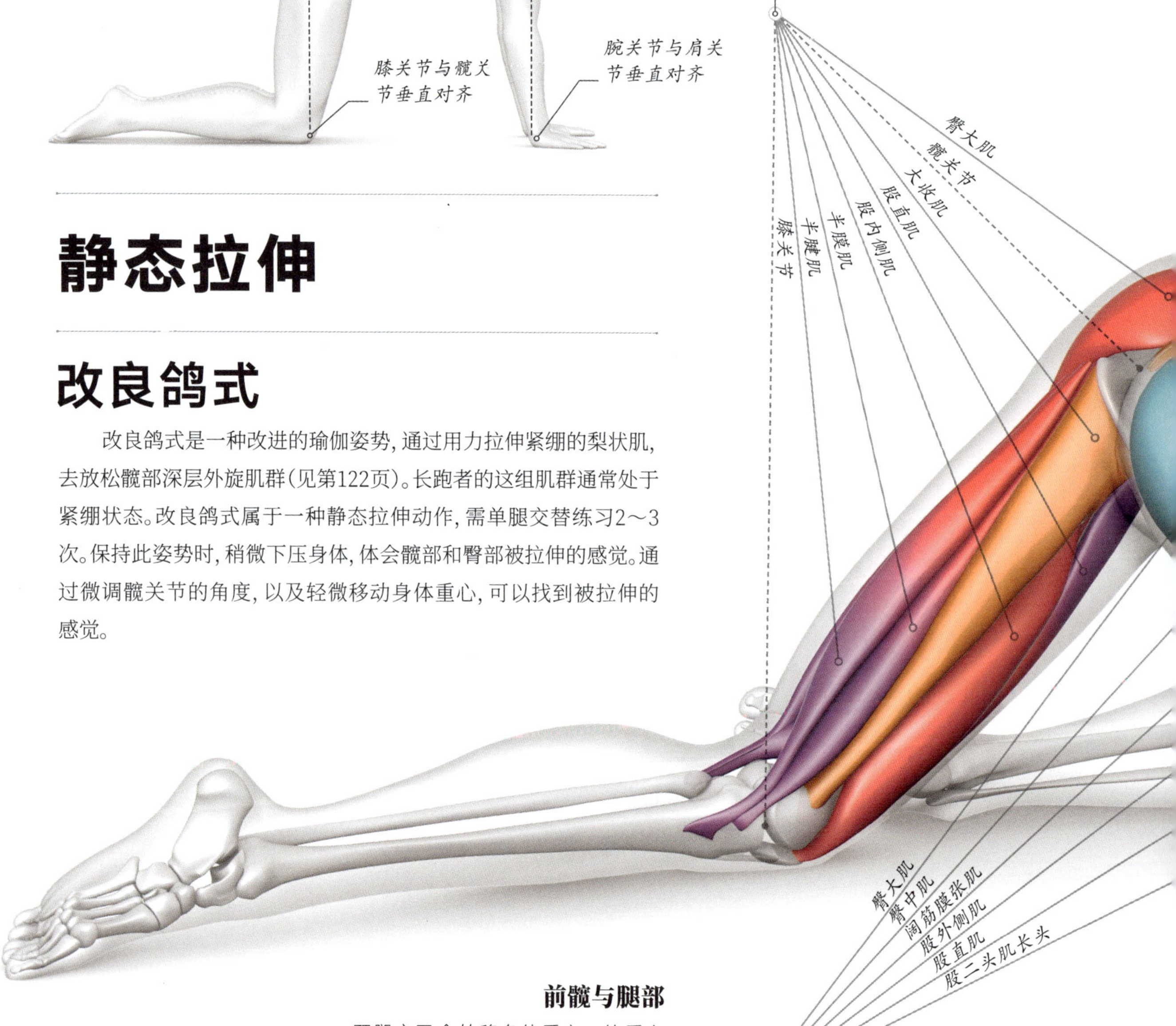

膝关节与髋关节垂直对齐

腕关节与肩关节垂直对齐

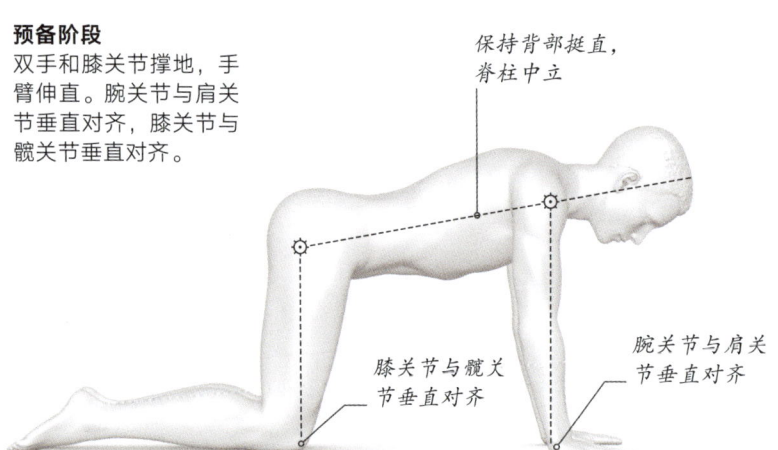

静态拉伸

改良鸽式

改良鸽式是一种改进的瑜伽姿势，通过用力拉伸紧绷的梨状肌，去放松髋部深层外旋肌群（见第122页）。长跑者的这组肌群通常处于紧绷状态。改良鸽式属于一种静态拉伸动作，需单腿交替练习2～3次。保持此姿势时，稍微下压身体，体会髋部和臀部被拉伸的感觉。通过微调髋关节的角度，以及轻微移动身体重心，可以找到被拉伸的感觉。

臀大肌
髋关节
股直肌
股内侧肌
半腱肌
膝关节

臀大肌
臀中肌
阔筋膜张肌
股外侧肌
股二头肌长头

前髋与腿部
双腿交叉会转移身体重心，使重心落于右腿膝关节外侧。体会右髋、臀肌和深层髋外旋肌被拉伸的感觉。

84

第一阶段
右脚置于左膝前方,保持右膝与左肩成一条直线。右髋轻微外翻,可以帮助你对齐右膝和左肩。

目标腿膝关节越过对侧腿,并保持目标腿膝关节与对侧肩膀成一条直线

上半身
保持躯干平行于地面,借助手臂肌肉力量支撑上半身重量。保持头部与背部成一条直线,不要塌陷。

斜方肌
脊柱伸肌
腹横肌
前锯肌
三角肌
肱三头肌
肱二头肌
肘关节
肱桡肌
旋前方肌

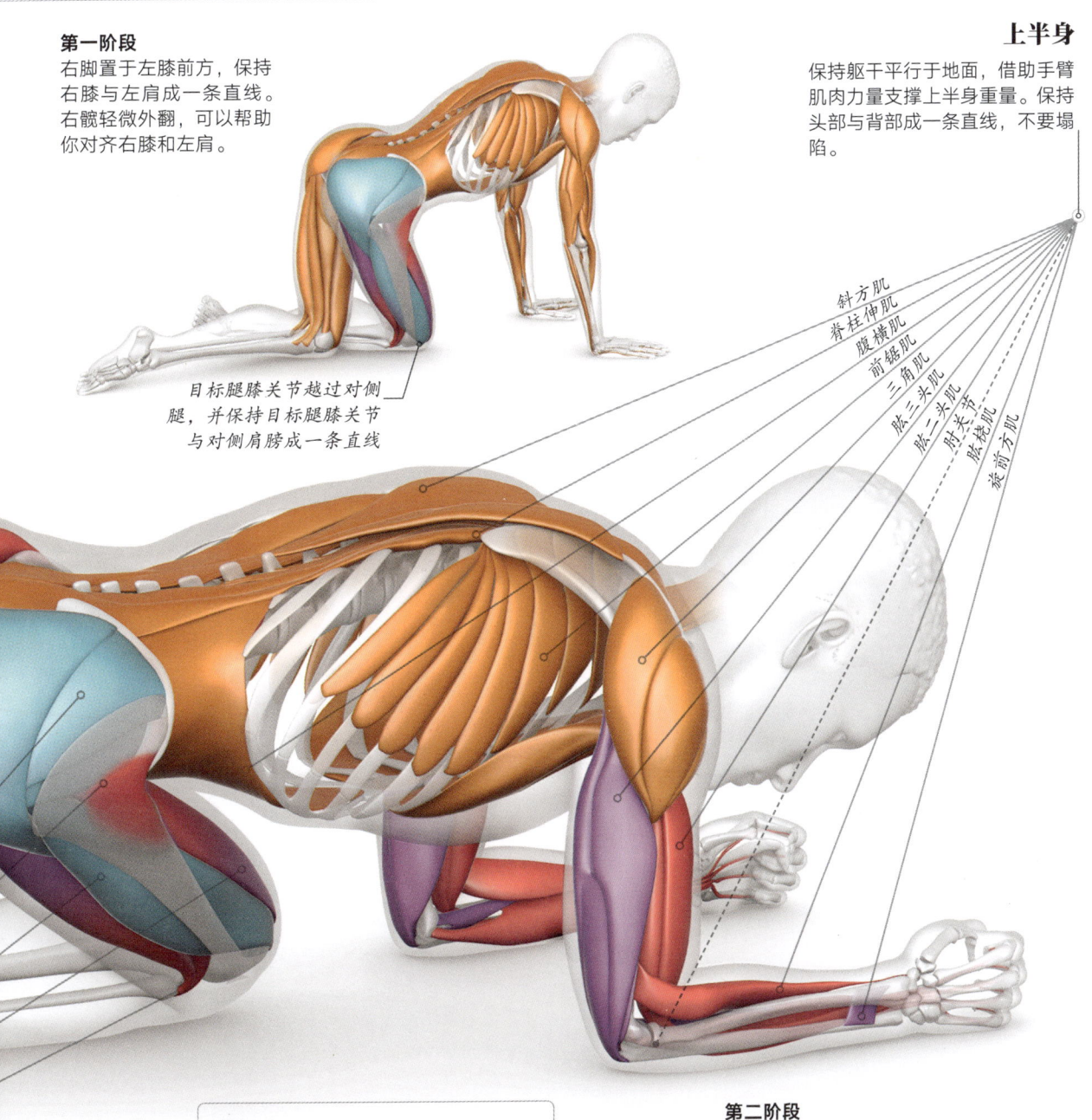

图例
- ●-- 关节
- ○— 肌肉
- ● 向心收缩的肌肉
- ● 离心收缩的肌肉
- ● 无张力下被拉长的肌肉
- ● 等长收缩的肌肉

第二阶段
手臂屈曲,肘关节与肩关节垂直对齐,身体重量倚于前臂。左腿缓慢向后滑动,将髋部向后、向下牵拉。上半身向前臂方向倾斜,寻找一个舒适的拉伸位置,保持30~60秒。滑动左腿并收回至第一阶段位置,然后重复第二阶段动作。若想结束改良鸽式动作,先回到第一阶段位置,然后收回跨出去的腿。

85

阔筋膜张肌小球放松

如果你最近加大了训练负荷，或者你的职业需要久坐，那么你可能会发现阔筋膜张肌经常处于紧绷状态。这项使用小球的主动放松练习，可以缓解阔筋膜张肌的紧张感。注意要选择质地较硬的长曲棍球式筋膜球进行练习，不要选择泡沫软球。最开始对小球施加轻微压力，只要身体允许，可以逐渐增加力度。每侧身体重复动作10~12次，如有需要，多做也无妨，充分体会阔筋膜张肌放松的感觉。

图例
- •-- 关节
- ○- 肌肉
- ● 向心收缩的肌肉
- ● 离心收缩的肌肉
- ● 无张力下被拉长的肌肉
- ● 等长收缩的肌肉

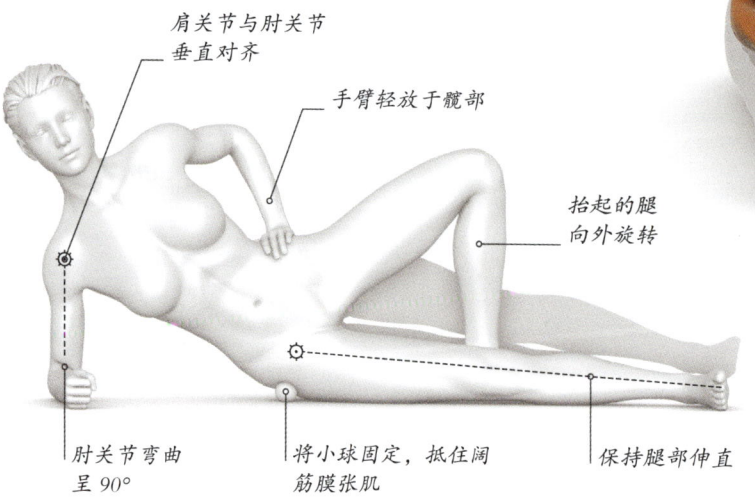

肩关节与肘关节垂直对齐

手臂轻放于髋部

抬起的腿向外旋转

肘关节弯曲呈90°

将小球固定，抵住阔筋膜张肌

保持腿部伸直

预备阶段
身体侧卧，双腿伸直。单侧手臂支撑身体。屈膝抬腿，将脚跟置于伸直腿膝关节后方地面。足部下压用力，将髋部抬离地面，小球抵住阔筋膜张肌中间部位。如有需要，轻轻向前滚动躯干，以保持小球固定不动。

第一阶段
利用抬起的那条腿来控制施加于小球的力度，让髋部重量逐渐下压到小球上。当阔筋膜张肌适应压力后，贴地腿屈曲髋关节和膝关节，约呈30°，同时保持小球在阔筋膜张肌下固定不动。此时会感受到整条阔筋膜张肌强烈的拉伸感，臀部、大腿外侧和腹股沟区域也可能有这种感觉。

下髋
髋屈肌收缩使髋部弯曲，同时阔筋膜张肌会受到强烈拉伸。腘绳肌收缩使膝关节弯曲，同时将膝关节抬向胸部。

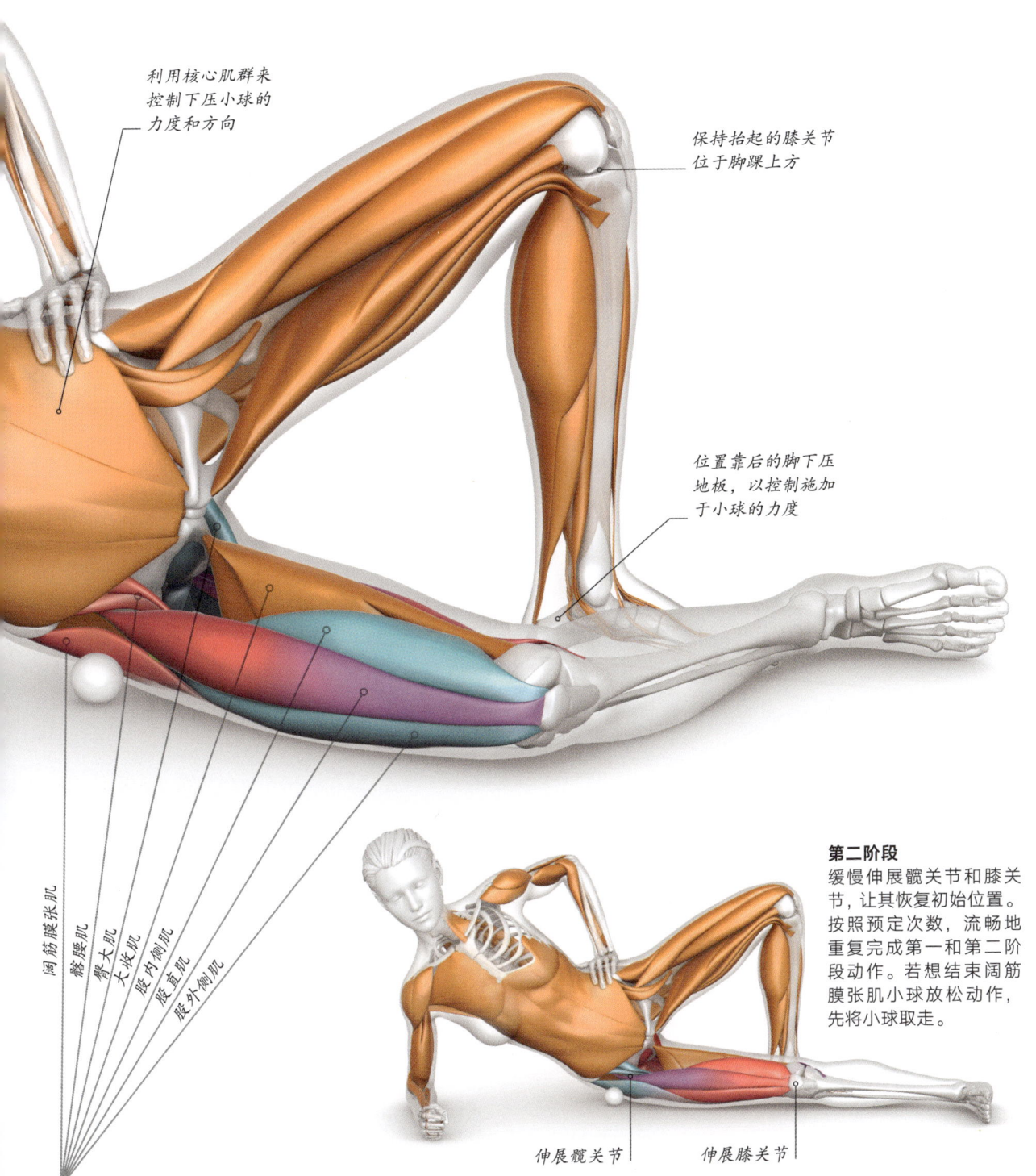

梨状肌小球放松

训练量加大，或是因职业需要久坐，梨状肌会变得紧绷，而小球放松是一种主动放松练习，可以缓解这种状态。首先将小球置于梨状肌下方，然后流畅并连续地在侧向移动膝关节。只要身体允许，逐渐增加下压力度。单腿重复10～12次，也可以多做，直至你觉得梨状肌得到放松为止。

上半身

支撑臂的三角肌和肱三头肌负责支撑上半身，而活动臂的肌肉通过膝关节引导髋部转动。

- 头半棘肌
- 脊柱
- 三角肌
- 脊柱伸肌
- 前锯肌
- 肱三头肌
- 肱桡肌
- 肘关节

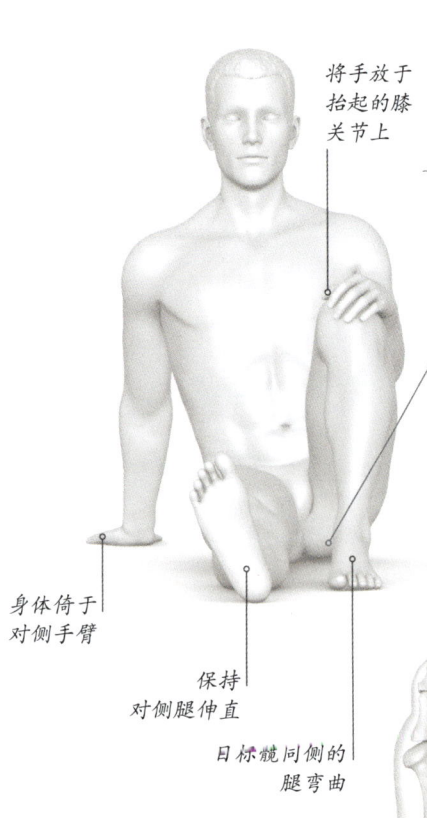

将手放于抬起的膝关节上

将小球置于梨状肌下方

预备阶段

身体呈坐姿，双腿伸直，弯曲一侧膝关节，脚跟置于伸直腿的小腿旁边。足部下压地板以抬起髋部，将小球置于梨状肌下方。逐渐将身体下压至小球上，随着下压力度增加，体会臀部被拉伸的感觉。

身体倚于对侧手臂

保持对侧腿伸直

目标髋同侧的腿弯曲

第一阶段

缓慢向内旋转目标髋，把手放在膝关节上引导髋部完成动作。当目标髋伸展时，将会感受到梨状肌的强烈拉伸感，大腿、腹股沟或臀部也可能有这种感觉。

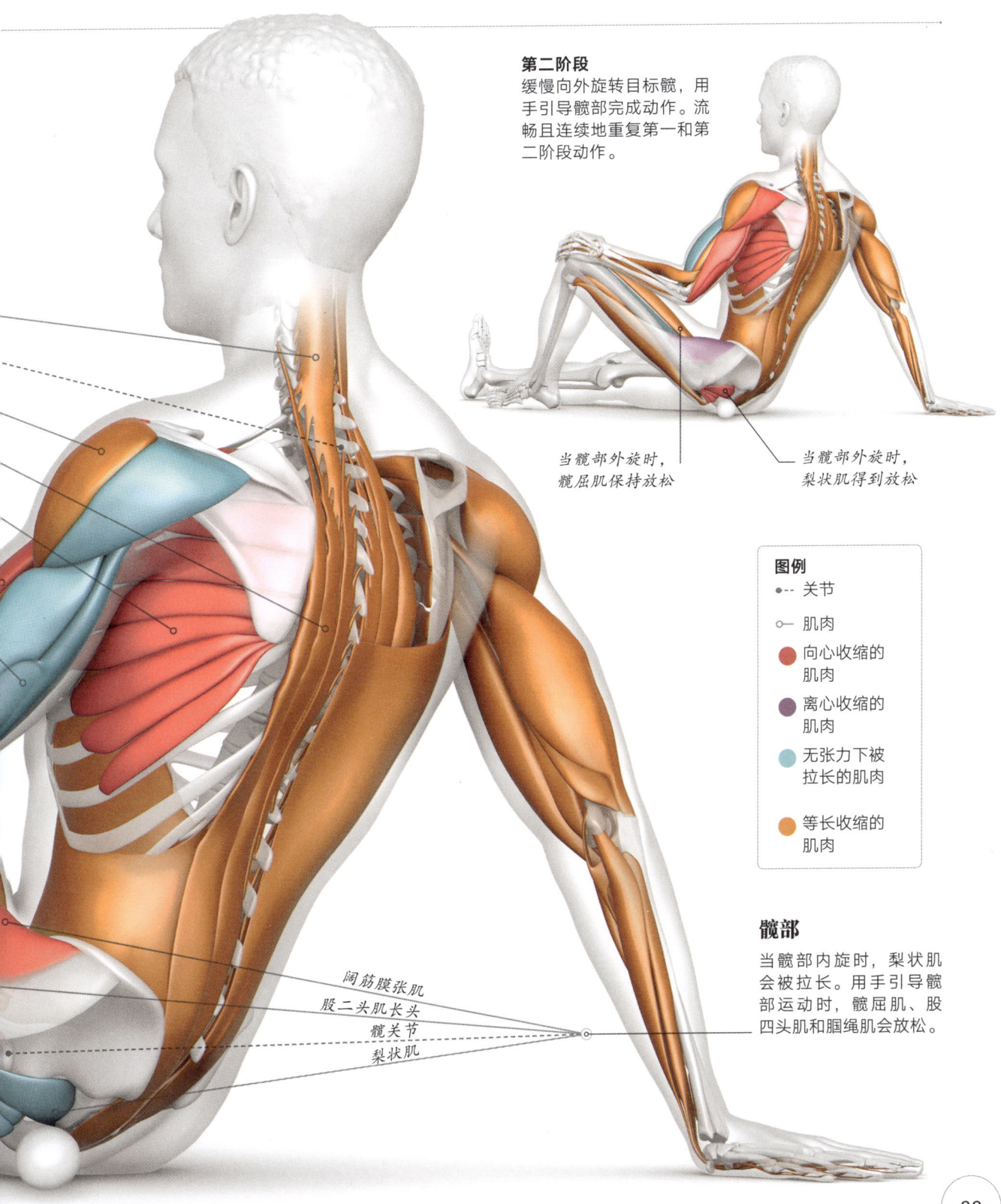

力量训练

本章针对跑步中最常运用的肌肉，介绍了与其相关的力量训练动作，旨在强化肌肉力量及其稳定性，以承受跑步带来的反复冲击，并适应训练计划中逐渐增加的训练负荷。越来越多的证据表明，力量训练对降低受伤风险、提升运动表现大有裨益。

力量训练的规划

按照本章介绍的训练动作定期进行力量训练,可以强化你的日常跑步表现。常规力量训练的意义不再简单,它已然成为一种交叉训练活动(见第181页)。了解身体哪些肌肉在发力,哪些关节做动作,以及每个动作如何使你的跑步训练受益,可以确保锻炼达到最佳效果,获得最大收益。

为何要进行力量训练

如果你的目标只是想跑得快、跑起来没有疼痛感,那么在跑步之外似乎不需要再进行其他的训练。然而现实情况是,力量训练可以提高跑步表现和经济性,降低受伤风险。

针对性训练

每跑一步,肌腱储存和释放的能量都能提供一半的总功,针对这个过程的效率进行训练,可以显著提高跑步表现。为了达到这一目标,需要增加肌腱的"刚度"。从生物力学上来讲,刚度是身体结构受到外力时抵抗变形的程度。肌腱刚度越强,跑步承重早期储存的能量就越多,推进阶段释放的能量也就越多。

提高肌腱刚度

若想增加肌腱刚度,就要使它长时间维持在高负荷状态。而跑步只能产生2.5~3倍于体重的负荷,并且对肌腱施加压力的时间太短(只在足部着地时)。力量训练可提供比跑步更强的负荷,让肌腱承受张力的时间也更久,因此可以增加肌腱刚度,进而提升跑步表现。

> **! 注意事项**
>
> 请留意锻炼须知中列明的注意事项。若在锻炼过程中感到疼痛,请向物理治疗师咨询,查明原因,以免症状加重。如果疼痛级别超过3分(满分10分,见第50页),可以先暂停锻炼,然后向临床医生寻求建议。

增强吸收地面反作用力和产生推进力的能力

本章介绍的一些动作可增强下肢吸收地面反作用力的能力,另一些动作可提高身体产生推进力的能力,还有一些动作可同时提高这2种能力。因此,建议将这些不同类型的动作结合到你的常规训练计划中。

提高推进力的训练动作
- 伸髋
- 上台阶
- 腘绳肌滚球

- 弓箭步
- 跳箱
- 单腿跳
- 降足跟
- 传统硬拉
- 罗马尼亚硬拉
- 单腿抵球深蹲

提高下肢吸收地面反作用力的训练动作
- 提踵
- 下台阶

如何进行力量训练

本章介绍了18个训练动作及其变式动作,大多数涉及2个姿势之间的反复运动,可能需要在某个姿势保持特定时间或在姿势间流畅转换。注意每项训练的时间和完整性,按照正确的姿势和对齐要求进行训练。

每个动作都配有一些图片,其中主图会展示需要重点关注的动作。通常将2条腿划分为目标腿和非目标腿,这样便于针对性地锻炼每侧身体。针对性锻炼十分重要,因为跑步时,每次只能单脚着地。本章还介绍了一些进阶(或变式)动作。当你发现无须付出更多努力即可完成当前动作时,你可以加大难度。进阶动作通常是在现有动作中增加重量,不过,有时候你也可以采用完全不同的训练方式。

建立良性训练机制

如果你刚开始锻炼,也没有受伤,可以选择3~5项针对髋部、大腿和小腿肌肉的训练。为了增强肌肉的力量,建议每周训练2次,并至少持续6周。按照设定好的重复次数和组数锻炼每侧身体(组与组之间交替锻炼每侧身体),确保每组动作结束时,肌肉能够感受到足够的阻力并产生疲劳感。每组动作之间留出2~3分钟的恢复时间。如果你正在进行特定损伤的康复训练,请遵循物理治疗师的专业指导。

需要购置的运动器械

大多数训练动作都不需要用到器械,但如果没有机会去健身房,那么购置一些设备还是有必要的:

- 弹力带——随着自身力量变强换用阻力更大的弹力带
- 健身台阶/健身箱——台阶的高度不要超过30厘米,也不要低于15厘米
- 瑜伽垫——适用于各种地板训练动作
- 杠铃——适用于硬拉
- 不同重量的哑铃——随着自身力量变强换用更重的哑铃
- 负重背包(见下文)
- 瑜伽球——建议使用直径55厘米或65厘米的球

一旦某项训练稍有成效,大多数训练须知给出的建议都是"增加负重"。如果体位允许,你可以手持哑铃进行锻炼,或者背上装有负重的背包,并根据需要增加负重以增加训练强度。

受伤的预防与康复

本书介绍的大多数训练动作都可以帮助你从跑步带来的常见伤害中恢复过来,这些训练也有助于预防同样的运动损伤。如果你很容易受伤,或者正在从以下伤病中康复,建议你重点进行下面列举的训练动作。

髂胫束疼痛(见第55页)
- 提髋
- 弓箭步
- 站姿转髋
- 跳箱(进阶)
- 单腿抵球深蹲
- 下台阶
- 上台阶
- 伸髋

髌股疼痛(见第51页)
- 提髋
- 跳箱(进阶)
- 站姿转髋
- 单腿跳
- 下台阶
- 上台阶
- 单腿抵球深蹲
- 传统硬拉
- 弓箭步

踝关节扭伤和慢性踝关节不稳定
- 脚踝外翻
- 脚踝内翻
- 脚趾反阻
- 足弓隆起
- 单腿跳

跟腱病变(见第52页)
- 降足跟,包括坐姿降足跟
- 小腿拉伸
- 单腿跳(进阶)

腘绳肌肌腱病变
- 腘绳肌滚球
- 伸髋
- 传统硬拉
- 罗马尼亚硬拉

足底跟痛(见第54页)
- 脚趾反阻
- 足弓隆起
- 脚踝内翻
- 单腿跳(进阶)

跑步运动解剖学

足弓隆起

足弓隆起主要锻炼足部内在肌（见第96页），增强足弓弹性，以提升运动表现。经常进行此项练习，可以改善足部与脚踝的功能性和稳定性，对于患有慢性踝关节不稳定的跑者十分有益，可以减少反复扭伤。

动作点睛

足弓隆起主要锻炼足部核心肌群(见第16页)。第一阶段需要隆起足部核心肌群，以缩短脚跟与拇趾第一关节之间的距离。

如果你初次接触这项训练，可以先做3～4组，每组重复10～12次。进阶训练可以结合以下变式渐进式进行：身体呈站姿；单腿站立；深蹲；单腿深蹲；保持第一阶段动作向前行进；保持第一阶段动作上、下台阶；保持第一阶段动作跳跃。

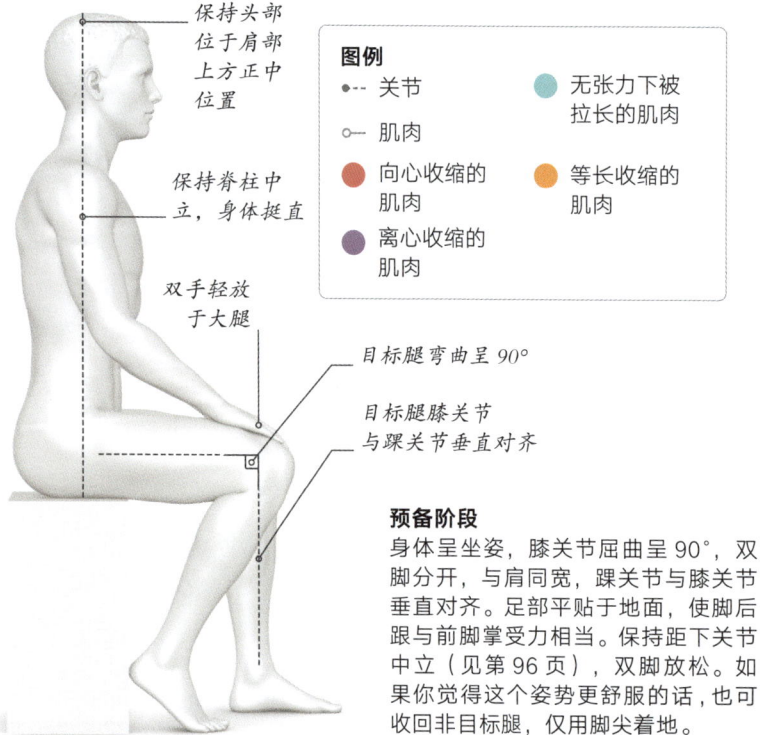

保持头部位于肩部上方正中位置

保持脊柱中立，身体挺直

双手轻放于大腿

目标腿弯曲呈90°

目标腿膝关节与踝关节垂直对齐

图例
- •– 关节
- ○– 肌肉
- ● 向心收缩的肌肉
- ● 离心收缩的肌肉
- ● 无张力下被拉长的肌肉
- ● 等长收缩的肌肉

预备阶段

身体呈坐姿，膝关节屈曲呈90°，双脚分开，与肩同宽，踝关节与膝关节垂直对齐。足部平贴于地面，使脚后跟与前脚掌受力相当。保持距下关节中立（见第96页），双脚放松。如果你觉得这个姿势更舒服的话，也可收回非目标腿，仅用脚尖着地。

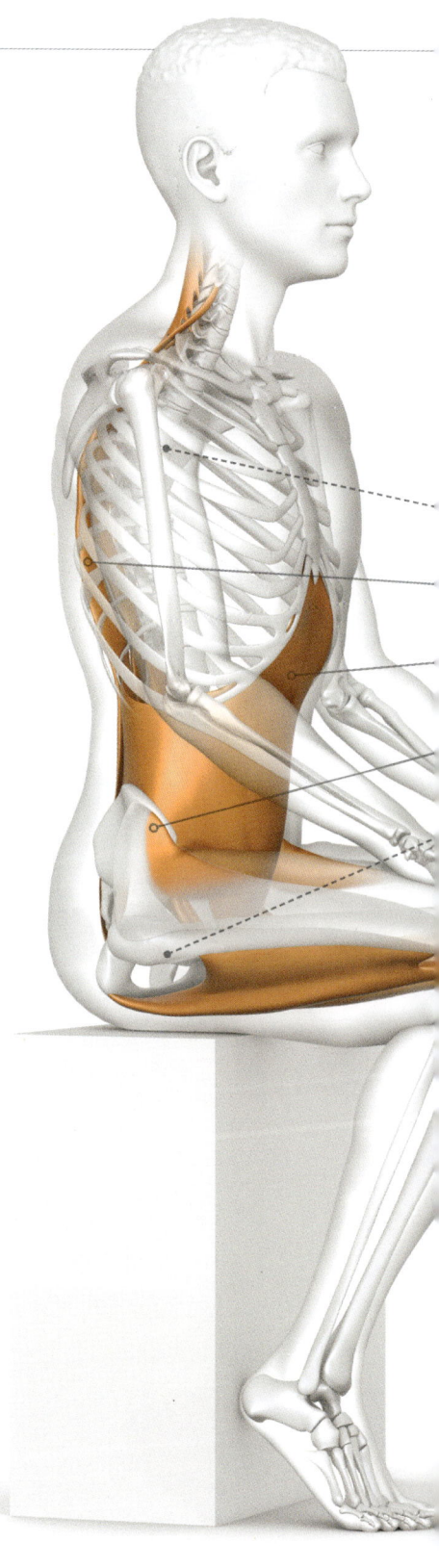

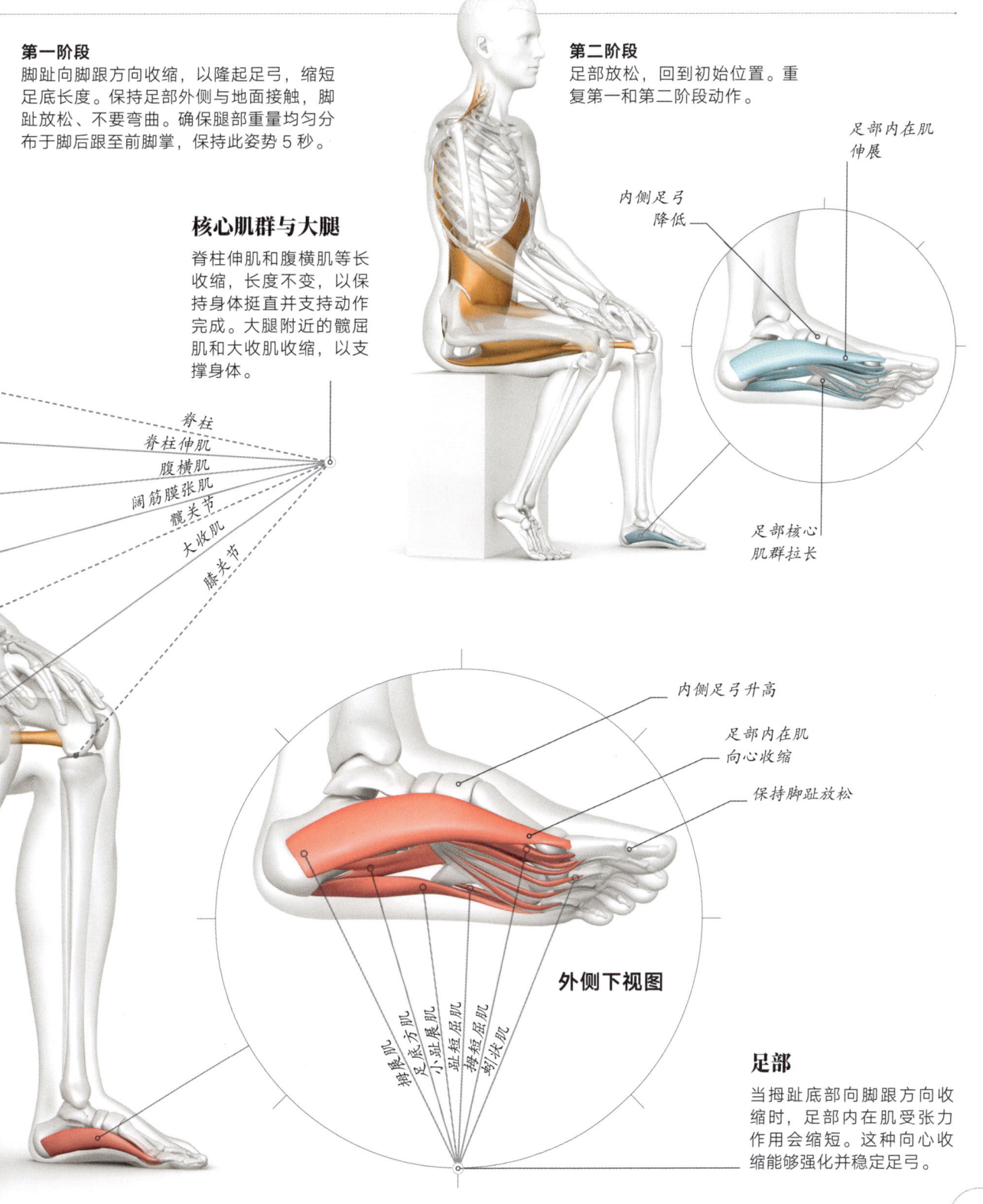

第一阶段
脚趾向脚跟方向收缩,以隆起足弓,缩短足底长度。保持足部外侧与地面接触,脚趾放松、不要弯曲。确保腿部重量均匀分布于脚后跟至前脚掌,保持此姿势5秒。

核心肌群与大腿
脊柱伸肌和腹横肌等长收缩,长度不变,以保持身体挺直并支持动作完成。大腿附近的髋屈肌和大收肌收缩,以支撑身体。

- 脊柱
- 脊柱伸肌
- 腹横肌
- 阔筋膜张肌
- 髋关节
- 大收肌
- 膝关节

第二阶段
足部放松,回到初始位置。重复第一和第二阶段动作。

- 足部内在肌伸展
- 内侧足弓降低
- 足部核心肌群拉长

- 内侧足弓升高
- 足部内在肌向心收缩
- 保持脚趾放松

外侧下视图

- 拇展肌
- 足底方肌
- 小趾短屈肌
- 拇短屈肌
- 蚓状肌

足部
当拇趾底部向脚跟方向收缩时,足部内在肌受张力作用会缩短。这种向心收缩能够强化并稳定足弓。

细节动作

足部结构极其复杂,在跑步过程中,既能像弹簧一样释放推动力,又能像减震器一样吸收制动力(见第12~13页)。因此值得跑者花费一些时间来了解足部的解剖结构(见第16~17页),并开展针对性锻炼(比如足弓隆起)来强化足弓结构。

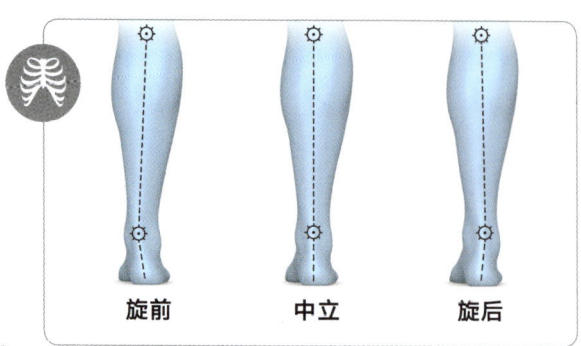

距下关节中立

当足部处于旋前与旋后的中间,即中立位置时,被称为"距下关节中立",因为此时距下关节与踝关节在中立位置垂直对齐。距骨垂直叠于跟骨上,胫骨和腓骨又垂直叠于距骨上,使得踝关节在冠状面内无法进行任何旋转动作。身体呈坐姿时,膝关节应与踝关节垂直对齐。以此作为标准姿势开始锻炼,足部肌肉就会处于中立位置,不偏向任何方向。

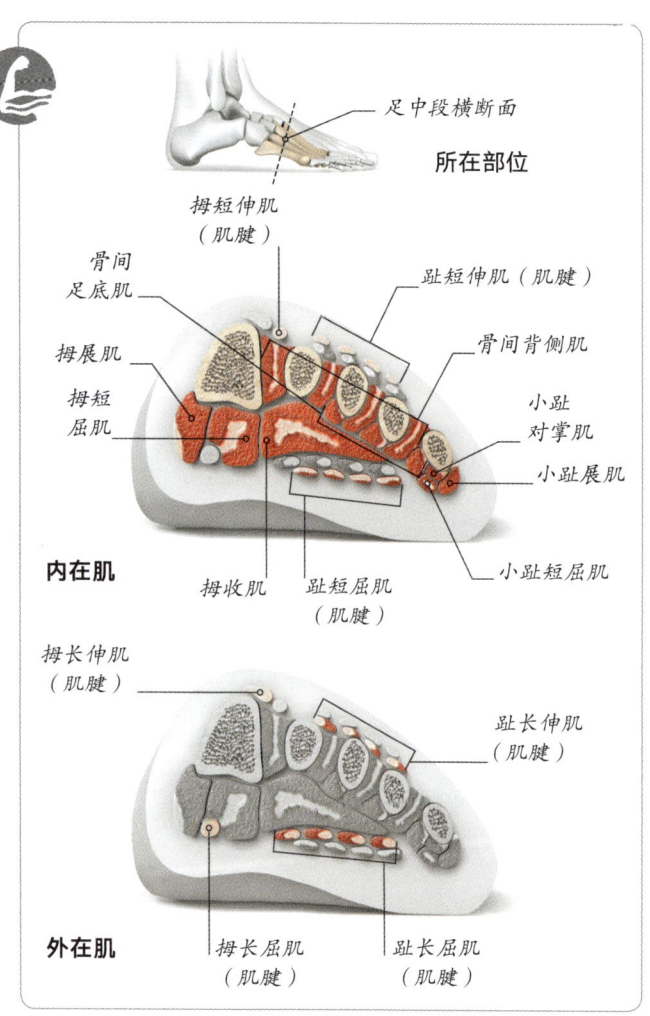

足部内在肌与外在肌

足弓隆起会同时强化足部内在肌和外在肌。外在肌起自足部以外的地方,主要是小腿的前侧、后侧和外侧。这些肌肉使得脚踝能够完成内翻、外翻、跖屈、背屈等动作。内在肌位于足部,主要负责保持足部和足弓的稳定性。

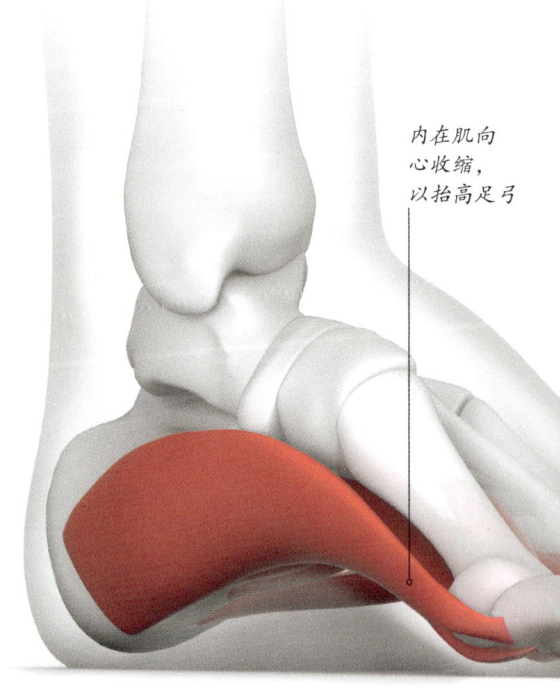

第一阶段 | 前内侧视图

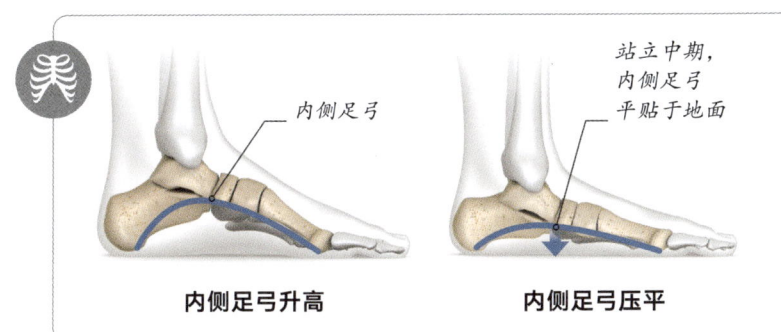

内侧足弓：足部减震器

在跑步站立中期，足弓会产生塌陷，内侧纵弓将被压平且拉长。这就是足部减震机制，通过足底筋膜和足部内在肌产生张力来减缓足弓塌陷，并吸收身体冲击地面而产生的能量。然后，当足部向上翻转并蹬离地面时，这些能量又用于帮助身体向前推进。每迈出一步，足部可提供高达 17% 的能量。

足弓隆起进阶

动态足弓隆起

如果你想增加足弓隆起（见第 94 页）的难度，可以考虑：增加足弓承重量、增加其他动作、单腿模拟跑步动作、手握哑铃增加上半身重量，并随时间逐渐增加负荷。

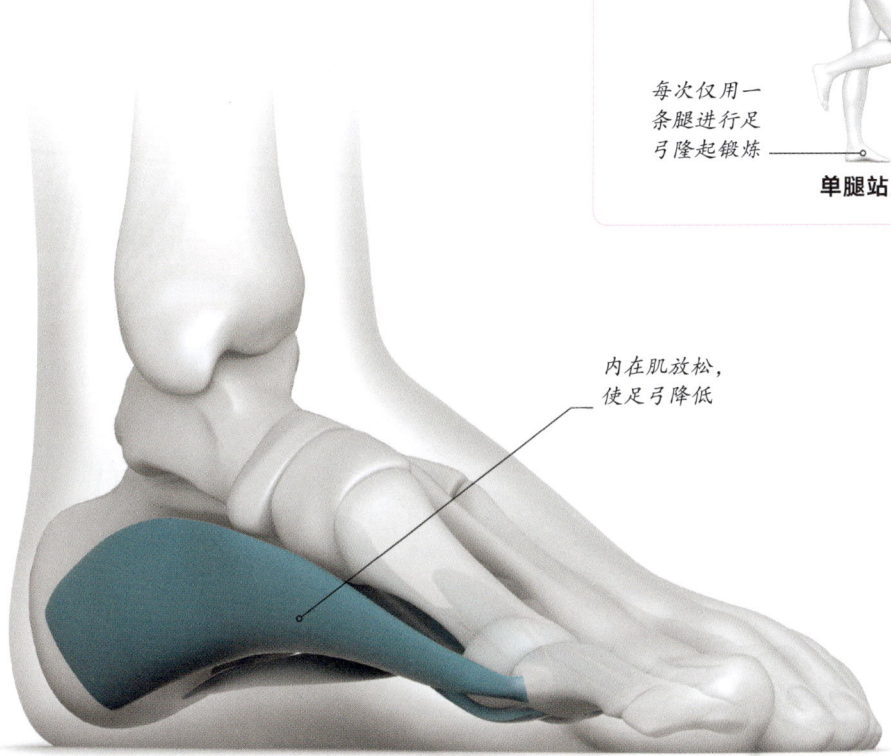

第二阶段 | 前内侧视图

跑步运动解剖学

脚趾反阻

内在肌（见第96页）强健有力，使得足部可以交替完成刚性和柔性动作，从而为整个跑步周期（见第60～63页）提供稳定的基础。脚趾反阻可以强化足部内在肌，以及支撑内、外侧纵弓（见第100页）的外在肌与肌腱。

动作点睛

借助弹力带来进行此项锻炼。保持双脚始终平贴于地面，或者你希望更舒服的话，可以收回非目标腿，仅脚尖着地。

如果你刚开始这项锻炼，可以先做3～4组，每组重复10～12次。进阶锻炼首先增加阻力（见第93页），然后用站姿或单腿站立来增加难度。

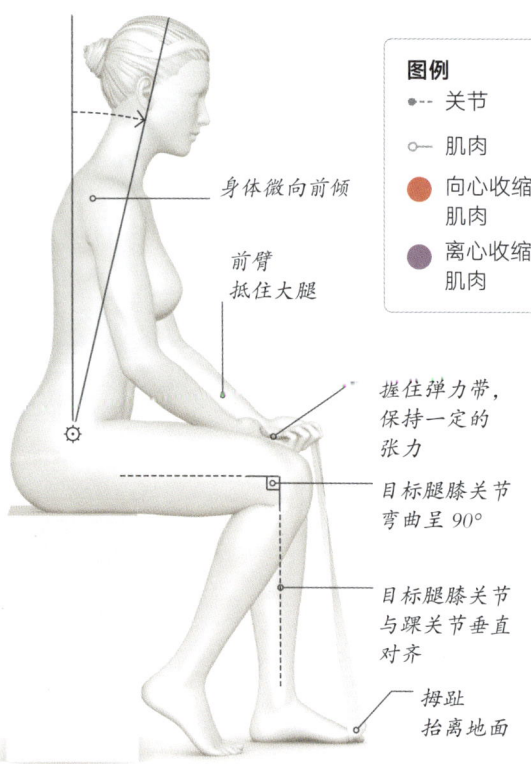

图例
- 关节
- 肌肉
- 向心收缩的肌肉
- 离心收缩的肌肉
- 无张力下被拉长的肌肉
- 等长收缩的肌肉

身体微向前倾
前臂抵住大腿
握住弹力带，保持一定的张力
目标腿膝关节弯曲呈 90°
目标腿膝关节与踝关节垂直对齐
拇趾抬离地面

预备阶段
身体呈坐姿，双脚分开，与肩同宽，踝关节与膝关节垂直对齐。弯腰将弹力带绕于拇趾处，然后用前臂抵住大腿并拉住弹力带，使其保持一定张力，最后将拇趾抬离地面。注意保持脚底稳定，即两侧的脚后跟与前脚掌都与地面接触。

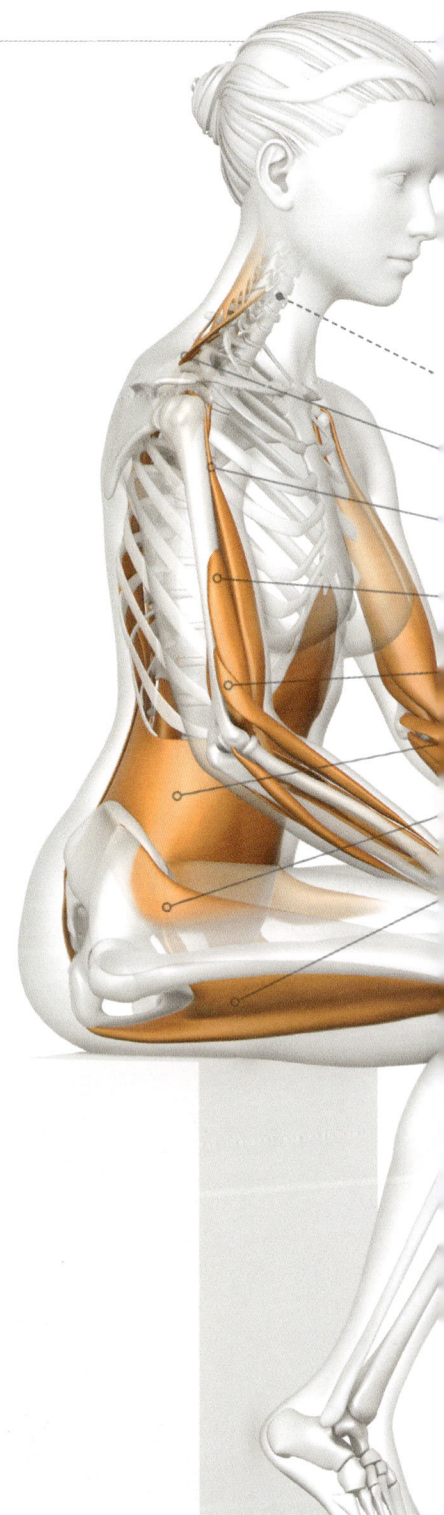

第一阶段
平稳控制拇趾缓慢下压于地面,以对抗弹力带的阻力,保持此姿势3秒。

第二阶段
缓慢控制拇趾回到初始位置。重复第一和第二阶段动作。

上半身
躯干肌肉平稳进行等长收缩以保持上半身挺直;手臂肌肉则对抗弹力带的阻力。

- 脊柱
- 脊柱伸肌
- 肱二头肌
- 肱肌
- 肱桡肌
- 腹横肌
- 阔筋膜张肌
- 大收肌
- 指浅屈肌
- 膝关节

拇趾抬高

足部内在肌离心收缩,以控制拇趾动作

足部内在肌向心收缩

拇趾下压以对抗弹力带的张力

足部
尝试分辨拇短屈肌、拇展肌和拇收肌,因为这3部分肌肉在使弹力带贴近地面时,都会收缩变短。拇趾关节活动效率很高,能够激活绞盘机制(见第105页),从而抬起内侧足弓,在站立阶段(见第60～62页)帮助稳定足部,并在脚趾离地期帮助身体向前推进。

- 拇展肌
- 足底方肌
- 小趾短屈肌
- 拇短屈肌
- 拇长伸肌

外侧下视图

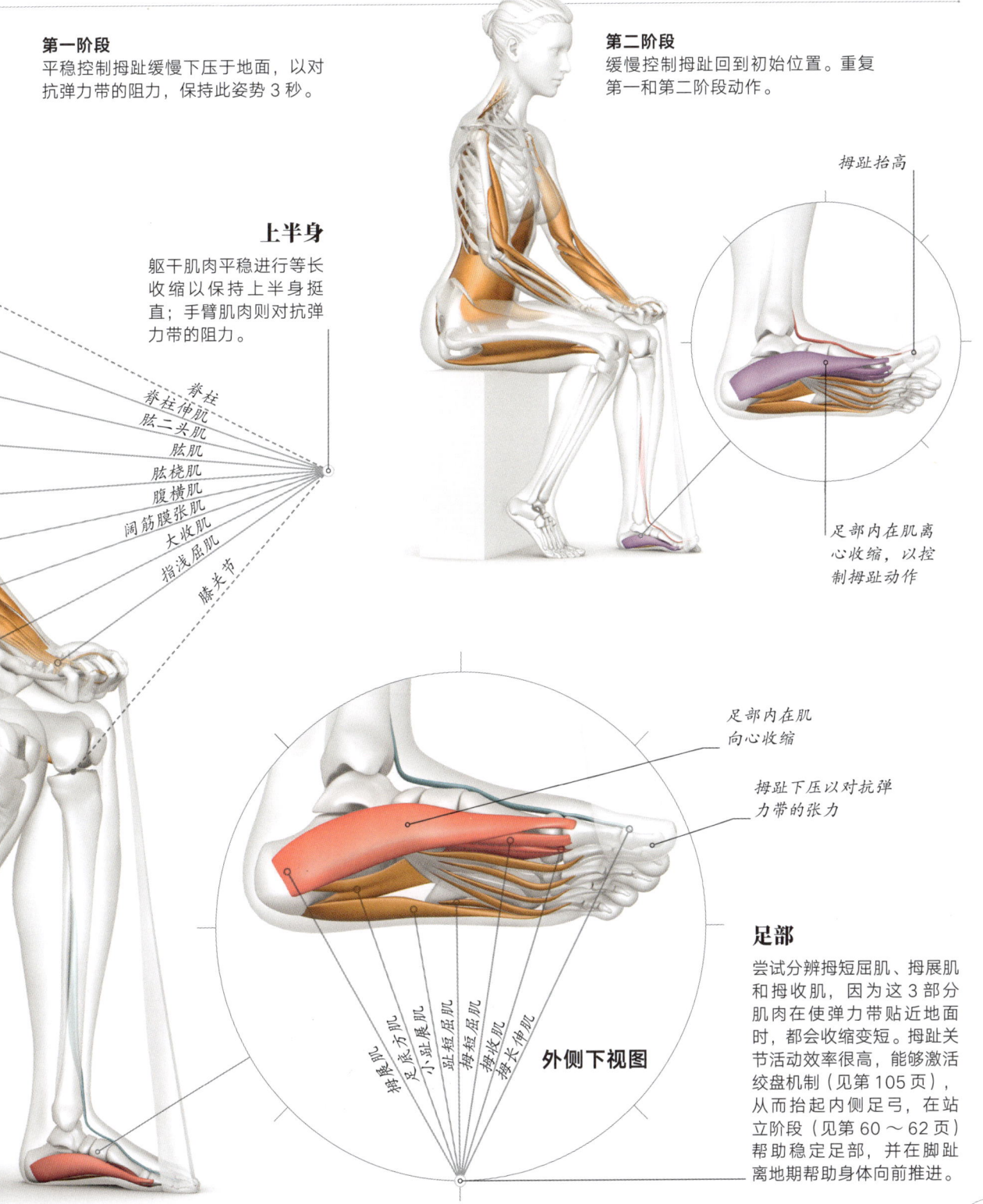

》细节动作

脚趾是非常重要的结构。足部肌肉可以控制脚趾,并促进足部发力和减震。通过脚趾反阻及其变式等锻炼项目,可以强化脚趾肌肉,为你提供更加稳定且有力的跑步基础。

拇趾能量损失

在跑步蹬离阶段,拇趾关节弯曲会产生能量损失。而绞盘机制(见第105页)则能通过反阻运动来限制这种弯曲。一些最新设计的跑鞋会加入碳纤维板,可以减少拇趾弯曲,但不能将做功转移至脚踝。这样做虽然有助于提升运动表现,但会增加其他部位的压力,可能增加受伤的风险。

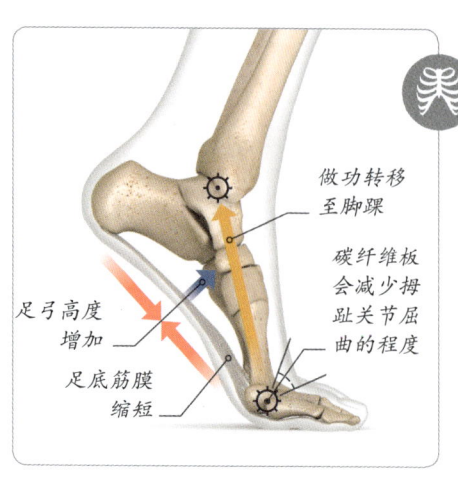

- 做功转移至脚踝
- 碳纤维板会减少拇趾关节屈曲的程度
- 足弓高度增加
- 足底筋膜缩短

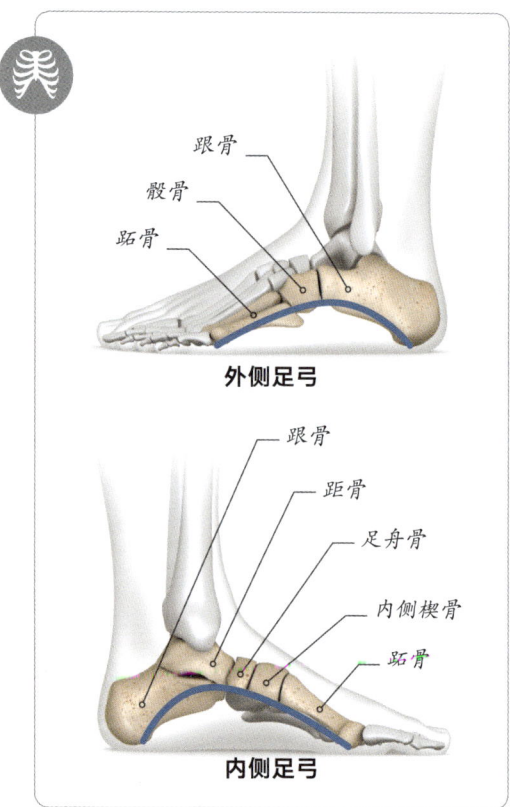

- 跟骨
- 骰骨
- 跖骨

外侧足弓

- 跟骨
- 距骨
- 足舟骨
- 内侧楔骨
- 跖骨

内侧足弓

强化足弓

足部的2道纵弓分别由不同的骨头组成,并由不同的肌肉支撑(见第16页)。通过脚趾反阻变式动作(见第101页),可以强化内侧足弓(锻炼拇趾)、外侧足弓(锻炼第五趾),或者二者同时强化(锻炼其他脚趾)。

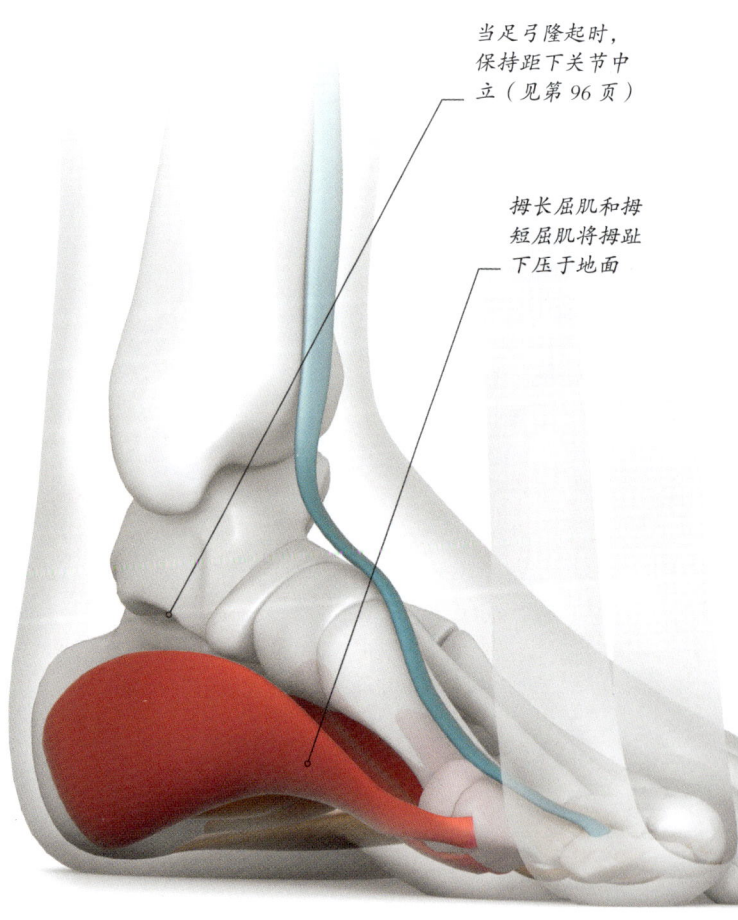

- 当足弓隆起时,保持距下关节中立(见第96页)
- 拇长屈肌和拇短屈肌将拇趾下压于地面

第一阶段 | 前内侧视图

拇趾外翻（拇囊炎）

拇囊炎令人痛苦，其症状是足部内侧的拇趾关节处出现骨质肿块，因为关节受到压迫，导致拇趾向内弯曲。随着畸形不断加重，在穿某些鞋子或跑步时会感到疼痛。拇囊炎可能是由于鞋子过窄或生物力学因素（足外翻）造成的。通过针对性的足部锻炼，可增强足部力量，有助于预防甚至治疗拇趾外翻。

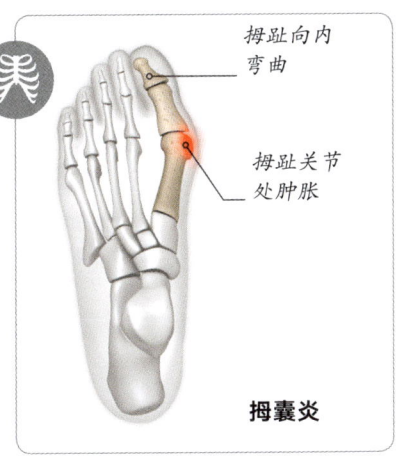

拇趾向内弯曲

拇趾关节处肿胀

拇囊炎

脚趾反阻变式

脚趾单独锻炼

重复锻炼脚趾 2～5 次，可以强化不同的足部内在肌。例如，当锻炼第二趾时（如下图所示），会激活趾短屈肌、蚓状肌和足底方肌。当锻炼第五趾时，会激活小趾展肌，从而强化外侧纵弓。

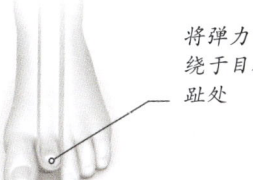

将弹力带绕于目标趾处

拇趾错位

如果拇趾错位，无法保持中立，而是指向内侧（比如拇囊炎的症状，见左上图），则需要在拇趾与第二趾之间使用分趾器。这样做可以将拇趾肌肉拉长至适合锻炼的最佳长度，从而强化肌肉，改善拇趾错位的情况。

使用分趾器隔开拇趾与第二趾

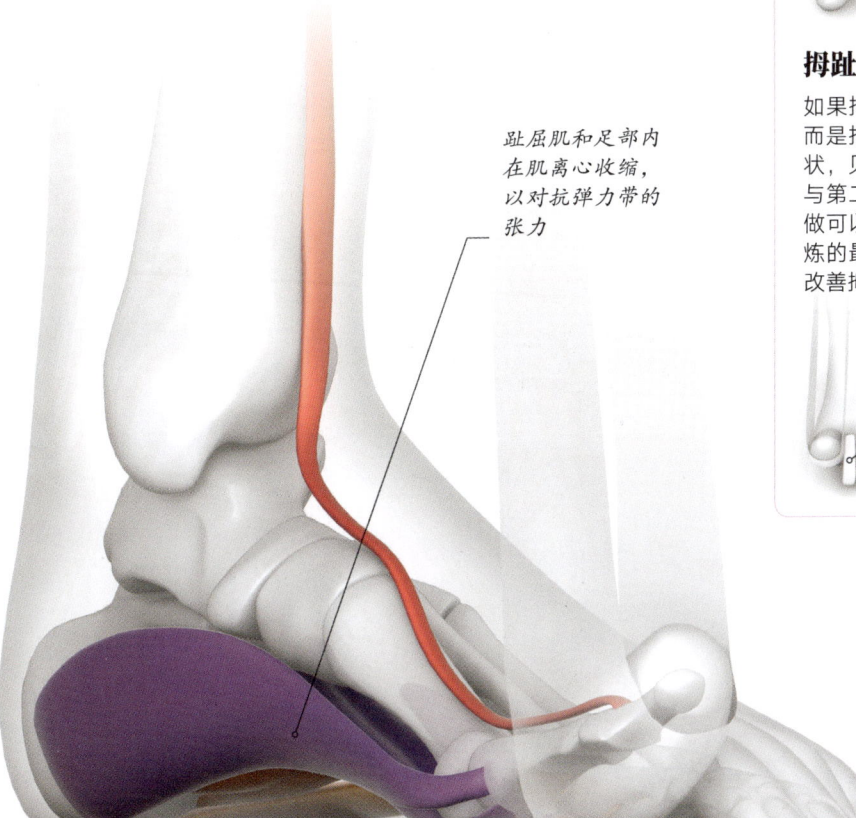

趾屈肌和足部内在肌离心收缩，以对抗弹力带的张力

第二阶段 | 前内侧视图

降足跟

在跑步周期的承重早期，足底屈肌和跟腱会吸收大量冲击力，同时也会产生强大的推进力推动脚趾离地（见第12～13页）。降足跟动作可以强化这些肌肉。

动作点睛

借助健身台阶（见第93页）或楼梯底部台阶来进行此项锻炼。锻炼期间，只能让脚掌至脚尖的部位接触地面。可抓住支撑物（如椅背或栏杆）来支撑身体。当抬起或放下脚跟时，注意体会小腿和跟腱的受力情况。

如果你刚开始进行这项锻炼，可以先做3组，每组重复10～12次。进阶锻炼可以结合以下进行：增加重量（见第93页），做3～4组，每组减至6～8次；单腿练习；增加动作速度。

注意事项

若你经患曾有插入性跟腱疼痛或滑囊炎，可在地板上进行此项锻炼。脚跟放下时，停在水平位置即可，不要再往下压而使跟关节背屈。

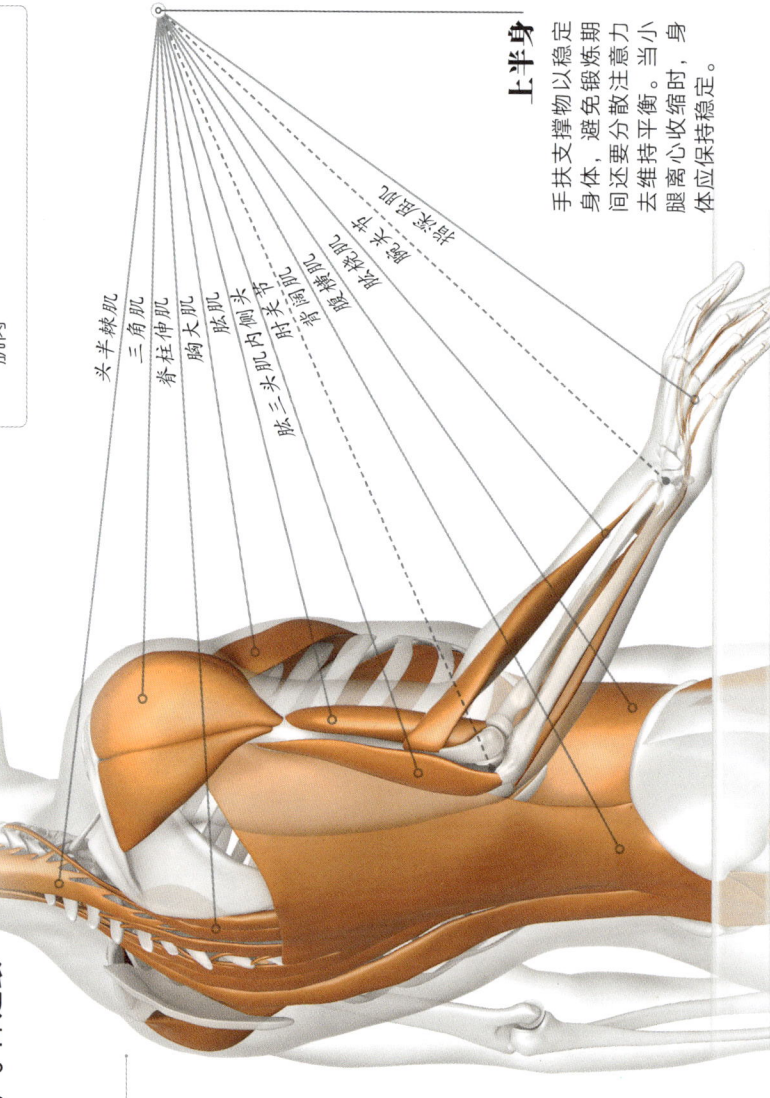

图例
- ···● 关节
- ○ 肌肉
- ● 向心收缩的肌肉
- ● 离心收缩的肌肉
- ● 无张力下被拉长的肌肉
- ● 等长收缩的肌肉

头半棘肌
三角肌
脊柱伸肌
胸大肌
肱三头肌内侧头
肘关节
肱三头肌侧头
背阔肌
腹横肌
腹直肌
腕关节

上半身

手扶支撑物以稳定身体，避免锻炼期间还要分散注意力去维持平衡。当小腿离心收缩时，身体应保持稳定。

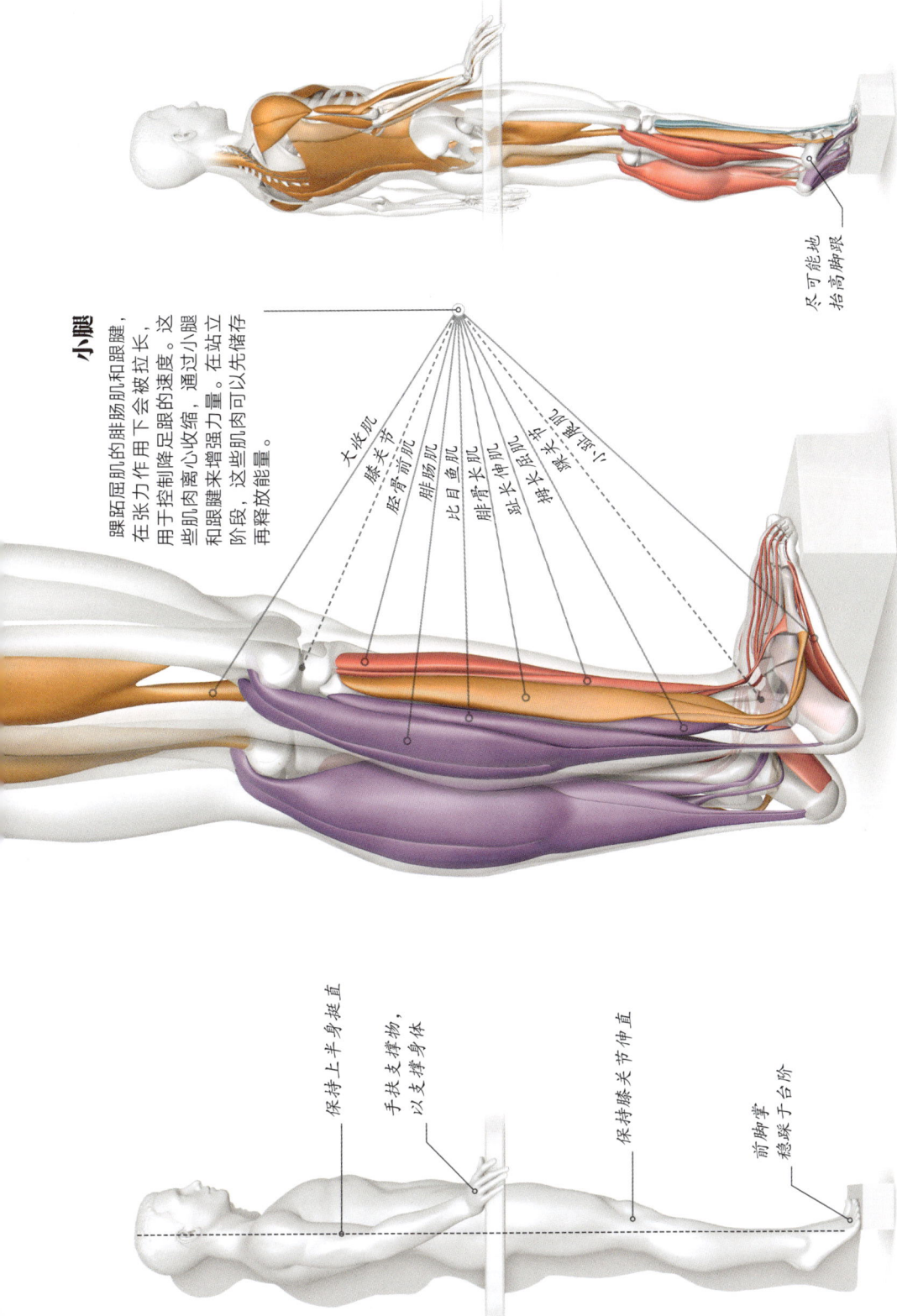

小腿

踝跖屈肌的腓肠肌和跟腱，在张力作用下会被拉长，用于控制降足跟的速度。这些肌肉离心收缩，通过小腿和跟腱腱来增强力量。在站立阶段，这些肌肉可以先储存再释放能量。

标注（从上到下）：
- 大收肌
- 膝关节
- 胫骨前肌
- 腓肠肌
- 比目鱼肌
- 腓骨长肌
- 趾长伸肌
- 拇长屈肌
- 踝关节
- 小趾展肌

预备阶段

前脚掌踩于台阶，双脚间距比髋略窄，确保身体重量均匀分布于前脚掌。保持脚踝中立，双脚平行于地面，然后尽可能地抬高脚跟。

标注：
- 保持上半身挺直
- 手扶支撑物，以支撑身体
- 保持膝关节伸直
- 前脚掌稳踩于台阶

第一阶段

缓慢（持续约 3 秒）放下脚跟，动作尽可能平稳可控。

第二阶段

当脚跟到达最低点时，立即再次抬起脚跟。缓慢（持续约 3 秒）控制脚跟，使其回到最高位置，保持此姿势 2 秒，重复第一和第二阶段动作。

标注：
- 尽可能地抬高脚跟

》细节动作

降足跟及其变式动作可以激活小腿、跟腱和足底筋膜。如果你想花点时间锻炼身体的某个部位,那最好就锻炼这组肌肉,因为每迈出一步,这组肌肉都能贡献出大约一半的力量。以下将介绍降足跟的变式动作,可以强化比目鱼肌和足底筋膜。

降足跟变式

坐姿降足跟

坐姿降足跟主要锻炼比目鱼肌,这块肌肉在跑步时可承受高达于体重8倍的负荷。脚掌踩于台阶,膝关节弯曲呈90°,然后在大腿上放置缓冲垫和杠铃,与降足跟一样放下或抬起脚跟。可以先做3组,每组重复10~12次。进阶锻炼可以增加重量(见第93页),做3~4组,每组减至6~8次。

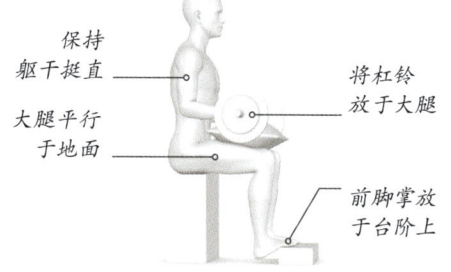

- 保持躯干挺直
- 大腿平行于地面
- 将杠铃放于大腿
- 前脚掌放于台阶上

足弓形状

锻炼期间,当抬起和放下脚跟时,试着保持踝关节与距下关节中立(见第96页)以及内侧纵弓收缩。这样做可以激活足部内在肌与外在肌(见第96页)。避免脚踝内翻,造成足弓塌陷。

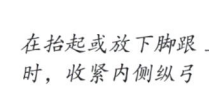

在抬起或放下脚跟时,收紧内侧纵弓

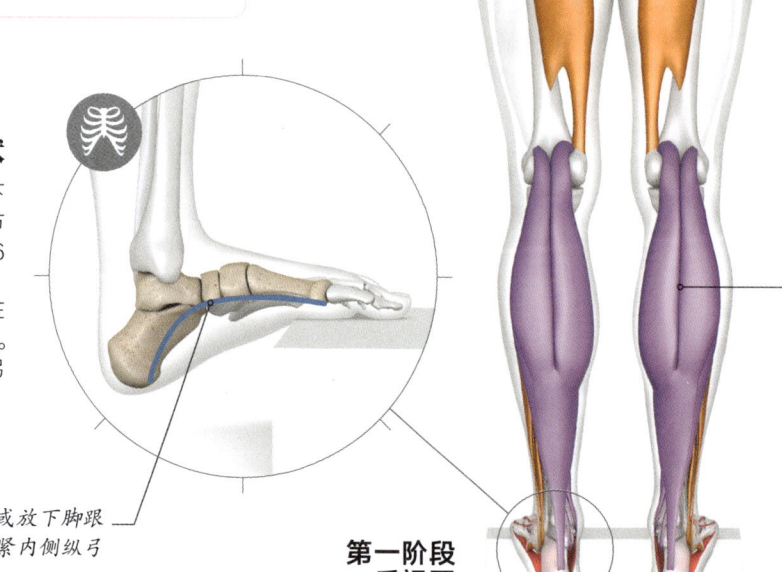

身体挺直、目视前方,保持髋部与膝关节伸直

跖屈肌离心收缩,以放低脚跟

第一阶段后视图

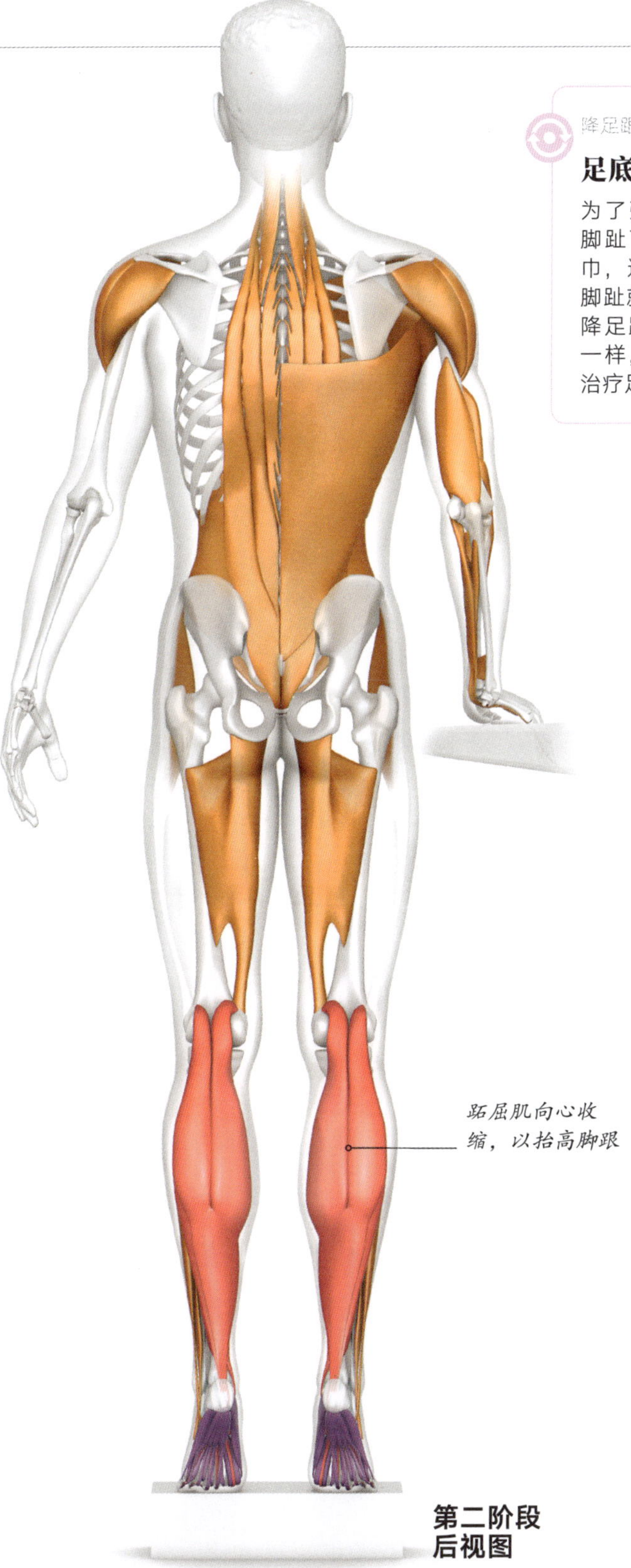

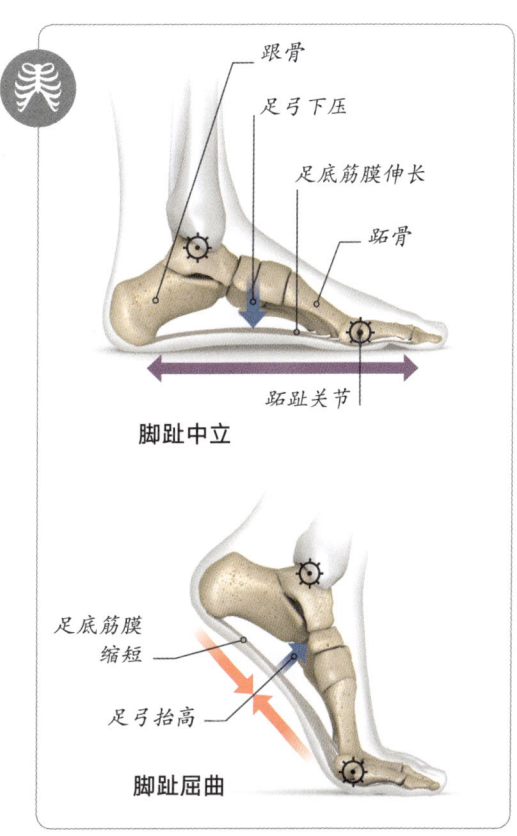

足底筋膜激活

为了强化足底筋膜，可在脚趾下面放1条卷起的毛巾，这样当脚跟抬起时，脚趾就会最大程度地背屈。降足跟变式与降足跟动作一样，都可以用于预防或治疗足底跟痛。

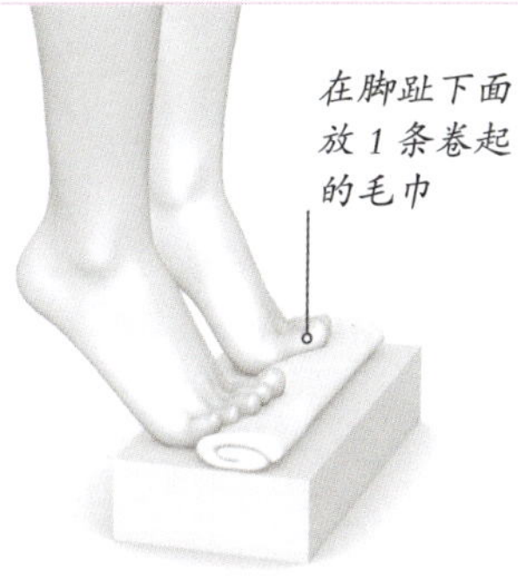

降足跟变式

在脚趾下面放1条卷起的毛巾

跟骨
足弓下压
足底筋膜伸长
跖骨
跖趾关节

脚趾中立

足底筋膜缩短
足弓抬高

脚趾屈曲

绞盘机制

绞盘机制是指由于脚趾背屈而产生的纵弓缩短。足底筋膜就像1根缆绳，一端连接跟骨，另一端连接跖趾关节。在跑步周期的推进阶段（见第62页），脚趾背屈可以使跖骨头部周围的足底筋膜收紧。足底筋膜收紧会缩短跟骨与跖骨之间的距离，从而抬高内侧纵弓。

跖屈肌向心收缩，以抬高脚跟

第二阶段后视图

脚踝外翻

脚踝外翻可以强化小腿外侧的稳定肌群，即踝外翻肌。在第一阶段，当脚踝内翻时，踝外翻肌会收缩，以对抗弹力带的张力，从而对抗脚踝内翻，确保动作平稳可控。

核心肌群

利用腹横肌使脊柱保持中立且稳定。髂腰肌和内收肌稳定髋部，为小腿肌肉提供稳固支撑。

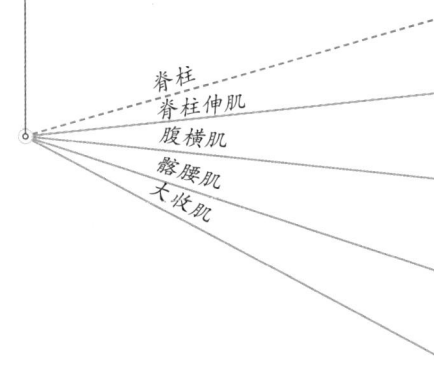

脊柱
脊柱伸肌
腹横肌
髂腰肌
大收肌

动作点睛

借助弹力带来进行此项锻炼。将弹力带绑在与脚踝同高的位置，让其靠近目标足内侧，然后固定好座椅。在第一阶段，弹力带必须保持足够紧绷，才能起到锻炼踝外翻肌的作用。锻炼期间，此动作仅限于脚踝位置，即不要让腿部跟着脚踝产生内外翻转。

如果你刚开始这项锻炼，可以先做3组，稍微带些阻力，每组重复15～20次。进阶锻炼可以增加阻力（见第93页），做3～4组，每组减至6～8次。

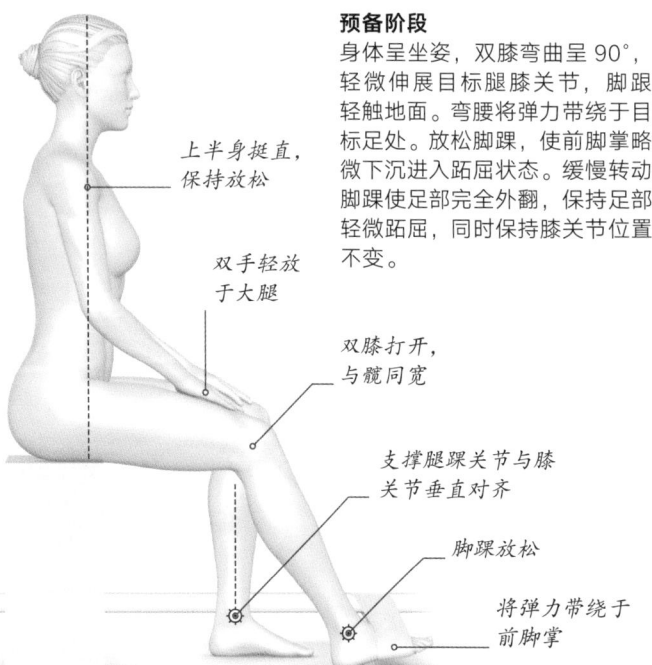

预备阶段
身体呈坐姿，双膝弯曲呈90°，轻微伸展目标腿膝关节，脚跟轻触地面。弯腰将弹力带绕于目标足处。放松脚踝，使前脚掌略微下沉进入跖屈状态。缓慢转动脚踝使足部完全外翻，保持足部轻微跖屈，同时保持膝关节位置不变。

- 上半身挺直，保持放松
- 双手轻放于大腿
- 双膝打开，与髋同宽
- 支撑腿踝关节与膝关节垂直对齐
- 脚踝放松
- 将弹力带绕于前脚掌

小腿

腓骨长肌和腓骨短肌离心收缩被拉长，以减缓足部内翻程度。踝外翻肌强健有力，可以稳定脚踝外侧，防止脚踝内翻扭伤（最常见的受伤类型），促进脚踝康复。

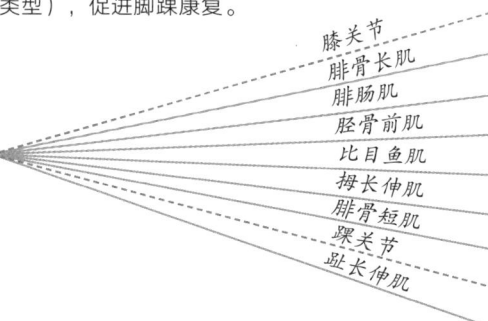

膝关节
腓骨长肌
腓肠肌
胫骨前肌
比目鱼肌
拇长伸肌
腓骨短肌
踝关节
趾长伸肌

第一阶段
缓慢（持续3秒以上）转动脚踝，带动足部完全内翻。保持足部靠近地面，以缓慢、有控制的"舀取"动作完成。

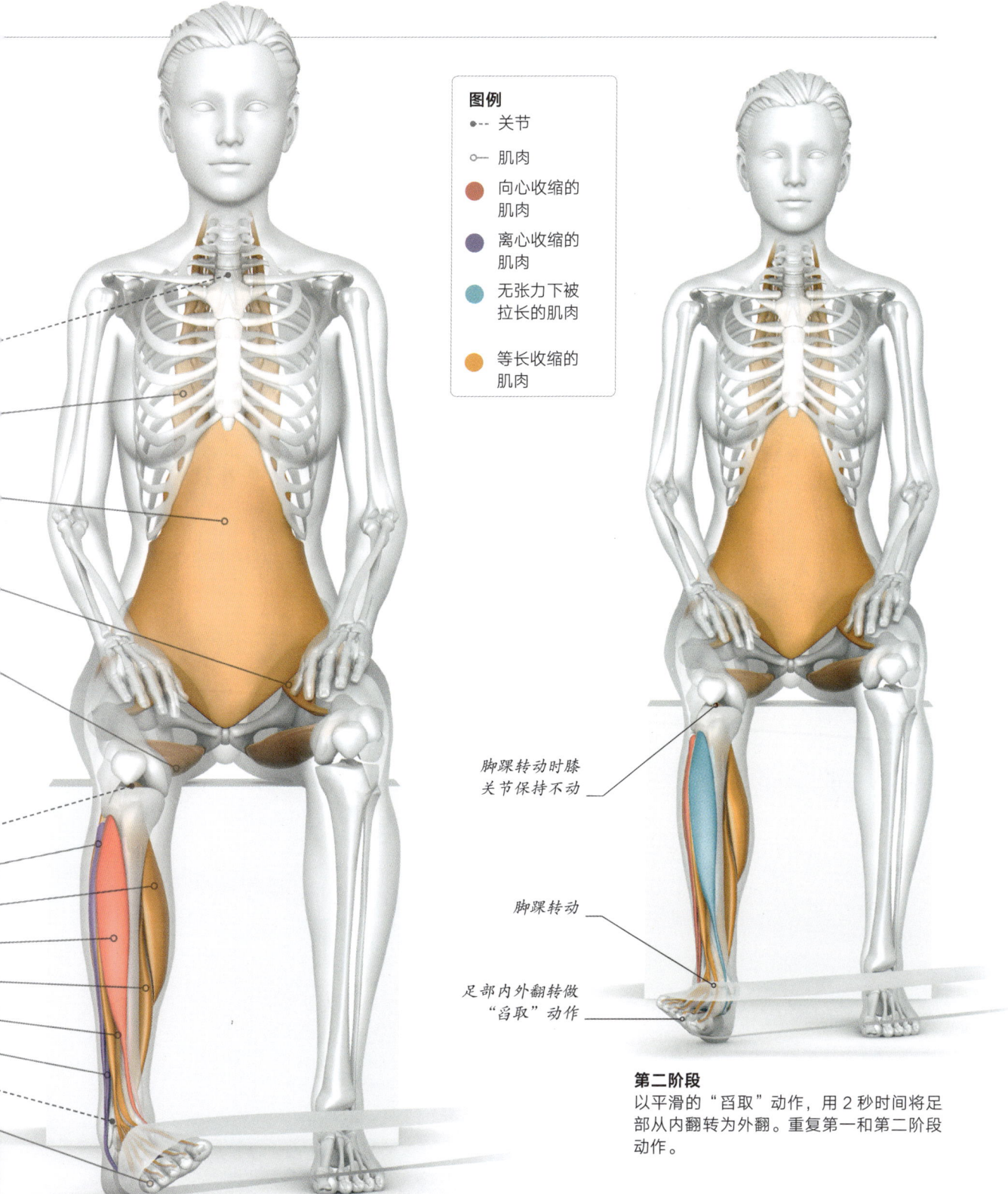

脚踝转动时膝关节保持不动

脚踝转动

足部内外翻转做"舀取"动作

第二阶段
以平滑的"舀取"动作，用 2 秒时间将足部从内翻转为外翻。重复第一和第二阶段动作。

图例
- 关节
- 肌肉
- 向心收缩的肌肉
- 离心收缩的肌肉
- 无张力下被拉长的肌肉
- 等长收缩的肌肉

脚踝内翻

脚踝内翻可以强化小腿内侧的稳定肌群，即踝内翻肌。在第一阶段，当脚踝外翻时，踝内翻肌会收缩，以对抗弹力带的张力，从而对抗脚踝外翻，确保动作平稳可控。

动作点睛

借助弹力带来进行此项锻炼。将弹力带绑在与脚踝同高的位置，让其靠近目标足外侧，然后固定好座椅。与脚踝外翻（见第106～107页）一样，该动作仅限于脚踝位置，即目标腿膝关节全程保持不动。

如果你刚开始这项锻炼，可以先做3组，稍微带些阻力，每组重复15～20次。进阶锻炼可以增加阻力（见第93页），做3～4组，每组减至6～8次。然后参考第111页脚踝外翻变式继续进行锻炼。

核心肌群

利用腹横肌使脊柱保持中立且稳定。髂腰肌和内收肌稳定髋部，为小腿肌肉提供稳固支撑。

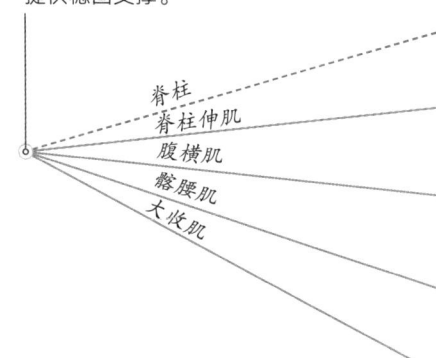

脊柱
脊柱伸肌
腹横肌
髂腰肌
大收肌

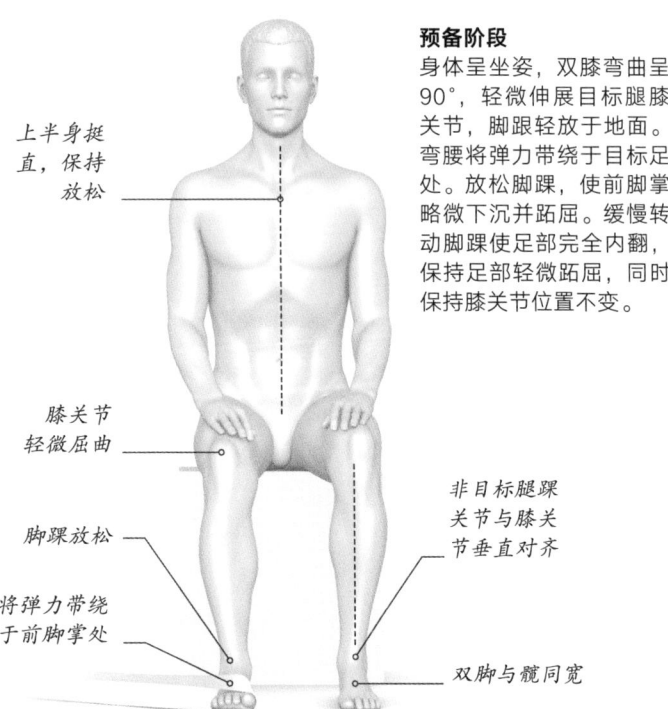

预备阶段
身体呈坐姿，双膝弯曲呈90°，轻微伸展目标腿膝关节，脚跟轻放于地面。弯腰将弹力带绕于目标足处。放松脚踝，使前脚掌略微下沉并跖屈。缓慢转动脚踝使足部完全内翻，保持足部轻微跖屈，同时保持膝关节位置不变。

上半身挺直，保持放松

膝关节轻微屈曲

脚踝放松

将弹力带绕于前脚掌处

非目标腿踝关节与膝关节垂直对齐

双脚与髋同宽

小腿

胫骨后肌离心收缩被拉长，以控制足部外翻程度。胫骨后肌对控制足部旋前（见第67页）很重要。在跑步周期的站立阶段（见第60～62页），它有助于通过足部旋前来稳定足弓。

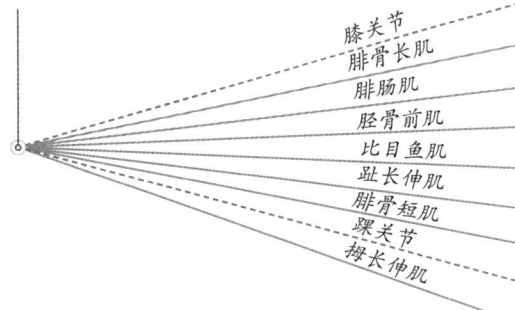

膝关节
腓骨长肌
腓肠肌
胫骨前肌
比目鱼肌
趾长伸肌
腓骨短肌
踝关节
拇长伸肌

第一阶段
缓慢（持续3秒以上）转动脚踝，带动足部完全外翻。保持足部靠近地面，以缓慢、有控制的"舀取"动作完成。

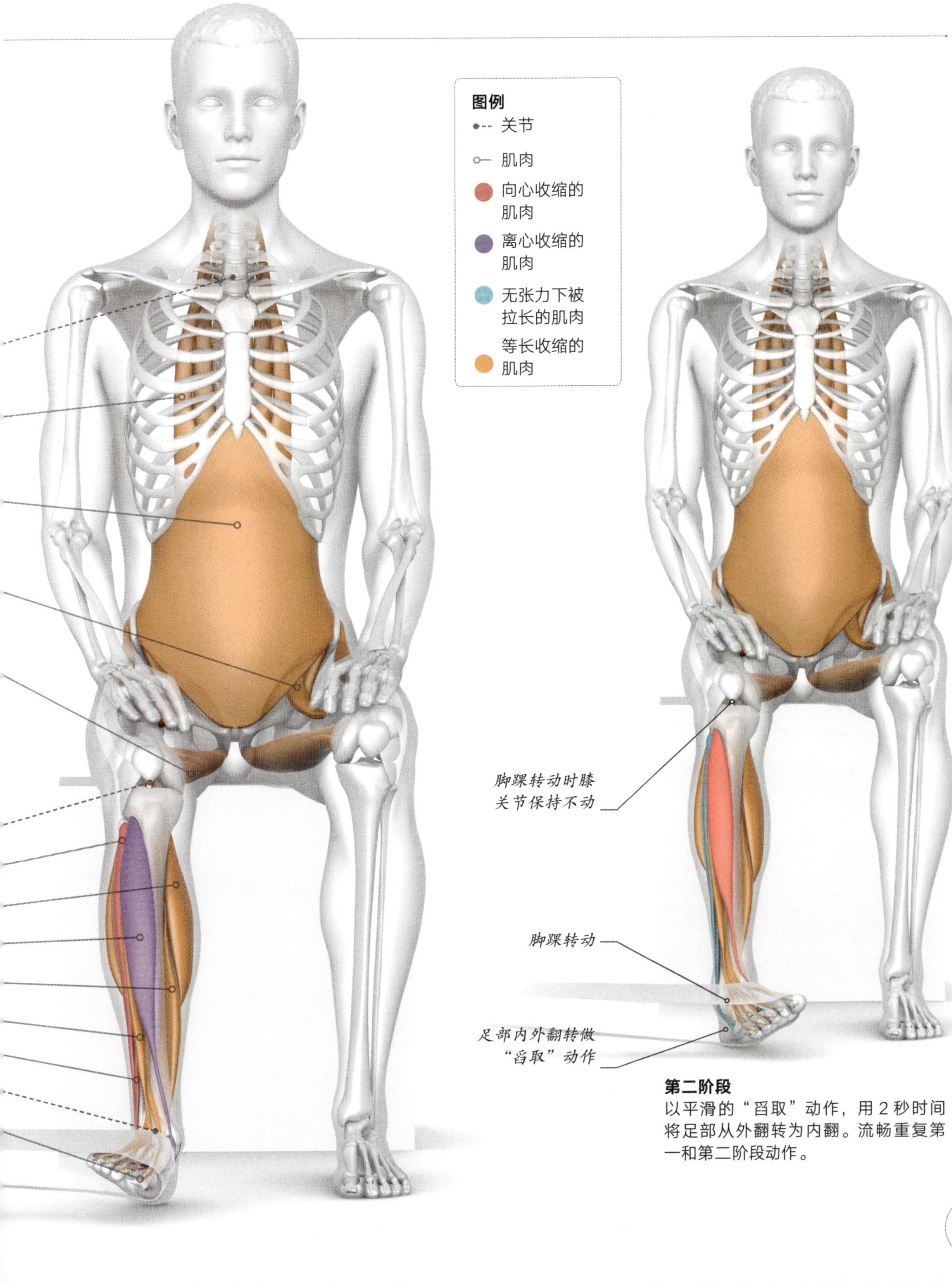

图例
- ●-- 关节
- ○— 肌肉
- ● 向心收缩的肌肉
- ● 离心收缩的肌肉
- ● 无张力下被拉长的肌肉
- ● 等长收缩的肌肉

脚踝转动时膝关节保持不动

脚踝转动

足部内外翻转做"舀取"动作

第二阶段
以平滑的"舀取"动作，用2秒时间将足部从外翻转为内翻。流畅重复第一和第二阶段动作。

109

》细节动作

在崎岖不平的地形跑步时,小腿内侧与外侧的肌肉可以稳定踝关节,尤其是在承重早期(见第60页)还可以支撑足弓。同时进行脚踝外翻与脚踝内翻锻炼,可以全面提高下肢力量与稳定性。

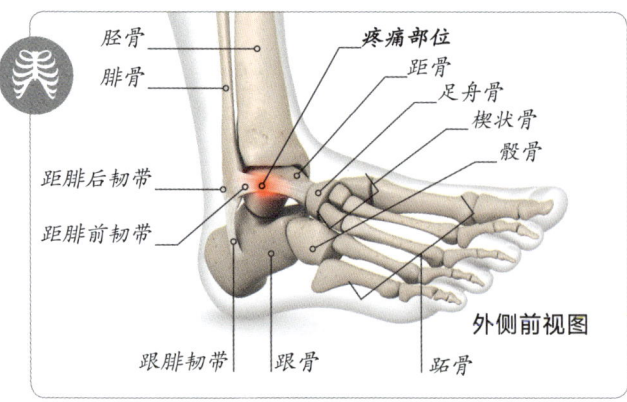

外侧前视图

慢性踝关节不稳定

大约1/5的急性踝关节扭伤,最终会发展成为慢性踝关节不稳定。急性扭伤后,患者通常会出现平衡性变差、力量减弱、反应时间延长等现象。如果不经过适当的康复锻炼,这些缺陷将会导致反复扭伤。一些跑者在踝关节前部还会出现撞击性疼痛。针对脚踝内翻与外翻的力量训练,可以帮助跑者避免上述情况反复出现,甚至可以帮助他们顺利恢复踝关节功能。

使脚踝外翻的肌肉

踝外翻肌有助于稳定脚踝外侧,防止踝关节扭伤(多为内翻扭伤),在不平整的路面(比如山间小径,见第45页)上跑步时尤其重要。

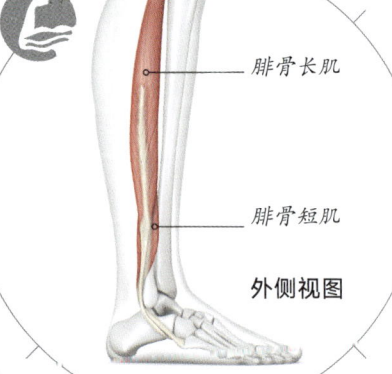

外侧视图

胫骨前肌放松,脚踝保持轻微跖屈

腓骨长肌和腓骨短肌向心收缩,使脚踝外翻

脚踝外翻 | 第一阶段 | 前外侧视图

脚踝外翻变式

脚踝在台阶上离心外翻

站立于台阶边缘，足部内侧 1/2 悬空。抬起另一只脚，必要时手扶栏杆作为支撑。缓慢（持续 3 秒以上）转动足部外侧，使足部内侧位置升高。保持此姿势 2 秒，然后缓慢（持续 3 秒以上）转动脚踝，使足部内侧位置降低。单腿做 3 组，每组重复 10～12 次。进阶锻炼可以让空闲着的对侧手持哑铃，做 3～4 组，每组减至 6～8 次。

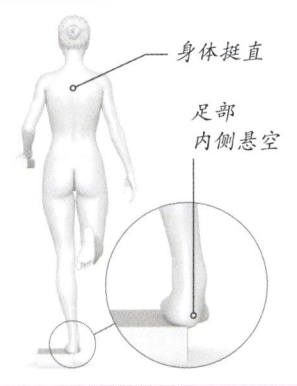

身体挺直
足部内侧悬空

不要让胫骨前肌收缩从而造成足部背屈；保持脚踝轻微跖屈

使脚踝内翻的肌肉

踝内翻肌是足部外在肌（见第 96 页），负责控制足弓塌陷程度。胫骨后肌附着于内侧纵弓上，负责减缓跑步周期（见第 60～63 页）站立阶段产生的足弓塌陷。如果跑步时承受的负荷较大，那么胫骨后肌就很容易受到胫后肌腱功能障碍的影响。但力量训练有助于预防这种情形的发生。

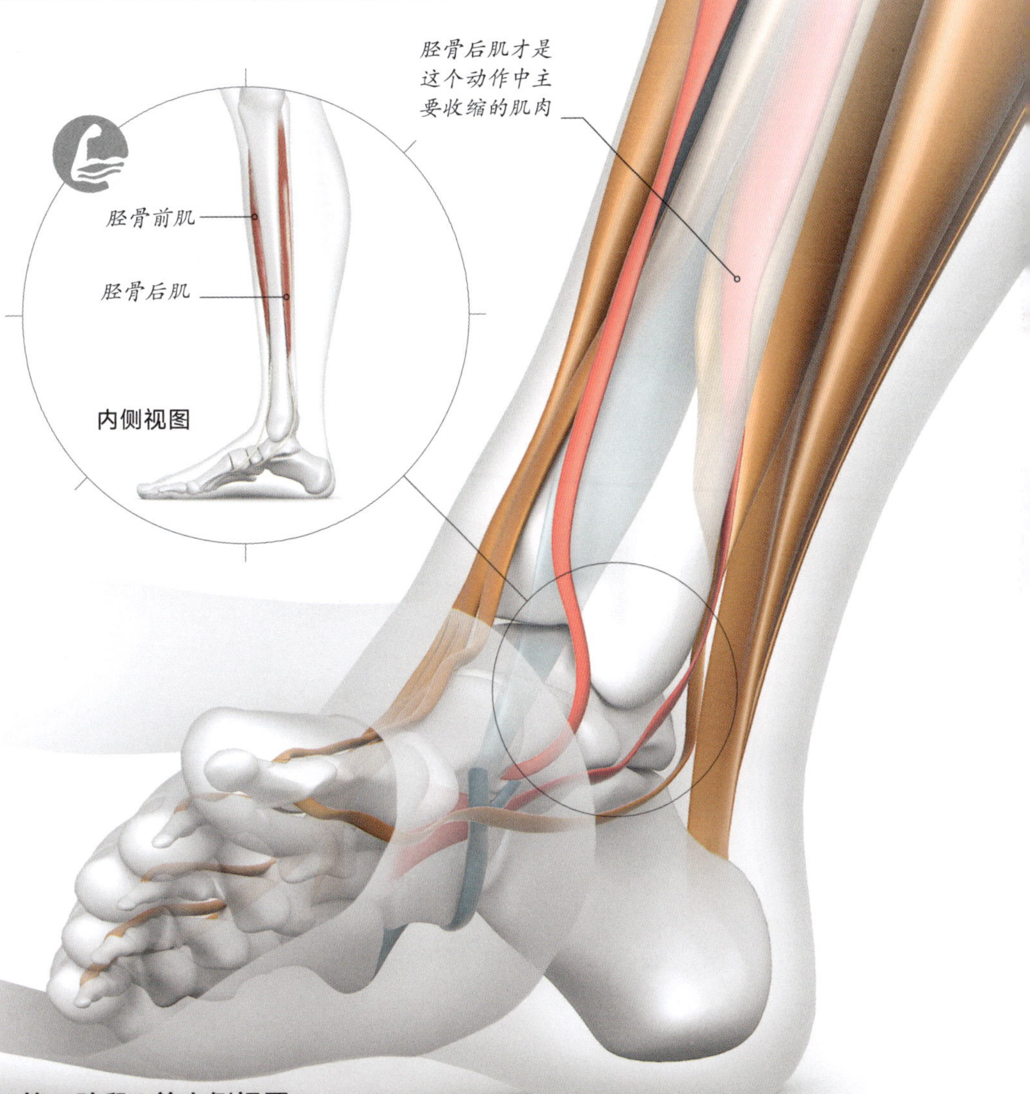

胫骨前肌
胫骨后肌

内侧视图

胫骨后肌才是这个动作中主要收缩的肌肉

脚踝内翻 | 第一阶段 | 前内侧视图

跑步运动解剖学

提髋

提髋可以强化髋外展肌,在跑步时对于维持骨盆稳定起着重要作用。髋外展肌力量不足,或者收缩不良,可能会导致跑步受伤,比如髂胫束疼痛(见第55页)和膝股疼痛(见第51页)。

动作点睛

提髋的目的是锻炼臀肌。锻炼期间,利用支撑腿臀肌来抬起和放下对侧髋部。尽量不要用非支撑腿腹肌下压骨盆。

如果你刚开始做这项锻炼,可以每侧身体先做3组,每组重复10~12次。等到适应后,再增加重量(例如,支撑腿对侧手持哑铃),做3~4组,每组减至6~8次。

上半身与髋部

髋外展肌,尤其是臀中肌(见第67页)。这些肌肉的承重早期产生的力矩,因为在跑步周期的承重早期(见第60页),地面反作用力会在髋部周围产生力矩。髋外展肌离心收缩,会影响对侧骨盆下降的程度使和速率。下背部的脊柱伸肌也可帮助控制髋部的下降。

脊柱伸肌
臀中肌
阔筋膜张肌
髋关节
臀大肌
大收肌

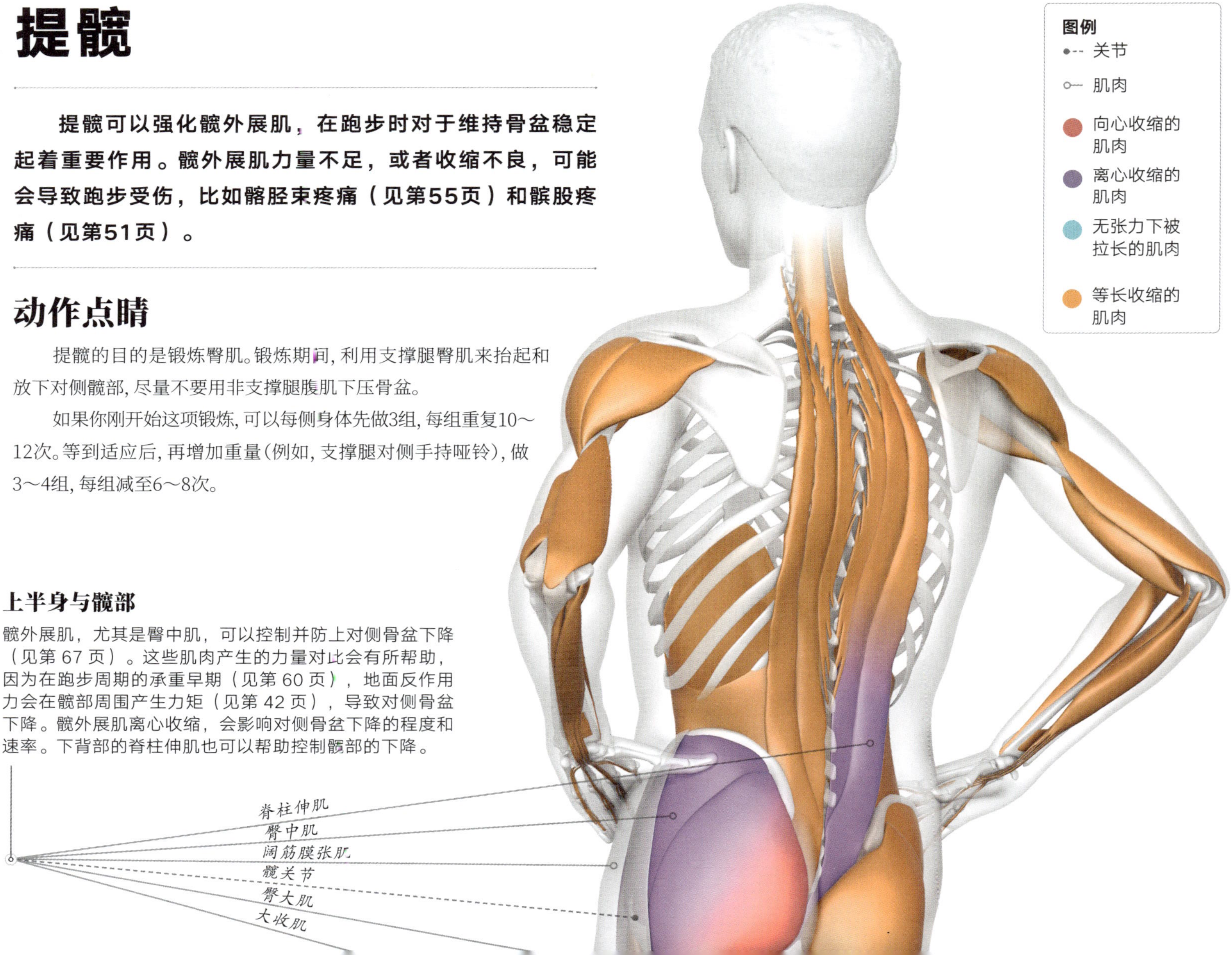

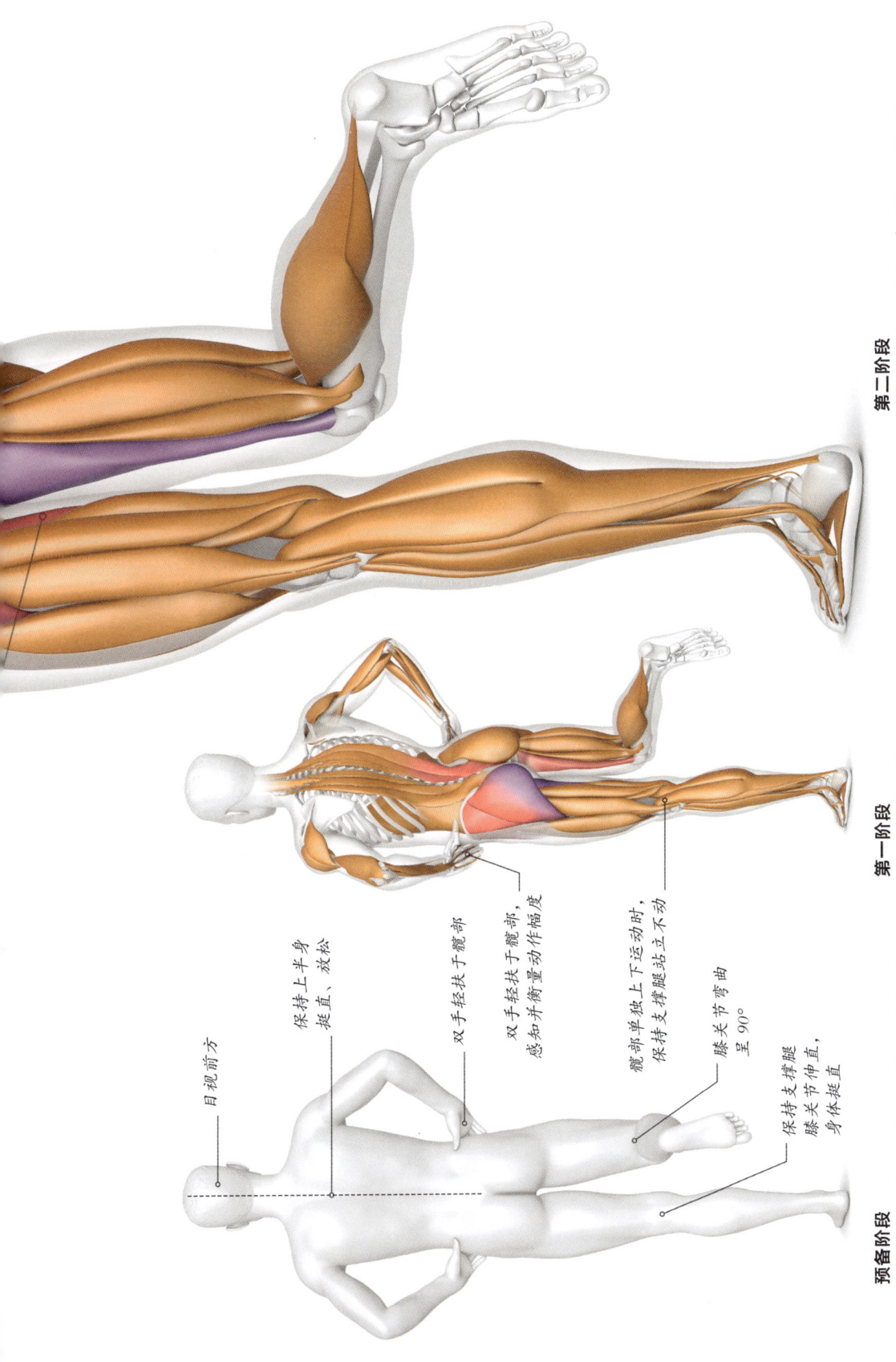

预备阶段 身体挺直，双手轻扶于髋部。双腿膝关节对齐，其中一条腿膝盖弯曲呈90°，脚跟抬起至臀后，使胫骨平行于地面，足部放松，确保髋部水平，身体重量均匀分布于支撑腿足部。

目视前方

保持上半身挺直、放松

双手轻扶于髋部

双手轻扶于髋部，感知并衡量动作幅度

髋部单独上下运动时，保持支撑腿站立不动

膝关节弯曲呈90°

保持支撑腿膝关节伸直，身体挺直

第一阶段 缓慢（持续3秒以上）抬高非支撑腿髋部，（使支撑腿同侧骨盆放低。保持此姿势2秒。

第二阶段 缓慢（持续3秒以上）放下刚才抬高的髋部，使支撑腿同侧骨盆尽可能地抬高。重复第一和第二阶段动作。

113

跑步运动解剖学

下台阶

股四头肌和髋外展肌是跑步时运用最多的肌肉群。其重要作用之一是帮助控制膝关节对齐。通过下台阶动作锻炼这些肌肉，可以强化肌肉力量，增加控制力，降低受伤风险。

动作点睛

借助10~15厘米高的台阶来进行此项锻炼。注意目标腿就是下台阶的那条腿，而非下台阶的支撑腿。确保支撑腿稳稳站于台阶，脚趾不能超出台阶边缘。当弯曲和伸直膝关节时，注意力集中于支撑腿的股四头肌和臀肌。此外，在整个锻炼过程中，还要注意支撑腿膝关节不能左右移动，要保持其在矢状面（见第4页）内运动。当下台阶的那条腿接触地面时，也不要将任何身体重量转移至这条腿上，只需用脚跟触地，然后再抬腿回到初始位置。

如果你刚开始这项锻炼，可以每侧身体先做3组，每组重复10~12次。进阶锻炼可以增加重量（见第93页），做3~4组，每组减至6~8次。然后继续进行单腿跳（见第148~149页）和跳箱（见第144~145页）动作。

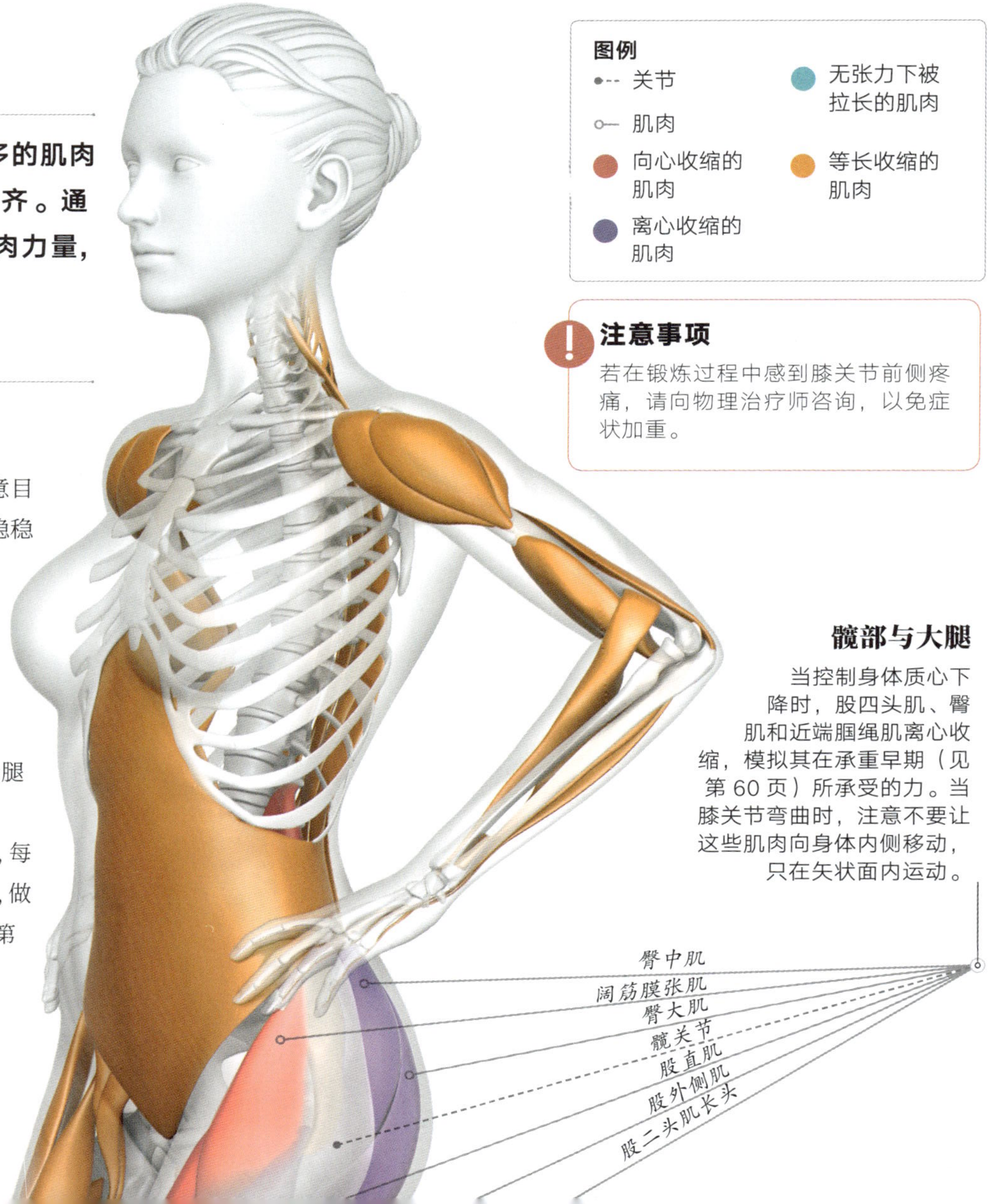

图例

- ⋯ 关节
- ○ 肌肉
- ● 向心收缩的肌肉
- ● 无张力下被拉长的肌肉
- ● 等长收缩的肌肉
- ● 离心收缩的肌肉

⚠ 注意事项

若在锻炼过程中感到膝关节前侧疼痛，请向物理治疗师咨询，以免症状加重。

髋部与大腿

当控制身体重心下降时，股四头肌、臀肌和近端腘绳肌离心收缩，模拟其在承重早期（见第60页）所承受的力。当膝关节弯曲时，注意不要让这些肌肉向身体内侧移动，只在矢状面内运动。

- 臀中肌
- 阔筋膜张肌
- 髋关节
- 臀大肌
- 髋外侧肌
- 股二头肌

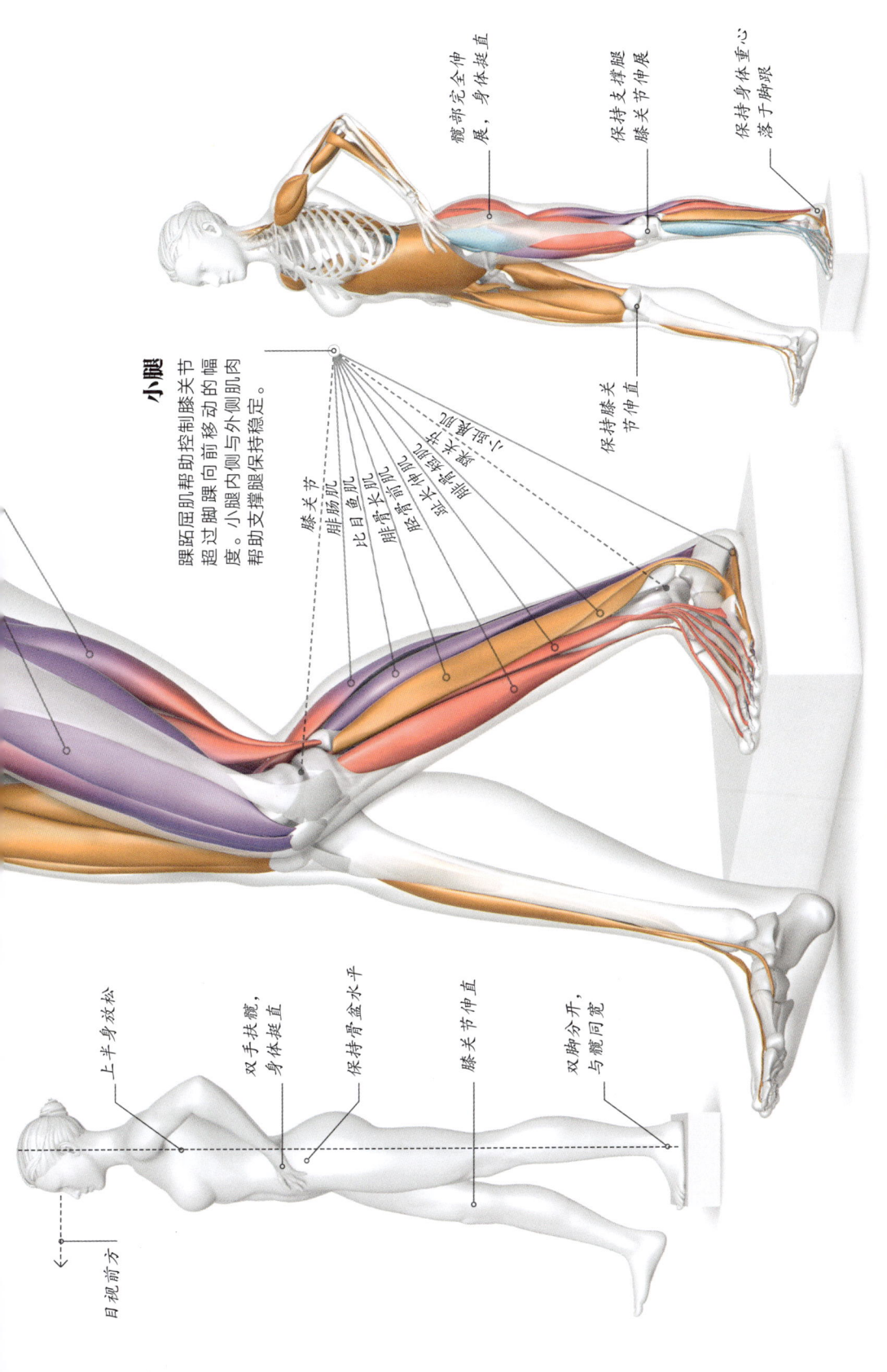

小腿

踝跖屈肌帮助控制脚踝关节超过脚向前移动的幅度。小腿内侧肌与外侧肌肉帮助支撑腿保持稳定。

- 膝关节
- 腓肠肌
- 比目鱼肌
- 腓骨长肌
- 胫骨前肌
- 趾长伸肌
- 腓骨短肌
- 踝关节

保持膝关节伸直

髋部完全伸展，身体挺直

保持支撑腿膝关节伸展

保持身体重心落于脚跟

预备阶段

身体挺直，站立于台阶，双手扶于髋部。身体重心移至支撑腿，向前伸出非支撑腿，做出下台阶的动作。髋部保持水平。

- 目视前方
- 上半身放松
- 双手扶髋，身体挺直
- 保持骨盆水平
- 膝关节伸直
- 双脚分开，与髋同宽

第一阶段

缓慢（持续 3 秒）弯曲支撑腿膝关节，以"下台阶"的那只脚去接近地面，然后用脚跟轻触地面。在整个动作过程中，保持身体重心落于支撑腿脚跟，且髋部保持水平。

第二阶段

缓慢（持续 3 秒）伸直支撑腿回到初始位置，保持此姿势 2 秒。重复第一和第二阶段动作。

跑步运动解剖学

上台阶

上台阶动作可以强化股四头肌和臀肌,这些肌肉在跑步推阶段起着重要作用。

动作点睛

借助至少30厘米高的台阶来进行此项锻炼。目标腿是留在台阶上的那条腿,确保目标腿完全站在台阶上,脚趾不能超出台阶边缘。上台阶时,需要手臂和腿部相互协调配合。手臂呈跑步姿势,具体来说,当身体重心转至目标腿时,举起对侧手臂,就像跑步一样。

如果你刚开始做这项锻炼,可以先每侧身体做3组,每组重复10~12次。进阶锻炼可以增加重量(见第93页),做3~4组,每组减至6~8次。

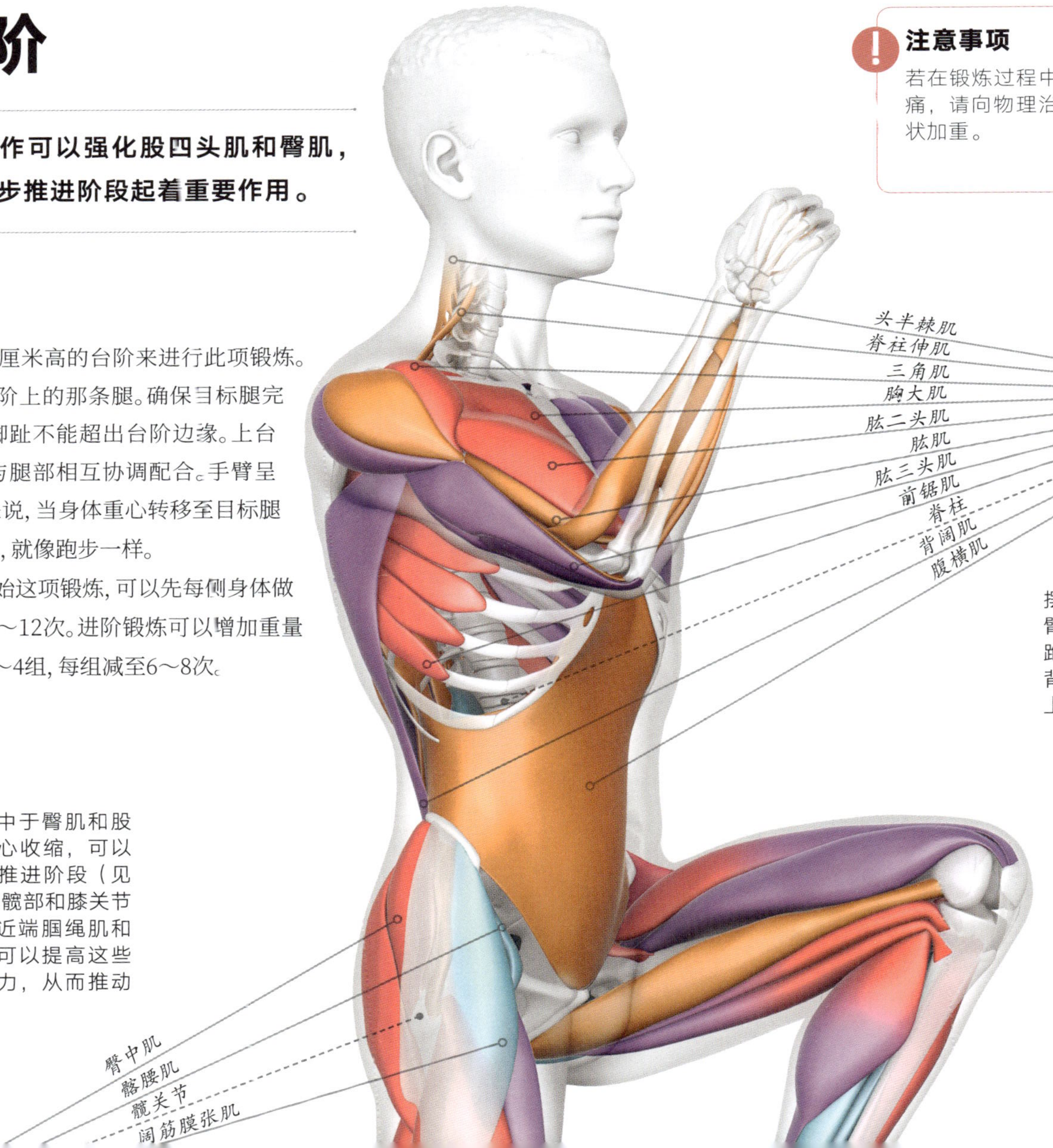

髋部与腿部

上台阶时,注意力集中于臀肌向心收缩的股四头肌。这些肌肉在跑步周期的推进阶段(见第62页)的动作。当髋部和膝关节完全伸展时,股四头肌向心收缩,远端腘绳肌和臀肌向心收缩,可以提高这些肌肉产生爆发力的能力,从而推动脚趾离地。

上半身

摆动手臂,举起对侧手臂带动身体向上,就像跑步一样。核心肌群和背肌参与支持身体向上的动作。

注意事项
若在锻炼过程中感到膝关节前侧疼痛,请向物理治疗师咨询,以免症状加重。

- 头半棘肌
- 脊柱伸肌
- 三角肌
- 胸大肌
- 肱二头肌
- 肱三头肌
- 脊椎柱
- 背阔肌
- 腹横肌
- 臀中肌
- 髂胫束
- 阔筋膜张肌

图例
- ● 关节
- ○ 肌肉
- ● 向心收缩的肌肉
- ● 离心收缩的肌肉
- ● 无张力下被拉长的肌肉
- ● 等长收缩的肌肉

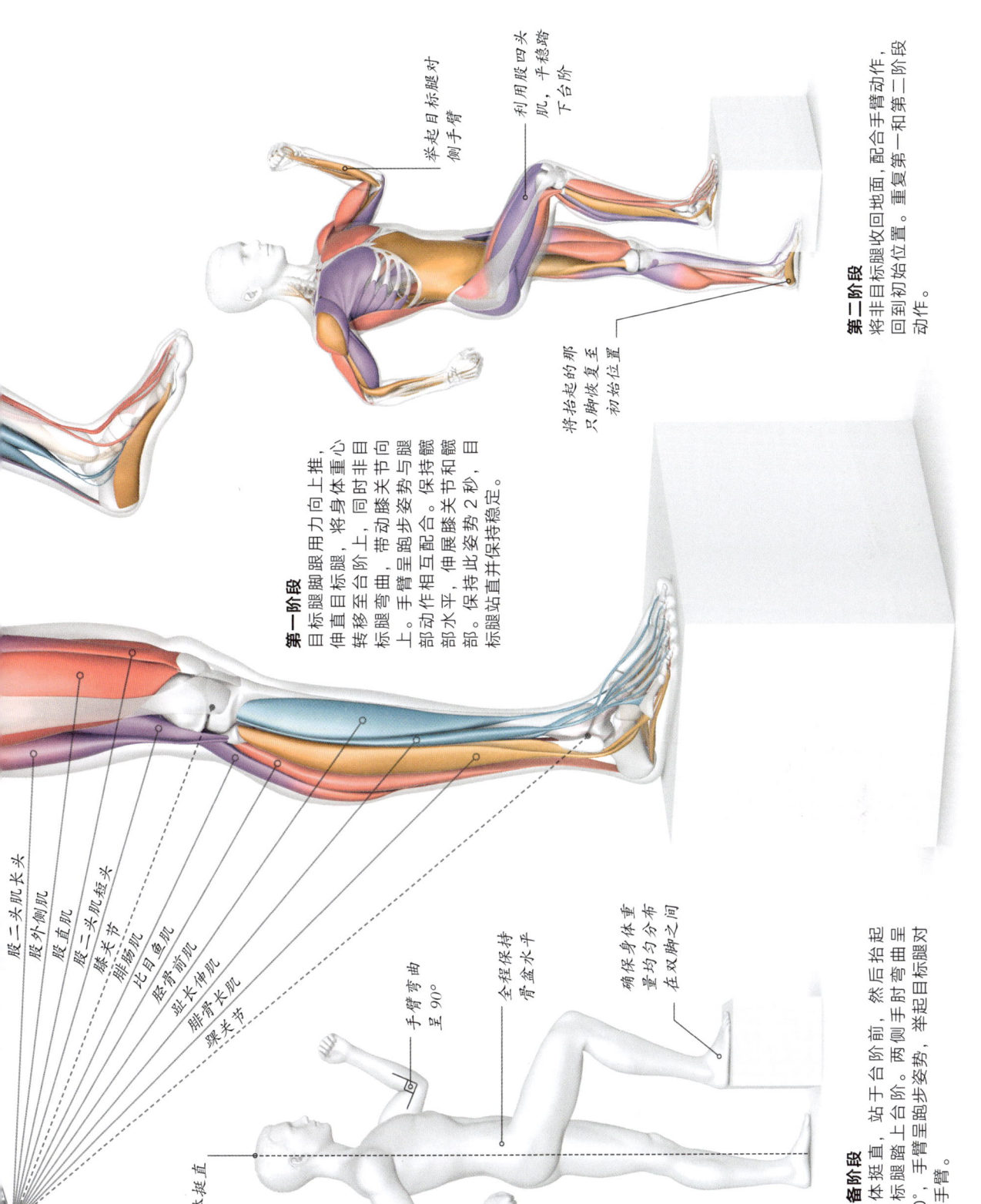

第一阶段

目标腿脚跟用力向上推，伸直至台阶上，将身体重心转移至目标腿，同时非目标腿弯曲，带动跑步配合。手臂相互配合，呈水平。保持此姿势与髋部动作相互配合。保持膝关节和髋部。伸展膝关节，保持姿势2秒，目标腿站直并保持稳定。

举起目标腿对侧手臂

利用股四头肌，平稳踏下台阶

将抬起的那只脚恢复至初始位置

第二阶段

将非目标腿收回地面，配合手臂动作，回到初始位置，重复第一和第二阶段动作。

- 股二头肌长头
- 股外侧肌
- 股直肌
- 股二头肌短头
- 膝关节
- 腓肠肌
- 比目鱼肌
- 胫骨前肌
- 趾长伸肌
- 腓骨长肌
- 踝关节

预备阶段

身体挺直，站于台阶前，然后抬起目标腿，踏上台阶，呈跑步同步姿势，两侧手肘弯曲呈90°，手臂呈跑步同步姿势，举起目标腿对侧手臂。

- 身体挺直
- 手臂弯曲呈90°
- 全程保持骨盆水平
- 确保身体重量均匀分布在双脚之间

跑步运动解剖学

》细节动作

下台阶主要模拟跑步承重早期的动作,上台阶主要模拟跑步站立末期的动作。学会如何控制这些动作,并强化相关肌肉力量,可以提高跑步效率。

> **下台阶变式**
>
> ### 单腿深蹲
>
> 单腿深蹲可以强化臀肌、股四头肌和髋外展肌。身体站直,双手扶髋;向后抬起一只脚,屈膝呈90°,并使其与支撑腿膝关节保持对齐。缓慢(持续3秒以上)弯曲支撑腿膝关节,放低身体,然后再缓慢(持续2秒以上)伸直膝关节,回到初始位置。做3组,每组10~12次。进阶锻炼可以增加重量(见第93页),做3~4组,每组减至6~8次。若在锻炼过程中感到膝关节前侧疼痛,请向物理治疗师咨询。

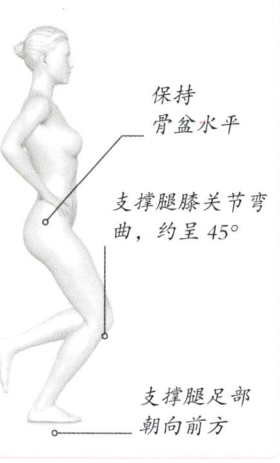

保持骨盆水平

支撑腿膝关节弯曲,约呈45°

支撑腿足部朝向前方

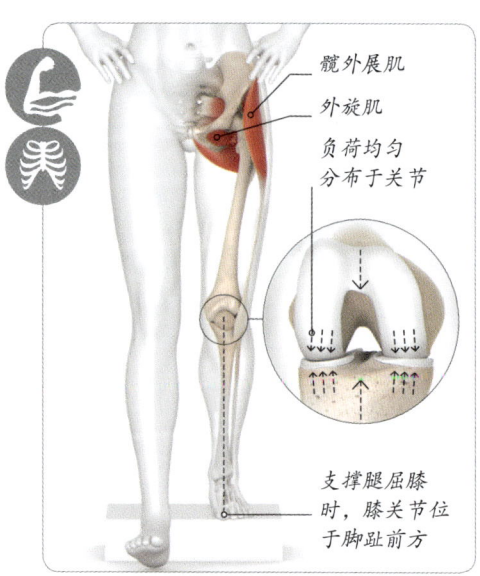

髋外展肌
外旋肌
负荷均匀分布于关节

支撑腿屈膝时,膝关节位于脚趾前方

膝关节对齐

下台阶时,保持支撑腿膝关节对齐十分重要。放下和抬起膝关节时,应保证其主要在矢状面(见第4页)内活动。利用髋外展肌和外旋肌,避免膝外翻(见第67页)并向身体中线塌陷。

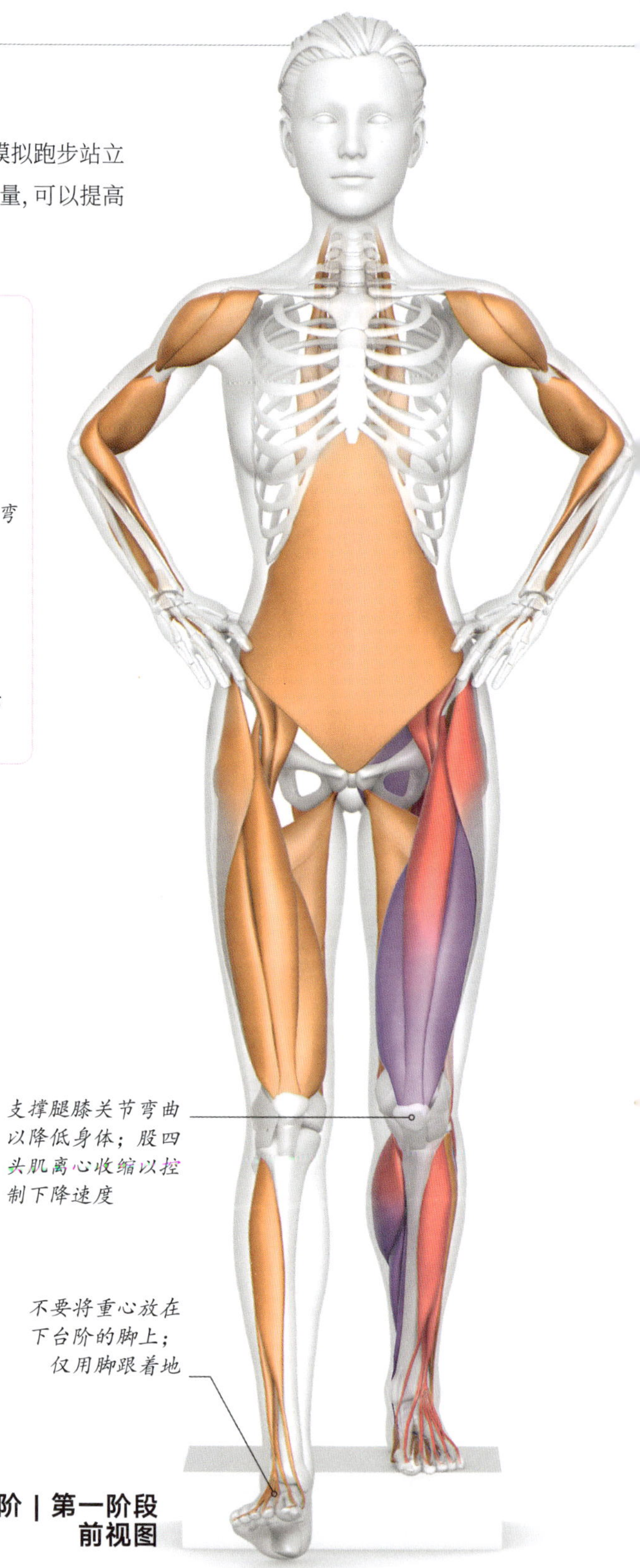

支撑腿膝关节弯曲以降低身体;股四头肌离心收缩以控制下降速度

不要将重心放在下台阶的脚上;仅用脚跟着地

下台阶 | 第一阶段前视图

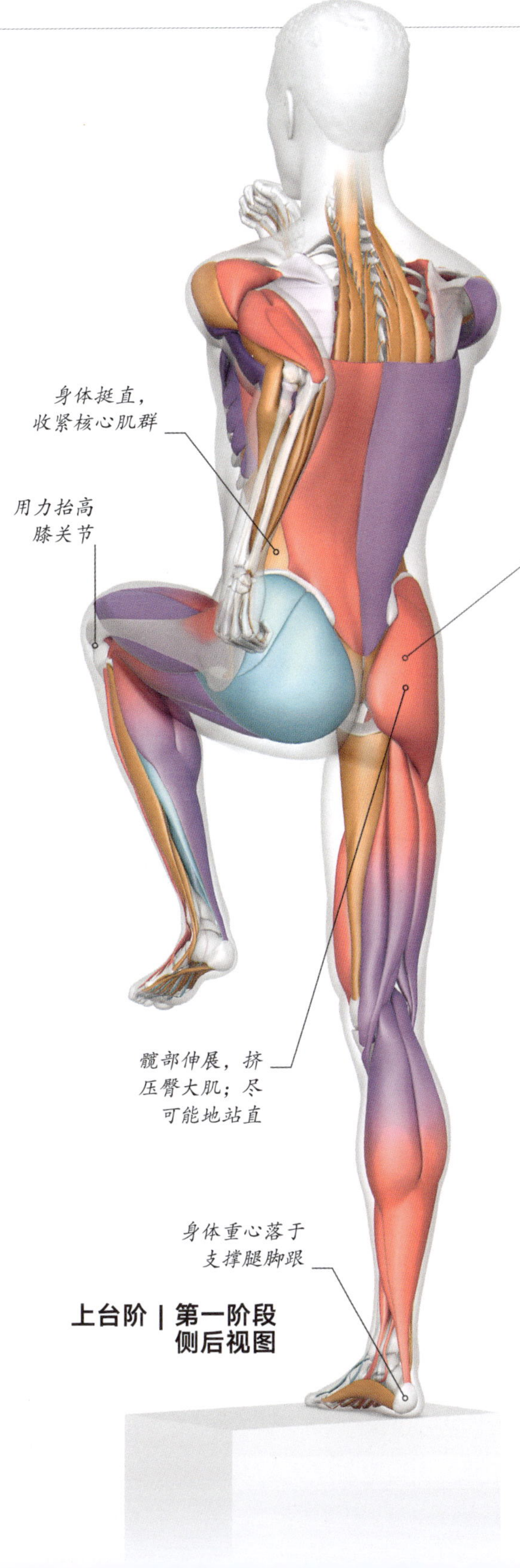

身体挺直，
收紧核心肌群

用力抬高
膝关节

髋部伸展，挤
压臀大肌；尽
可能地站直

身体重心落于
支撑腿脚跟

上台阶 | 第一阶段
侧后视图

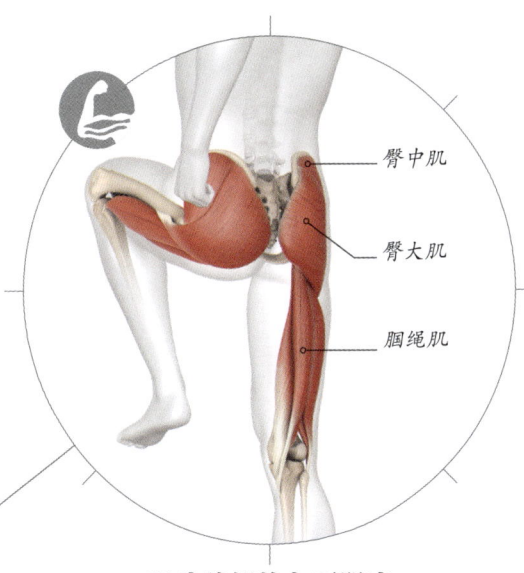

臀中肌
臀大肌
腘绳肌

驱动髋部的主要肌肉

跑步时，髋伸肌会产生大部分力量，推动身体向前。由于臀肌离髋部的转动轴很近，所以臀肌是跑步时驱动髋部的主要肌肉，腘绳肌则起到辅助作用。经常久坐会使臀肌变长，导致其在被需要时难以收缩。久坐对腘绳肌也会造成过度压力。上台阶主要锻炼臀肌，可以使臀肌收缩更有效率。

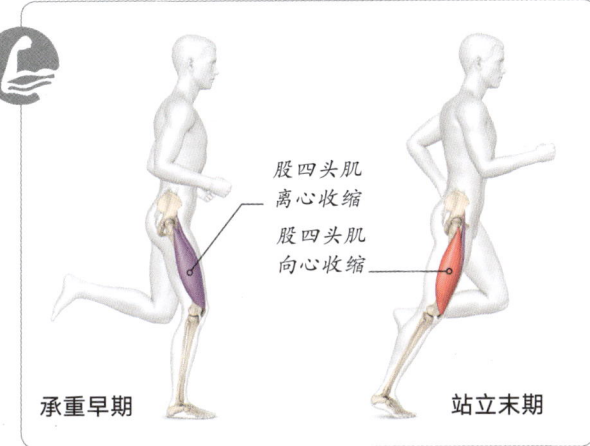

股四头肌
离心收缩
股四头肌
向心收缩

承重早期　　　站立末期

股四头肌的作用

在跑步承重早期（见第60页），膝关节弯曲可以吸收地面反作用力，此时股四头肌离心收缩，可以控制膝关节弯曲的速度。在推进阶段（见第62页），股四头肌向心收缩，可以伸展膝关节，推动身体向前。下台阶（离心收缩）和上台阶（向心收缩）均可以模拟股四头肌的这些动作，从而提高跑步表现，避免运动受伤。

跑步运动解剖学

站姿转髋

站姿转髋可以强化髋外展肌和髋外旋肌。这些肌肉在跑步时负责保持髋部稳定，可以避免运动伤害，改善跑步姿势。

动作点睛

在进行站姿转髋时，需要利用支撑腿同侧而非对侧的髋部肌（位于髋部侧面）来转动躯干。转体时，注意利用支撑腿同侧臀肌（位于髋部侧面）。在整个锻炼过程中，确保支撑腿膝关节伸直并朝向前方，保持对侧髋部弯曲呈90°，骨盆与胸部相互平行，以便作为一个整体转动。锻炼时请全程保持髋部水平。

可以每侧身体先做3组，每组重复15～20次。进阶锻炼可以进行单腿抵球深蹲同时转动骨盆（见第130~133页）。

上半身

在整个锻炼过程中，核心肌群保持稳定收缩，帮助躯干与髋部成为一体，并在转体时保持这个姿势和身体平衡。

头半棘肌
脊柱伸肌
三角肌
腹横肌
腹直肌
腹内斜肌
腹外斜肌

目标髋

若动作完成得正确，髋部的深层髋外旋肌和臀肌在锻炼时有被伸展开来的感觉，这些肌肉向心收缩，可使身体绕着支撑腿向强化这些肌肉的力量，可以避免膝关节在跑步周期的承重早期向内塌陷（膝内翻，见第67页）。腘绳肌和髋屈肌同参与，为股四头肌和髋屈肌共同稳定性和支持。运动提供稳定性和支持。

臀中肌
臀大肌
梨状肌
闭孔膜张肌
耻骨肌
大收肌

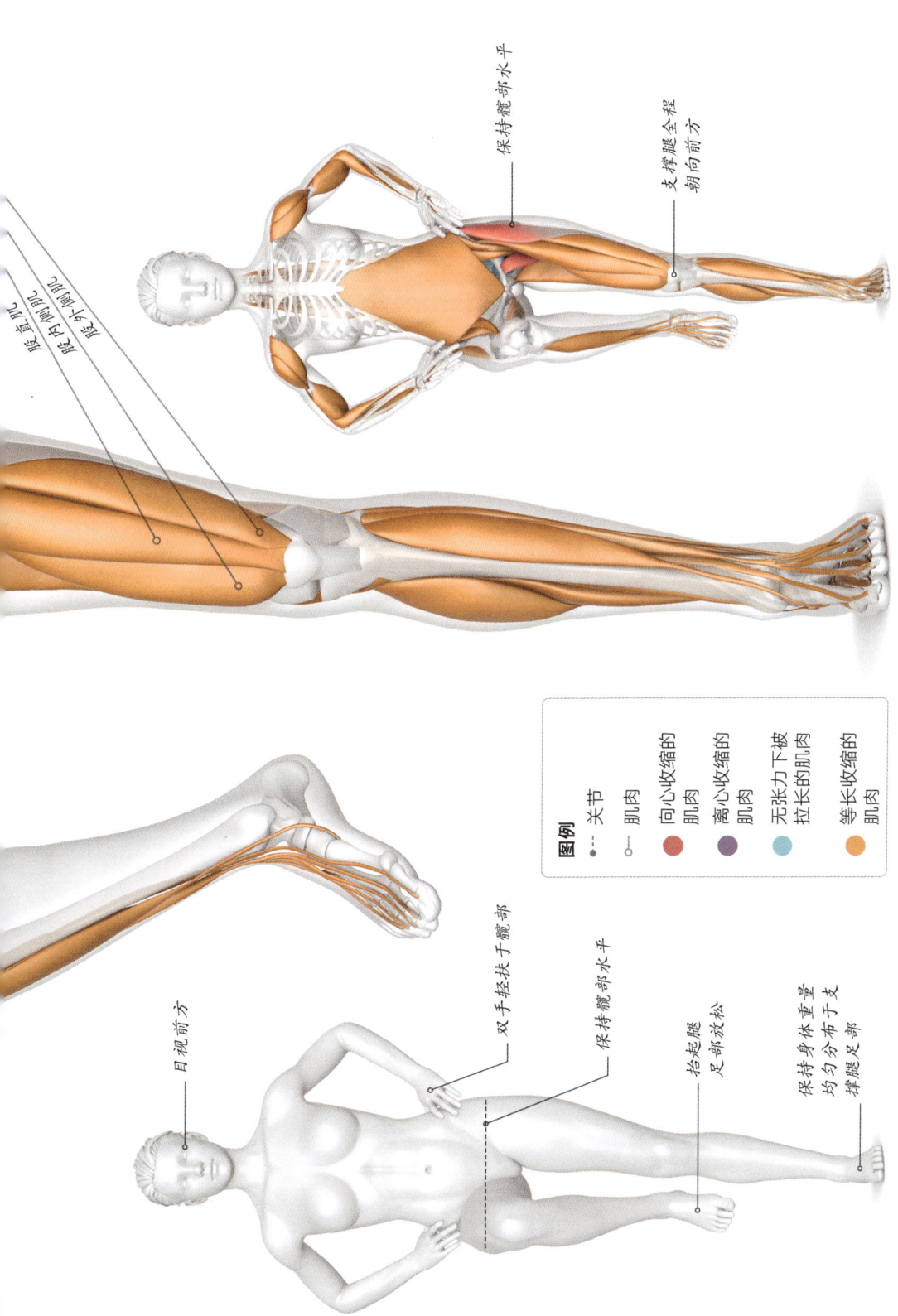

》细节动作

髋关节是一种球窝关节（见第20页），可以在3个解剖平面内进行旋转，从而完成大范围的运动。髋部肌肉在控制这些动作时起着重要作用，还能吸收地面反作用力（见第40~41页），并为蹬离地面产生推进力。

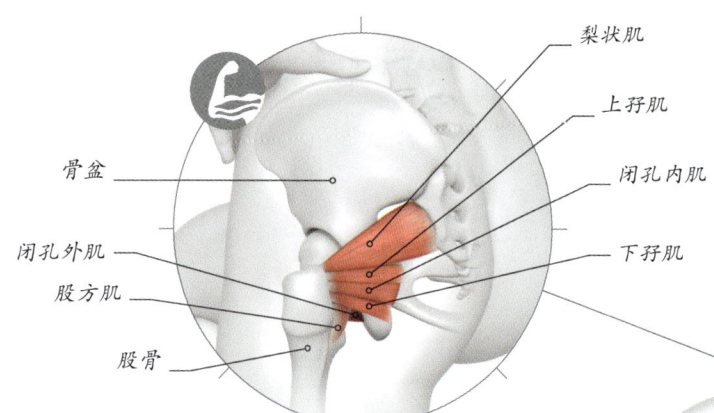

髋部深层外旋肌群

髋部深层外旋肌群均起自骨盆，然后汇入股骨（大腿骨）。在承重早期和站立中期（见第60~61页），它们负责髋关节外旋（或控制其内旋），并稳定骶髂关节。在整个动作期间，这些肌肉可以保持股骨头位于髋臼中心，以保证髋关节对齐，从而使大型肌肉的运作更有效率。

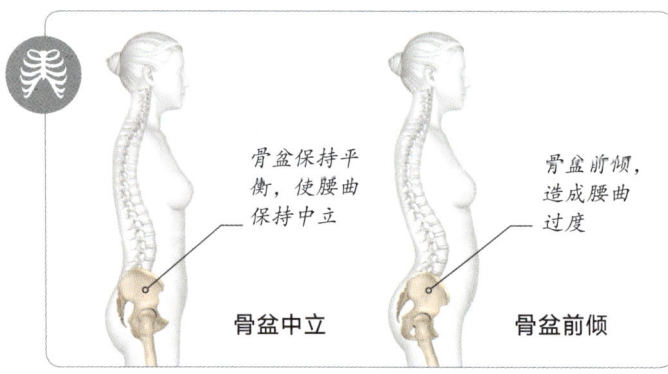

骨盆对齐

跑步时，骨盆前倾的程度会影响到脚趾离地时髋部伸展的程度。虽然一定程度的前倾必不可少，但过度前倾却可能导致股骨髋臼撞击综合征（见第21页），使得髋伸肌难以产生推进力。为了尽量减少骨盆的前倾程度，可以多加锻炼髋伸肌，减少久坐时间，这些做法都有助于髋屈肌处于缩短状态。

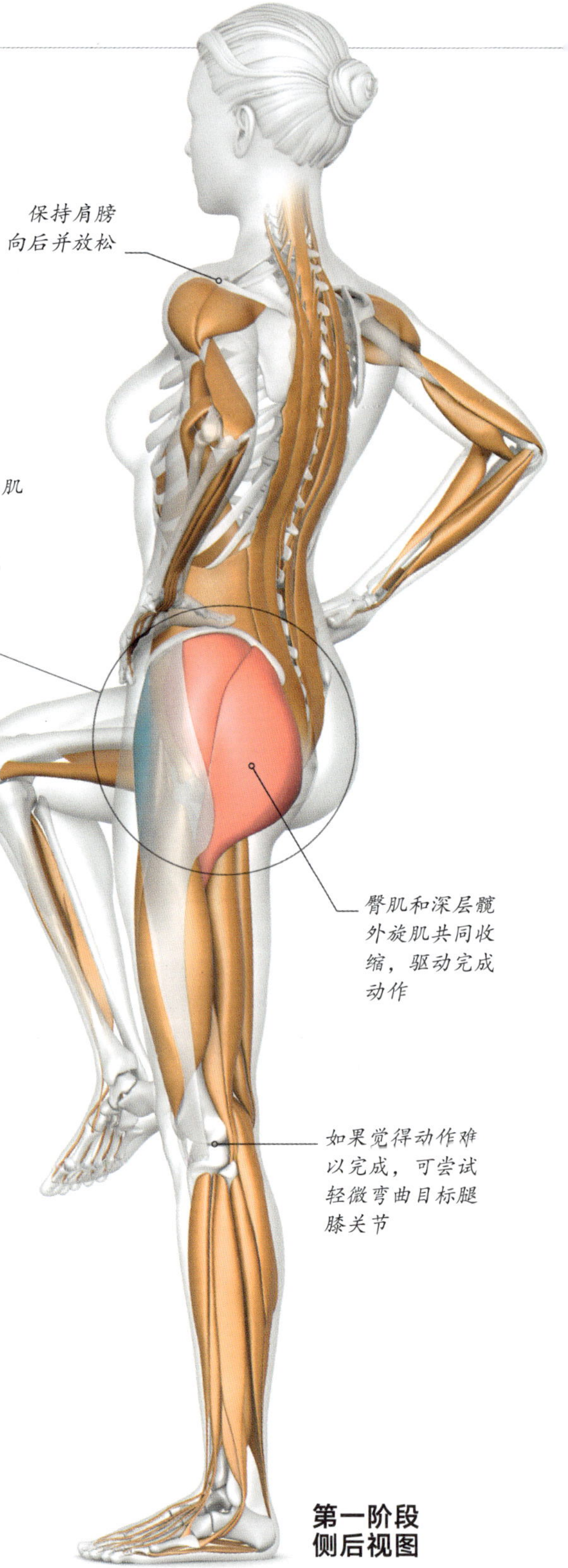

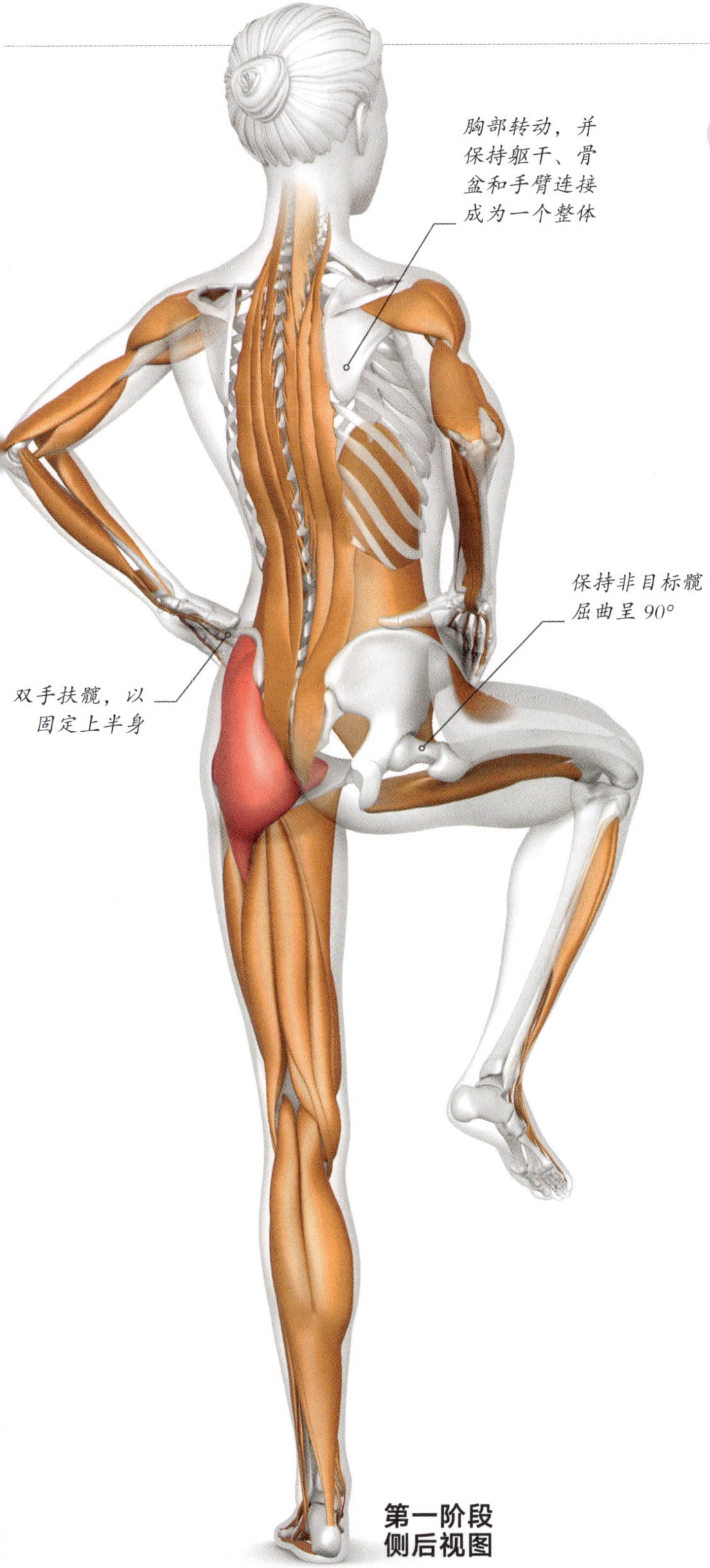

胸部转动，并保持躯干、骨盆和手臂连接成为一个整体

双手扶髋，以固定上半身

保持非目标髋屈曲呈90°

第一阶段侧后视图

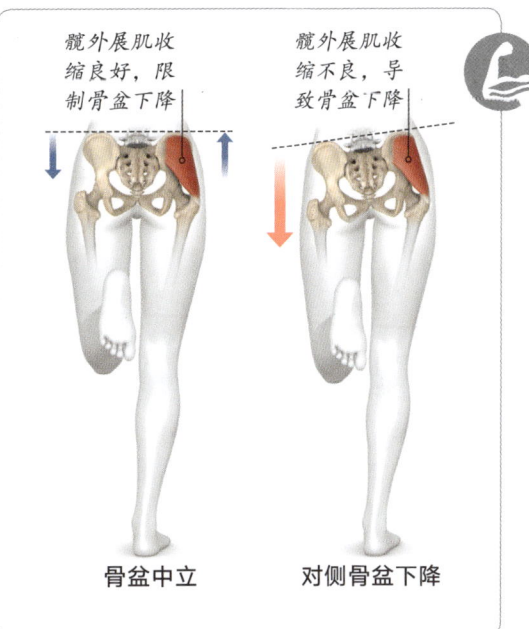

站姿转髋变式

支撑转髋

如果站姿转髋难以收缩臀肌，可在支撑腿（目标腿）膝关节处绕一弹力带，使支撑腿在进行锻炼时有所倚靠。

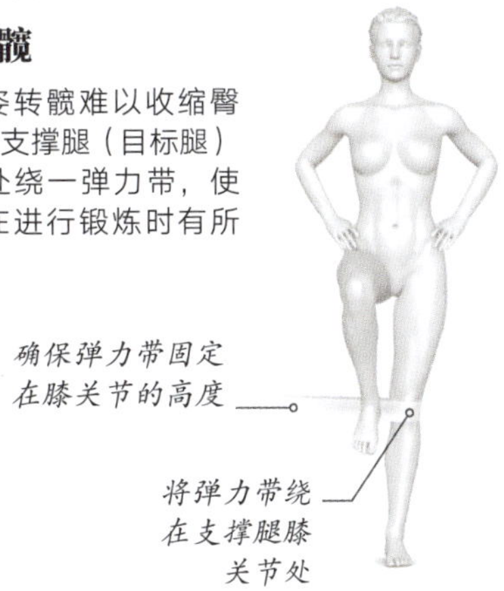

确保弹力带固定在膝关节的高度

将弹力带绕在支撑腿膝关节处

髋外展肌收缩良好，限制骨盆下降

髋外展肌收缩不良，导致骨盆下降

骨盆中立

对侧骨盆下降

臀中肌

臀中肌通常被当作髋外展肌使用，但实际上它很少被用来外展肌肉，毕竟我们不会经常无缘无故把大腿抬向身体一侧（也就是说这是一个"开链式"动作，在完成动作期间，足部并不接触地面）。相反，臀中肌的主要作用是固定足部，保持骨盆水平（这是一个"闭链式"动作，在完成动作期间，足部与地面接触）。跑步时，臀中肌的这一功能可以防止对侧骨盆过度下降（见第67页），且能防止髋关节在承重早期过度内收。

伸髋

臀大肌是重要的髋伸肌，在站立末期（见第62页）产生推进力的过程中起着重要作用。跑步速度越快，其作用愈发明显。伸髋可以强化臀大肌，突出其作为主要髋伸肌的作用。

动作点睛

借助弹力带来进行此项锻炼。将弹力带固定于脚踝前方某个位置，高度与脚踝齐平。弹力带必须足够紧绷，如此，当臀肌和腘绳肌伸展髋部带动目标腿向后拉时，才能起到锻炼效果。

如果你刚开始这项锻炼，可以每侧身体做3组，每组重复15～20次。进阶锻炼可以增加弹力带的紧度以加大其阻力，或者直接换用阻力更大的弹力带。

上半身

利用腹肌保持骨盆中立，防止骨盆前倾。双手扶于骨盆顶部，可以感受骨盆顶部的动作，并对其进行控制以防发生倾斜。

臀部与大腿

在第一阶段，只要动作局限于髋部，那么腘绳肌（包括臀肌）和近端腘绳肌就会向心收缩，从而将腿向后拉。避免下背拱起或者用后背进行伸展，以保证动作集中于髋部。伸髋动作的活动范围很小，因为大多数人髋关节的伸展范围本身就很有限。

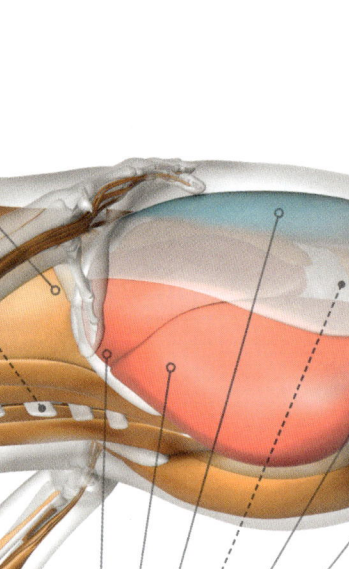

头半棘肌
三角肌
脊柱伸肌
肱三头肌侧头
肱二头肌
肘关节
胸椎椎
腰椎

臀中肌
臀大肌
阔筋膜张肌
髋关节
股直肌
股外侧肌
股二头肌长头
半腱肌
半膜肌

图例
- 关节
- 肌肉
- 向心收缩的肌肉
- 离心收缩的肌肉
- 无张力下被拉长的肌肉
- 等长收缩的肌肉

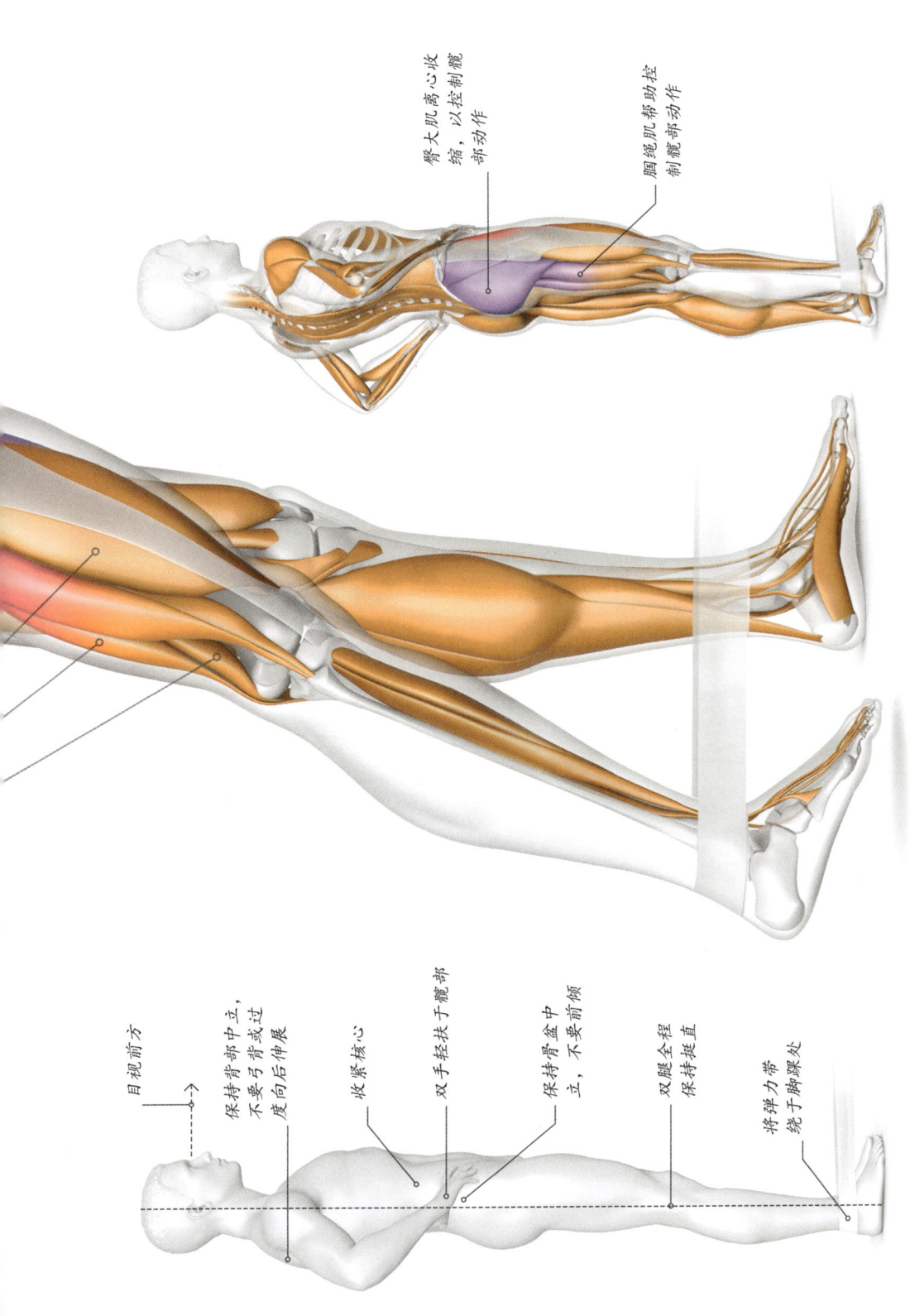

臀大肌离心收缩，以控制髋部动作

腘绳肌帮助控制髋部动作

第二阶段

一旦目标腿到达髋部活动范围的极限，立即缓慢控制目标腿恢复至初始位置。重复第一和第二阶段动作。

第一阶段

保持骨盆中立，利用臀肌缓慢伸展髋部，将目标腿脚跟向后移动。在髋部活动允许的范围内，尽可能地向后伸展，不要将下背拱起，也不要让骨盆前倾。

预备阶段

弯腰将弹力带绕于目标腿脚踝处，然后身体站直，双手扶髋，双脚与髋同宽。

目视前方

保持背部中立，不要弓背或过度向后伸展

收紧核心

双手轻扶于髋部

保持骨盆中立，不要前倾

双腿全程保持挺直

将弹力带绕于脚踝处

125

传统硬拉

强化腿部力量，可以改善其在跑步承重早期吸收冲击力的能力（见第60页），还能提高其在推进阶段（见第62页）的表现。传统硬拉可以强化股四头肌、腘绳肌和臀肌，有助于预防跑步带来的伤害。

动作点睛

借助杠铃来进行此项锻炼。髋部和膝关节同时伸展，再同时弯曲，即可完成该动作。股四头肌、腘绳肌和臀肌收缩，推动身体向上。

如果你刚开始做这项锻炼，可以借助较轻的杠铃先做3组，每组重复10～12次。进阶锻炼可以增加重量（见第93页），做3组，每组减至6～8次。

> **注意事项**
>
> 如果此页锻炼你没有经验，应遵从物理治疗师或专业健身教练的指导。

上半身

起身时，腹直肌和腹外斜肌会伸长，脊柱伸肌会缩短。在整个动作过程中，背肌和核心肌群收缩，可以保持脊柱稳定，但注意杠铃举起来用这些肌肉把杠铃举起来。全程应尽量保持脊柱中立，且使杠杆尽量靠近身体。

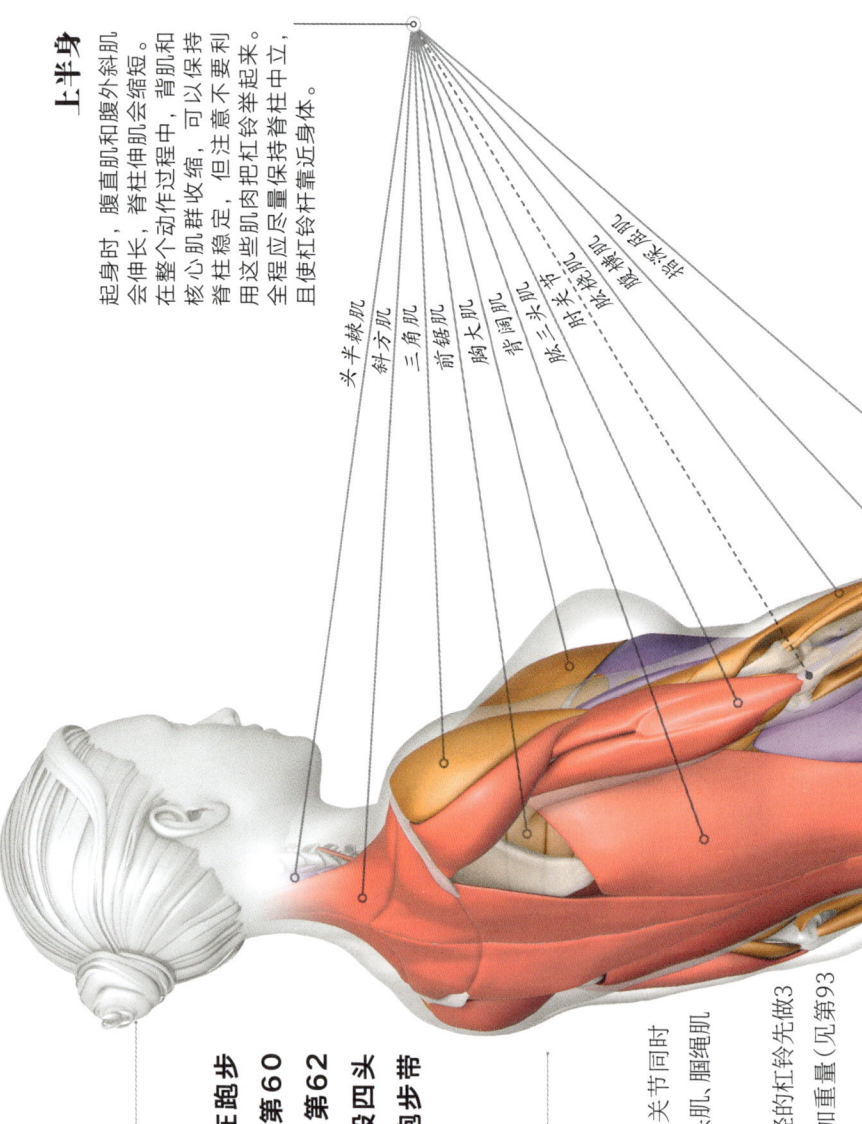

头半棘肌
斜方肌
三角肌
前锯肌
胸大肌
背阔肌
肱三头肌
肘关节
腹横肌
腹直肌

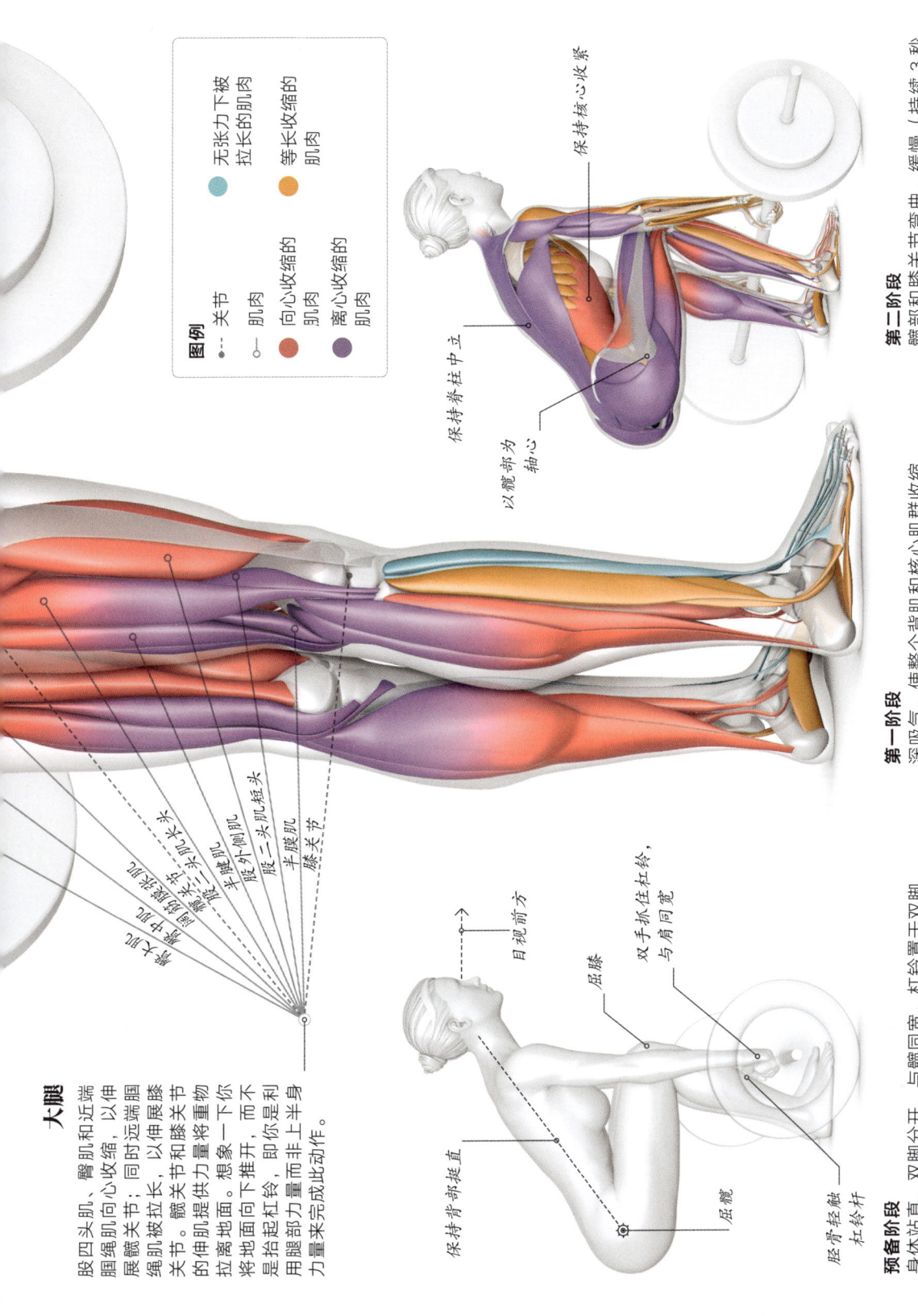

图例

- ·-- 关节
- ○ 肌肉
- 🔵 无张力下被拉长的肌肉
- 🟠 等长收缩的肌肉
- 🔴 向心收缩的肌肉
- 🟣 离心收缩的肌肉

保持核心收紧

保持脊柱中立

以髋部为轴心

第二阶段

髋部和膝关节弯曲，缓慢（持续 3 秒以上）将杠铃垂直放于地面。和第一阶段动作。

第一阶段

深吸气，使整个背肌和核心肌群收缩，然后挺胸，脚跟用力向上拉起杠铃，拉起时同时带动髋部向前。保持此姿势 2 秒。

大腿

股四头肌、臀肌向心收缩、腘绳肌髋肌向心收缩，以伸展髋关节；同时远端腘绳肌被拉长，以伸展膝关节和腘绳肌远端膝关节的伸肌提供力量将重物拉离地面。想象一下你是抬起杠铃，而不是将地面向下推开，即你是利用腿部力量而非上半身力量来完成此动作。

- 股四头肌——股外侧肌
- 股四头肌——股直肌
- 股四头肌——股中间肌
- 股四头肌——股内侧肌
- 髂胫束
- 股二头肌长头
- 半腱肌
- 股二头肌短头
- 半膜肌
- 膝关节

目视前方

双手抓住杠铃，与肩同宽

屈膝

屈髋

胫骨靠近杠铃杆

保持背部挺直

预备阶段

身体站直，双脚分开，与髋同宽，杠铃置于双脚正上方。髋部和膝关节弯曲，双手准备去抓杠铃。当蹲下身体时，胫骨靠近杠铃杆。当胫骨碰到杠铃杆时，停止下蹲，挺胸靠平背部以拉平背部，并保持脊柱中立。

127

跑步运动解剖学

» 细节动作

传统硬拉动作简单,可以增加下肢主要肌群的力量。然而,做此动作时,注意不要扭伤腰椎(见第24页),特别是那些下背部疼痛容易复发的跑者。

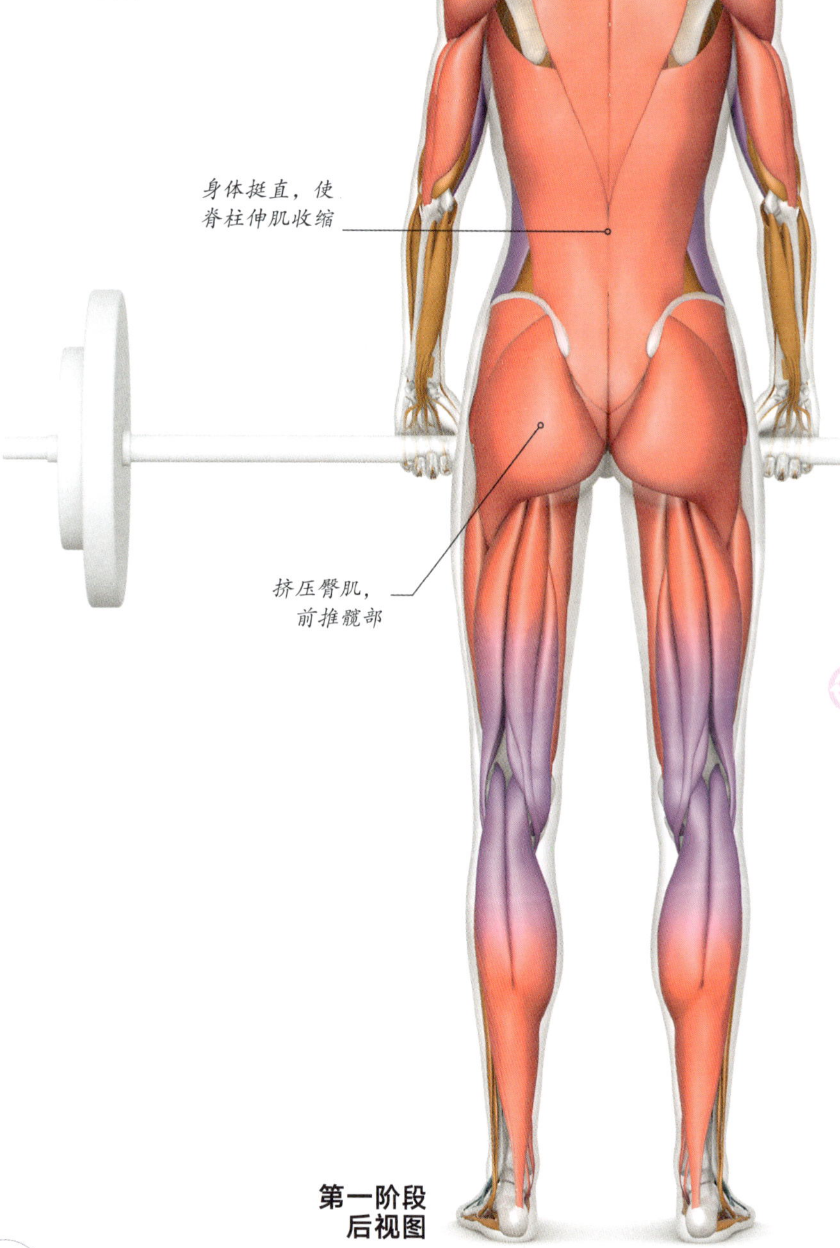

身体挺直,使脊柱伸肌收缩

挤压臀肌,前推髋部

第一阶段
后视图

传统硬拉变式

单腿硬拉

身体站直,手持哑铃。非支撑腿向后滑动,使躯干前倾。感觉支撑腿腘绳肌被拉伸时,腘绳肌和臀肌收缩使躯干回到初始位置。单腿做3组,每组重复10～12次。

以髋关节为轴心向前倾

躯干降低时,支撑腿可以轻微弯曲

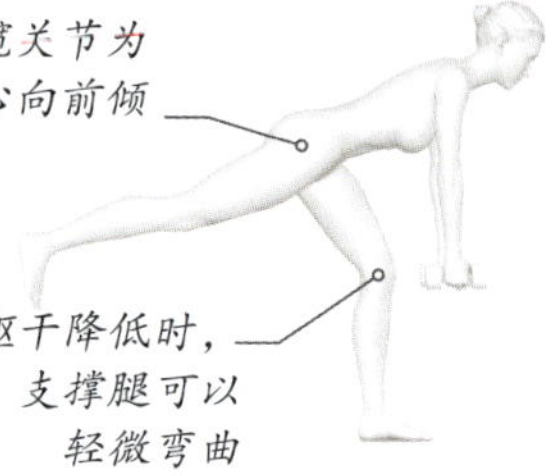

传统硬拉变式

罗马尼亚硬拉

手抓杠铃,与髋同高,掌心向下。髋部向后移动,放低杠铃,且保持杠铃杆靠近身体。当杠铃与膝关节下缘持平,且腘绳肌完全伸展时停止放低动作。然后推动髋部向前回到初始位置。做3组,每组重复10～12次。

保持脊柱中立

目视前方

膝关节轻微弯曲

髋部向后移动

双脚分开,与髋同宽

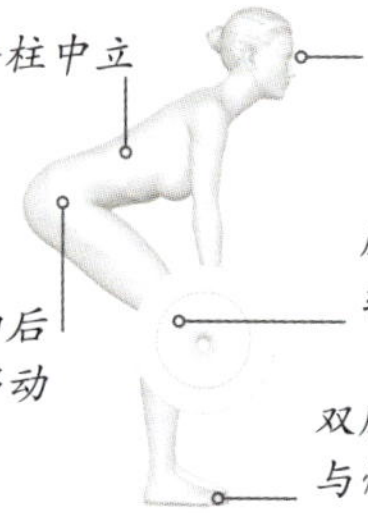

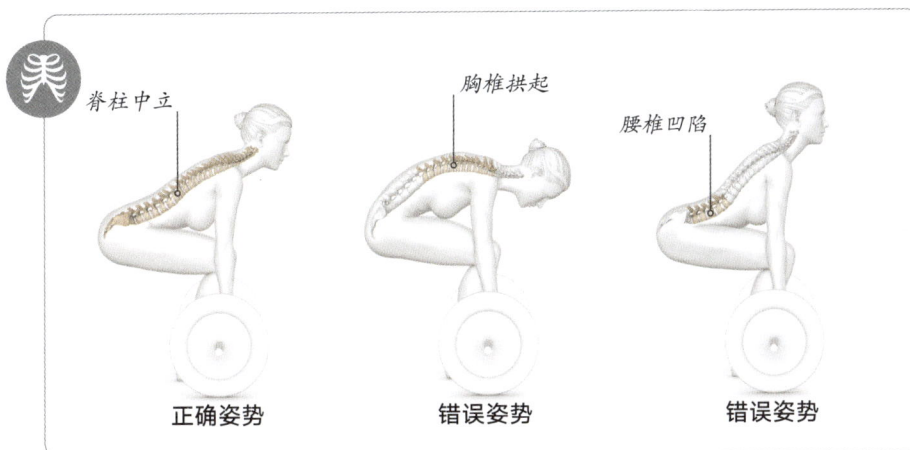

脊柱对齐

在练习传统硬拉时,请保持脊柱中立,不要凹陷或拱起。利用髋部肌肉承受负荷。如果背部出现严重的凹陷或者拱起现象,不仅会降低髋部肌肉承受负荷的能力,而且会增加背部受伤的风险。

正确姿势　　错误姿势　　错误姿势

脊柱中立　　胸椎拱起　　腰椎凹陷

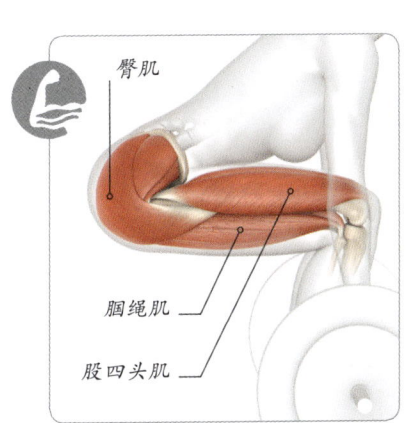

臀肌
腘绳肌
股四头肌

提升跑步速度

随着跑步速度越来越快,负责产生能量的肌肉就会从远端肌肉(比如小腿肌肉)转移至近端肌肉(比如臀肌、股四头肌和腘绳肌)。因此,为了提高跑步速度,可以通过传统硬拉等针对性锻炼来强化近端肌肉。

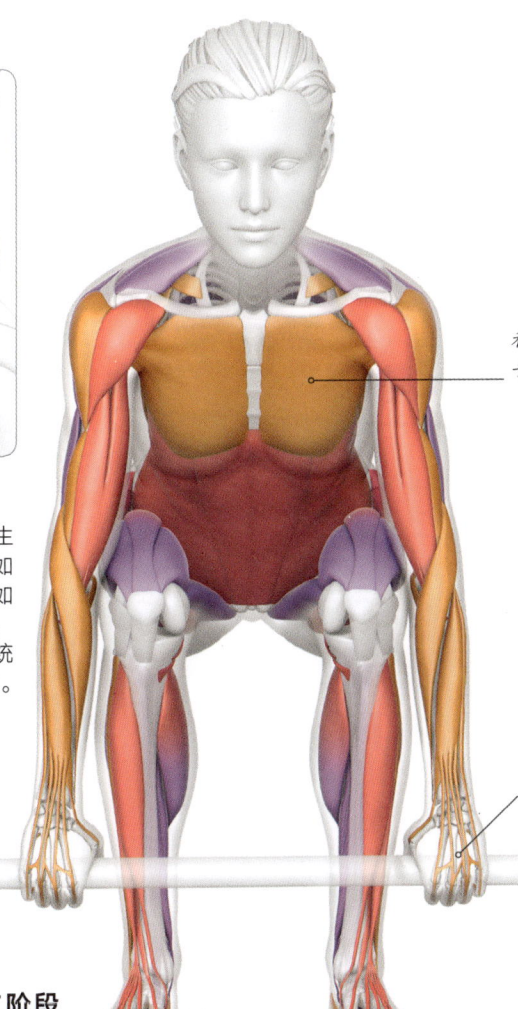

利用胸肌,使双手牢牢抓住杠铃

如有需要,可以擦点滑石粉或戴上手套,以将杠铃抓得更紧

第二阶段
前视图

跑步运动解剖学

单腿抵球深蹲

> **注意事项**
>
> 若在锻炼过程中感到膝关节前侧疼痛,请向物理治疗师咨询,以免症状加重。

单腿抵球深蹲会使整条运动链(见第43页)受益,能强化核心肌群、髋部、大腿和小腿肌肉力量,同时提高单腿站立的稳定性。

动作点睛

借助瑜伽球来进行此改良深蹲动作。注意,在整个锻炼过程中,支撑腿应该稍微外展,使臀中肌收缩更有效率。下蹲时,保持膝关节位于矢状面(见第4页)内活动,确保支撑腿膝关节不会向身体内侧倾斜。不要弯腰,身体应垂直蹲下,以保持躯干挺直。髋部应始终保持水平。

如果你刚开始这项锻炼,可以先做3组,每组重复5~10次。一旦能够在深蹲时做到膝关节打直不偏移,就可以增加重量(见第93页),做3~4组,每组重复6~8次。

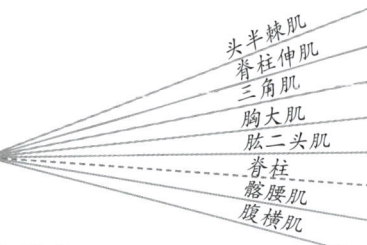

上半身

腹肌收缩,使身体挺直。保持髋部水平和脊柱中立,如同日常站姿一样。躯干不要转动或侧弯。

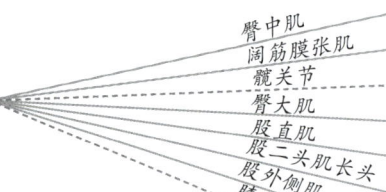

大腿

屈膝下蹲身体时,臀肌和股四头肌离心收缩,模拟承重早期的情形。髋外展肌,主要是臀中肌,用力收缩保持骨盆水平。深蹲主要利用的是股四头肌和臀肌。

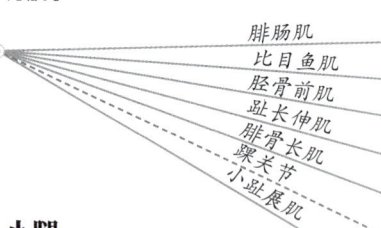

小腿

脚踝弯曲,身体重心落于脚跟,使臀肌充分收缩。利用足部内在肌(见第96页)维持足弓不塌陷,从而保持下盘稳定。

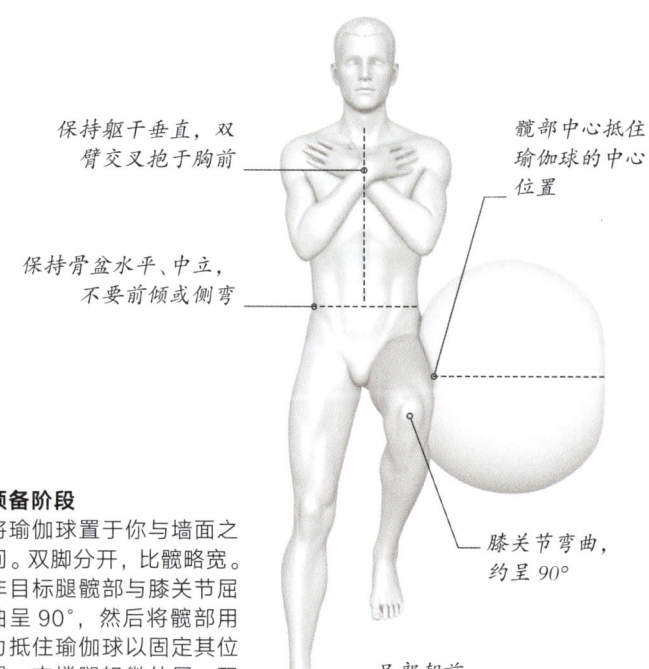

- 保持躯干垂直,双臂交叉抱于胸前
- 髋部中心抵住瑜伽球的中心位置
- 保持骨盆水平、中立,不要前倾或侧弯
- 膝关节弯曲,约呈90°
- 足部朝前

预备阶段

将瑜伽球置于你与墙面之间。双脚分开,比髋略宽。非目标腿髋部与膝关节屈曲呈90°,然后将髋部用力抵住瑜伽球以固定其位置。支撑腿轻微外展,双臂交叉抱于胸前。

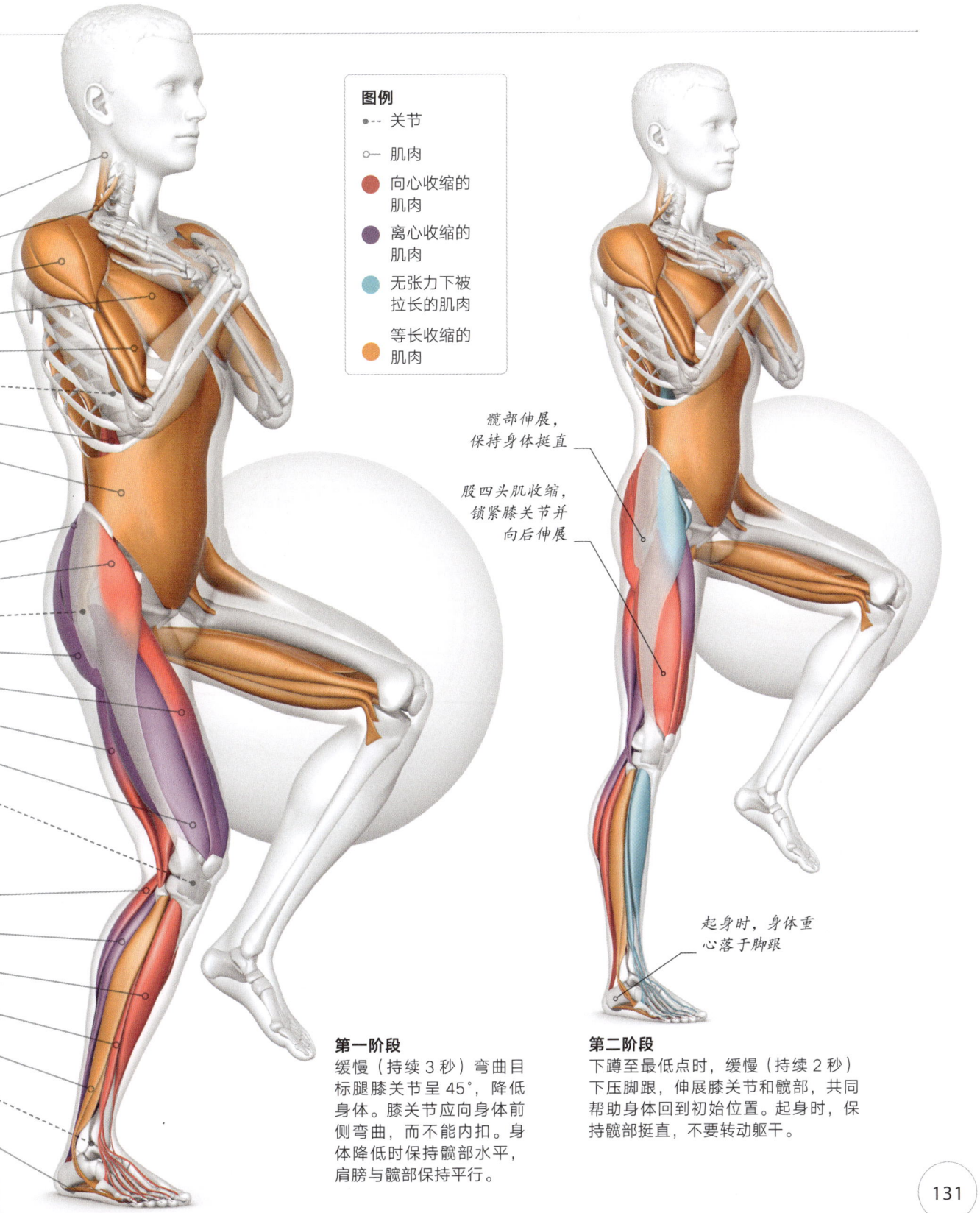

跑步运动解剖学

≫ 细节动作

单腿抵球深蹲可以动态锻炼核心肌群和髋部。通过加入转动骨盆或胸部的动作（见第133页），可以模拟跑步时身体的对角线弹性支撑机制（见第43页）。

核心肌群力量

核心肌群需要足够的力量控制上半身，才能在跑步站立阶段（见第60～62页）让支撑腿获得足够的支撑力。核心肌群也需要足够的力量稳定骨盆，才能为大腿肌肉提供牢固的基础，从而产生推进力。核心肌群还能承受经由它而向上、向下传递的巨大力量。而单腿抵球深蹲正好可以锻炼核心肌群和大腿肌肉。

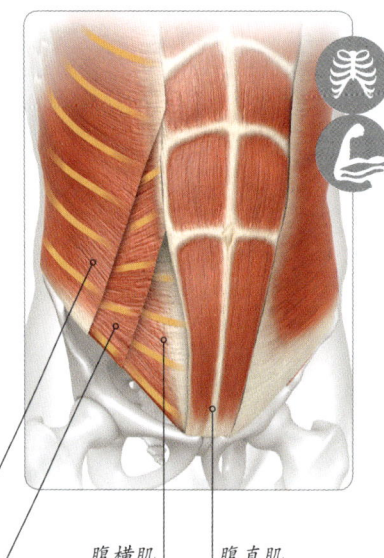

腹外斜肌

腹内斜肌　　腹横肌　　腹直肌

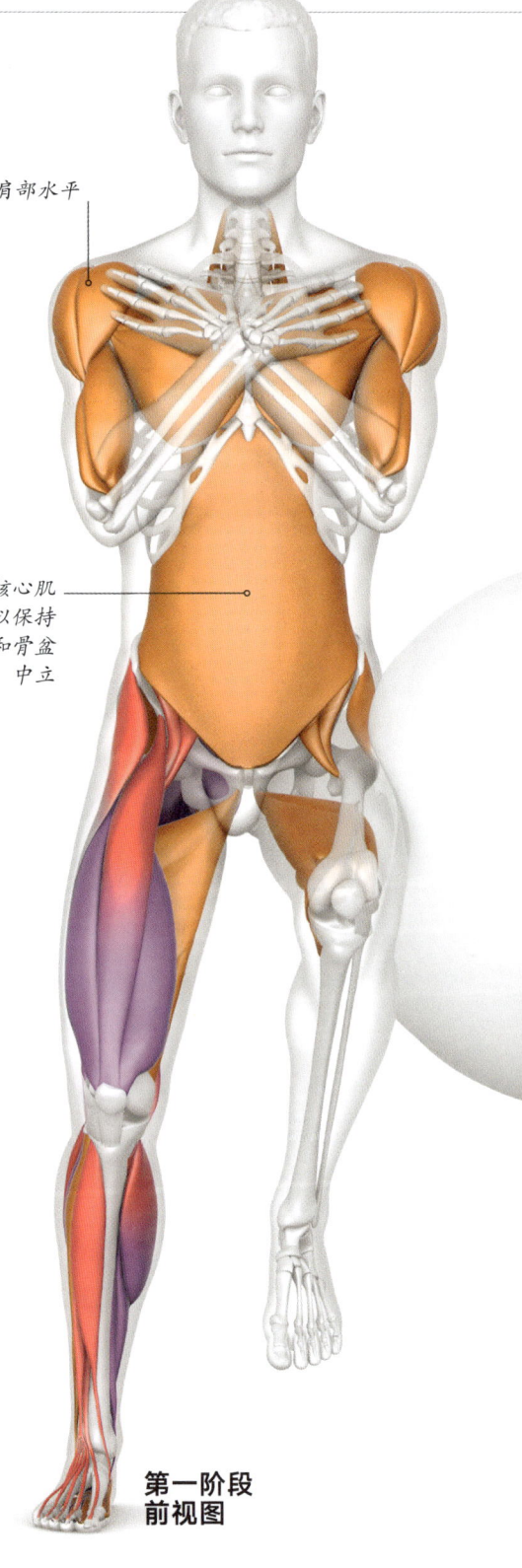

保持肩部水平

收紧核心肌群，以保持脊柱和骨盆中立

第一阶段
前视图

单腿抵球深蹲变式

股四头肌锻炼

如果想在进行单腿抵球深蹲时，增加对股四头肌的负荷，减少对臀肌的负荷，可以在脚跟下放置1个楔形垫，把身体重心转移至前脚掌。这一变式动作有助于髌腱病变的康复。

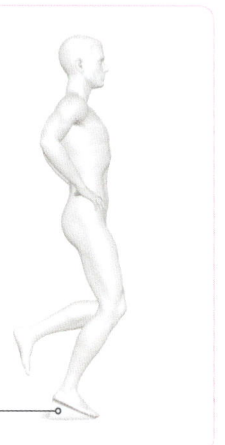

在脚跟下放置
1个楔形垫

132

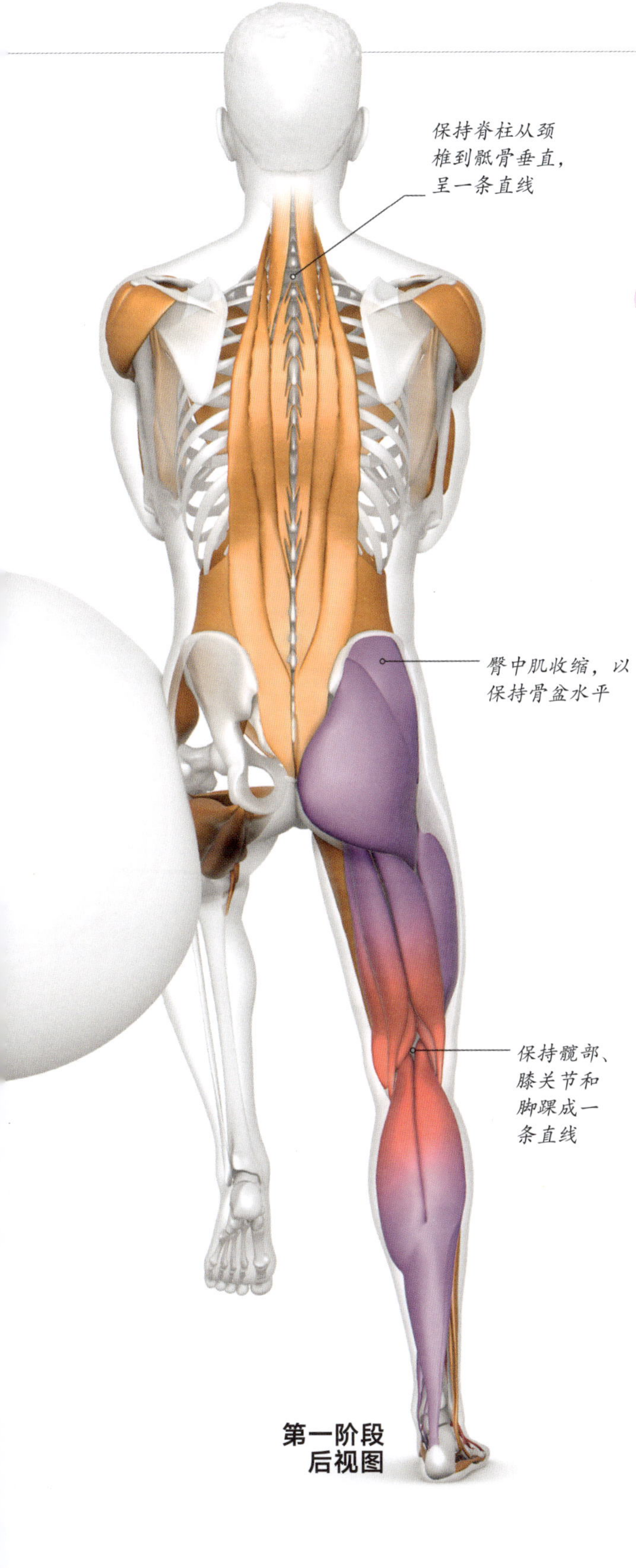

保持脊柱从颈椎到骶骨垂直，呈一条直线

臀中肌收缩，以保持骨盆水平

保持髋部、膝关节和脚踝成一条直线

第一阶段后视图

单腿抵球深蹲进阶

加入胸部或骨盆转动的动作

在进行单腿抵球深蹲时，每次深蹲都加入胸部或骨盆转动的动作，流畅且缓慢地先向一侧转动，再向另一侧转动。在转动胸部时，保持髋部不动，只转动胸椎（见第24页）。在转动骨盆时，保持胸部不动并朝向前方，只转动髋部。

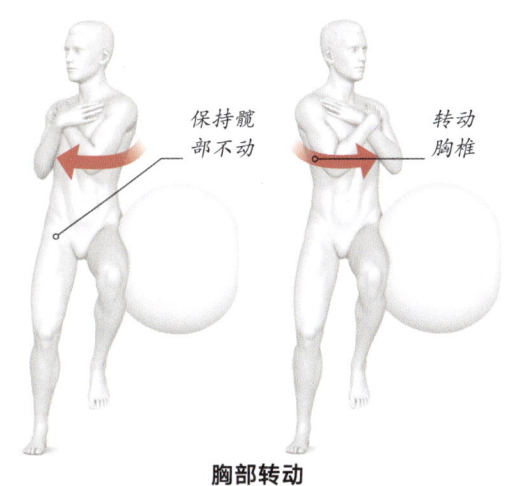

保持髋部不动　　转动胸椎

胸部转动

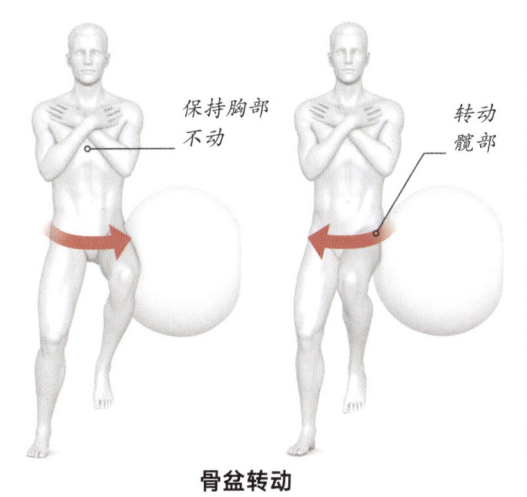

保持胸部不动　　转动髋部

骨盆转动

腘绳肌滚球

腘绳肌滚球可以强化腘绳肌和核心肌群，有助于从腘绳肌拉伤和其他与跑步相关的损伤中恢复过来（见第48~57页）。腘绳肌在跑步中起着重要作用，尤其是在速度提升方面。

动作点睛

借助直径55~65厘米的瑜伽球来进行此项锻炼。这个动作非常具有挑战性，在锻炼刚开始时，一旦你抬起身体成一条直线，那么在整个动作期间，你都要集中注意力以保持躯干和髋部的位置不变。腘绳肌滚球主要是防止将球滚动时髋部下降。

如果你刚开始这项锻炼，可以先做3组，每组重复10~12次。若能全程保持髋部和躯干位置不变，就可以移开支撑的前臂（改为双臂交叉抱于胸前）。进阶锻炼可以采用单腿练习，屈曲非目标腿膝关节，然后引至胸前。如此，当目标腿把球滚近身体时便不会受到非目标腿的影响。

大腿

腘绳肌在第一阶段负责屈曲膝关节。脚跟压入球中，将球滚近身体，但不要抬起膝关节。臀肌收缩以维持身体的拱桥动作，从而保持髋部抬起，臀肌随髋关节的屈曲而拉长。髋部前端的髋屈肌向心收缩，使髋关节屈曲。

膝关节
大收肌
腓肠肌
股直肌
股外侧肌
股二头肌长头
股内侧肌
臀大肌
阔筋膜张肌
臀中肌

上半身

利用核心肌群维持身体在球上的平衡。双臂交叉抱于胸前，可以使核心肌群的收缩更强烈。

腹外斜肌
脊柱
肱三头肌
三角肌
脊柱伸肌

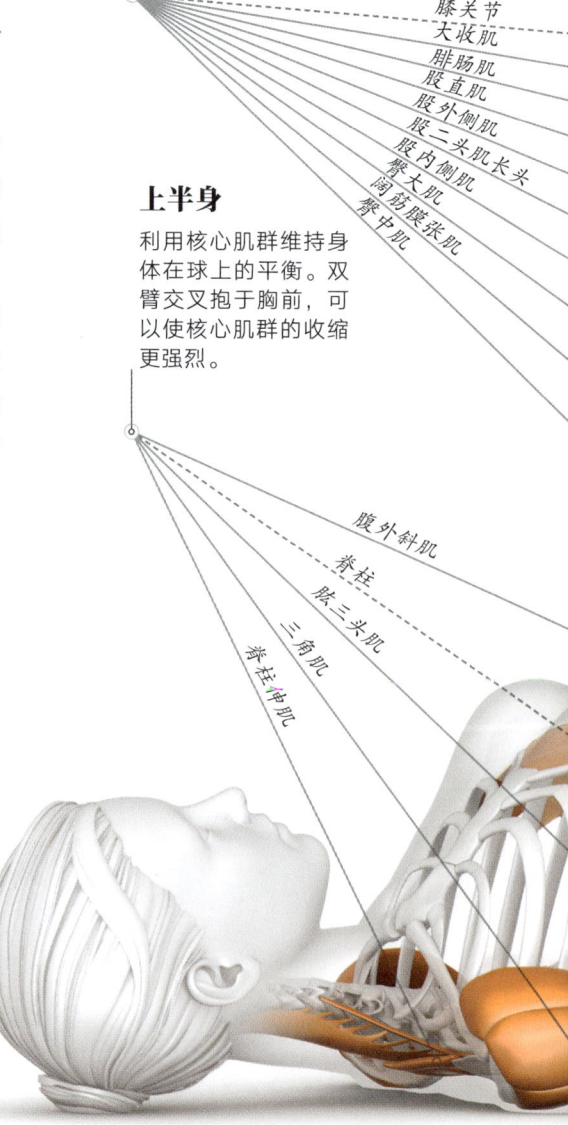

双脚分开，比髋略窄
脚跟放于球上
保持下背部和骨盆中立
手掌朝下

预备阶段

身体仰卧，双臂放于身体两侧，将脚跟紧靠于球上。抬起髋部，使肩膀、髋部、膝关节和脚踝成一条直线。保持脊柱中立。

图例	
●-- 关节	● 无张力下被拉长的肌肉
○ 肌肉	
● 向心收缩的肌肉	● 等长收缩的肌肉
● 离心收缩的肌肉	

当球滚出时，将脚跟使劲压入球中

臀肌收缩以维持身体的抬起姿势

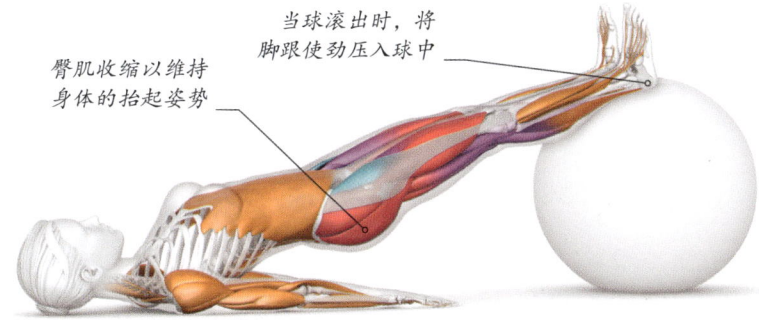

第二阶段
缓慢将球滚回初始位置，同时保持髋部抬起。当腿完全伸展时，保持该姿势一段时间，然后重复第一和第二阶段的动作。

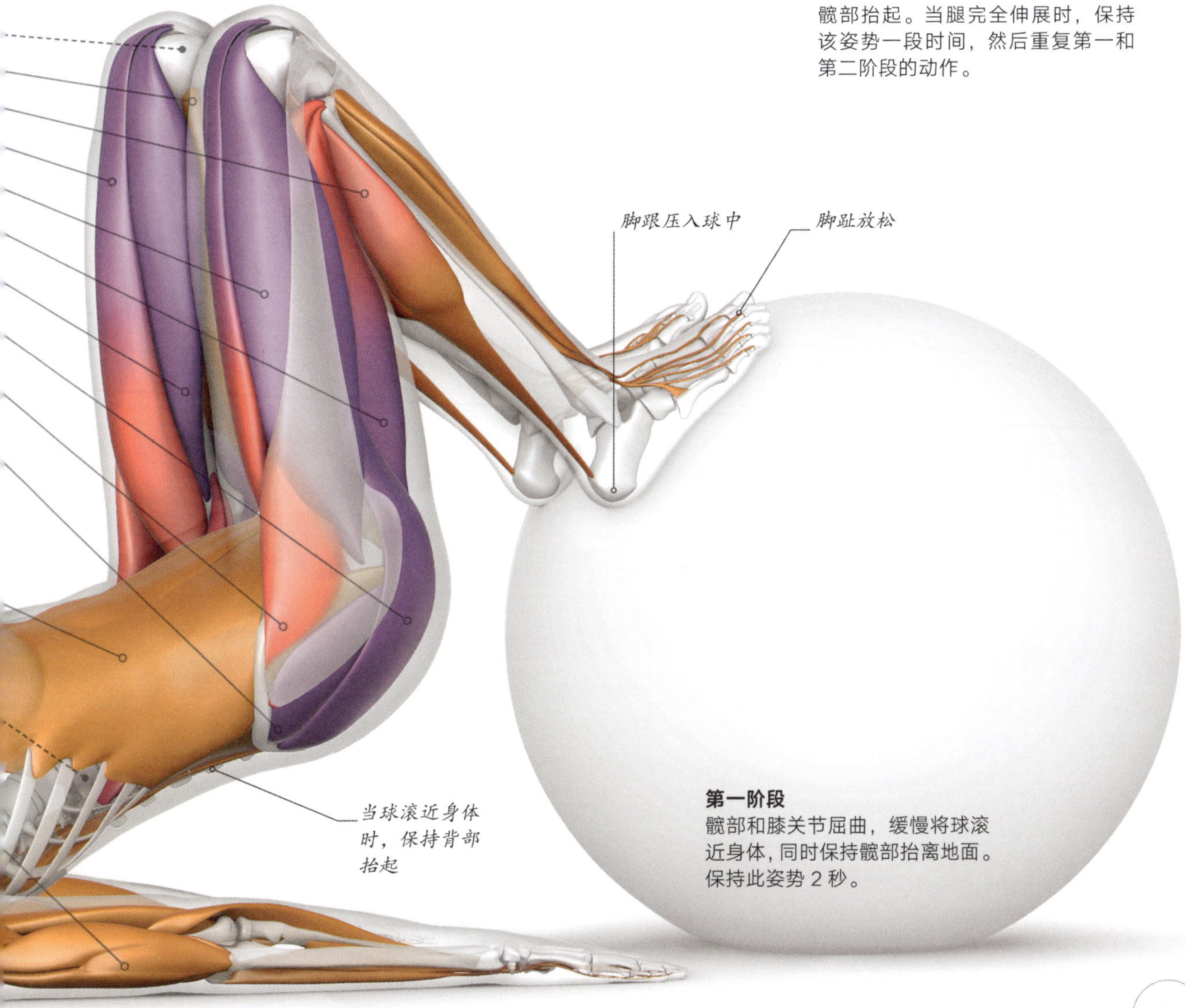

脚跟压入球中　　脚趾放松

当球滚近身体时，保持背部抬起

第一阶段
髋部和膝关节屈曲，缓慢将球滚近身体，同时保持髋部抬离地面。保持此姿势 2 秒。

135

弓箭步

弓箭步是通过模拟跑步姿势锻炼下肢力量的绝佳运动，可以通过离心收缩和向心收缩来锻炼肌肉。

图例
- ●--- 关节
- ○— 肌肉
- ● 向心收缩的肌肉
- ● 离心收缩的肌肉
- ● 无张力下被拉长的肌肉
- ● 等长收缩的肌肉

动作点睛

尽管在做弓箭步时双腿都会非常费力，但主要发力的还是位置靠前那条腿的臀肌和股四头肌。呈弓箭步时，应当将身体下压，而不是前倾，肩膀、髋部和后腿膝关节应垂直对齐。在整个锻炼过程中，确保身体重量均匀分布于压平的前脚和背屈的后脚脚趾。手臂呈跑步姿势，与腿部动作相互协调。当身体下压进行弓箭步时，记得举起与后腿同侧的那只手臂。身体站起完成弓箭步时，记得换手。

如果你刚开始这项锻炼，可以先每侧身体做3组，每组重复8～12次。为了增加前腿臀肌的负荷，后腿同侧手臂可持哑铃。

上半身
通过模拟跑步动作，手臂和躯干肌肉进行收缩，以平衡下肢动作。

头半棘肌
脊柱伸肌
三角肌
胸大肌
肱二头肌
肱三头肌
前锯肌
脊柱
背阔肌
腹横肌
臀中肌
髂腰肌
阔筋膜张肌
臀大肌
股外侧肌
股直肌
股二头肌长头
膝关节
比目鱼肌
踝关节
趾长伸肌
小趾展肌

! 注意事项
若在锻炼过程中感到膝关节前侧疼痛，请向物理治疗师咨询，以免症状加重。

预备阶段
身体站直，双脚分开，与髋同宽，然后单腿后退。确保身体重量均匀分布于双腿。手臂呈跑步姿势，举起前腿同侧手臂。

目视前方
举起前腿同侧手臂
保持下背部和骨盆中立
保持双膝轻微弯曲
前脚应稍落于膝关节前方
踮起脚尖

后腿
后腿从股四头肌到小腿再到足部会感受到拉伸感。小腿肌肉需要强烈收缩才能通过脚趾维持身体稳定。

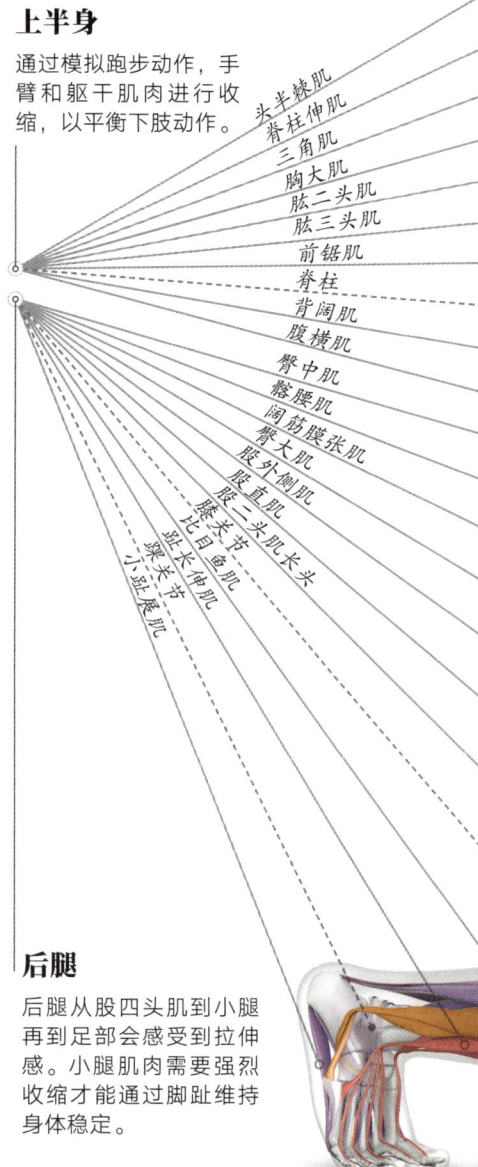

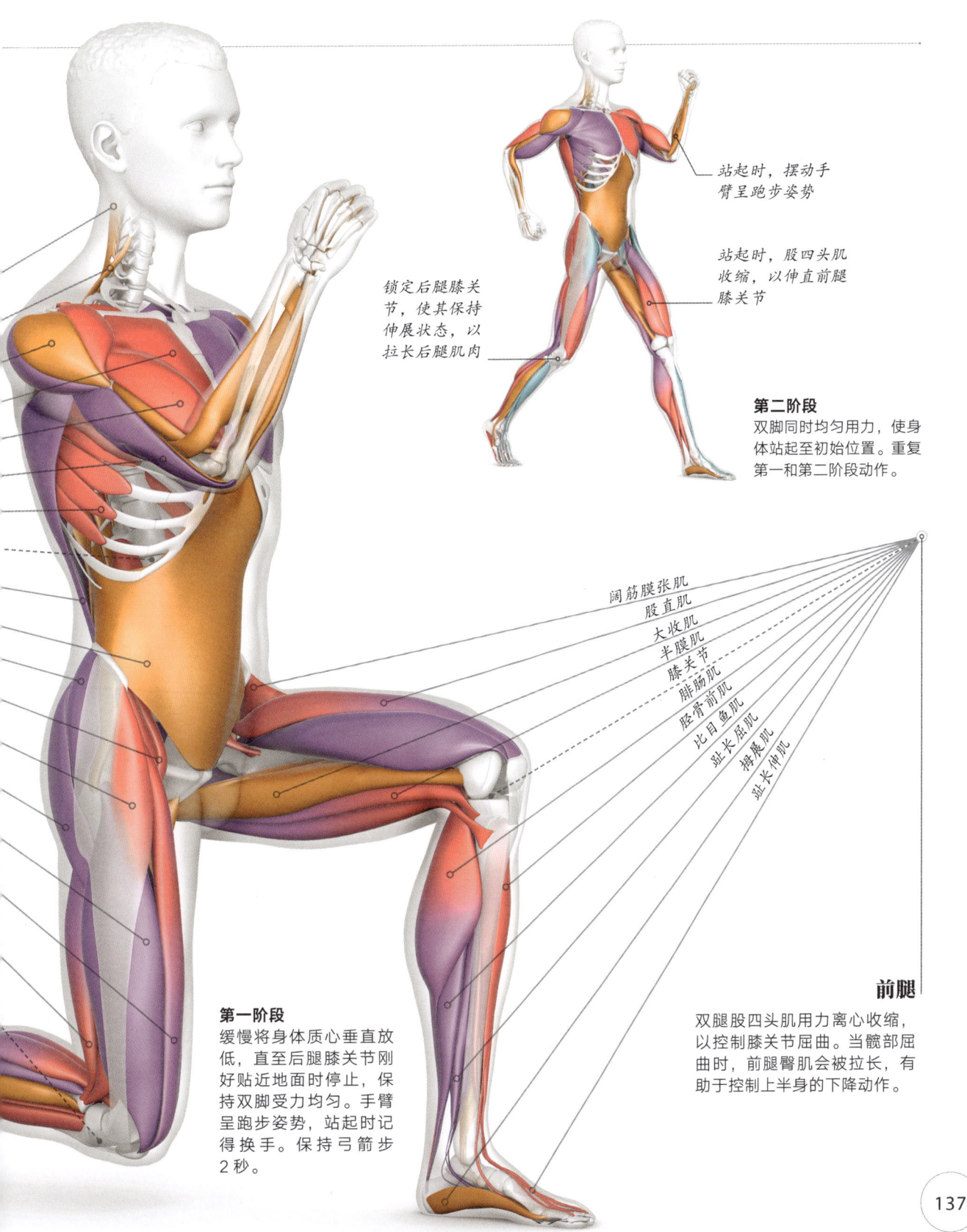

锁定后腿膝关节，使其保持伸展状态，以拉长后腿肌肉

站起时，摆动手臂呈跑步姿势

站起时，股四头肌收缩，以伸直前腿膝关节

第二阶段
双脚同时均匀用力，使身体站起至初始位置。重复第一和第二阶段动作。

阔筋膜张肌
股直肌
大收肌
半膜肌
膝关节
腓肠肌
胫骨前肌
比目鱼肌
趾长屈肌
拇展肌
趾长伸肌

第一阶段
缓慢将身体质心垂直放低，直至后腿膝关节刚好贴近地面时停止，保持双脚受力均匀。手臂呈跑步姿势，站起时记得换手。保持弓箭步2秒。

前腿
双腿股四头肌用力离心收缩，以控制膝关节屈曲。当髋部屈曲时，前腿臀肌会被拉长，有助于控制上半身的下降动作。

平板对侧提膝转体

平板对侧提膝转体也叫"登山式卷腹",可以强化核心肌群,特别是腹斜肌。此动作还能提高对角线弹性支撑机制(见第43页)的效率,在跑步时可以更有效地传递核心肌群的力量。

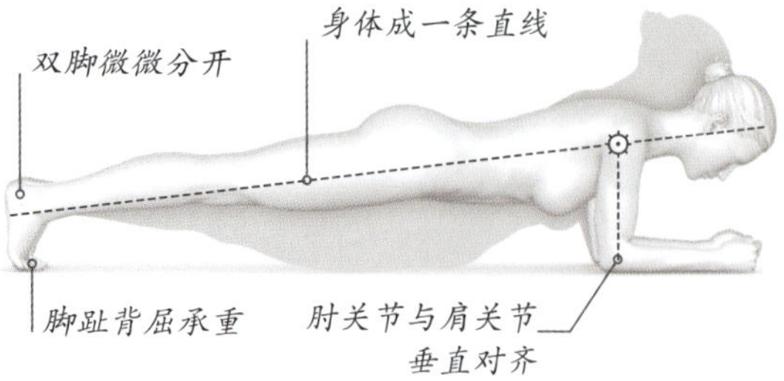

预备阶段
身体俯卧,上半身倚靠在前臂上。抬起髋部至初始位置,使身体从头部到肚脐再到脚踝成一条直线。

标注:双脚微微分开;身体成一条直线;脚趾背屈承重;肘关节与肩关节垂直对齐

动作点睛

"登山式卷腹"可以提高身体平衡性和协调性,强化核心肌群力量。一旦将髋部抬至初始位置,那么身体从头部至脚踝应成一条直线,后续进行腿部锻炼时应注意保持这条直线。做此动作时,利用核心肌群收缩,可以避免背部触地。

可以先做3组,每组重复10~15次。进阶锻炼可以增加重复次数。

图例
- ●-- 关节
- ○— 肌肉
- 🔴 向心收缩的肌肉
- 🟣 离心收缩的肌肉
- 🟢 无张力下被拉长的肌肉
- 🟠 等长收缩的肌肉

腿部
从髋部开始做动作,利用髋屈肌将膝关节向上、向外推向对侧腿。膝关节屈曲呈90°。对侧腿股四头肌支撑身体重量。

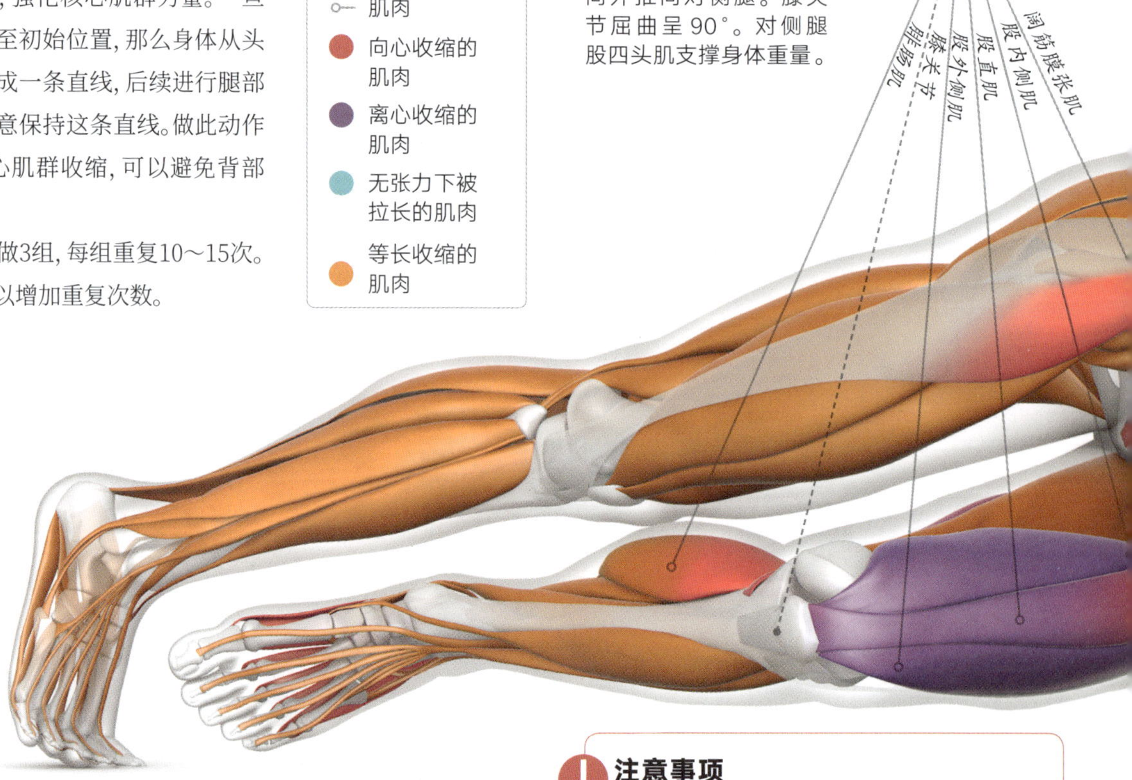

标注:阔筋膜张肌;股内侧肌;股直肌;股外侧肌;膝关节;腓肠肌

> **! 注意事项**
> 若在锻炼过程中感到下背部疼痛,请向物理治疗师咨询,以免症状加重。

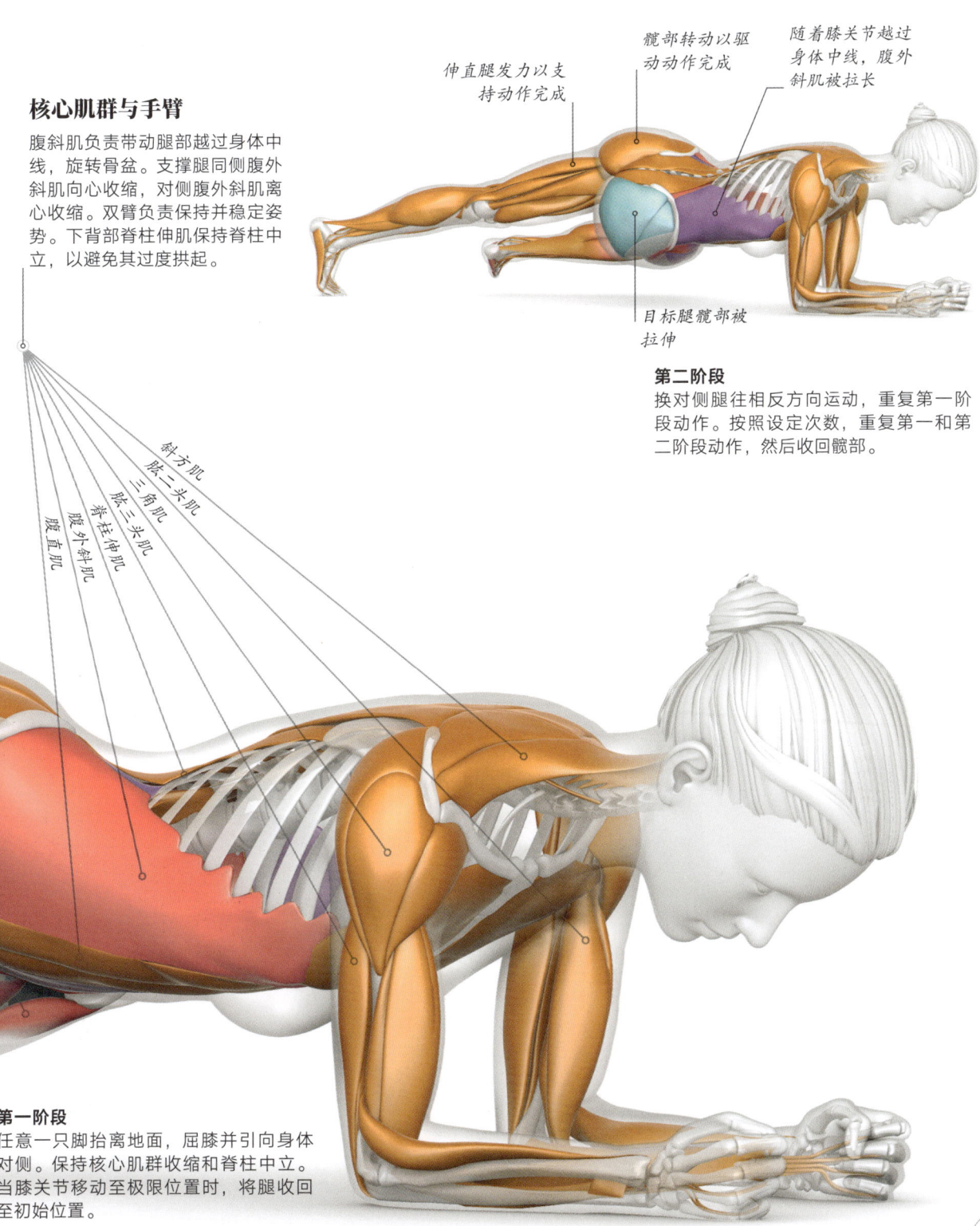

核心肌群与手臂

腹斜肌负责带动腿部越过身体中线,旋转骨盆。支撑腿同侧腹外斜肌向心收缩,对侧腹外斜肌离心收缩。双臂负责保持并稳定姿势。下背部脊柱伸肌保持脊柱中立,以避免其过度拱起。

伸直腿发力以支持动作完成

髋部转动以驱动动作完成

随着膝关节越过身体中线,腹外斜肌被拉长

目标腿髋部被拉伸

第二阶段
换对侧腿往相反方向运动,重复第一阶段动作。按照设定次数,重复第一和第二阶段动作,然后收回髋部。

斜方肌
肱二头肌
三角肌
肱三头肌
脊柱伸肌
腹外斜肌
腹直肌

第一阶段
任意一只脚抬离地面,屈膝并引向身体对侧。保持核心肌群收缩和脊柱中立。当膝关节移动至极限位置时,将腿收回至初始位置。

细节动作

平板对侧提膝转体是静态平板支撑的替代动作,通过核心肌群来控制转体,同时维持脊柱的稳定。确保身体整根脊柱,而不仅仅是腰椎(见第24页),都在参与旋转动作。

利用上半身产生动力

针对上半身专门进行训练对跑者来说十分重要。因为上半身和下半身在跑步时都在发力,尤其是在速度更快的情形下。借助对角线弹性支撑机制(见第43页),躯干转动可以带动下肢在矢状面(见第4页)内活动。腹外斜肌及其相对的腹内斜肌交替收缩,帮助完成转体动作。

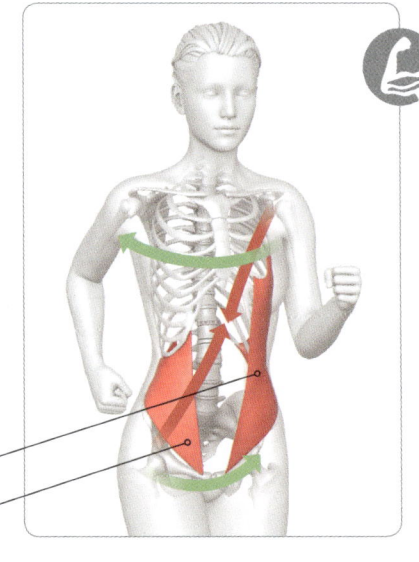

腹外斜肌
腹内斜肌

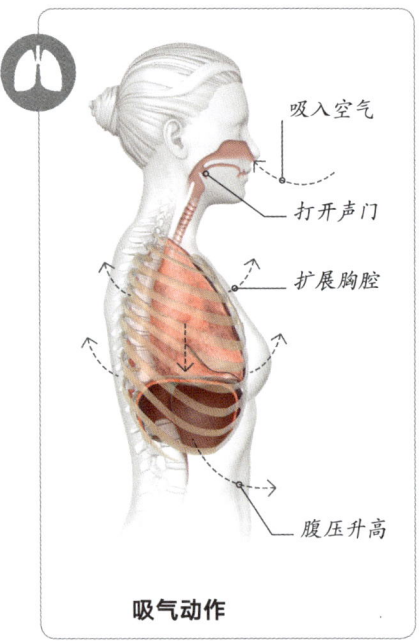

吸入空气
打开声门
扩展胸腔
腹压升高

吸气动作

保持呼吸

进行前撑转体时,不自觉地屏住呼吸会导致腹肌紧张。正确的做法是保持均匀有规律的呼吸。因为当你屏住呼吸时,腹压会升高,使得脊柱绷紧而发僵,从而降低转体能力。可以反过来试一试,像跑步一样,在整个动作过程中自由呼吸。

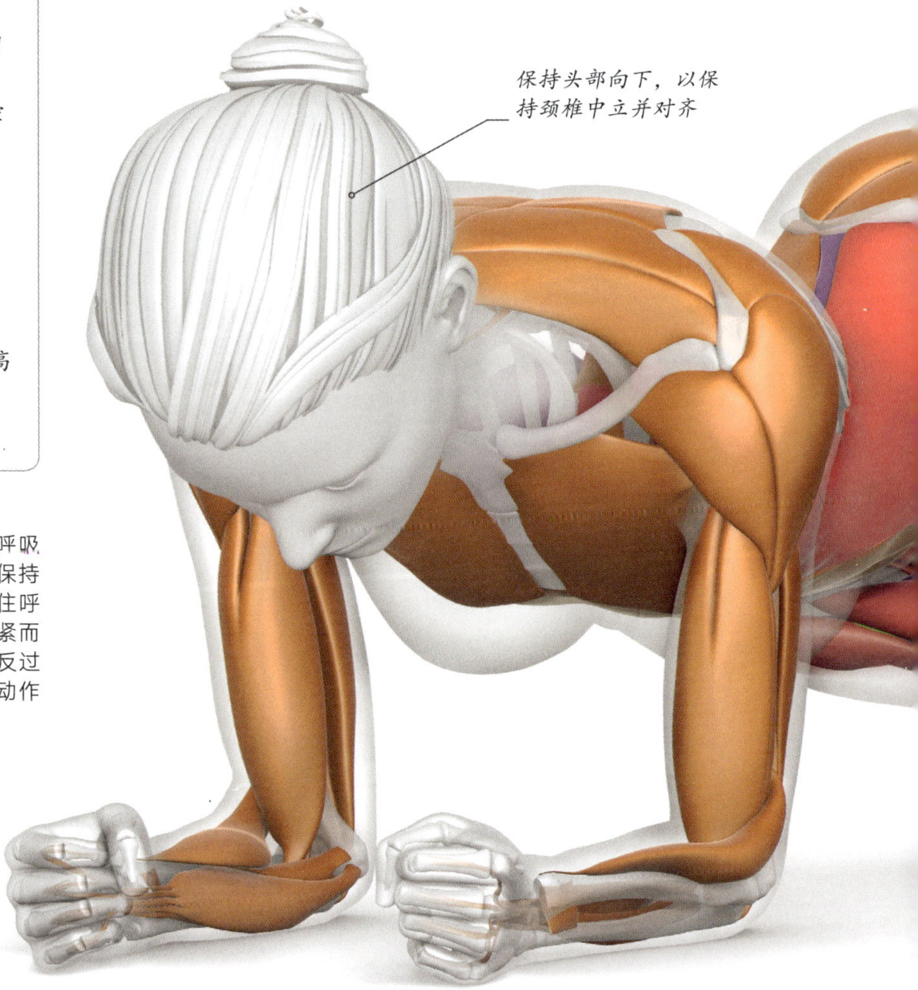

保持头部向下,以保持颈椎中立并对齐

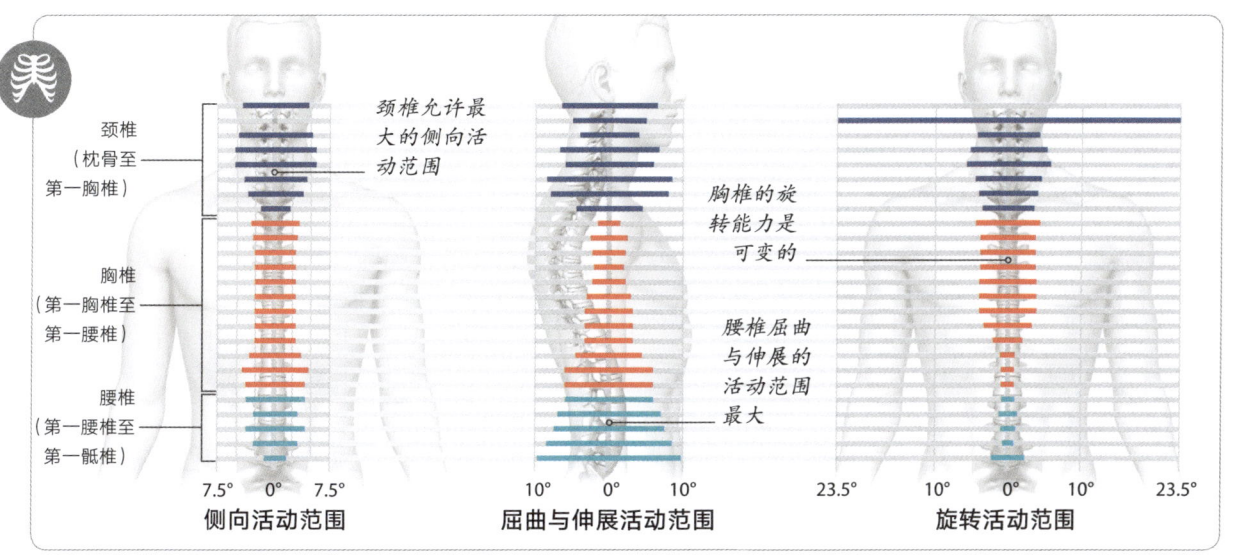

	侧向活动范围	屈曲与伸展活动范围	旋转活动范围
颈椎（枕骨至第一胸椎）	7.5° 0° 7.5°		
胸椎（第一胸椎至第一腰椎）		10° 0° 10°	23.5° 10° 0° 10° 23.5°
腰椎（第一腰椎至第一骶椎）			

颈椎允许最大的侧向活动范围

胸椎的旋转能力是可变的

腰椎屈曲与伸展的活动范围最大

脊柱运动

平板对侧提膝转体主要通过胸腔而非下背部完成。脊柱的不同部位（见第 24 页）可以在 3 个解剖平面内进行特定的运动。跑步期间，上半身转动应主要集中于胸椎，头部和颈部应保持不动。由于骨盆在矢状面内活动，所以腰椎只能进行小范围的屈曲与伸展。

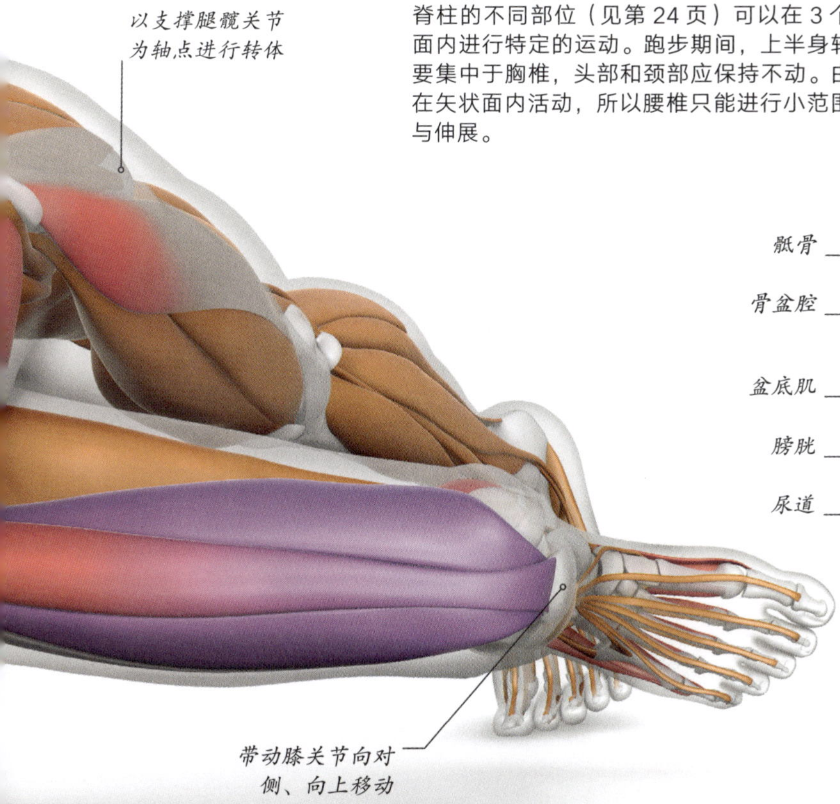

以支撑腿髋关节为轴点进行转体

带动膝关节向对侧、向上移动

第二阶段 | 侧前视图

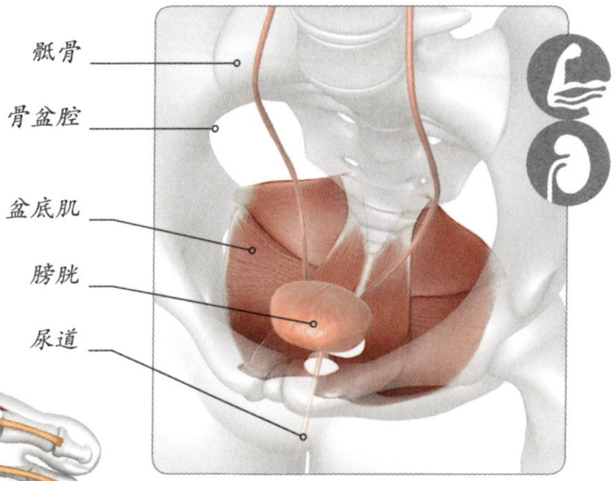

强化盆底肌

骶骨
骨盆腔
盆底肌
膀胱
尿道

平板对侧提膝转体能够强化盆底肌。怀孕、分娩、随年龄增长而发生的激素变化，以及重力的持续作用，都会对女性盆底肌造成不利影响，导致跑步时可能发生尿失禁。通过提高盆底肌和核心肌群的收缩能力，强化骨盆区域的肌肉力量，可以降低尿失禁的风险。

侧支撑转体

侧支撑转体可以强化核心肌群，提高对角线弹性支撑机制（见第43页）的效率。交替转体能够让你学会分别控制胸部与骨盆，从而提高你的跑步能力。

> **注意事项**
> 若在锻炼过程中感到下背部疼痛，请向物理治疗师咨询，以免症状加重。

动作点睛

在侧支撑转体锻炼中，所有动作都发生于胸椎（见第24页）与大腿之间。膝关节和胸部始终朝向前方，转体动作只发生在膝关节与胸部之间的部位。当髋部转动时，胸部不要随着躯干一起转动。

每侧身体做3组，每组重复10～15次，要流畅且连续地完成每个阶段的动作。

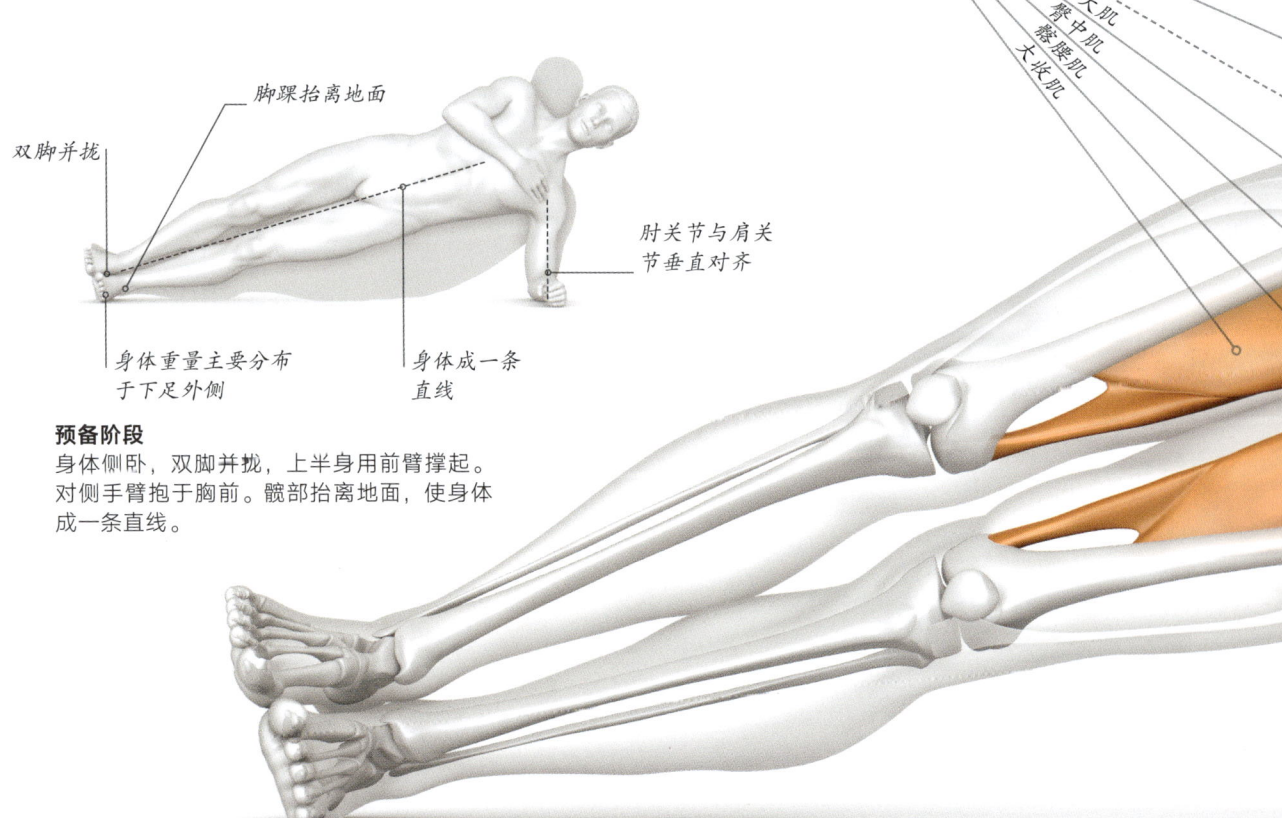

髋部
大腿内侧的髋内收肌和外侧的髋外展肌共同收缩，将身体抬离地面，并保持髋部和脊柱中立。

阔筋膜张肌
髋关节
臀大肌
臀中肌
髂腰肌
大转子

双脚并拢
脚踝抬离地面
身体重量主要分布于下足外侧
身体成一条直线
肘关节与肩关节垂直对齐

预备阶段
身体侧卧，双脚并拢，上半身用前臂撑起。对侧手臂抱于胸前。髋部抬离地面，使身体成一条直线。

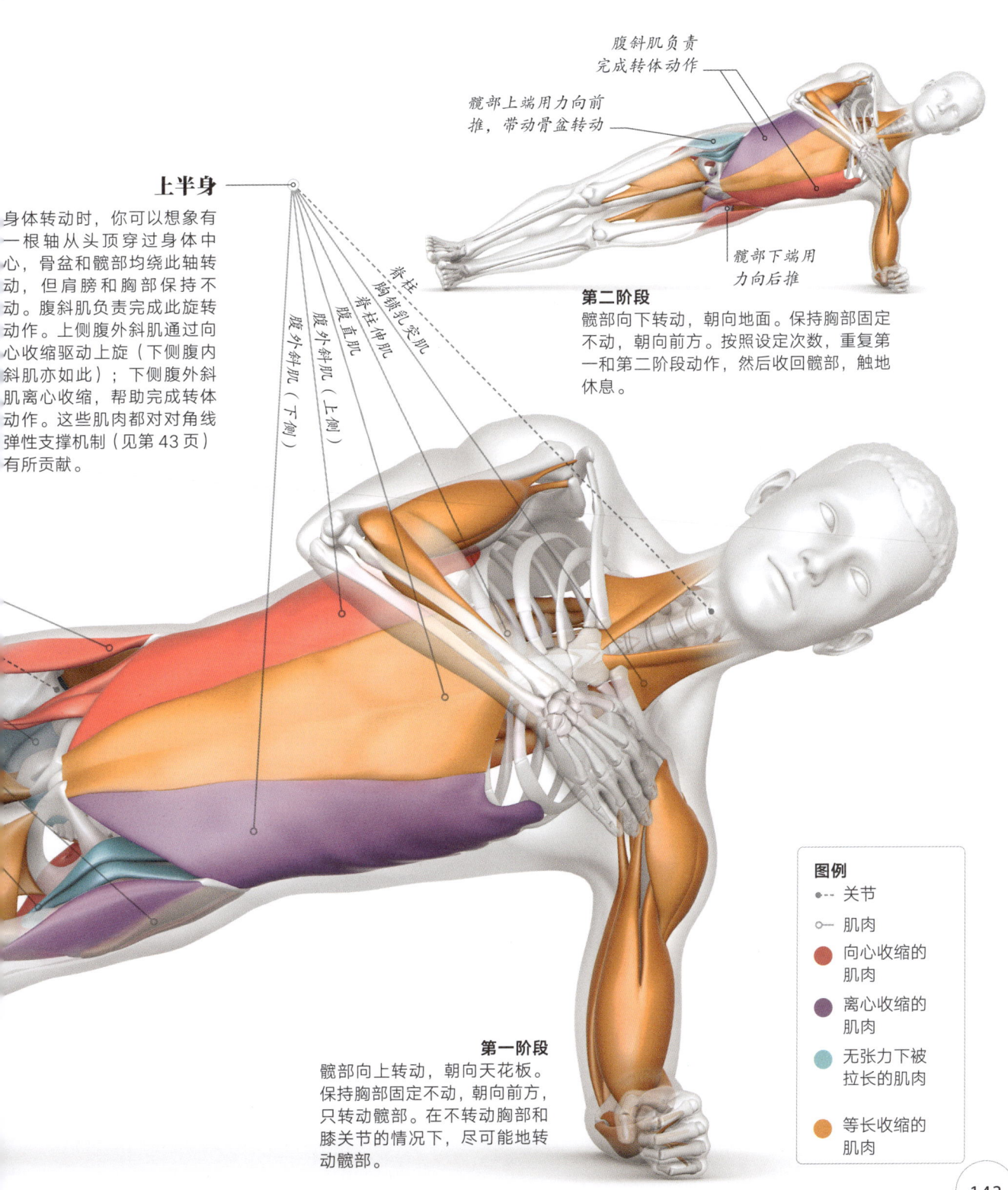

上半身

身体转动时，你可以想象有一根轴从头顶穿过身体中心，骨盆和髋部均绕此轴转动，但肩膀和胸部保持不动。腹斜肌负责完成此旋转动作。上侧腹外斜肌通过向心收缩驱动上旋（下侧腹内斜肌亦如此）；下侧腹外斜肌离心收缩，帮助完成转体动作。这些肌肉都对对角线弹性支撑机制（见第43页）有所贡献。

- 脊柱
- 胸锁乳突肌
- 脊柱伸肌
- 腹直肌
- 腹外斜肌（上侧）
- 腹外斜肌（下侧）

腹斜肌负责完成转体动作

髋部上端用力向前推，带动骨盆转动

髋部下端用力向后推

第二阶段
髋部向下转动，朝向地面。保持胸部固定不动，朝向前方。按照设定次数，重复第一和第二阶段动作，然后收回髋部，触地休息。

第一阶段
髋部向上转动，朝向天花板。保持胸部固定不动，朝向前方，只转动髋部。在不转动胸部和膝关节的情况下，尽可能地转动髋部。

图例
- ●-- 关节
- ○— 肌肉
- ● 向心收缩的肌肉
- ● 离心收缩的肌肉
- ● 无张力下被拉长的肌肉
- ● 等长收缩的肌肉

跳箱

跳箱可以改善腿部的弹性，并提高臀肌、股四头肌、小腿和髋外展肌储存与释放能量的能力。在承重早期（见第60页），这些肌肉还能帮助膝关节和髋部对齐，提升运动表现，预防受伤。

动作点睛

借助箱子来进行此项锻炼。刚开始练习时，可以选择30厘米高的箱子。跳起和落地时膝关节弯曲，约呈45°。

可以先做3组，每组重复10~12次。进阶锻炼可以增加箱子高度，做3~4组，每组减至6~8次。

第二阶段
腿部向上用力，带动脚踝、膝关节和髋部向上、向前用力，同时向前、向上摆动手臂，准备跳上箱子。

上半身与手臂
手臂在身体两侧向上、向前摆动，带动动作完成。跳起时身体会被拉长，腹直肌和腹斜肌受张力作用会随之拉长。

肱二头肌、肱三头肌、三角肌、胸大肌、背阔肌、前锯肌、腹外斜肌、腹直肌

阔筋膜张肌、股直肌、髋关节、大收肌、股二头肌长头、股内侧肌、膝关节、腓肠肌、胫骨前肌、腓骨长肌、踝关节、小趾展肌、趾长伸肌

腿部
借助爆发力来推动身体离地，这股力量由髋部、膝关节和脚踝的伸肌共同提供，类似于跑步站立末期（见第62页）产生的推进力。

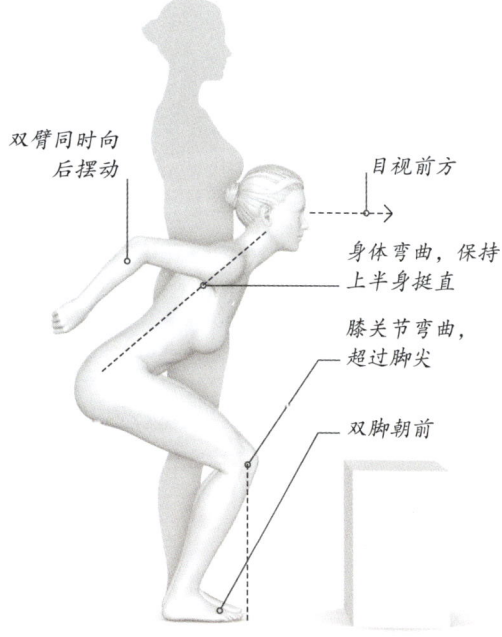

双臂同时向后摆动

目视前方

身体弯曲，保持上半身挺直

膝关节弯曲，超过脚尖

双脚朝前

第一阶段
身体站直，位于箱子后方。双脚分开，与髋同宽，双臂放于身体两侧。屈膝，准备起跳。双臂处于后摆位置，跳起时向前摆动。

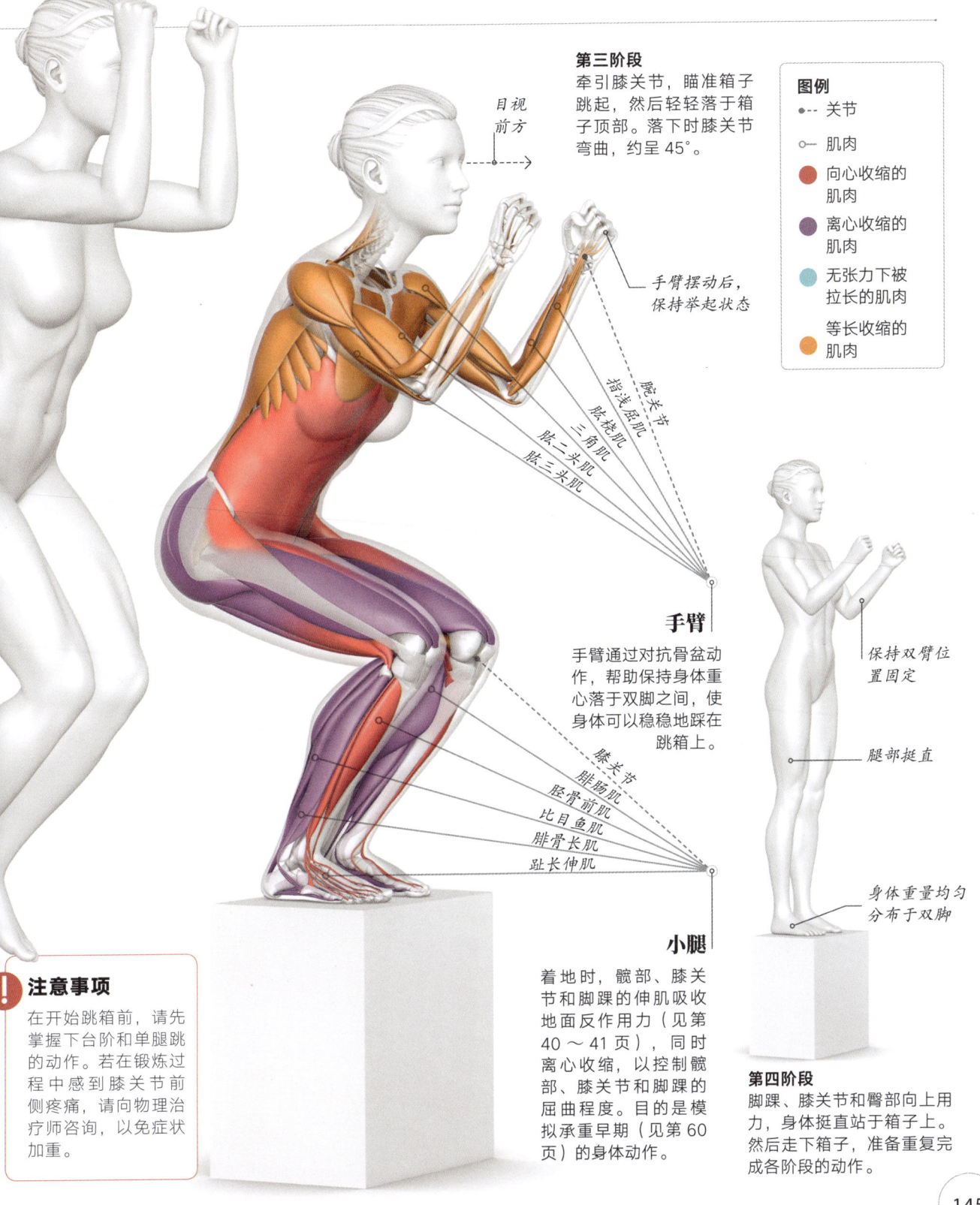

跑步运动解剖学

» 细节动作

跳箱属于进阶动作,通过下肢伸肌产生力量,同时在着陆时对身体进行控制,避免受到高冲击力的伤害。高负荷锻炼可以使骨头变得更加强壮,防止在跑步中反复遭受高负荷造成的骨骼应力损伤。高负荷锻炼还能使下肢肌肉承受更大的力量,甚至比跑步的训练效果更好。除了跳箱外,此处还列举了另外一些进阶动作,注意事项(见第145页)同样适用于这些动作。

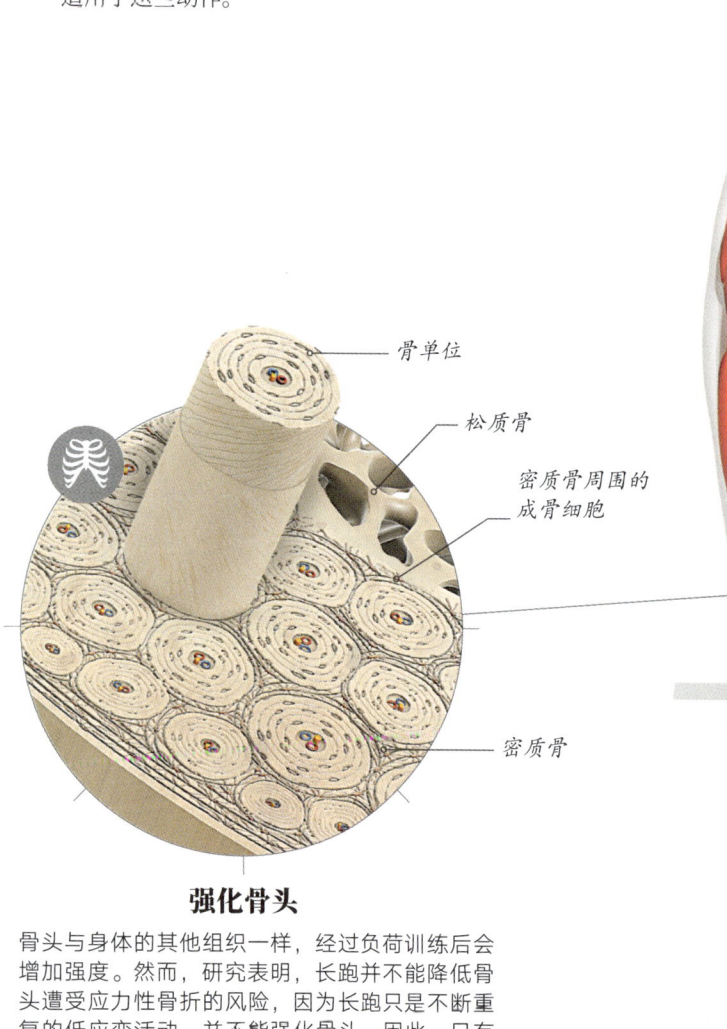

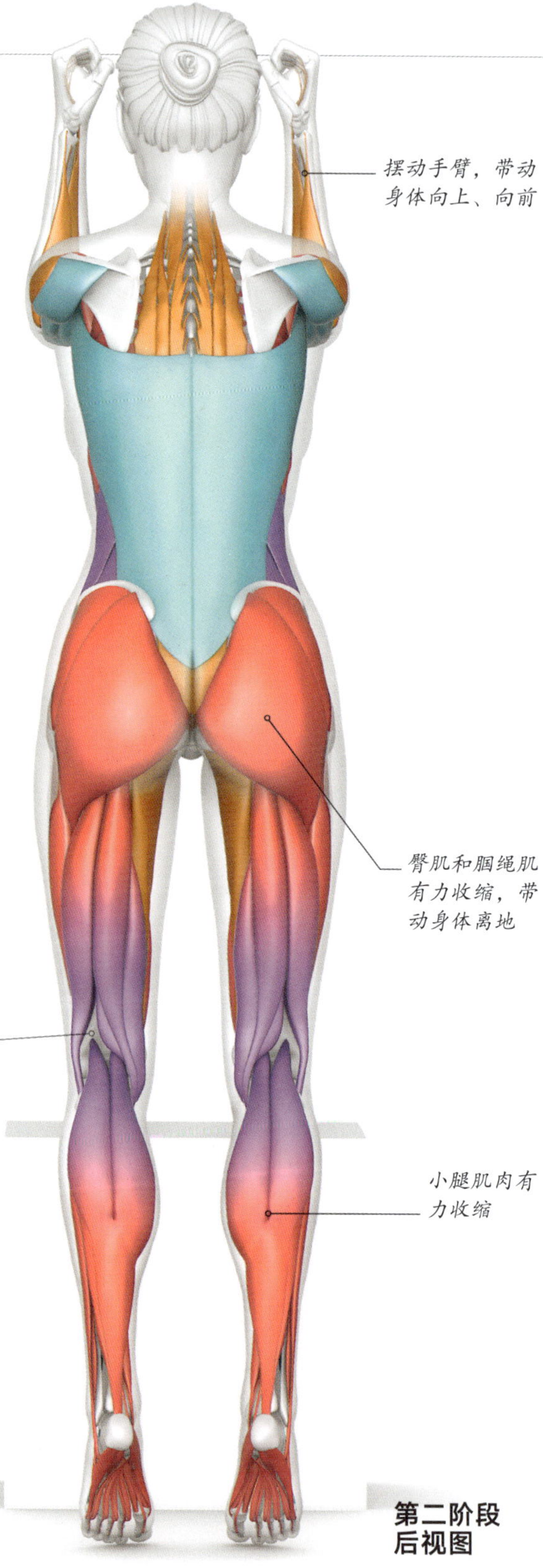

摆动手臂,带动身体向上、向前

臀肌和腘绳肌有力收缩,带动身体离地

小腿肌肉有力收缩

第二阶段
后视图

骨单位

松质骨

密质骨周围的成骨细胞

密质骨

强化骨头

骨头与身体的其他组织一样,经过负荷训练后会增加强度。然而,研究表明,长跑并不能降低骨头遭受应力性骨折的风险,因为长跑只是不断重复的低应变活动,并不能强化骨头。因此,只有那些能让身体快速承受高负荷的运动,比如单腿跳箱或者跳下箱子(见第147页),才可以强化骨头强度,降低应力性骨折的风险。

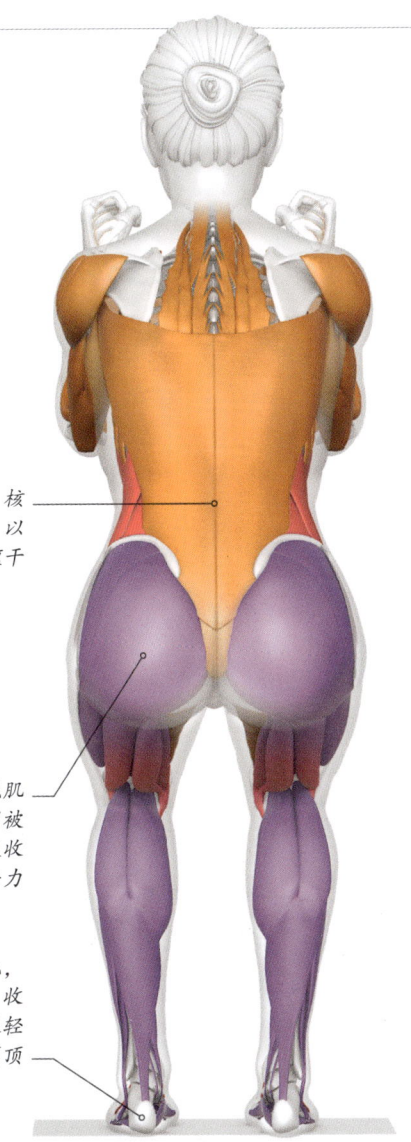

落于箱顶时，核心肌群收缩，以控制躯干

臀肌和腘绳肌受张力作用被拉长，以吸收冲击力

前脚掌着地，小腿肌肉收缩，使脚跟轻柔落于箱顶

**第三阶段
后视图**

跳箱进阶

单腿跳箱

身体站直，位于箱子后方。将身体重心转移至目标腿，对侧膝关节弯曲呈 90°。保持骨盆水平，缓慢将目标腿膝关节弯曲，约呈 45°，然后用力牵引身体向上，伸展脚踝、膝关节和髋部，单腿向上、向前跳到箱子上。落于箱顶后，通过脚踝、膝关节和髋部的力量向上推，使身体站直。最后走下箱子结束动作。借助 30 厘米高的箱子，可以先做 3 组，每组重复 10～12 次。进阶锻炼可以使用更高的箱子，做 3～4 组，每组减至 6～8 次。

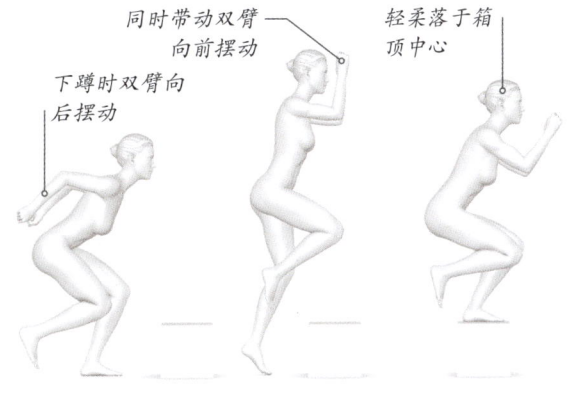

下蹲时双臂向后摆动

同时带动双臂向前摆动

轻柔落于箱顶中心

跳箱变式

跳下箱子

跳箱侧重于模拟跑步推进阶段（见第 62 页）的动作，而跳下箱子模拟的则是承重早期（见第 60 页）的动作。身体挺直，站立于箱顶。膝关节和髋部弯曲，然后跳下箱子，并轻柔落地，以深蹲姿势来吸收冲击力。做 3 组，每组 10～12 次。进阶锻炼可以增加重量（见第 93 页），做 3 组，每组减至 6～8 次，然后可以再进阶至单腿做此动作。

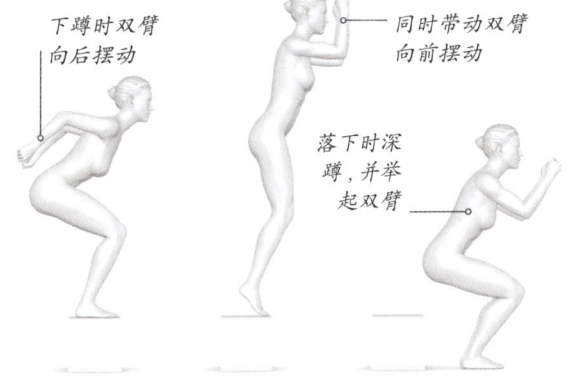

下蹲时双臂向后摆动

同时带动双臂向前摆动

落下时深蹲，并举起双臂

跑步运动解剖学

单腿跳

单腿跳是强化臀肌、股四头肌、小腿和跟腱的绝佳方式。在承重早期，这些肌肉在控制膝关节和髋部对齐方面十分重要。单腿跳还能提高这些肌肉储存与释放能量的能力，并改善腿部的弹性。

动作点睛

在开始锻炼前，先在地板上设置一个目标点（例如在地板上用胶带粘贴一个"十"字）。准备起跳时，注意支撑腿膝关节在矢状面内活动，不要让膝关节向内弯曲。下蹲时控制膝关节弯曲，约呈45°。在整个跳起过程中，保持骨盆水平，不要前倾。

如果你刚开始这项锻炼，可以先做3组，每组保持30秒。进阶锻炼可以增加重量和（或）单腿跳的时间，然后还可以继续进阶至跳箱动作（见第144~145页）。

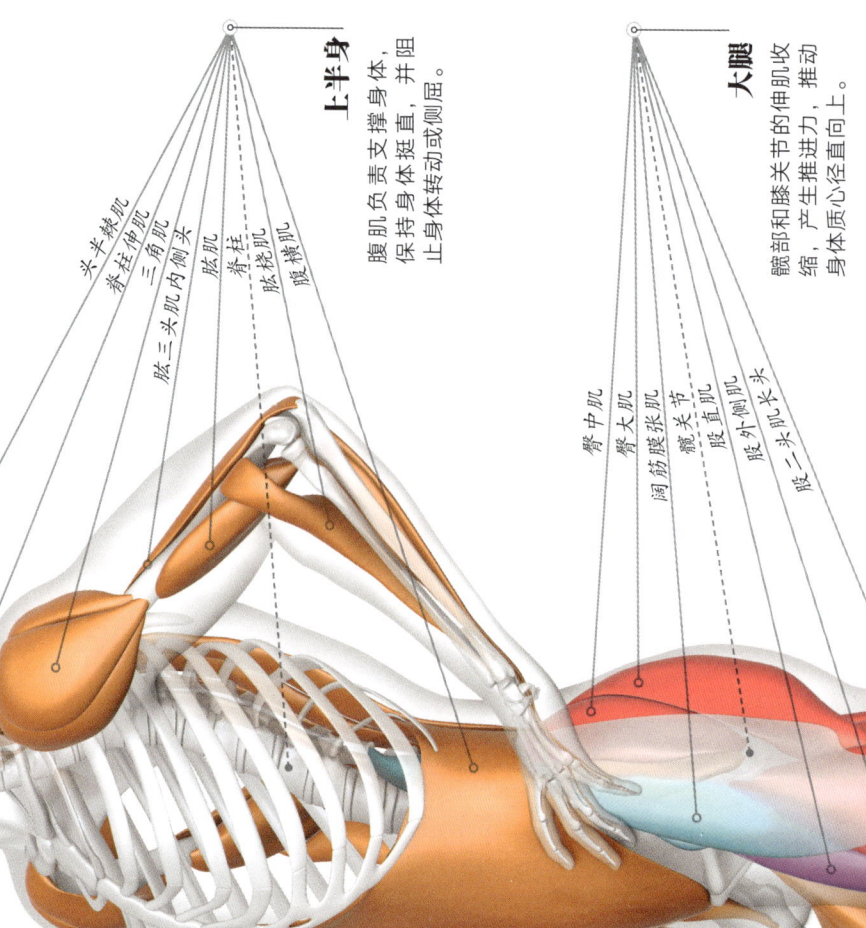

图例
- 关节
- 肌肉
- 向心收缩的肌肉
- 离心收缩的肌肉
- 无张力下被拉长的肌肉
- 等长收缩的肌肉

上半身
腹肌负责支撑身体，保持身体挺直，并阻止身体转动或侧屈。

尖牙棘肌
脊柱伸肌
三角肌
肱桡肌
肱三头肌内侧头
腹横肌

大腿
髋部和膝关节的伸肌收缩，产生推进力，推动身体重心经直向上。

臀中肌
臀大肌
阔筋膜张肌
髋囊关节
股直肌
股外侧肌
股二头肌长头

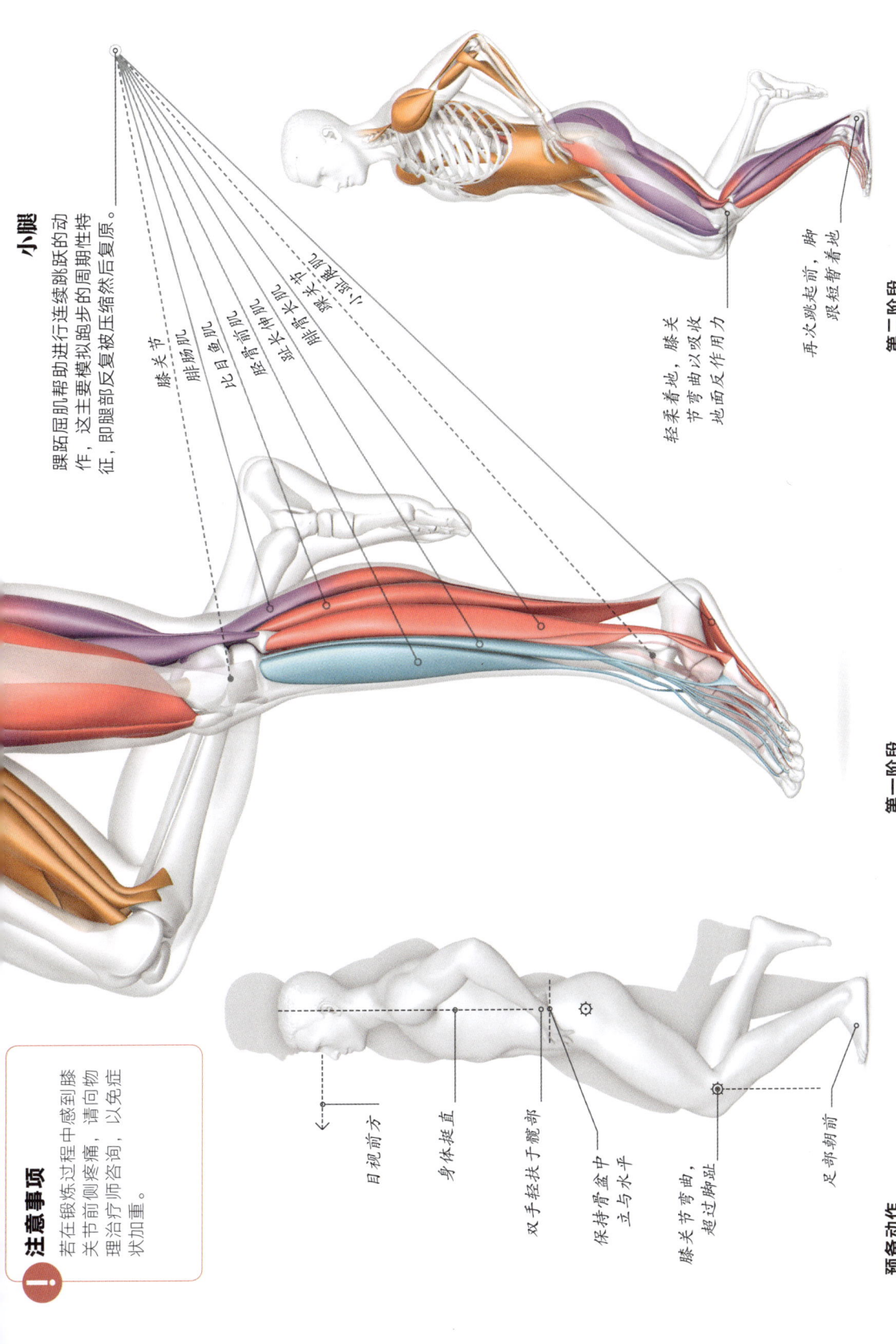

小腿

踝跖屈肌帮助进行连续跳跃的动作,这主要模拟跑步的周期性特征,即腿部反复压缩然后复原。

- 膝关节
- 腓肠肌
- 比目鱼肌
- 胫骨前肌
- 趾长伸肌
- 腓骨长肌
- 踝关节
- 小趾展肌

预备动作
身体站直,目标腿踝关节点上,双手扶住髋部。将身体重心转移至目标腿,然后对侧腿膝关节弯曲呈90°,使足部抬离地面,保持骨盆水平,缓慢抬起目标腿膝关节,超过脚趾,足部朝前,约呈45°。

- 目视前方
- 身体挺直
- 双手轻扶于髋部
- 保持骨盆中立与地水平
- 膝关节弯曲,超过脚趾
- 足部朝前

第一阶段
用力将目标腿向上推,伸展脚踝,膝关节和髋部,径直跳向空中。

第二阶段
尽量以足部中间位置着地,膝关节弯曲,约呈45°,通过脚踝、膝关节和髋部吸收冲击力,然后再次直跳起进行下一次跳跃,尽量缩短触地时间。

- 轻柔着地,膝关节弯曲以吸收地面反作用力
- 再次跳起前,脚跟经短暂着地

❗ 注意事项
若在锻炼过程中感到膝关节前侧酸痛,请向物理治疗师咨询,以免症状加重。

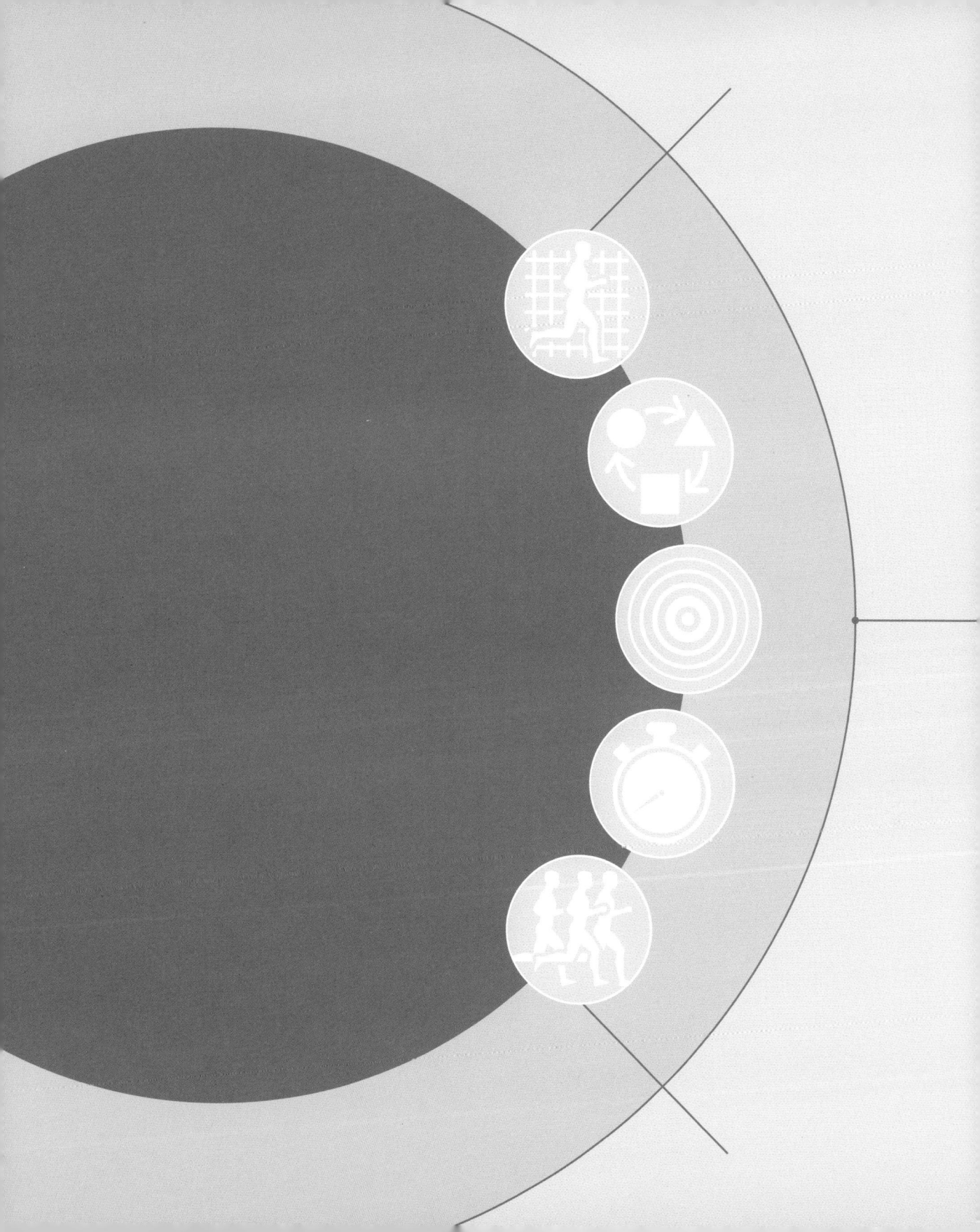

如何训练

　　根据个人肌肉力量和实际需求情况，采用更科学的方式进行训练，可以让跑者的表现达到全新水平。本章主要介绍如何开展自我训练，这些方法将促使你持续输出丰硕的训练成果。我们会分享一些具体的方法，帮助你制订有针对性的训练计划，也会直接提供多种跑步计划来对你进行指导，让你离开沙发，循序渐进地开展训练，甚至可以参加马拉松比赛。

为什么要进行系统训练

跑步的纯粹与简单，正是其无与伦比的乐趣所在。只需一双跑鞋，迈出家门，便能自由奔跑。然而，采用系统化的训练计划，不仅能显著提升跑步表现，还能有效降低受伤风险，让跑步体验更加愉悦。考虑到以下诸多益处，制订计划非常有意义。

避免受伤

大多数与跑步相关的受伤都是由于过度训练造成的，所以先规划再训练是预防受伤的关键。制订训练计划可以让你自主安排训练强度，帮助你在长距离或高强度跑步后有足够的时间进行恢复。在训练计划表中，可以适当安排几天或几周较为轻松的训练，有助于身体适应训练压力，降低受伤风险。准姿练习、热身和拉伸都是系统训练的重要元素，可以帮助你避免受伤。

满足个性化需求

对训练进行组织和规划，可以让你找到适合自己的个性化训练方式。当你遵循训练计划开始锻炼时，依次记录你所完成的锻炼项目，可以方便你及时复盘这些锻炼对你哪些有效，哪些效果不佳。利用这些记录以及复盘结果，你可以对后续训练计划做出适当调整。

改善跑姿

专门练习跑步姿势（见第 68～69 页），能够帮助你提高运动表现，让你在高配速或疲劳时也能保持良好的跑姿。通过准姿练习（见第 78～83 页），你跑起来将会更加轻松自然，跑步经济性（见第 159 页）也会提高。此外，经过系统训练，你的体能状况会更好，身体适应性会更强，乳酸阈、最大摄氧量和耐力也会随之提高。

系统训练的好处

通过训练适应强度

为了提升运动表现,可以在训练计划中逐渐增加训练强度。这样做可以使身体处于一定的压力之下,能够促进身体产生适应性,比如提升乳酸阈、增加最大摄氧量(见第31页)。不过,为了平衡不断增加的负荷,在恢复时间适度休息、进行身体修复、制订高效训练计划表也很重要。右图显示了身体承受训练负荷时的通用原则。

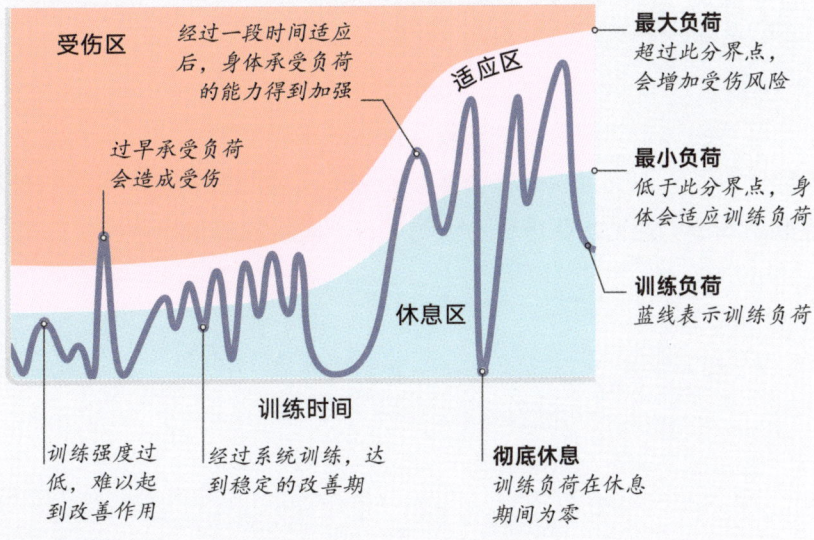

受伤区 — 经过一段时间适应后,身体承受负荷的能力得到加强
适应区
训练负荷
过早承受负荷会造成受伤
休息区
最大负荷 — 超过此分界点,会增加受伤风险
最小负荷 — 低于此分界点,身体会适应训练负荷
训练负荷 — 蓝线表示训练负荷
训练时间
训练强度过低,难以起到改善作用
经过系统训练,达到稳定的改善期
彻底休息 — 训练负荷在休息期间为零

提高运动成绩

当你想参加比赛并提高成绩时,如果能够遵循为比赛量身定制的计划进行系统训练,你将更有机会获得成功。开展针对性训练可以帮助你提高速度,教会你调整节奏,同时按照不同的阶段对训练进行规划,可以使你随时做好准备,让你在一天中的任何时刻,都能发挥出最佳状态。

产生自我激励

如果没有一个继续跑步的理由,你将很难保持跑步的动力。遵循计划进行训练,将会使你具有更强的目的性,无论训练是轻松还是艰难,都能让你有理由以特定的配速和距离跑步,并轻松享受跑步过程。如果我们没有办法监测自己的训练进度,多数人的跑步就会陷入困境,或者停滞不前。这时候,制订训练计划,将会帮助你注意到自己的进步,并产生更好的自我激励。

增加训练的多样性

一份优质的训练计划应该囊括不同配速和距离的训练,涵盖快跑、慢跑、短程跑和远程跑。如果你能进行形式多样、目的明确的训练,并且随着时间推移逐渐增加训练负荷,那么你的跑步姿势、速度和体能状况都会得到提高,训练方式会更加丰富,参与程度也会更高。

设定训练目标

在开始训练计划前,首先要考虑通过训练你想达到什么目标。无论你是一名纯粹的新手,渴望通过训练获奖参加"处女赛"的资格,还是一名资深跑者,想要通过训练将运动水平提升至新的层次,设定训练目标是非常必要的。

新手的训练

如果你是跑步新手或是要重启跑步之路,那么设定一定的时间或距离作为目标就十分重要,这可以用于自我激励或者监测进度。为了达成目标,你需要具备基础体能。

如果你想设定宏大的终极目标,比如完成你的第一场马拉松,那么可以将其分解为多个小目标,或者分解为A、B、C3个不同优先级的阶段性目标。

或无氧运动打下基础(见下图)。在实施系统训练计划之前,你应该具备短程冲刺以及连续慢跑的能力。如果你能同时驾驭这2种类型的跑步,你就可以着手挑战比赛备战期训练。如果你是一名纯粹的新手,那么5千米初阶计划(见第184~185页)将会非常适合你。

制定切实可行的目标

首次设定目标时,切实可行是重要原则,比如连续跑5千米或30分钟。

循序渐进开展训练

即使你的终极目标是跑马拉松,你的首个目标也应该是为有氧运动

基础训练
在进入比赛备战期前,你需要通过连续慢跑(见第174页)和冲刺(见第182页),为有氧运动和无氧运动打下坚实的基础。此处举例显示了开始10千米初阶计划(见第186~187页)前应完成的基础训练。

有氧运动基础
坚持练习连续跑,直至每周可以完成以下3次训练:
- 2次3千米跑
- 1次5千米跑

无氧运动基础
坚持练习跨步(见第81页),直至每周可以轻松完成以下2~3次训练:
- 30秒跨步搭配1分钟步行,重复4次

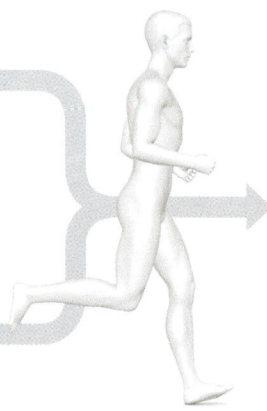

比赛备战期训练
具备基础体能之后,着手启动系统训练计划,其中包括:
- 连续慢跑(见第174页)
- 连续快跑(见第175~177页)
- 间歇训练(见第178~179页)
- 坡度跑训练(见第180页)

基础体能   **系统训练类型**

赛前备战

一旦你确定某个特定距离作为比赛目标,接下来你需要结合自身体能状况,设定一个切实可行的时间来完成。

逐渐增加训练负荷

如果训练是为了参赛,那你需要通过增加跑步距离来提高训练量,通过增加训练强度来提高跑步速度。

初步目标是每周增加10%～15%的训练负荷,但确切数字取决于你的训练历史和恢复能力等因素,所以持续监测训练负荷(见第162～163页)至关重要。赛前3～4周,应该达到最大训练负荷,如果将要参加的比赛赛程较短,这个时间点可推后至赛前2～3周。但无论怎样,过了这个时间点后,你都要把训练强度降下来,以确保身体有足够的体能储备,从而在比赛当天能够有完美表现。

制订恢复计划

比赛结束后,你需要进行低强度的交叉训练(见第181页),让身体恢复一段时间,然后再去参加下一场比赛。如果你打算全年参加多场比赛,那你应该设计季度计划,将身体巅峰期留给重要比赛,从而避免过度训练。为了让身体完全恢复,你需要在年度训练中合理安排休息时间,此外,你可以安排进行不同类型的跑步,或者安排其他运动。

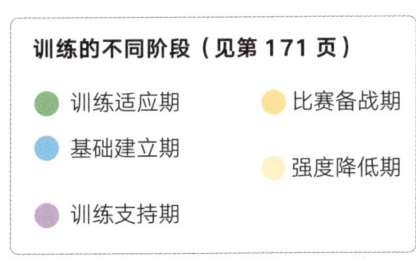

训练的不同阶段(见第171页)
- 训练适应期
- 基础建立期
- 训练支持期
- 比赛备战期
- 强度降低期

训练量

下图显示了全程马拉松高阶计划(见第200～203页)的每周训练量。每份计划都应安排基础建立时间和恢复时间。

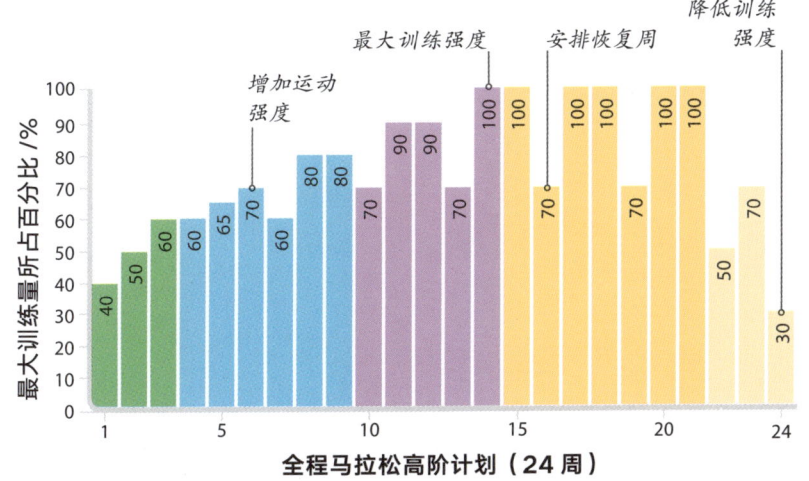

训练的进阶

通过增加训练距离或训练强度,或者两者同时增加,你可以提高训练水平。

随着不断训练,你会发现即使训练量不变,你也会完成得越来越轻松,这表示你的跑步经济性(见第159页)已得到提升,比赛成绩也会随之提高。持续监测训练负荷(见第162～163页),并在你有所进步或觉得训练的挑战性不大时,适时调整目标。

保持动力

训练通常是一个循序渐进的过程。增加训练负荷,一开始你会觉得非常费力,但一旦形成习惯,你的身体就会适应这种变化(见第153页)。尽量保持训练水平在一个稳定阶段,让你的身体熟悉这一训练负荷,然后再尝试继续增加训练负荷。

弥补弱项

一份优质的训练计划应该尽量囊括不同类型的训练(见第174～181页),但我们往往刻意避开自己的弱项,而只进行那些优势项目。强者恒强似乎就是这样来的。因此,在训练计划中,尽早弥补弱项至关重要,这样你就不用在赛前几周临时抱佛脚。

评估体能状况

在刚开始训练时，评估自身体能状况，并进行持续监测至关重要。训练强度可用来衡量你的体能状况，反过来，体能状况又决定了你适合的训练强度。下面介绍几种用来评估训练强度的方法。

> **❗ 健康检查**
> 如果你是跑步新手或是重启跑步之路的跑者，特别是如果你患有高血压、糖尿病、心脏或肾脏疾病，那你首先需要进行健康检查。如果出现颈部、胸部、下颚或手臂疼痛等症状，呼吸急促，头晕昏厥，脚踝肿胀，甚至连休息也不能缓解的疼痛时，请咨询医生。

监测费力程度

虽然高科技设备可以用来测量训练强度，但也有简单办法，即通过主观感受来进行强度评估。这种方法被实践证明相当有效。

你在训练时的主观感受，其实与心脏和有氧呼吸系统的工作强度直接相关。体能状况越好，就越能在较低的自觉疲劳程度下，进行高强度的训练。每次跑步都对训练强度进行规划和监测，可以确保训练一直处于正轨，以及有足够的时间进行恢复。

自觉疲劳程度
可以用0～10分来简单评估你的费力程度。尽管这种评价方式具有主观性，但自觉疲劳程度量表却是一种有效的工具，可用于设定和监测你的训练强度。

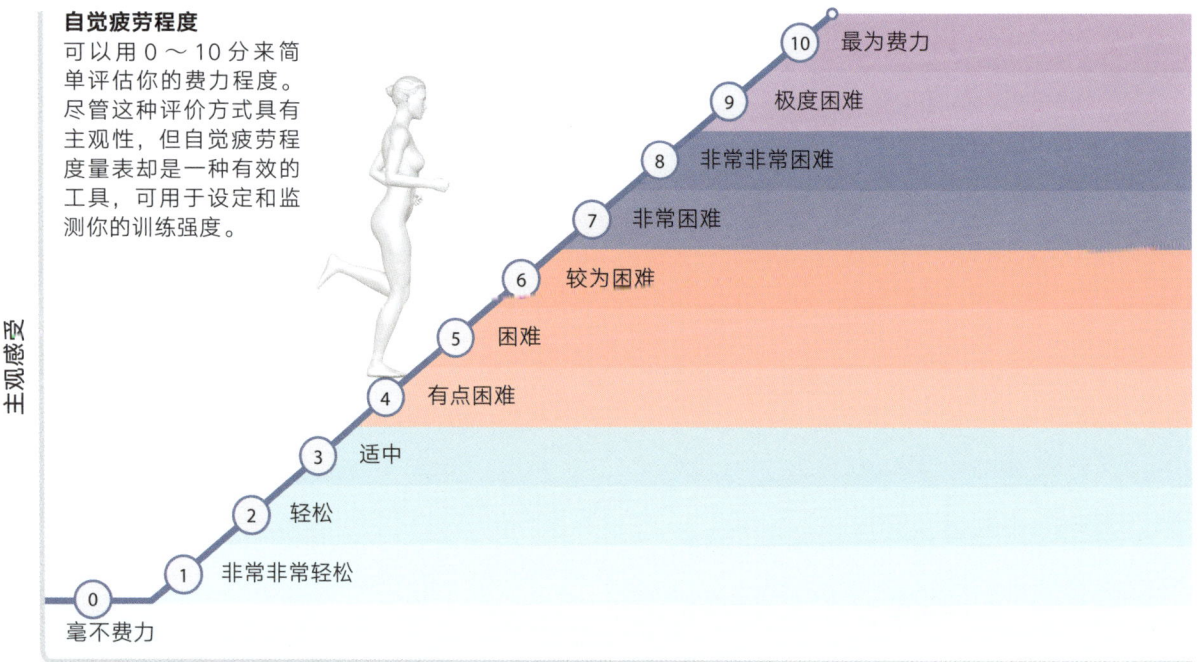

自觉疲劳程度量表

监测心率

心率与费力程度呈线性增长关系，因此心率是衡量训练强度的良好指标。

如果你一直在监测心率，那心率就可以反映你的体能状况。例如，如果增加配速但心率仍然稳定，说明你已适应当前训练强度。不过，心率还会受到疲劳、高温、地形和其他因素的影响，所以在训练时要使用自觉疲劳程度量表。

训练时的心率

训练期间，你可以使用腕带或胸带心率监测仪来监测心率储备，即训练时你可利用的心率范围，它表示静息心率与最大心率之差。静息心率过高，说明训练过度。下图显示了以不同心率储备跑步的好处。通过以下公式可计算得到运动时的目标心率：例如，心率储备为110，静息心率为70，期望训练强度为心率储备的85%，则计算公式为(110×0.85)+70，即目标心率为163.5。

心率计算

心脏的肌肉经过训练后会变得更强壮。静息心率越低，心脏效率越高，体能状况越好。最大心率可用来监测费力程度。

静息心率的计算

早上起床后，测量脉搏。记录若干天数，计算平均值。

连续10秒的静息脉搏 × 6 = 静息心率

最大心率的计算

以下公式可用来简单计算最大心率。然而，考虑到基因和体能差异，运用跑步机测试（见第161页）会更加准确。

220 − 年龄 = 最大心率

心率储备的计算

以下公式可用来简单计算心率储备。随着体能状况的改善，心率储备可能增加。

最大心率 − 静息心率 = 心率储备

(心率储备 × 训练强度百分比) + 静息心率 = 目标心率

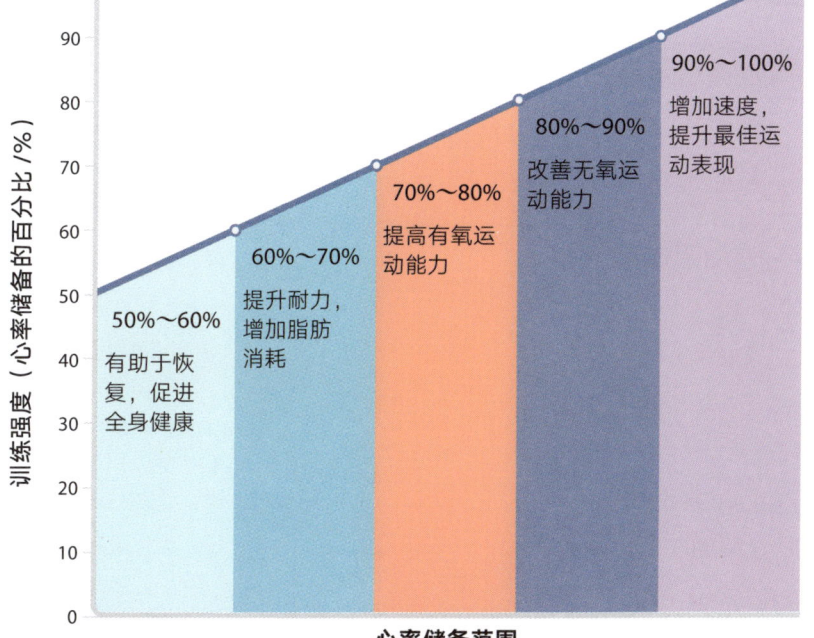

跑步功率

可穿戴设备能够监测跑步功率。跑步功率可作为衡量训练强度的一个指标，但也有其局限性。对于自行车运动，"功率"用来计算腿部输出的机械功率。然而，与此不同的是，跑步运动的机械功率与代谢消耗的能量之间的关系会随着跑步条件的不同而有所变化。例如，在上坡跑时，肌腱贡献的弹性能量会变小；在下坡跑时，肌肉的主要作用是刹停而不是蹬离。跑步功率无法可靠测量这些变化，因为它计算使用的是估计值，而非直接测量的真实功率。

监测配速

配速可作为衡量训练强度的另一个指标，因为在跑步时提高速度会非常费力。

按照训练计划指定的目标配速进行锻炼，可以改善身体系统，比如提高有氧运动效率和乳酸清除能力。目标配速是一个预估速度指标，常用跑完1千米所需的时间来表示，你必须按照目标配速计算出的速度跑步，才能在目标时间内跑完全程。相比而言，由于长跑时间较长，所以长跑配速比短跑要慢。以不同的配速进行锻炼能够让你了解自身优势和劣势。例如，如果你能较为轻松地跑完5千米，但很难跑完半程马拉松，表明你需要提高耐力。

配速的计算

网络上有许多在线工具可以帮助你计算特定距离内的目标配速，而且计算结果相当准确。根据你最近几次的比赛时间、训练时要达到的目标时间，或者在特定距离内的平均时间，就可以进行推算。在锻炼过程中，最简单的配速测量方法是使用GPS（全球定位系统）设备，但你也可以通过自觉疲劳程度来感受你的配速（见第159页的表格）。

下方表格显示了不同水平的跑者在完成不同距离的比赛时所设定的目标配速。

配速计算器

跑者类型	初阶跑者	进阶跑者	高阶跑者	精英跑者
全程马拉松目标时间	4小时30分	3小时45分	3小时	2小时1分39秒（世界纪录）
全程马拉松目标配速	6分24秒	5分20秒	4分16秒	2分52秒
半程马拉松目标配速	6分5秒	5分4秒	4分3秒	2分44秒
乳酸阈目标配速	5分46秒	4分53秒	3分58秒	2分45秒
10千米目标配速	5分45秒	4分47秒	3分49秒	2分35秒
5千米目标配速	5分32秒	4分37秒	3分41秒	2分29秒
3千米目标配速	5分15秒	4分22秒	3分30秒	2分22秒
1 500米目标配速	4分55秒	4分6秒	3分16秒	2分12秒
800米目标配速	4分28秒	3分43秒	2分59秒	2分1秒

自觉疲劳程度、心率和配速的对比

这3个指标都可以用来衡量训练时的努力程度,你可以通过对比自觉疲劳程度、心率和配速来评估你的日常或长期体能状况。

自觉疲劳程度、心率和配速之间的关系是相对的,因为每名跑者在自觉疲劳程度同级(如4级)时的配速都是不同的。通过记录每次锻炼的自觉疲劳程度、平均心率和平均配速,你可以了解特定配速对应的努力程度。例如,每千米4分钟的配速或10千米配速的感觉,以及这些配速对应的心率范围。然而,跑步配速并非一成不变,而是会有规律地波动。如果你生病了,感到疲劳、紧张或有压力,即使训练强度不变,你也会感到更加费力。

拥有好的体能,将会改善你在特定心率或自觉疲劳程度时的配速,或者以同样的配速,你跑起来会更轻松,心率会下降。如果以某个配速跑步,你觉得难度很大、心率加快,那就说明身体正处于疲劳期或者训练过度。

自觉疲劳程度与配速

下表显示了不同的自觉疲劳程度所对应的大概配速范围。精英跑者的半程马拉松配速和10千米配速,较之休闲跑者更难但也更快,对此,通过表中的自觉疲劳程度可以反映出来。

跑步经济性

跑者跑得越省力,在一定速度下消耗的氧气就越少。影响跑步经济性的因素有很多,包括遗传、环境条件、衣服和跑鞋重量、体能状况以及生物力学因素等。通过训练,你可以优化最后2个因素,这也是为何提高体能状况和跑步姿势(见第68~69页)可以帮助你以目标配速更高效地跑步的原因。

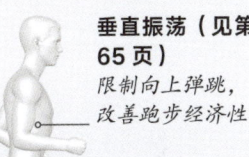

垂直振荡(见第65页)
限制向上弹跳,改善跑步经济性

步频(见第64页)
增加步频,减少垂直振荡

着地模式(见第66页)
有效的着地模式可以吸收能量并将其转化为蹬离的动力

生物力学因素

自觉疲劳程度与配速的等效关系

自觉疲劳程度	感受描述	配速/努力程度
0	毫不费力	久坐不动
1	非常非常容易	步行配速
2	容易	慢跑配速
3	不易不难	全程马拉松/半程马拉松配速(休闲跑者)
4	有点困难	半程马拉松配速(精英跑者)/乳酸阈配速/10千米配速(休闲跑者)
5	困难	10千米配速(精英跑者)
6	较为困难	5千米配速
7	非常困难	3千米配速
8	非常非常困难	1 500米配速
9	极度困难	800米配速
10	最为费力	冲刺/比赛结束前最后一搏时的配速

测试体能状况

在开始训练计划前，首先需要进行体能测试，这样你设立目标才会有的放矢，才能监测自己是否进步。为了跟踪训练进度，你可以重复进行体能测试，但衡量训练效果的最好方法还是参加比赛。乳酸阈(见第28页)和最大摄氧量(见第31页)都是评估体能状况的有效指标，你可以使用以下任意一种实际测试来确定你的体能状况。

基准乳酸阈配速的计算

实际上，乳酸阈每天都在变化，但即便如此，将基准乳酸阈配速作为运动参照也十分有用，因为将其作为基准参照，你就可以调整跑步速度，例如减为比乳酸阈配速慢 15 秒 / 千米。根据最近几场比赛结果，利用配速计算器表（见第 158 页），你可以得到乳酸阈配速的估计值，或者通过以下 30 分钟的测试来得到结果。

在适当热身之后，逐渐提高配速，一直提高至某个速度你能坚持 30 分钟，那这个速度就是你的最快速度，然后启动秒表计时。用 GPS 设备测量你的配速，或在跑步机或专用跑道上跑步，计算 30 分钟内你跑过的总距离。那么当前你的乳酸阈配速就是 30 分钟除以跑步总距离。例如，如果你在 30 分钟内跑过的总距离为 8 千米，那么你的平均乳酸阈配速就是 3 分 45 秒 / 千米。

确定乳酸阈配速

乳酸阈配速是指在不引起肌肉血乳酸堆积的情况下，你的最快跑步速度。以乳酸阈配速进行训练，反过来会促进该值的提高，还会帮助你的身体适应有氧呼吸(见第28～29页)，这样身体清除乳酸的速度也会加快。

乳酸阈配速仅适用于有氧运动。对于有氧运动来说，这是一个"虽累但舒服"的速度，你可以在比赛中以此配速撑上1小时左右(所以乳酸阈配速也被称为1小时比赛配速)。如果你想持续以乳酸阈配速进行训练，那你就需要具备识别和监测这个配速的能力，这样随着时间的推移，你可以一直对其进行跟踪并做出调整。乳酸阈可以通过实验室测量得到，但利用自觉疲劳程度量表(见第156页)进行判断是一种更简单的方法。

你应该感受不到肌肉因乳酸堆积而产生的"灼烧感"，若有，只能说明你体内的乳酸堆积已经远超乳酸阈

乳酸阈配速
乳酸阈配速代表着身体的一种疲劳程度，因此，它会随着地形、天气、海拔高度和当日身体状态而变化

自觉疲劳程度 4.3 级
以乳酸阈配速跑步，给人的感觉是"虽累但舒服"，那么乳酸阈配速大致对应自觉疲劳程度 4.3 级

自觉疲劳程度量表   4.3

有氧运动
低于乳酸阈配速时，身体主要进行有氧呼吸，此时身体乳酸的清除速度高于堆积速度

无氧运动
高于乳酸阈配速时，身体主要进行无氧呼吸，此时身体乳酸的堆积速度高于清除速度，导致呼吸困难

自觉疲劳程度与乳酸阈配速
以乳酸阈配速跑步时，要学会利用身体感受，因为它能反映身体的具体疲劳程度。以此速度跑步，你可以在呼吸不那么困难的情况下跑得更快。但是如果你感到呼吸过于困难，那么请放慢速度。

0~10级自觉疲劳程度量表与乳酸阈存在直接关系，可用于确定任何跑步的乳酸阈配速。

最大摄氧量：跑步机测试

在测试最大摄氧量时，可以采用跑步机测试。在跑步机上以恒定速度跑步，每隔1分钟上升1次坡度，直至这个坡度让你无法再保持此速度时，停止测试。这种方法会把你的身体推向极限，让你感到非常累，所以你还需要1名助手为你调整跑步机的坡度。利用跑步总时间，可计算得到最大摄氧量。

时间/分	坡度/°
0	0
1	2
2	4
3	6
4	8
5	10
6	11
7	12
8	13
9	14
10	15
11	16
12	17
13	18
14	19
15	20

$(42 + 跑步总时间) \times 2$

= 最大摄氧量

如何实施跑步机测试

跑步机初始速度设置为11.3千米/小时，坡度为0°。根据上表，助手每隔1分钟调高1次坡度。当身体无法坚持时，结束测试。

最大摄氧量：库珀测试

库珀测试由肯·库珀博士于1968年提出，是一种测量有氧运动体能状况的简易方法。你只需在12分钟内尽可能地跑远，然后利用跑步总距离，通过以下公式即可计算得到最大摄氧量（根据需要选择千米或英里公式）。

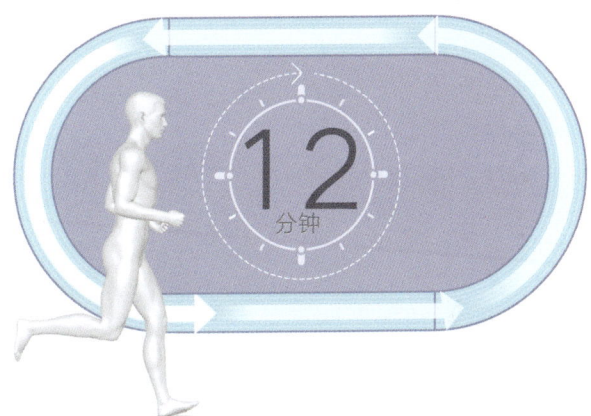

$(22.35 \times 跑步总距离(千米)) - 11.29$

或

$(35.96 \times 跑步总距离(英里)) - 11.29$

= 最大摄氧量

如何实施库珀测试

库珀测试应在平地上实施，400米长的田径跑道是理想的选择。设置计时器，开始12分钟倒计时，尽可能地跑远，然后记录跑步的总距离。

追踪训练情况

大多数跑者都善于追踪记录其训练情况，要么写日志，要么通过社交媒体记录训练进度。同样，GPS手表、心率监测仪和可穿戴设备等工具也可以提供大量训练信息。采用多种记录方法，跑者可以从这些数据中获益。

为什么要采集数据

数据可以为你提供客观信息，帮助你了解身体对训练的反应。如果你采集的数据都是准确的，那么这些数据就可以显示你获得的进步以及需要改进的地方。

数据采集对于监测健康状况也很重要。通过采集到的数据，你可以知道身体如何承受训练负荷，同时数据还会提醒你不要过度训练，以及注意受伤的风险。

数据的记录

借助可穿戴设备（见第163页），你可以采集到大量的训练数据。然而，数据采集并不是越多越好，关键是要记录那些能够帮助你监测训练负荷（见第163页）的数据，比如训练量和训练强度，并通过疼痛评分和疲劳评分来观察身体对训练的反应。此外，还要记录你每周进行的训练类型（见第174～180页），因为每种类型的训练都有其自身优点，所以这样做可以确保你的训练计划涵盖各种正确的训练类型。

数据类型

自觉疲劳程度、心率和配速	距离或时间	疼痛评分	疲劳评分
记录前文这些参数（见第156～159页），你可以衡量个人的训练强度或费力程度。随着时间的推移，这些数据可以反映你的体能状况，特别是在一定的配速下，你的心率和自觉疲劳程度的变化情况。	监测前文这些参数，你可以衡量自己的训练量。运动距离不代表训练强度。有时跑动距离远但速度慢，有时跑动距离近但速度快。坡度跑的距离可能比平地跑短，但耗时更长。如果是为了评估训练所消耗的体力，那么记录时间就十分重要；但如果是为了参加比赛而进行训练，那么记录距离同样重要。	如果你熟悉跑步引起的相关疼痛，那么你就会熟悉跑步中暗含的规律，这将有助于你及早发现受伤情况，并及时进行治疗。如果你感到疼痛，请记录疼痛部位、疼痛性质（请用刺痛、隐痛、剧痛等描述）以及疼痛强度。0～10级评分系统操作简单，可以带给你清晰直观的感受。	疲劳是过度训练综合征首先出现的警告信号。每次锻炼后，使用操作简单的0～10级评分系统对你的疲劳程度进行打分，可以让你察觉身体疲劳的累积趋势，帮助你评估是否应该在训练计划中增加更多的休息时间。

监测训练负荷

训练负荷是指一段时间内施加于身体上的压力总和,与你的训练频率、训练强度、持续时间和训练类型有关。通过以下公式为每次训练进行评分,可以监测你的训练负荷。例如,如果进行上坡跑训练,自觉疲劳程度为8级,持续时间为20分钟,那么你的训练负荷为160。持续记录每次训练时的内部负荷和外部负荷(见下文),这样才能得到一段时间内的评分情况和训练负荷值。

借助高科技设备监测训练进度

可穿戴传感器,比如支持GPS功能的腕表,可以非常方便地采集和记录多项运动指标。这些设备可以采集外部负荷(比如距离、时间和爬升高度)和内部负荷(比如心率和呼吸速率)等数据。某些设备还能提供实时反馈,将设备与特定在线平台进行配对连接,可以长期跟踪记录数据。

其他一些可穿戴设备也能用来测量生物力学参数,比如节奏、冲击力和垂直振荡,并且如果你知道如何运用这些数据,那么它们将会很有用。然而,请注意不要过于依赖数据,而忽视了去感受跑步的过程。

内部负荷与外部负荷

训练负荷可分为内部负荷和外部负荷2种类型。其中,外部负荷表示对训练量的客观度量,例如距离10千米或持续时间60分钟。内部负荷表示你为完成训练所付出的努力,例如平均心率165或自觉疲劳程度4级。

内部负荷 × 外部负荷

 训练负荷

观察身体变化

即使训练负荷相同,2个运动员也可能做出不同的反应,所以定期监测训练负荷非常重要。你可以用疼痛评分和疲劳评分来观察训练负荷,看看训练负荷究竟是提高了你的跑步水平还是带来了身体压力。身体反应训练负荷所产生压力的方式只有2种:要么是身体变得更加强壮,要么是身体受到运动损伤,所以增加训练负荷务必小心。如果训练太多、太快,可能会造成运动损伤;但训练太少又无法带来进步。

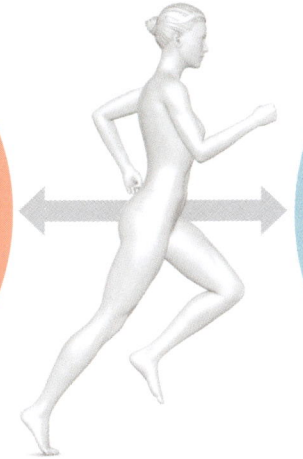

过度训练的症状

过度训练综合征会导致运动表现、协调性或身体力量突然下降,甚至短暂休息后也无法缓解疲劳。症状包括训练时心率加快、自觉疲劳程度评分升高、静息心率加快、食欲改变、体重减轻、失眠、易怒、注意力不集中、精神抑郁等。治疗方法是显著减少训练负荷,或者彻底休息几周或几个月。为防止出现过度训练综合征,可将训练分散到全年,并全面监测训练负荷。

体能改善的标志

体能改善最重要的标志是比赛时跑得更快,这对于许多跑者来说也是最重要的。此外,如果以一定的配速跑步,你的平均心率减慢,或者自觉疲劳程度评分降低,这说明以此配速跑步对你来说已不再是难事,也是你体能改善的标志之一。同样,在一定的心率或自觉疲劳程度评分条件下跑步,你的体能状况越好,你的配速也就越快。体能改善的其他标志包括:静息心率减慢,承受每周训练负荷提高的能力增强。

训练的技巧

无论是训练还是比赛，总有那么一刻，你会产生放弃的冲动。不管理由是腿部疼痛、自我怀疑，还是无法抗拒疲劳，如果你能克服这种感觉，那么这一刻将成为一个决定性的时刻，你会因此变得更加强大。

科学应对疼痛

运动会带来疼痛，这也是跑步过程中不可避免的一部分。疼痛有多种形式：缺乏糖原的肌肉酸痛，反复冲击造成的关节疼痛，以及其他与跑步有关的病症疼痛，比如水疱、肠胃不适等。

2名貌似势均力敌的选手进行比赛，如果其中一名具备克服疼痛的能力，那他将占据优势。训练是克服疼痛的最佳途径。无论是训练有素的跑者，还是未经训练的跑者，二者的疼痛阈值其实相差不远，感受到疼痛来临的时间也都差不多。但训练有素的跑者往往有更高的疼痛耐受性，可以承受更长时间的疼痛。你对疼痛的感觉并不会随着训练而改变，但训练却会提高你克服疼痛的能力，因为大脑潜意识会告诉你，其实你的身体可以承受施加的压力（见下图）。

你也可以通过转移注意力来有意识地改变遭遇疼痛时的感觉。研究表明，一些分散注意力的技巧，比如倾听快节奏音乐，可以帮助你转移大脑注意力，增强身体承受力。

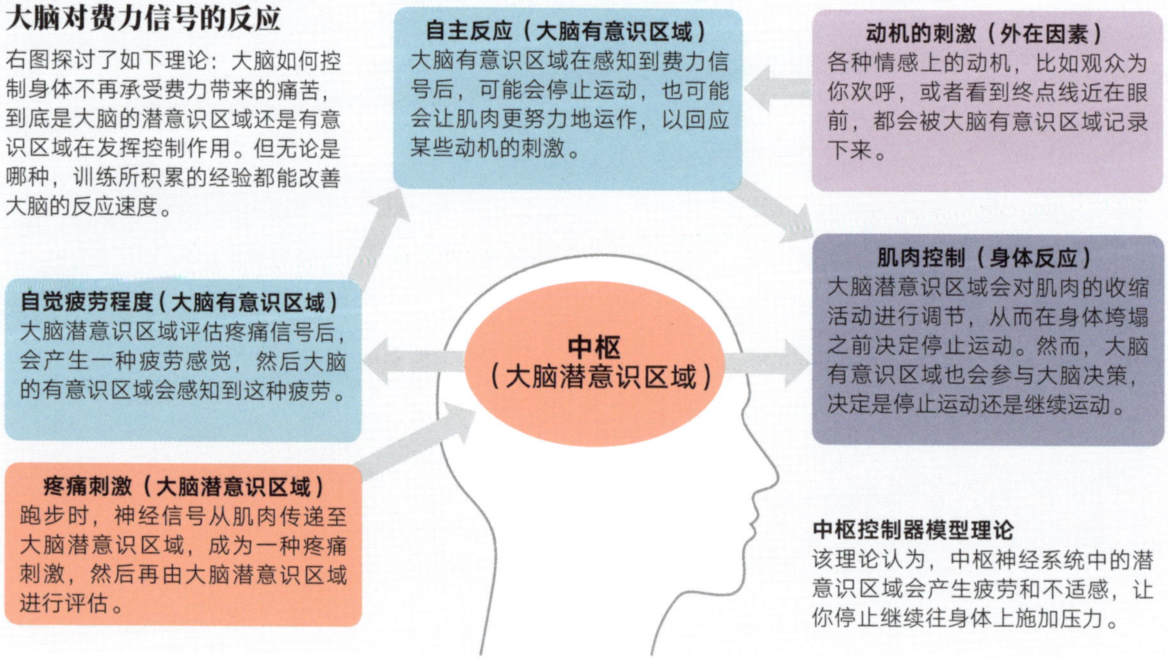

大脑对费力信号的反应

右图探讨了如下理论：大脑如何控制身体不再承受费力带来的痛苦，到底是大脑的潜意识区域还是有意识区域在发挥控制作用。但无论是哪种，训练所积累的经验都能改善大脑的反应速度。

自觉疲劳程度（大脑有意识区域）
大脑潜意识区域评估疼痛信号后，会产生一种疲劳感觉，然后大脑的有意识区域会感知到这种疲劳。

疼痛刺激（大脑潜意识区域）
跑步时，神经信号从肌肉传递至大脑潜意识区域，成为一种疼痛刺激，然后再由大脑潜意识区域进行评估。

自主反应（大脑有意识区域）
大脑有意识区域在感知到费力信号后，可能会停止运动，也可能会让肌肉更努力地运作，以回应某些动机的刺激。

中枢（大脑潜意识区域）

动机的刺激（外在因素）
各种情感上的动机，比如观众为你欢呼，或者看到终点线近在眼前，都会被大脑有意识区域记录下来。

肌肉控制（身体反应）
大脑潜意识区域会对肌肉的收缩活动进行调节，从而在身体垮塌之前决定停止运动。然而，大脑有意识区域也会参与大脑决策，决定是停止运动还是继续运动。

中枢控制器模型理论
该理论认为，中枢神经系统中的潜意识区域会产生疲劳和不适感，让你停止继续往身体上施加压力。

坚持自我激励

跑者的训练动机可能多种多样。你要学会识别是什么动机在激励着你去跑步和比赛，并强化这些动机的激励作用，这样做将帮助你坚持训练，直至实现目标。

许多因素都会影响我们的训练动机。在比赛中，家人在观众席上的加油鼓劲或者个人对最好成绩的期盼，都会促使你最大限度地挖掘自身潜能。在训练中，留意体能状况的实际改善，完成为比赛而准备的挑战性训练，都可以激励你维持一定强度的训练负荷。

想象一下自己冲过终点线并达成目标的场景，将会激励你在低温潮湿的天气里继续训练。一种自我激励方法是，提前预想疼痛和疲劳肯定会到来，然后在真正到来时接受它们，告诉自己只要克服疼痛和疲劳，你就会在未来的训练和比赛中更加强大。另一种更直接实用的方法是积极进行自我对话，研究表明，当遇到难事时，告诉自己"你可以做到"或"你可以克服疼痛"可以提高你的比赛表现。

清楚自己的训练极限在哪儿同样十分重要，这样你就能给自己预留足够的恢复时间，避免出现身体耗竭的情况（见右侧框）。

身体恢复与耗竭

无论运动员的能力、经验或精神状态有多好，都不可能一直进行高强度训练。因此你需要在训练计划中安排恢复时间（见第168～169页），否则会出现身体耗竭的风险，导致你受伤、训练效果不佳（进而导致比赛表现不佳）、情绪低落、睡眠障碍甚至患上疾病。适当进行恢复非常重要，会让身体有时间去适应训练刺激，让你变得更强、更快、更有效率。恢复并不是说完全一动不动，适度骑行、游泳等积极的恢复方式都是很好的选择，可以保持肌肉和关节一直处于活动状态，但又不会给身体带来过多压力。话虽如此，睡眠才是已被证实最有效的恢复方式。

动机的刺激（外在因素）
各种情感上的动机，比如观众为你欢呼，或者看到终点线近在眼前，都会被大脑有意识区域记录下来。

自主反应（大脑有意识区域）
大脑有意识区域可能会让肌肉更努力地运作，以回应某些动机的刺激，也可能在感知到费力信号后停止运动。

肌肉控制（身体反应）
大脑有意识区域会对肌肉的收缩活动进行调节，再决定是否终止运动。

疼痛刺激（大脑潜意识区域）
当跑步时，神经信号从肌肉传递至大脑，成为一种疼痛刺激，然后再由大脑有意识区域进行评估。

自觉疲劳程度（大脑有意识区域）

心理—激励模型理论
该理论认为，大脑有意识区域会决定是否停止跑步。主要发生于以下2种时机：一是跑者认为已付出的努力超过其愿意付出的最大努力时；二是跑者认为已付出最大努力但还是无法坚持时。

摄取各种营养

摄取良好的营养是训练的基础。营养物质主要是指碳水化合物和蛋白质。碳水化合物有助于储备足够的能量;蛋白质则有助于训练后肌肉组织的再生与修复。

身体产生的糖原主要来自碳水化合物,这些糖原也是跑步时的主要能量来源。因此,碳水化合物的摄入量应当随着训练负荷而调整(见下图)。

蛋白质吸收和利用的最佳方式是:将蛋白质的摄取与消耗平均分配到一天当中。最好每天摄取蛋白质4~6次,每次15~20克。瘦肉是最好的动物蛋白来源,大豆、豆类和坚果是较好的植物蛋白来源。

训练后的能量补充

高强度训练之后,从食物中摄取营养至关重要,有助于身体恢复和能量补充。在训练后的2小时内,最好每千克体重摄入1.5克碳水化合物、0.3克蛋白质和0.3克脂肪。在强度降低期(见第171页),能量消耗较低,如果你想将体重调整至最佳状态,那么可以将碳水化合物的摄入量减少至每千克体重1克。

🏃 跑前能量补充

跑前的膳食营养应注意富含碳水化合物,以提供足够的能量。意大利面、米饭和其他淀粉类食物都是理想选择。饭后应经过2~3小时后再进行训练,以避免腹胀或疼痛。如果跑步时间超过90分钟,或者肌肉糖原储备较低,那每小时应摄入30~60克的碳水化合物,以维持血糖水平稳定。可以使用易于吸收的运动饮料、能量胶,或者清淡、易消化、富含碳水化合物的食物(比如能量棒)来补充能量。在日常训练中,尝试各种营养搭配非常重要,可以找到适合比赛日的最佳摄入量。

不断改变营养需求

随着训练强度不断加大,身体需要更多的卡路里来为跑步提供能量。在训练的不同阶段(见第171页),日常的膳食摄取应该包括25%~50%的碳水化合物(最好是全谷物),以促使身体产生最佳的能量储备。

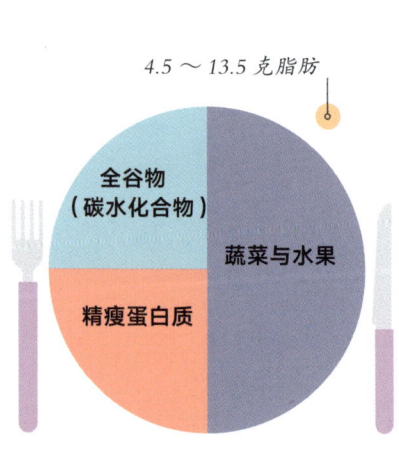

低强度训练
对于低强度训练,例如,在训练适应期或强度降低期,每天摄入的碳水化合物只需达到全部饮食的25%,剩余部分通过水果和蔬菜来补充。

中等强度训练
随着训练强度加大,例如,在基础建立期或训练支持期,应增加碳水化合物和脂肪的摄入量。此外,水果也是良好的碳水化合物来源。

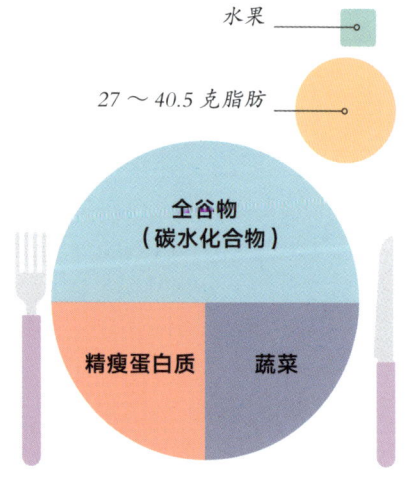

高强度训练或比赛日
在高强度训练阶段,比如,在比赛备战期,每天摄入的碳水化合物应占据全部饮食的一半,从而让肌肉储存更多的糖原。这就是有名的"糖原超补法"。

合理补充水分

毋庸置疑，在耐力跑中，补水（水合作用）非常重要。耐力跑通过出汗调节体温，而出汗对营养物质的传输至关重要，并有助于释放能量，清除因能量转换而产生的代谢废物。

传统观点认为，运动前应该尽可能地多喝水。而现在我们认为，其实没有必要通过运动前大量喝水来避免脱水。传统观点还认为，口渴代表身体已经脱水，这也不正确。在运动补水策略方面，虽然口渴时再补水可能于事无补（因为在训练期间，占体重2%～3%的水分流失都是常规现象，更别说在比赛期间，水分流失肯定会更严重），但相比过度补水的危险，口渴时再补水总归是相对安全的（见右侧框文）。

补水的策略

在训练过程中，如果你感到口渴，身体会对你进行暗示，此时再去补水并不算晚，同样能够避免脱水。另外，如果你在跑步时大量出汗，或者天气太炎热，你需要在跑前先行补水，请注意不要喝太多，以免跑步时胃部产生不适。

血液中的钠含量

过度补水和脱水一样危险。在运动过程中，出汗会导致钠离子流失（称为电解质耗竭）。如果此时又大量补水，将会使血液中本就含量偏低的钠进一步稀释。这可能会导致睡眠结构紊乱，甚至可能引发危及生命的运动相关低钠血症，症状包括头痛、疲劳、恶心呕吐、肌肉痉挛和癫痫发作等。

运动饮料富含电解质，因此不会像过度补水那样消耗血液中的钠。然而，如果过量饮用运动饮料，同样会稀释血液中的钠。

脱水

运动时出汗会导致身体流失一定量的水分。然而，如果水分流失过于严重，可能会影响核心温度以及肌肉的能量供应。

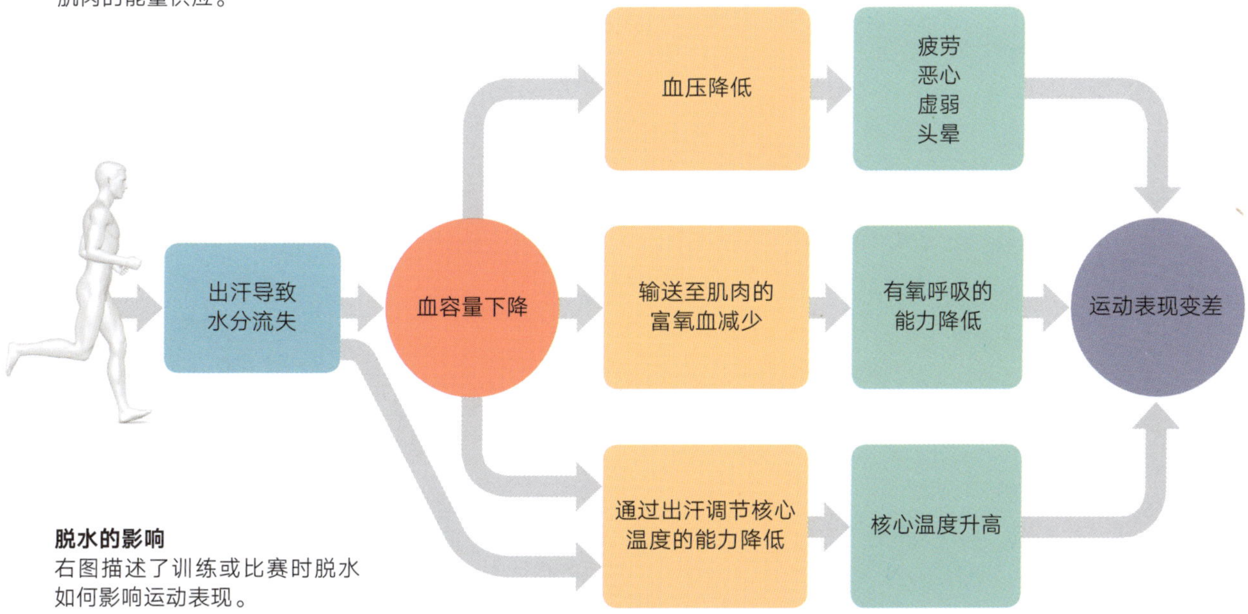

脱水的影响
右图描述了训练或比赛时脱水如何影响运动表现。

出汗导致水分流失 → 血容量下降 →
- 血压降低 → 疲劳、恶心、虚弱、头晕 → 运动表现变差
- 输送至肌肉的富氧血减少 → 有氧呼吸的能力降低 → 运动表现变差
- 通过出汗调节核心温度的能力降低 → 核心温度升高 → 运动表现变差

恢复与再生

安排恢复时间是训练的重要组成部分。通过恢复,身体可以重新储存能量,还可以巩固对训练负荷做出的生理适应。

在关键训练之间安插一些冲击力和强度较低的"主动"恢复项目,可以让肌肉和关节保持活动性(见下文)。按摩、锻炼心理素质以及良好的睡眠质量都有助于身体恢复。其他一些工具和疗法也有助于改善运动后的肌肉酸痛,比如压力衣、冰水浴(运动后将双腿浸泡在冰水中10~15分钟)、"韩式三温暖"(双腿交替浸泡在温水和冷水中20~30分钟)、冷冻疗法(使用冰袋等对肌肉进行冷敷)。然而,高压氧疗法和电刺激法等其他方法是否有效,目前证据还比较少。

> 适当的恢复与训练同样重要,有时甚至更重要。

保持身体的活动性

在高强度训练之后,大多数人只想在下次训练开始前就那么一动不动。然而,如果既能让身体得到恢复,又能保持活动性(二者合起来称为动态恢复),无疑好处多多,包括:增强代谢产物(比如血乳酸)清除能力、改善肌肉功能、减少运动后疼痛。在未安排关键训练(见第173页)的时间里,可以开展以下活动来进行动态恢复,比如:交叉训练(见第181页)、连续慢跑(见第174页)或日常训练(见右图)来保持关节、肌肉和肌腱的活动性。与关键训练相比,这些活动的冲击力和强度都相对较低。

保持活动性的日常训练
你可以将锻炼项目纳入每天不同时刻的日常训练当中,以保持身体的活动性。

夜晚
进行静态拉伸,比如改良鸽式、阔筋膜张肌小球放松和梨状肌小球放松(见第84~89页),以缓解髋屈肌和臀肌的紧绷感或张力。

起床后
通过动态拉伸来活动肌肉,比如前后摆腿、侧向摆腿和小腿拉伸(见第72~77页)。

中午
进行一些简单的活动性练习,比如踝关节、膝关节和髋关节活动。如果你在工作时经常久坐不动,这些动作非常适合在工作日实施,并有助于保持身体的活动性。

工作后
尝试进行不同的准姿练习,比如动作A、动作B、动作C、跨步、跳步和交叉步(见第78~83页)。如果你在工作时经常久坐不动,这些方法尤其有益。

按摩

随着训练负荷的增加,许多身体部位都会感到肌肉紧绷和僵硬。解决办法之一是在训练期间定期进行按摩。

按摩可以帮助放松肌肉组织,减少运动后的酸痛。尽管已有证据表明,按摩并不会增加血流量或帮助清除代谢废物(二者通常被认为是按摩的好处),但也有科学研究认为,按摩对心理具有积极影响,比如促进感知恢复和缓解肌肉酸痛,从而使心理状态得到改善。

按摩对神经系统也有效果,可以帮助激活副交感神经系统(见第36页),副交感神经系统负责抑制训练和比赛产生的应激反应。

如果你不能定期进行按摩治疗,可以考虑自我按摩。能够利用的工具有很多,比如泡沫轴和长曲棍球式筋膜球,可用于肌肉感到紧张的区域。第86~89页的阔筋膜张肌小球放松和梨状肌小球放松对此已有描述。

冥想

练习冥想可以帮助跑者放松和缓解压力,这是其最主要的好处。反过来这又会帮助你拥有高质量的睡眠,让身体得到高效修复。

此外,冥想还可以训练你的精神专注力,当你需要激励自己坚持训练时,冥想可增强你的意志力和自律意识。冥想还可以提高你的心理素质,帮助你应对挫折、疼痛、压力和艰苦训练,以及比赛的挑战。

睡眠

对于任何跑者来说,睡眠质量和睡眠时间都是最重要的恢复因素,睡眠不足对长跑成绩的影响更为明显。睡眠不佳会影响免疫系统和内分泌系统,使你不能很好地适应恢复和训练,还会导致认知功能受损、疼痛加重、情绪变化和新陈代谢异常。耐力训练已被证实会抑制免疫力,因此良好的睡眠卫生(见右侧框文)对免疫系统的恢复至关重要。如果睡眠不足,身体就没有足够的时间来修复并强化记忆,进而导致反应变慢,增加受伤的风险。

睡眠卫生

良好的睡眠卫生可以提高睡眠质量和睡眠时间。可以尝试以下做法并培养习惯:
- 保持卧室灯光暗淡、声音安静,维持室温为 19 ~ 21℃
- 准备舒适的床和枕头
- 不要在睡前 1 小时内看发光的屏幕
- 不要在下午或晚上摄入咖啡因
- 每天都尽量在同一时间就寝和起床
- 在睡前 30 分钟形成一套例行的睡前程序,让身体为睡眠做好准备
- 如果感到焦虑或难以入睡,运用一些放松或呼吸技巧(见上文"冥想"部分)

快速眼动期
修复精神状态

浅睡期
睡眠的早期阶段,巩固肌肉记忆

深睡期
调节皮质醇(一种应激激素),帮助储存糖原

较深睡期
释放人体生长激素,用于肌肉修复

睡眠的不同阶段:清醒阶段、快速眼动阶段、第一阶段浅睡眠、第二阶段、第三阶段深睡眠

睡眠时间 / 小时

通过睡眠促进身体恢复
睡眠可以分为多个不同阶段,每晚我们都会经历这些阶段的循环,并且每一阶段对于身体恢复都非常重要。

选择并执行训练计划

训练计划是否有效，取决于其能否优化改善跑者目前的体能状况和训练水平。本书介绍的初阶和高阶训练计划，将帮助你构建关于关键训练的体系结构，如果愿意的话，你可以在此基础上扩展出自己的训练体系，并进行调整。

训练计划的类型

本章介绍的训练计划包括5千米、10千米、半程马拉松和全程马拉松的初阶训练计划，以及10千米、半程马拉松和全程马拉松的高阶训练计划。

初阶训练计划

如果你以前没有跑过，或者很长时间没有跑了，又或者受伤后正准备回归训练，那么你可以先从5千米初阶训练计划开始。这一训练计划采用的是走和跑交替，逐渐延长你的跑步时间。一旦你首次完成5千米初阶训练计划，就可以开始尝试更长距离的跑步。当然，没有规定说你必须跑远。事实上，许多跑者更乐意跑得近些，但努力缩短完成时间。不过，如果你的身体在你跑得更远时能吸收这些训练负荷，那么坚持下去你会非常有成就感。各项初阶训练计划需要在12周内完成，跑者应尽力完成每项训练的目标距离。

高阶训练计划

高阶训练计划适合那些已经能够完成目标距离的比赛但仍希望提高成绩的人。与初阶训练计划相比，高阶训练计划的整体训练量和训练强度都会大幅提高，并且加入了更多不同的且更复杂的训练内容。为了通过训练使体能状况达到更高水平，高阶训练计划的时间由12周延长至24周。由于这些计划的训练时间都比较长，你可以在计划中设置训练适应期（见第171页），并且每个阶段都有各自的具体目标，这样各训练之间就可以有序衔接。

计划进阶
任何一个为期12周的初阶训练计划（5千米、10千米、半程马拉松和全程马拉松）都是前后关联的。只要按照这4个计划进行训练，在48周内，你完全可以从零经验进阶至完成一次全程马拉松。

| 5千米
初阶计划
第1～12周
（见第184～185页） | 10千米
初阶计划
第13～24周
（见第186～187页） | 半程马拉松
初阶计划
第25～36周
（见第192～193页） | 全程马拉松
初阶计划
第37～48周
（见第198～199页） |

训练的不同阶段

本书介绍的训练计划分为以下几个阶段。每个阶段的重点逐渐从提升有氧和无氧运动的体能,转向针对目标比赛进行专门训练。下面的周期图展示了在一个24周训练计划中,每个阶段的周数分配及其内容。

训练适应期

如果你刚刚完成了一场高强度的比赛或训练,那么应先从训练适应期开始(高阶训练计划才会有适应期)。这个阶段的目标是首先恢复身心状态,然后将训练量恢复至某一水平,以便你更加专注于训练。通常在训练计划中为此阶段安排3周时间,但根据疲劳程度,可以适当延长几周、几个月,甚至暂时停止跑步。

强度降低期

比赛备战期结束后紧接着就是强度降低期。如果训练造成身体极端疲劳,即使比赛当天你的体能状况处于巅峰,你也可能发挥不出最佳水平。此外,如果赛前你的体能水平下降得太快,你同样不能在赛场上发挥出最佳水平。因此,强度降低期的关键就在于"逐渐减少",经过该阶段训练,既能让你神清气爽地站上起跑线,又能让你维持足够的训练量和训练强度来保持体能。

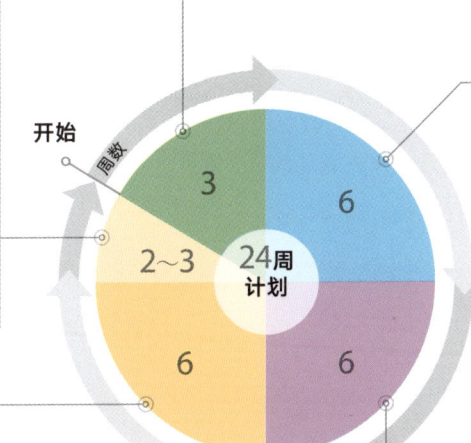

基础建立期

对于初阶跑者和高阶跑者而言,集中训练从这个阶段开始。目标是增强有氧呼吸能力、逐渐提升训练强度、提高跑步技巧(比如跑步姿势、力量、爆发力、步频和冲刺能力)。无论涉及速度、力量还是耐力,该阶段都是弥补个人弱点的最佳时期。不管预期跑步距离如何,这个阶段都可以让你体能更好、跑得更快、变得更强壮。

比赛备战期

这个阶段重点关注与目标比赛相关的具体要求,包括让你了解到自身训练强度和跑动距离的极限。目标是发展你跑快、跑远的能力,让你尽可能高效地发挥出目标比赛配速。这个阶段还会训练你在目标比赛中将要用到的主要供能系统。在高阶训练计划中,你的训练量将在训练支持期达到极限(见第182页),该阶段就是要让你的身体去适应这个极限,从而让更多的能量投入并转化到训练中。

训练支持期

这个阶段的主要目标是让你为即将到来的比赛备战期做好准备。在基础建立期,你已打下一定的体能基础;而从训练支持期开始,将更专注于比赛距离和配速的训练。有些训练配速比目标比赛配速快,目的是当你降低至以目标比赛配速进行跑步时,让你感觉更舒服。此外,还有一些慢速训练可以帮助你提升耐力,让你在一定的目标距离下,能够持续保持目标比赛配速。

训练的原则

训练的原则是训练计划是否制订成功的依据。无论是休闲跑者还是精英跑者,这些原则已被证明对大多数跑者都有效,了解这些原则将帮助你从训练计划和训练本身中获得最大收益。

全面提升体能
通过无氧训练、跑步姿势的训练以及有氧跑步,来提高身体的整体体能水平,从而成为一名更全面的跑者。

持续适应刺激
逐渐引入不同的训练刺激,通过改变训练量、强度或频率,来促进身体产生适应性。

加大训练强度
以下4种方式可以加大训练强度:提升配速;保持配速不变但增加跑步距离和时间;提高快跑在跑步训练中的比重;缩短训练与恢复之间的间隔时间。

增加训练量
在执行训练计划时,将训练量逐渐增加至预定的峰值,并适度安插几周训练量减少的训练,让身体充分适应训练负荷。

优化调整训练负荷
训练负荷应该以身体可以承受并能从中受益的速度逐渐增加。监测身体过度训练的症状(见第162~163页),必要时进行调整。

训练的类型

尝试各种类型的训练有助于你成为一名全面的跑者,让你体格更强壮、体能更好。

训练计划涵盖短程冲刺和有氧长跑等多种类型,基本上可分为4类:连续慢跑、连续快跑、间歇训练、坡度跑训练(见第174~180页)。但这只是其中的一种分类方法,你也可以根据其他方法进行分类。但无论怎样分类,每项训练在增加耐力、速度和力量方面都各有好处。特别值得一提的是,以跑姿为重点的间歇训练,还能有效帮助跑者改善跑步姿势。

个性化训练

训练计划类型不同,有的比较难,有的相对容易。通过训练,你会发现自己到底是以耐力还是以速度见长。另外,训练计划不应是一成不变的,如果你在训练周期较早阶段就发现了某个弱点,那你可以转变训练重点,调整训练计划来专门进行弥补。

糖原耗竭训练

糖原耗竭训练是指身体在糖原耗竭的状态下跑步,从而提高代谢脂肪的能力。这对于90分钟以上(跑步时肌肉以糖原为主要能量来源的平均时间)的长跑比赛十分有用。

为达到糖原耗竭状态,早餐前跑步是最简单的方法(确保跑前至少禁食10小时)。在进行糖原耗竭训练后,需要摄入高碳水化合物恢复餐来补充能量。

糖原耗竭训练属于高压训练,必须谨慎进行。在训练周期的早期要先进行适应,所以一开始可以每周训练1次,当身体适应后再逐渐增加训练次数。在强度降低期,需要减少甚至停止糖原耗竭训练。

合理规划训练

在本书的训练计划中，每周会安排3次关键训练：其中2次跑步的距离较短但强度较大，剩余1次跑步的距离较长。

这些关键训练应该成为你每周最大的训练刺激。每周只安排3次关键训练，每次关键训练之间至少安排1天进行恢复。根据个人经验水平、体能状况和可用时间的不同，恢复日可以进行彻底休息、交叉训练（见第181页）或连续慢跑（见第174页）。然而，请记住，恢复日的任何活动都应该能够轻松完成，这样你才能让身体做好准备，以满足下次关键训练规定的跑动距离以及所需的费力程度。

每周进行3次关键训练已经对你帮助很大，但是如果你想增加训练次数，并且在训练计划中增加关键训练，请记住，多次短程跑后的恢复相比1~2次远程跑后的恢复要容易得多。在设置跑步距离时，与1周中的最远距离跑步相比，次远距离跑步的跑动距离或持续时间不应超过其1/2，其余所有类型的跑步不应超过其1/3。

安排每周训练计划

下方示例显示了如果你愿意的话，如何在关键训练之间安排其他训练。最好坚持连续慢跑和交叉训练。

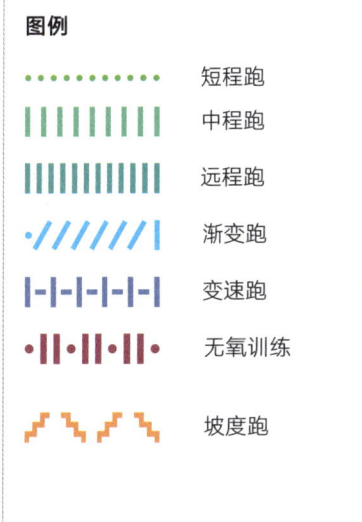

初阶跑者

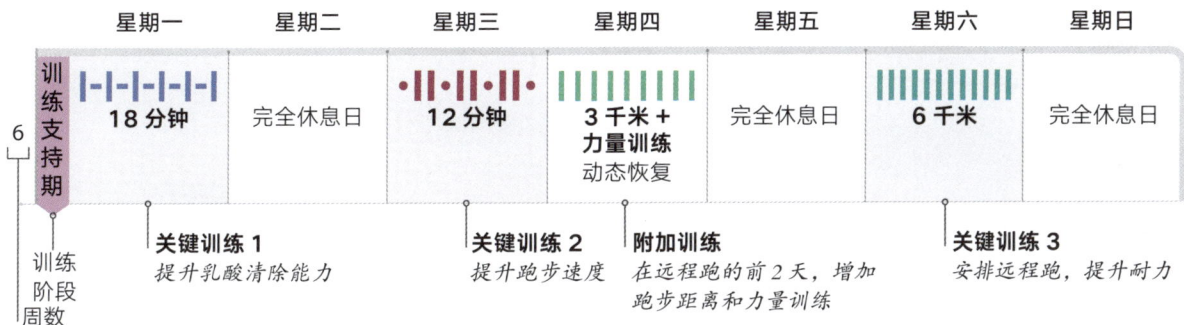

高阶跑者

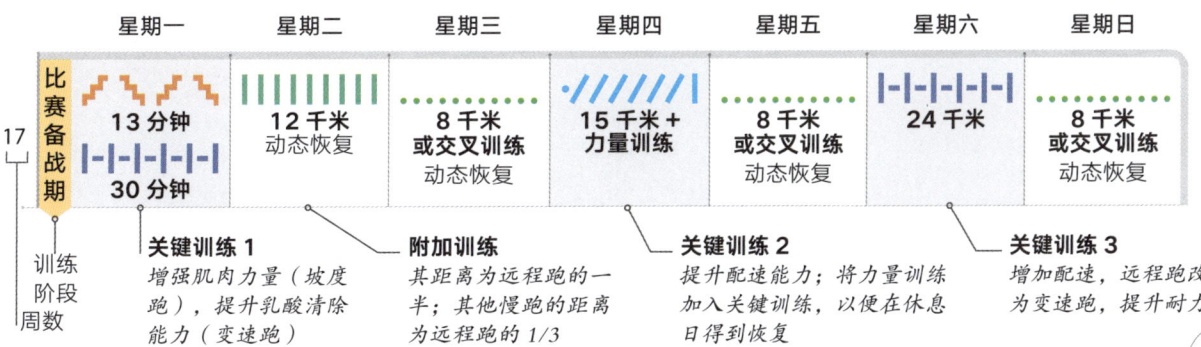

连续慢跑

记录内容：
- 跑动距离
- 持续时间
- 平均配速
- 自觉疲劳程度评分

连续慢跑更关注跑步的主观感受而非配速，确保你跑得轻松。

连续慢跑是所有训练类型中最不费力的，但占据了长跑者训练总量的主要部分。根据跑动距离或持续时间的不同，本书将连续慢跑分为"短程跑""中程跑"和"远程跑"3种类型，当然，这样的划分也与个人的跑步经验有关。

连续慢跑与恢复跑

连续慢跑的目的是为有氧运动建立强大的基础，从而避免在强度更高的训练中承受额外的负荷。

训练的好处

以乳酸阈配速或以上的配速跑20~40分钟（见第160~161页）。

连续慢跑可以提升耐力，增加毛细血管和线粒体（见第28~29页）数量，还能在远程跑时赋予你信心，促使你完成为比赛设定的目标距离。

如何训练

连续慢跑以"轻松配速"完成，意味着这种跑步应跑得尽可能地慢，以便保持良好的跑姿和放松状态。连续慢跑可以帮助你在下次训练开始前获得充分恢复，因此有助于你设置配速或费力程度上限（例如，不高于70%的心率储备），以确保跑起来感到轻松。

刚开始执行某项训练计划时，应逐渐增加距离以达到设定的目标距离。一旦达成该目标，你就可以通过改变配速来增加训练负荷（从连续慢跑转变为连续快跑），或者强度保持不变但增加距离。

训练类型与频率

根据相对距离或持续时间，连续慢跑可以划分为3种类型，但注意这种划分并非一成不变。随着跑步不断取得进步，曾经的"远程跑"可能会变成新的"中程跑"。实施连续慢跑的频率，取决于你的经验水平、训练阶段和目标距离。一些精英跑者每天会进行1次连续慢跑。

短程跑

在训练计划中，短程跑的跑动距离或持续时间通常只占最远距离的1/3甚至更短。

短程跑通常作为挑战性更强的训练热身或冷身活动；或者对高阶跑者来说，也可作为恢复日的训练内容（术语叫作"恢复跑"）。正是凭借自身的这种优点，短程跑成为每周的轻度训练。

中程跑

在训练计划中，中程跑的跑动距离或持续时间介于最远距离的1/3与1/2之间。

除了远程跑之外，中程跑也可以每周进行1次。紧接着安排至少1天的休息或恢复跑（见短程跑）。这种"额外"的跑步对马拉松跑者特别有用，因为它有助于增加有氧运动量，尤其是对每周只跑3~4次的跑者而言。

远程跑

远程跑是指1周训练中跑动距离最远的跑步。在训练计划中，任何跑动距离或持续时间占此最远距离一半及以上的跑步，都可以定义为远程跑。

每周可安排1次远程跑，特别是在基础建立期。在训练计划的后期，通过配速变化，远程跑可以转变为连续快跑，特别是对于半程马拉松和全程马拉松跑者而言。

连续快跑

记录内容：
- 跑动距离
- 持续时间
- 快跑区段平均配速
- 慢跑区段平均配速
- 整体平均配速
- 自觉疲劳程度评分

对于3种不同的连续快跑，跟踪配速和整体训练负荷非常有用。

连续快跑比连续慢跑的配速快，但是也不能跑得太快或太久，以免你必须停下来或者步行才能恢复。因此，控制配速是连续快跑的关键。连续快跑包括3种基本类型：节奏跑、渐变跑和变速跑。

节奏跑

节奏跑是一种均匀配速跑，通常最快速度不超过乳酸阈配速，最慢速度略低于全程马拉松配速（见右侧示例）。节奏跑之前或之后，有时会安排一次短程慢跑进行热身或恢复。

训练的好处

节奏跑能够让你练习如何在设定距离或持续时间内，以恒定、可持续的配速或费力程度跑步。除了比赛之外，没有什么其他训练可以像节奏跑一样提升你对配速的感知。节奏跑还能增强有氧运动能力，提高乳酸清除能力。

如何训练

尝试以均匀的配速或费力程度完成节奏跑。在训练计划中，第一次节奏跑的配速可能比目标配速（指你想要达到的速度）慢很多。这样有个好处是从一开始就可以控制你的费力程度和配速。这就是所谓的"当前配速"，即你可以在当前情况下维持的配速。随着体能状况的不断改善，节奏跑的配速逐渐会向目标配速靠拢。

基于费力程度与距离的配速

通常来说，以乳酸阈配速跑步，你可以在比赛中坚持1个小时，这也是乳酸阈配速有时被称为1小时比赛配速的原因。精英选手除外的大多数跑者跑完全程马拉松和半程马拉松肯定会超过1个小时，所以他们的配速相比乳酸阈配速会慢一些，这样他们才能跑完更远的距离。

同理，半程马拉松相比全程马拉松距离较短，所以其配速相对要快。训练计划应包含各种基于距离的配速（不仅仅是为目标比赛而准备的目标配速），这样你就可以根据不同的训练情况，调快或调慢配速（关于训练配速的计算，见第158～161页）。

示例

下方示例显示了在特定费力程度和配速下，节奏跑的典型跑动距离或持续时间。

乳酸阈配速（LT）

以乳酸阈配速或以上的配速跑20～40分钟（见第160～161页）。

20～40分钟 @ LT

半程马拉松配速（HMP）

以半程马拉松配速跑8～15千米。

8～15千米 @ HMP

全程马拉松配速（MP）

以全程马拉松配速跑12～24千米。

12～24千米 @ MP

渐变跑

在整个跑步过程中，渐变跑会逐渐提高配速或费力程度。例如，30分钟渐变跑，每6分钟提高1次配速。

训练的好处

渐变跑能够让你学会感受配速，以及在疲劳时提高配速。从生理学角度来讲，渐变跑能够提升肌纤维的摄氧量能力，在跑步的后期阶段，一开始会先锻炼慢缩型肌纤维的转换率，然后再锻炼快缩型肌纤维（见第13页）的转换率来提高新陈代谢。

如何训练

由于渐变跑对肌肉和有氧系统的配速要求更高，所以其平均配速通常比相同距离的节奏跑要慢。渐变跑的跑动距离或持续时间往往被分成2～5段，每段配速以3～10秒/千米逐渐增加。整体平均配速与每段配速同样重要，所以在你的训练计划中，首次渐变跑的配速应该设计得相对轻松，然后随着体能状况的改善而逐渐提升。

示例

下方示例显示了在特定配速和费力程度下，渐变跑的典型跑动距离或持续时间。

30 分钟渐变跑	15 千米渐变跑	24 千米渐变跑
共跑 5 段，每段 6 分钟，平均配速比乳酸阈配速（见第 160 页）慢 5～10 秒 / 千米。本例以比乳酸阈配速慢 15 秒 / 千米的配速开始，然后以比乳酸阈配速跑快 5 秒 / 千米的配速结束。	共跑 5 段，每段 3 千米，平均配速比半程马拉松配速慢 10 秒 / 千米。本例以比半程马拉松配速慢 30 秒 / 千米的配速开始，然后以比半程马拉松配速快 10 秒 / 千米的配速结束。	共跑 4 段，每段 6 千米，平均配速比全程马拉松配速慢 10 秒 / 千米。本例以比全程马拉松慢 25 秒 / 千米的配速开始，然后以比全程马拉松快 5 秒 / 千米的配速结束。
5 × 6 分钟跑 @ 15 秒 < LT + @ 10 秒 < LT + @ 5 秒 < LT + @ LT + @ 5 秒 > LT	5 × 3 千米跑 @ 30 秒 < HMP + @ 20 秒 < HMP + @ 10 秒 < HMP + @ HMP + @ 10 秒 > HMP	4 × 6 千米跑 @ 25 秒 < MP + @ 15 秒 < MP + @ 5 秒 < MP + @ 5 秒 > MP

训练频率

根据不同的经验水平、训练阶段和目标距离，每周最多可以进行 3 次连续快跑。在基础建立期（见第 171 页），短程和远程连续慢跑可演变为节奏跑、渐变跑或变速跑。在训练周期的后期阶段，根据对比赛的准备程度，决定每周的训练频次。

5 千米目标距离

当目标距离是 5 千米时，最好的方法就是安排连续快跑，在基础建立期每周 2 次，在训练支持期每周 1 次，在比赛备战期每 2 周 1 次。

10 千米目标距离

如果目标距离是 10 千米，每周安排 2 次节奏跑、渐变跑或变速跑将会十分有益。这些连续快跑在基础建立期、训练支持期和比赛备战期均可实施。

|-|-|-|-|-| 变速跑

顾名思义，变速跑就是在连续跑的过程中，交替进行慢跑和快跑。变速跑对跑动距离或持续时间没有任何限制，并且配速的变化可以提前计划好，也可以临时决定。

训练的好处

变速跑能够让你学会在身体没有完全恢复的情况下跑得更快。如果快跑区段配速比乳酸阈配速快，将会导致乳酸堆积，那么在慢跑区段被激活的慢缩型肌纤维将开始清除堆积的乳酸，这样可以提高肌肉将乳酸当作能量来源的能力。

如何训练

当你刚开始进行变速跑时，快跑区段可能只占5～10分钟。但随着体能的提升，你可以增加快速跑的时间、配速、整体跑步的距离，或缩短慢跑(恢复跑)区段的时间。如果恢复跑区段的配速接近快跑区段的配速，或者恢复跑区段的持续时间缩短，表明肌肉清除乳酸的能力已经有所提升。

示例

下方示例显示了各种训练计划的典型训练方式。

乳酸阈配速跑	半程马拉松专项训练	法特雷克跑
共跑30分钟，交替进行3分钟跑（配速比乳酸阈配速快10秒/千米）和2分钟跑（配速比乳酸阈配速慢15秒/千米）。 |-|-|-|-|-| 30分钟 ⋈ 3分钟 @ 10秒 > LT 和 2分钟 @ 15秒 < LT	共跑16千米，交替进行3千米跑（半程马拉松配速）和1千米跑（配速比半程马拉松慢30秒/千米）。 |-|-|-|-|-| 16千米 ⋈ 3千米 @ HMP 和 1千米 @ 30秒 < HMP	法特雷克在瑞典语中的意思是"速度游戏"，相比其他变速跑，法特雷克的配速变化更加自由，完全由跑者自行决定变速时机。 法特雷克跑通常持续45分钟，交替进行高强度的快跑（15秒至3分钟）和恢复跑。恢复跑的时间应该是快跑时间的1～2倍。
10千米配速专项训练	**全程马拉松专项训练**	
共跑9千米，交替进行2千米跑（10千米跑配速）和1千米跑（配速比10千米跑配速慢30秒/千米）。 |-|-|-|-|-| 9千米 ⋈ 2千米 @ 10km 和 1千米 @ 30秒 < 10km	共跑24千米，交替进行5千米（全程马拉松配速）和1千米跑（配速比全程马拉松配速慢20～30秒/千米）。 |-|-|-|-|-| 24千米 ⋈ 5千米 @ MP 和 1千米 @ 20～30秒 < MP	**关于各种训练的图例符号见第182～183页**

半程马拉松目标距离

当进行半程马拉松训练时，一个好的经验法则是：在基础建立期和训练支持期，每周安排2次连续快跑；在比赛备战期，每周最多安排3次连续快跑。

全程马拉松目标距离

在基础建立期，每周安排2次连续快跑；在训练周期的后期阶段，每周最多安排3次连续快跑。为了提高速度，在训练支持期要减少这样的训练，重点进行可以提高最大摄氧量的训练（见第178页）。如果你5千米和10千米比赛成绩都不错，那应该重点进行连续快跑，以提高跑步经济性和乳酸清除能力。

间歇训练

记录内容：
- 每次循环的自觉疲劳程度
- 每次循环的平均时间和配速
- 每次循环的单独时间和配速

在整个训练过程中，请留意配速是恒定不变还是有所增减。间歇训练重点关注的是快跑区段的训练强度。

间歇训练也被称为循环训练，交替进行快跑和恢复跑。快跑强度高、恢复跑强度低。间歇训练以不同的强度水平进行，无氧运动能力和最大摄氧量对长跑者来说最为重要。

·||||||· 最大摄氧量训练

最大摄氧量训练的强度低于无氧能力训练（见第179页），但高于乳酸阈训练。该训练是交替进行长时间的快跑与相对较短时间的恢复跑，其中恢复跑的持续时间可以与快跑相同，也可以是快跑的一半。

训练的好处

最大摄氧量训练可以让心脏泵送更多血液、肌肉吸收更多氧气，从而提高最大摄氧量。这项训练可以提高5千米跑和10千米跑的配速，帮助马拉松跑者提升其在短距离上的表现，以及稳定其在马拉松上的配速。一名马拉松跑者如果能在5千米跑和10千米跑上表现良好，那么他在进行接近乳酸阈配速跑的训练时，也会表现得好。

如何训练

最大摄氧量训练的强度通常相当于自觉疲劳程度6～7级、心率储备的91%～94%，或者3～5千米跑的比赛配速。快跑区段通常持续20～2 000米的距离（或持续30秒至6分钟的时间）。

示例

下方示例显示的循环训练适用于3千米配速跑。

3千米配速循环

共跑4.8千米，分为6个循环。每次恢复跑的持续时间与快跑相同（用1个实心圆表示）。如果每次快跑平均用时2.5分钟，那么每次恢复跑（步行）也用时2.5分钟。

训练频率

一般来说，应该在进入训练支持期（见第171页）后，才开始进行持续的无氧能力训练或最大摄氧量训练，因为此时你已经在基础建立期打好了力量基础，形成了良好的跑姿。你甚至可以重复进行30秒至4分钟的坡度跑训练（见第180页）。间歇训练的频率取决于你的目标距离。

5千米目标距离

无氧能力训练：在基础建立期，每周进行1次10～30秒的循环训练（基于费力程度而定）。进入训练支持期后，每2周进行1次更长时间的循环训练。

最大摄氧量训练：在训练支持期，每2周进行1次3千米配速的循环训练。进入比赛备战期后，每周进行1次3千米配速或5千米配速或二者兼有的循环训练。

10千米目标距离

无氧能力训练：在基础建立期，每周进行1次10～30秒的循环训练（基于费力程度而定）。进入训练支持期后，每2周进行1次1 500米配速的循环训练。

最大摄氧量训练：在训练支持期，每2周进行1次3千米配速或5千米配速的循环训练。进入比赛备战期后，如果目标是跑10千米的话，每2周进行1次5千米配速的循环训练。

强度与恢复跑

间歇训练和变速跑（见第 177～178 页）都是交替进行快跑和恢复跑。然而，间歇训练重点关注的是快跑的强度。而在变速跑中，恢复跑的强度与快跑同等重要。

间歇训练的恢复跑时间比变速跑要长得多。这样肌肉才能恢复得更快，让你在短时间内就可以进行高强度的快跑，从而提高肌肉的乳酸清除能力。间歇训练应该在平坦的路面上进行，这样你才可以在训练过程中最大限度地提高配速。

推荐长跑者进行以下 2 种间歇训练（均为无氧训练）：无氧能力训练和最大摄氧量训练。在这些训练期间，肌肉会产生乳酸堆积（见第 28～29 页）。因此，恢复跑必须缓慢进行，才能给肌肉留出足够时间清除乳酸，为高强度快跑做好准备。

•‖•‖•‖• 无氧能力训练

无氧能力训练是一种间歇训练，一般在肌肉乳酸堆积非常严重的时候进行。可在短程快跑中穿插较长时间的恢复跑，恢复跑持续时间是快跑持续时间的2～4倍。

训练的好处

无氧能力训练有助于增加无氧能量系统产生的能量。无氧能力训练十分费力，可以直接提高短程跑的速度，所以它对5千米和10千米的目标距离最为有利。对于半程马拉松和全程马拉松训练，最高强度的坡度跑训练（见第180页）可能更有帮助。

如何训练

在快跑区段维持你的最快配速，不要随着训练的进行而放慢速度。在快跑区段结束时，让你的心率接近最大值，自觉疲劳程度达到8～9级（只有在全速冲刺或者比赛最后冲刺时，自觉疲劳程度评分才会更高）。

示例

下方示例显示的间歇训练适用于 800 米配速跑。

800 米配速循环跑

共跑 1 600 米，分为 4 个循环。在每个循环中，每次恢复跑的持续时间是每次快跑持续时间的 4 倍（用 4 个实心圆表示）。如果每次快跑平均用时 1 分钟，那么每次恢复跑（步行）用时就是 4 分钟。

•‖•‖•‖

400米 @ 800m
+ •••• 步行
└─×4─┘

半程马拉松目标距离
无氧能力训练：在基础建立期，每周进行 1 次 10～30 秒的循环训练（基于费力程度而定）。不必进行更长时间的循环训练，除非你在训练周期内准备参加 5 千米或 10 千米比赛。马拉松比赛备战期间要停止这种循环训练。
最大摄氧量训练：仅在训练支持期，每 2 周进行 1 次 5 千米配速的循环训练。如果你在训练周期内准备参加 5 千米或 10 千米比赛，那你可以加入一些 3 千米配速的循环训练。

全程马拉松目标距离
无氧能力训练：在基础建立期，每周进行 1 次 10～30 秒的循环训练。不必进行更长时间的循环训练，除非你准备参加 5 千米或 10 千米的比赛。马拉松比赛备战期间要停止这种循环训练。
最大摄氧量训练：为了提高 5 千米和 10 千米的配速，每 2 周进行 1 次 3 千米配速和 5 千米配速的循环训练。如果你在全程马拉松训练周期内准备参加 5 千米或 10 千米比赛，那么在训练支持期，你需要进行最大摄氧量训练；但在进入马拉松比赛备战期间，要停止这种循环训练。

坡度跑训练

记录内容：
- 每次循环的平均配速
- 每次坡度跑的心率
- 每次坡度跑的自觉疲劳程度
- 每次坡度跑的配速

在整个训练过程中，请留意配速是恒定不变还是有所增减。只要你每次都在同一坡度上跑步，监测配速就有助于跟踪记录你的进步情况。通过记录你的心率和自觉疲劳程度来评估训练强度。

通过在斜坡上跑上、跑下，或者在起伏地形上跑步，你可以进行坡度跑训练。坡度跑训练不受任何费力程度和持续时间的限制。你可以在坡度上进行间歇训练、连续快跑，甚至远程跑。除非你只在平地上比赛，否则坡度跑是你比赛备战时不可或缺的训练方式。

坡度跑

坡度跑训练需要付出巨大努力，可以提高有氧运动能力和肌肉力量，帮助你做好比赛准备，改善跑步姿势。

训练的好处

坡度跑训练使得大量肌纤维参与收缩，可以增加肌肉力量。坡度跑也会强化膝关节周围的肌肉。上坡跑可以锻炼小腿肌、腘绳肌和臀肌，而下坡跑可以锻炼股四头肌。坡度跑训练是改善跑步姿势的好办法，强调抬头挺胸、上半身微向前倾、节奏加快、在身体质心正前方着地，可以帮助你克服上坡时的地面阻力，减少下坡时的冲击力。剧烈的短程坡度冲刺还可以增加每搏输出量（心脏在一次收缩中泵出的血液量）。

示例

下方示例显示了在不同强度下，坡度跑训练的典型循环时间和恢复时间。如果你想从平地跑转换至坡度跑，可以参考这些示例。

上坡冲刺	下坡冲刺	无氧能力坡度跑	最大摄氧量坡度跑	乳酸阈坡度跑
↑ 8～15 秒跑步 @ 100i + ↓ 2 分钟步行 × 4～10	↓ 15～30 秒跑步 + ↑ 45 秒～2 分钟步行 3～10 分钟	↑ 15 秒～2 分钟跑步 @ AC + ↓ 45 秒～6 分钟慢跑 3～16 分钟	↑ 30 秒～6 分钟跑步 @ VO₂ + ↓ 1～12 分钟慢跑 9～36 分钟	↑ 1～8 分钟跑步 @ LT + ↓ 1～12 分钟步行 20～40 分钟
以最大训练强度（自觉疲劳程度 10 级）进行上坡冲刺，重复 4～10 次，每次持续 8～15 秒，每次冲刺之间进行完全恢复（通常是 2 分钟或以上的步行）。	下坡冲刺对改善跑姿颇有益处。每次进行 15～30 秒的下坡冲刺，总共持续 3～10 分钟。上坡恢复时间应该是下坡的 3～4 倍。	进行 15 秒～2 分钟的上坡跑，总共持续 3～16 分钟。下坡恢复时间应该是上坡的 3 倍。	进行 30 秒～6 分钟的上坡跑，总共持续 9～36 分钟。下坡恢复时间应该是上坡的 2 倍。	进行 1～8 分钟的上坡跑，总共持续 20～40 分钟。理想情况下，下坡恢复时间应该等同于上坡时间，这有助于提高乳酸清除能力。
理想坡度 10%～20%	**理想坡度** 3%～8%	**理想坡度** 5%～10%	**理想坡度** 5%～10%	**理想坡度** 3%～6%

训练频率

对于大多数跑者来说，坡度跑所增加的额外强度和训练负荷，足以取代其他单项关键训练。

坡度跑

坡度跑十分费力，可以成为每周3项关键训练（见第173页）之一，所以每周最多进行3次坡度跑。然而，如果你要在关键训练之间进行坡度跑，应确保额外增加的坡度跑能够较为轻松地完成。如果你正在为参加山地比赛而进行训练，可以考虑用坡度跑替换掉目前大部分的关键训练。

如何训练

进行坡度跑前，首先要找到一处坡度和距离合适的斜坡。如果斜坡距离不够长，那么可以减少上坡的持续时间，增加循环次数。如果确实找不到合适的斜坡，或者跑步机无法调整坡度，那么你可以在诸如沙滩或草地等柔软的地面上跑步来增加训练阻力。从平地跑转换至坡度跑时，难以把握的是配速，所以坡度跑训练最好通过费力程度（可能的话，辅以心率监测仪）来监测，而不是配速。当训练类型确定后，随着训练不断进行，跑者应该以其可维持的最大费力程度去跑步，不要放慢速度。在训练结束前，如果觉得可以承受的话，其实可以再多跑上10%的距离。

交叉训练

除了跑步之外，任何你所进行的其他运动或锻炼都可以被称为交叉训练。辅以其他形式的训练，目的是更有效地进行动态恢复，这样做不但可以让身体从跑步的负面影响中进行休整，同时还能保持你的体能状况，并增加训练计划的多样性。

交叉训练可以让你保持有氧运动能力，同时减少对关节、肌肉和肌腱的冲击力。交叉训练适用于恢复期，如果你在受伤后想要回归训练，那么也适用于康复期。

多样性与恢复期

对于年龄较大或是患有肌肉骨骼疾病的跑者来说，交叉训练有助于减少训练对身体的影响，同时还能保持一定的训练负荷。对于年轻跑者来说，保持训练的多样性，可以降低受伤风险、避免倦怠感。

复合式运动（比如足球和篮球运动）能够增强肌肉在多个解剖平面内的力量和灵活性，也能为跑步的重复性动作带来一些动作变化，从而降低身体过度使用的风险。然而，交叉训练同样可能造成受伤，所以训练中请务必小心。可以开展一些力量训练（见第92～149页），以预防受伤并提高运动表现。

伤愈归来

选择不同类型的交叉训练，既可以满足训练需要，又不会加重你的伤情。例如，如果你主要考虑减少跑步时的冲击力，那么在游泳池中步行、蹬健身脚踏车或使用交叉训练机（也称椭圆机）都是不错的方式。

思考一下你可以在跑步方面做出哪些改变。例如，将慢速远程跑替换为在游泳池内进行或是蹬健身脚踏车。对于间歇训练而言，可以将距离（例如6×800米）转换为时间（例如6×3分钟），然后以同样的强度，在游泳池内、健身脚踏车或交叉训练机上跑相同的距离。这会让你的心血管系统获得诸多与跑步相同的好处。

交叉训练的频繁程度

一些跑者进行交叉训练，是因为需要让身体从跑步的负面影响中进行休整，而另一些跑者则纯粹是因为想要增加一些变化，所以交叉训练的频率因人而异。一般来说，交叉训练最好在恢复时间进行，这时候尽量不要再安排关键训练。

训练计划

本书介绍了多种训练计划，无论哪一种，建议每周进行3次关键训练。不同的图例符号代表不同的训练类型、距离或持续时间、配速或费力程度、恢复时间和重复次数。所有计划都用图表显示训练量。

训练项目

所有训练计划(除了5千米初阶走—跑训练计划)都包括第174～180页所描述的四大类训练项目。这样做可以帮助跑者开展各种关键性的体能训练。

有些训练时间较长，比如连续慢跑，可以锻炼跑步耐力；又比如连续快跑，可以增强有氧呼吸能力和提升乳酸清除能力，提高配速。有些训练时间较短但强度较大，比如侧重速度的间歇训练及坡度跑训练，可以改善肌肉状况和提高有氧呼吸能力。

动态拉伸（热身）

有些训练需要进行热身，包括一系列完整的流畅动作，以激活肌肉和预防损伤。完整的热身程序包括动态拉伸（见第72～77页）、准姿练习（见第78～83页）。

跨步、冲刺与加速

这3项训练都属于短距离的间歇训练，其运动目的是提高神经功能、改善生物力学因素。跨步距离短、速度快，跑步时应保持放松，注意跑姿正确。冲刺节奏高，强调跑步的频率而非步幅。加速通常在平地上进行，每次跑步应逐渐增加速度上限，最后达到100%的强度。

激活训练

激活训练通常安排在长跑、高强度训练或比赛前1～2天，目的是激活肌肉，刺激大量肌纤维的产生。这有助于消除身体迟钝感，但持续时间不宜太长，否则会造成重度疲劳。

训练量

右图显示了每种训练计划的训练量与最大训练量之比。在参与训练之前，你的运动水平应达到最大训练量的60%。例如，如果最大训练量为每周100千米，那么你应该每周跑60千米。

如果你每周进行3次以上关键训练，可以利用右图所示的训练量百分比来衡量你的训练，并逐渐增量。

逐渐增量

每种训练计划都应逐渐增加训练量和训练强度，以避免过度训练。

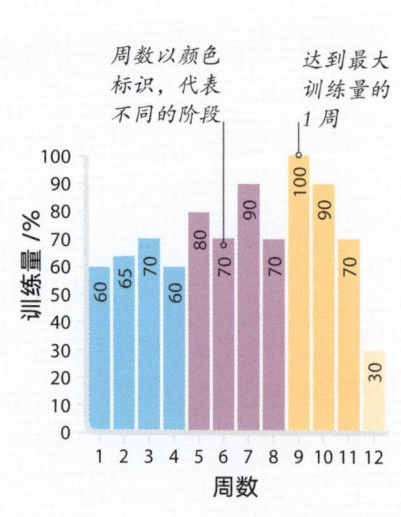

费力程度与配速

你应当按照建议的费力程度或配速，来进行训练计划中的每一项锻炼。以不同的配速进行训练，可以拓展跑步技巧，同时提升体能水平。

建议的配速通常是基于目标距离计算出来的，因此在进行这些训练计划时，你需要计算出自己在不同距离下的目标配速。根据你在比赛中的最佳成绩，或者根据你当前跑步能力设定的实际目标时间，你可以使用在线配速计算器得到相对准确的配速。最简单的方式是使用GPS监测仪来监测跑步配速。

然而，请记住，本书建议的配速只是跑步的目标而已，以良好的跑姿轻松跑步才是最重要的。跑步时，费力程度是可以随时调整的，所以如果按照费力程度跑步，你可以有效吸收训练负荷。但是如果你过于追求实现目标配速，那你就不能像基于费力程度跑步那样有效吸收训练负荷。在每次跑步结束时，你感觉自己还可以以相同配速再多跑上10%的距离，那这就是建议的配速。

> **非基于距离的配速**
>
> 以下是2种根据费力程度设置配速的方式，使用也非常普遍。
>
> **轻松配速**：按照这个配速跑步，很容易就能恢复。可以将目标配速设置为目标心率储备的70%，或者乳酸阈配速的80%。如果要计算实际数字，可以将乳酸阈配速换算成秒，然后乘以1.2。
>
> **稳定配速**：这个配速是变速跑中恢复跑区段的指导配速。恢复区段的稳定配速要尽量与快跑区段的配速差不多（理想情况下，稳定配速比快跑区段配速慢30秒/千米）。

各项训练图例符号

走—跑训练计划（见第184~185页）
- 步行
- 跑步

连续慢跑（见第174页）
- 短程跑
- 中程跑
- 远程跑

连续快跑（见第175~177页）
- 节奏跑
- 渐变跑
- 变速跑

间歇训练（见第178~179页）
- 跨步
- 冲刺
- 加速
- 无氧能力训练
- 最大摄氧量训练

坡度跑训练（见第180页）
- 坡度跑

其他
- 动态热身

简化符号

- ⇌ 交替切换配速跑步
- ↑ 上坡
- ↓ 下坡
- ⌐x 4⌐ 重复次数
- \> 速度比给定配速快
- < 速度比给定配速慢
- @ 速度与给定配速相同

配速与费力程度标识

- **E** 轻松配速（自觉疲劳程度2级）
- **S** 稳定配速
- **LT** 乳酸阈配速（自觉疲劳程度4.3级）
- **MP** 全程马拉松配速
- **HMP** 半程马拉松配速
- **10km** 10千米配速
- **5km** 5千米配速
- **3km** 3千米配速
- **1500m** 1500米配速
- **800m** 800米配速
- **VO₂** 最大摄氧量训练费力程度（自觉疲劳程度6~7级）
- **AC** 无氧能力训练费力程度（自觉疲劳程度8~9级）
- **100i** 最大训练强度（自觉疲劳程度10级）
- ○ 恢复步行或慢跑时间等于快跑时间的一半
- ● 恢复步行或慢跑时间等于快跑时间
- ●● 恢复步行或慢跑时间等于快跑时间的2倍
- ●●●● 恢复步行或慢跑时间等于快跑时间的4倍

5千米初阶计划

如果你完全是一名跑步新手，可以先进行走—跑训练计划，经过12周的训练，你可以从只能跑1分钟进阶到连续跑30分钟。伤愈归来的跑者也适用于这一计划，你可以选择训练节奏快一点，也可以晚么1周再进行训练，利用这段时间与你的物理治疗师一起对你的回归做一番规划，这样才能监测训练进程。

训练目标

5千米初阶计划可以帮助你实现跑上5千米的目标。如果你的配速可以达到每千米6分钟甚至更快，那么连续跑30分钟，你就可以跑够5千米。如果配速比这个稍慢，你可以延长跑步时间，也能实现跑够5千米的目标。例如，如果配速为每千米7分钟，那么跑够5千米就需要35分钟。另外，跑步时间的延长尽量控制在30~40分钟。

每次跑步前，可以先步行5分钟进行热身。然后开始跑步，快跑区段按轻松配速完成，轻松配速的意思是按此配速跑步，你在跑步时轻松到可以聊天。如果觉得能力还进不到下一级的训练，不要勉强，再训练1次或者多训练1周。每次走—跑训练之间，至少休息1天，或者进行交叉训练。

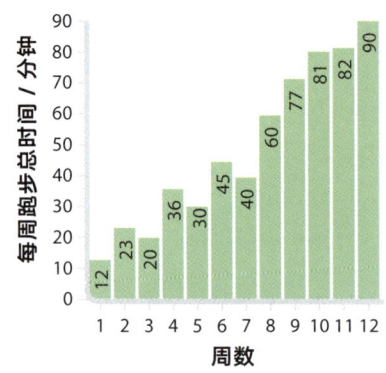

每周跑步总时间

上图显示了在12周的训练计划中，跑步（相对于步行）总时间的累积过程。

> 关于各种训练的图例符号
> 见第182～183页

	训练 1	训练 2	训练 3
周数 1	1分钟 + 9分钟 ×3 30分钟（跑步占3分钟）	1分钟 + 7分钟 ×4 32分钟（跑步占4分钟）	1分钟 + 5分钟 ×5 30分钟（跑步占5分钟）
2	1分钟 + 4分钟 ×6 30分钟（跑步占6分钟）	1分钟 + 3分钟 ×7 28分钟（跑步占7分钟）	1分钟 + 2分钟 ×10 30分钟（跑步占10分钟）
3	2分钟 + 9分钟 ×3 33分钟（跑步占6分钟）	2分钟 + 8分钟 ×3 30分钟（跑步占6分钟）	2分钟 + 6分钟 ×4 32分钟（跑步占8分钟）
4	2分钟 + 4分钟 ×5 30分钟（跑步占10分钟）	2分钟 + 3分钟 ×6 30分钟（跑步占12分钟）	2分钟 + 2分钟 ×7 28分钟（跑步占14分钟）

	训练 1	训练 2	训练 3
周数 5	3 分钟 + 7 分钟 ×3 30 分钟（跑步占 9 分钟）	3 分钟 + 6 分钟 ×3 27 分钟（跑步占 9 分钟）	3 分钟 + 5 分钟 ×4 32 分钟（跑步占 12 分钟）
6	3 分钟 + 4 分钟 ×4 28 分钟（跑步占 12 分钟）	3 分钟 + 3 分钟 ×5 30 分钟（跑步占 15 分钟）	3 分钟 + 2 分钟 ×6 30 分钟（跑步占 18 分钟）
7	4 分钟 + 6 分钟 ×3 30 分钟（跑步占 12 分钟）	4 分钟 + 5 分钟 ×3 27 分钟（跑步占 12 分钟）	4 分钟 + 4 分钟 ×4 32 分钟（跑步占 16 分钟）
8	4 分钟 + 3 分钟 ×4 28 分钟（跑步占 16 分钟）	4 分钟 + 2 分钟 ×5 30 分钟（跑步占 20 分钟）	4 分钟 + 1 分钟 ×6 30 分钟（跑步占 24 分钟）
9	5 分钟 + 1 分钟 ×5 30 分钟（跑步占 25 分钟）	6 分钟 + 1 分钟 ×4 28 分钟（跑步占 24 分钟）	7 分钟 + 1 分钟 ×4 32 分钟（跑步占 28 分钟）
10	8 分钟 + 1 分钟 ×3 27 分钟（跑步占 24 分钟）	9 分钟 + 1 分钟 ×3 30 分钟（跑步占 27 分钟）	10 分钟 + 1 分钟 ×3 33 分钟（跑步占 30 分钟）
11	12 分钟 + 1 分钟 ×2 26 分钟（跑步占 24 分钟）	14 分钟 + 1 分钟 ×2 30 分钟（跑步占 28 分钟）	18 分钟 + 1 分钟 + 12 分钟 ×1 31 分钟（跑步占 30 分钟）
12	20 分钟 + 1 分钟 + 10 分钟 ×1 31 分钟（跑步占 30 分钟）	24 分钟 + 1 分钟 + 6 分钟 ×1 31 分钟（跑步占 30 分钟）	30 分钟

10千米初阶计划

10千米初阶计划可以帮助你完成首次10千米比赛。在训练开始前,你至少应具备以下能力:能够连续跑5千米,每周跑3次,并且训练量达到计划最大训练量的60%。

在这个训练计划中,如果要进行的训练不是以慢跑开始,那么在训练之前应先进行10分钟慢跑,并完成动态热身。

训练目标

第1~4周是基础建立期,通过逐渐增加距离完成,主要进行30秒的跨步训练,重点关注跑步姿势,追求跑得放松、轻松、高效。在第4周安排恢复训练。

进入训练支持期后,开始通过变速跑、间歇训练和坡度跑训练来提高训练强度。与跨步一样,坡度跑训练同样关注跑步姿势,追求跑得轻松。第8周是恢复周,应安排一些较轻松的训练,时间也要短一些。

第9~12周是比赛备战期,重点进行更长距离的变速跑和间歇训练。第12周是强度降低期,应降低所有的慢跑或交叉训练强度,使其减少至平时训练量的50%以下。

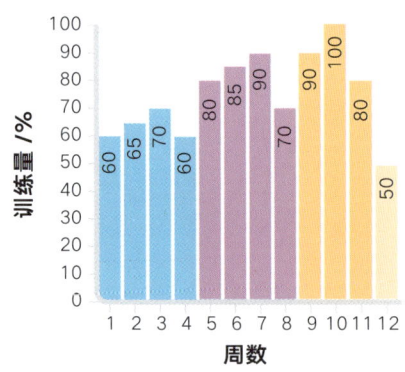

每周训练量

训练量逐渐累积,第10周达到最大训练量。第4周和第8周是恢复周,第12周开始逐渐减少训练量。

> 关于各种训练的图例符号
> 见第182~183页

周数		训练 1	训练 2	训练 3
1	基础建立期	15 分钟 + (30 秒跨步 +1 分钟步行) ×6 + 5 分钟	15 分钟 + (30 秒跨步 +1 分钟步行) ×6 + 5 分钟	5千米
2		20 分钟 + (30 秒跨步 +1 分钟步行) ×8 + 5 分钟	20 分钟 + (30 秒跨步 +1 分钟步行) ×8 + 5 分钟	6千米
3		25 分钟 + (30 秒跨步 +1 分钟步行) ×10 + 5 分钟	25 分钟 + (30 秒跨步 +1 分钟步行) ×10 + 5 分钟	7千米
4		15 分钟 + (30 秒跨步 +1 分钟步行) ×4 + 5 分钟	15 分钟 + (30 秒跨步 +1 分钟步行) ×4 + 5 分钟	5千米

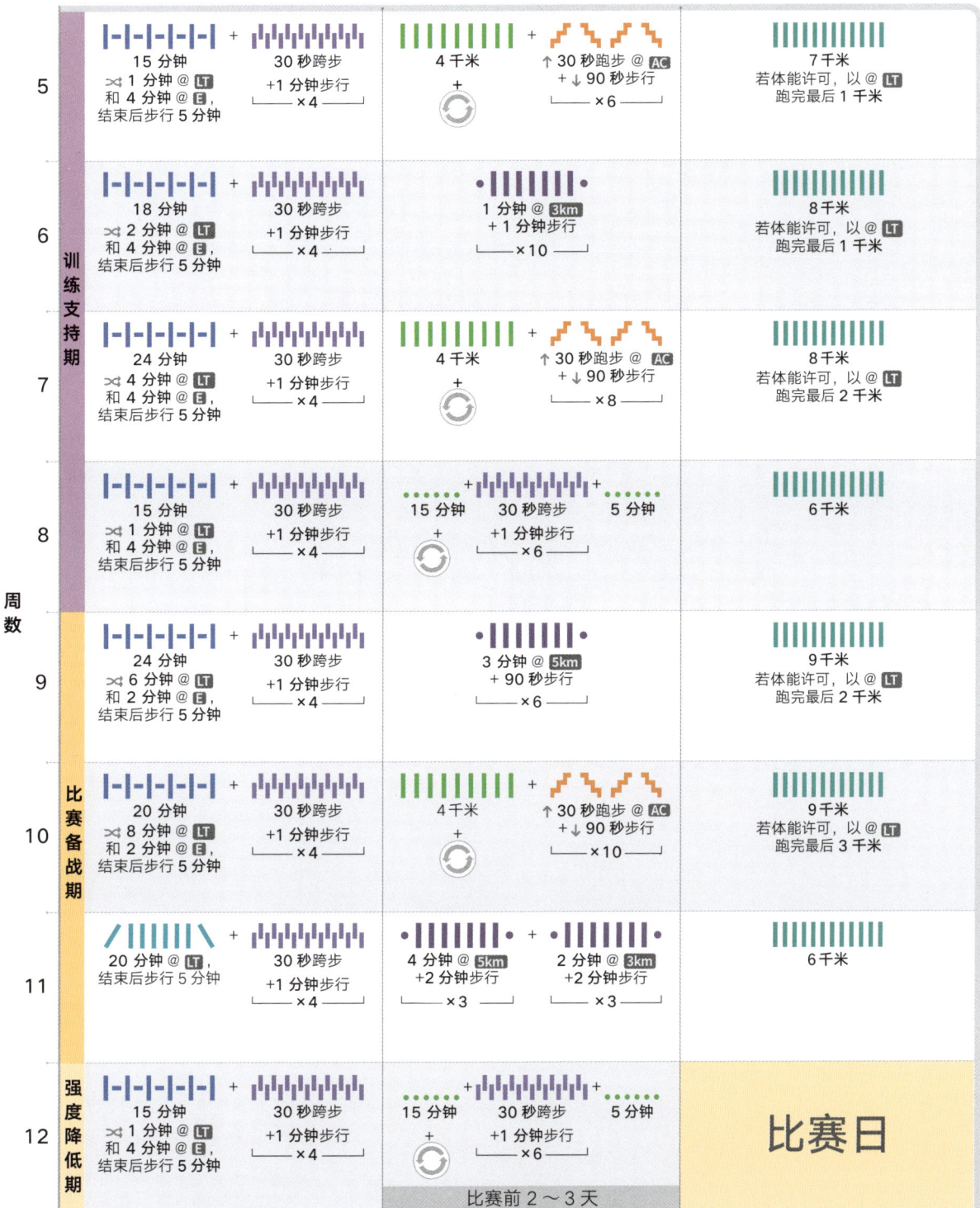

10千米高阶计划

如果你已经参加过10千米比赛，那么高阶计划重在加大训练强度和持续时间，帮助你提高比赛成绩。在开始这项计划之前，你应该具备连续跑15千米的能力。

在这个训练计划中，如果要进行的训练以马拉松配速或以上配速开始，那么在训练之前应先进行3千米慢跑，并完成动态热身。

训练适应期

训练适应期过后，你要具备能够完成最大训练量60%的水平，从而为基础建立期做好准备。这个阶段可能需要3周以上时间，主要取决于个人起点水平，若有需要，可以再延长训练1周。

基础建立期

第4~9周将增加有氧运动的训练量和训练强度，并提高跑步技巧。训练1重点进行山地和平地间歇训练；训练2重点进行强度更大的短程和中程连续跑训练；训练3重点进行远程跑训练，目的是增加训练量和有氧运动强度。

训练支持期

第10周开始是训练支持期，训练1和训练2的训练负荷较轻，重在帮助恢复。第11~15周继续增加有氧运动量，目标是提高你的速度、耐力、乳酸阈配速和乳酸清除能力。在训练1中，短程跑和中程跑变得愈发困难，还会增加距离更长的坡度跑训练，要求以最大摄氧量费力程度训练。训练2主要进行间歇训练，比如最大摄氧量训练和无氧能力训练。训练3则希望你能按照半程马拉松配速，跑得更久些，并且增加上述训练中恢复跑的稳定配速。

比赛备战期

第16周进行较低负荷的训练，帮助你进行恢复。第17~24周开始按照比赛配速做准备，保持乳酸水平相对较低，这样肌肉可以快速清除堆积的乳酸。训练1和训练2包括10千米变速跑、持续时间更长的连续快跑、短程坡度冲刺（锻炼爆发力），以及间歇训练（锻炼速度维持能力）。训练3主要训练变速跑，采用半程马拉松配速，其中稳定配速区段要尽可能接近半程马拉松配速。

强度降低期

第23周和第24周是为期13天的强度降低期，分为3部分：最初5天要逐渐减量，因为训练高峰期过后需要恢复；接下来的4天，稍微增加训练负荷，以保持体能，但不要给身体施加压力；最后4天减量，在此期间，只允许在比赛前进行1次激活训练。

> **关于各种训练的图例符号见第182~183页**

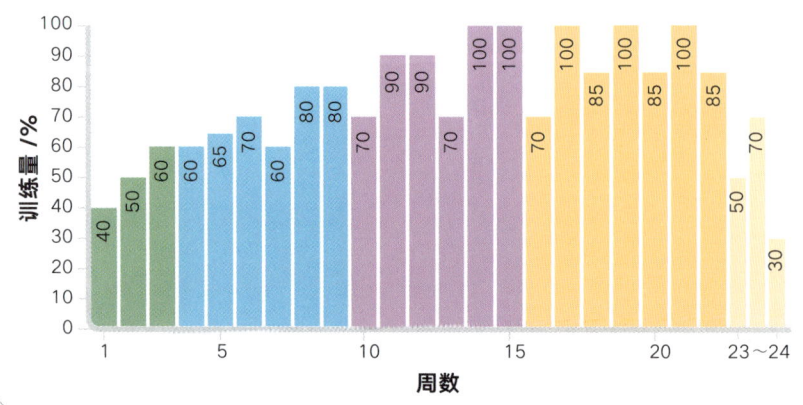

训练计划各个阶段
- 训练适应期
- 基础建立期
- 训练支持期
- 比赛备战期
- 强度降低期

每周训练量

第14周达到最大训练量，之后不再增加，直至进入为期13天的强度降低期，强度降低期可分为3个部分。

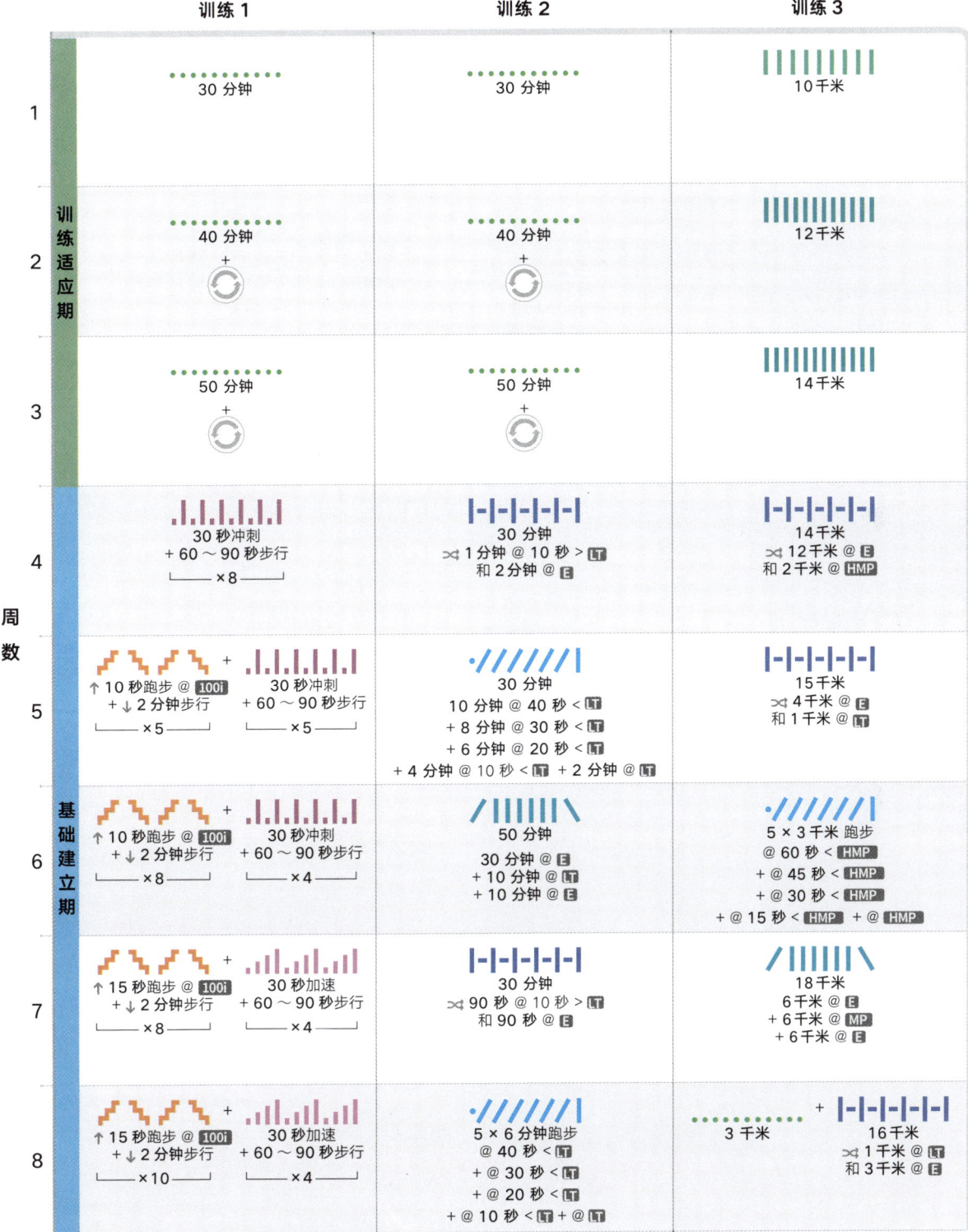

10千米 高阶计划

周	阶段	训练 1	训练 2	训练 3
9	基础建立期	↑15 秒跑步 @ 100i + ↓2 分钟步行 × 10 + 30 秒加速 + 60 ~ 90 秒步行 × 6	50 分钟 20 分钟 @ E + 20 分钟 @ LT + 10 分钟 @ E	4 × 5 千米跑步 @ 60 秒 < MP + @ 40 秒 < MP + @ 20 秒 < MP + @ MP
10		30 分钟 ⋈ 4 分钟 @ LT 和 2 分钟 @ E, 结束后步行 5 分钟 + 30 秒 @ 3千米 ~ 1500米 + 1 分钟步行 × 6	20 ~ 30 分钟 + ↑10 秒 跑步 @ 100i + ↓2 分钟步行 × 4 激活身体	15 千米 5 千米 @ E + 5 千米 @ HMP + 5 千米 @ E 或者换成 3 ~ 5 千米竞速
11		↑15 秒跑步 @ 100i + ↓2 分钟步行 × 4 + 1 分钟跑步 @ VO₂ + ↓2 分钟慢跑 × 12	300 米 @ 1500米 + ● 步行 / 慢跑 × 5 + 200 米 @ 800米 + ●●●● 步行 / 慢跑 × 5	4 千米 + 18 千米 ⋈ 1 千米 @ LT 和 2 千米 @ E
12	训练支持期	↑15 秒跑步 @ 100i + ↓2 分钟步行 × 4 + 21 分钟 ⋈ 1 分钟 @ 10 秒 > LT 和 2 分钟 @ S	800 米 @ 3千米 + ● 步行 / 慢跑 × 5 + 200 米 @ 1500米 + ● 步行 / 慢跑 × 5	5 × 3 千米 跑步 @ 40 秒 < HMP + @ 30 秒 < HMP + @ 10 秒 < HMP + @ HMP
13		↑15 秒跑步 @ 100i + ↓2 分钟步行 × 4 + 90 秒跑步 @ VO₂ + ↓3 分钟慢跑 × 8	400 米 @ 1500米 + ●● 步行 / 慢跑 × 5 + 200 米 @ 800米 + ●●●● 步行 / 慢跑 × 5	22 千米 5 千米 @ E + 12 千米 @ MP + 5 千米 @ E
14		↑15 秒跑步 @ 100i + ↓2 分钟步行 × 4 + 4 × 6 分钟跑步 + @ 30 秒 < LT + @ 20 秒 < LT + @ 10 秒 < LT + @ LT	1 000 @ 3千米 + ● 步行 / 慢跑 × 4 + 200 米 @ 1500米 + ●● 步行 / 慢跑 × 4	16 千米 ⋈ 3 千米 @ LT 和 1 千米 @ E
15		↑15 秒跑步 @ 100i + ↓2 分钟步行 × 4 + 2 分钟跑步 @ VO₂ + ↓2 分钟慢跑 × 6	600 米 @ 1500米 + ●● 步行 / 慢跑 × 4 + 200 米 @ 800米 + ●●●● 步行 / 慢跑 × 5	4 × 6 千米 跑步 @ 45 秒 < MP + @ 30 秒 < MP + @ 15 秒 < MP + @ MP
16	比赛备战期	30 分钟 ⋈ 4 分钟 @ LT 和 2 分钟 @ E, 结束后步行 5 分钟 + 30 秒 @ 3千米 + 1 分钟步行 × 4	20 ~ 30 分钟 + ↑10 秒跑步 @ 100i + ↓2 分钟 步行 × 4 激活身体	16 千米 4 千米 @ E + 8 千米 @ HMP + 4 千米 @ E 或者换成 5 ~ 8 千米竞速

周数		训练 1	训练 2	训练 3
17	比赛备战期	↑10 秒 跑步 @ 100i + ↓2 分钟 步行 ×4 + 12 千米 ⇌1 分钟 @ 10千米 和 1 分钟 @ E	1 000 米 @ 5千米 + ○ 步行/慢跑 ×6 + 200 米 @ 1500米 + ●● 步行/慢跑 ×4	4 千米 + 20 千米 ⇌1 千米 @ LT 和 1 千米 @ E
18		↑10 秒 跑步 @ 100i + ↓2 分钟 步行 ×4 + 60 分钟 ⇌4 分钟 @ LT 和 2 分钟 @ S	9.6 千米 ⇌400 米 @ 10千米 和 400 米 @ S + 200 米 @ 1500米 + ●● 步行/慢跑 ×4	4 × 4 千米跑步 @ 30 秒 < HMP + @ 20 秒 < HMP + @ 10 秒 < HMP + @ HMP
19		↑10 秒 跑步 @ 100i + ↓2 分钟 步行 ×4 + 12 千米 ⇌2 千米 @ 10千米 和 1 千米 @ E	1 200 米 @ 5千米 + ○ 步行/慢跑 ×5 + 200 米 @ 1500米 + ●● 步行/慢跑 ×4	3 千米 + 21 千米 ⇌18 千米 @ MP 3 千米 @ E
20		↑10 秒 跑步 @ 100i + ↓2 分钟 步行 ×4 + 40 分钟 @ LT	10 千米 ⇌600 米 @ 10千米 和 400 米 @ S, 结束后步行 5 分钟 + 200 米 @ 1500米 + ●● 步行/慢跑 ×4	15 千米 ⇌4 千米 @ LT 和 1 千米 @ E
21		↑10 秒 跑步 @ 100i + ↓2 分钟 步行 ×4 + 12 千米 ⇌3 千米 @ 10千米 和 1 千米 @ E	1 600 米 @ 5千米 + ○ 步行/慢跑 ×4 + 200 米 @ 1500米 + ●● 步行/慢跑 ×4	4 × 6 千米 跑步 @ 30 秒 < MP + @ 20 秒 < MP + @ 10 秒 < MP + @ MP
22		↑10 秒 跑步 @ 100i + ↓2 分钟 步行 ×4 + 4 × 9 分钟跑步 + @ 10 秒 < LT + @ 5 秒 < LT + @ LT + @ 5 秒 > LT	9.6 千米 ⇌800 米 @ 10千米 和 400 米 @ S, 结束后步行 5 分钟 + 200 米 @ 1500米 + ●● 步行/慢跑 ×4	3 千米 + 15 千米 12 千米 @ HMP + 3 千米 @ E
23	强度降低期	↑10 秒 跑步 @ 100i + ↓2 分钟 步行 ×4 + 30 分钟 ⇌4 分钟 @ LT 和 2 分钟 @ E	20 分钟 20 分钟 @ LT 结束后步行 5 分钟 + 200 米 @ 1500米 + ●● 步行/慢跑 ×4	16 千米 ⇌3 千米 @ E 和 1 千米 @ LT
24		8 千米 ⇌600 米 @ 10千米 和 400 米 @ E, 结束后步行 5 分钟 + 200 米 @ 3千米 + ●● 步行/慢跑 ×4	20 ~ 30 分钟 +	↑10 秒 跑步 @ 100i + ↓2 分钟 步行 ×4	比赛日
		比赛前 5 天	激活身体：比赛前 1~2 天	

半程马拉松初阶计划

半程马拉松初阶计划可以帮助你完成首次半程马拉松。在训练开始前,你至少应具备以下能力:能够连续跑10千米,每周跑3次,并且训练量达到该计划最大训练量的60%。

在这个训练计划中,如果要进行的训练以比轻松配速快的速度开始,那么在训练之前应先进行10分钟慢跑,并完成动态热身。

训练目标

第1~4周是基础建立期,目标是通过远程跑来增加训练量。通过短跑和长距离变速跑来增加训练强度;通过跨步、冲刺和坡度跑训练来改善跑姿。第5~8周是训练支持期,主要进行3千米配速和1 500米配速间歇训练。通过增加连续慢跑的距离以及增大快跑与慢跑区段的比例,来提高难度。

第9~11周是比赛备战期。这个阶段会增加远程跑和连续快跑的距离、增大快跑与慢跑区段的比例来提高难度,并采用5千米配速进行间歇训练。在第11周远程跑结束之后,在比赛前,也就是从第12周开始7~8天的强度降低期。

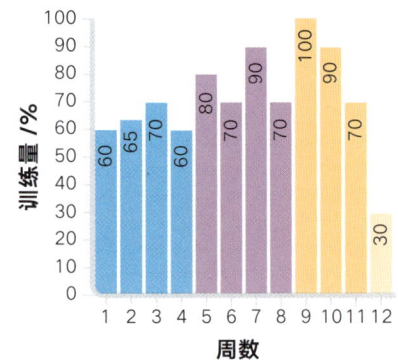

每周训练量
第9周达到最大训练量,第12周达到最大训练量的30%,这样才能在比赛中精神焕发。

关于各种训练的图例符号
见第182~183页

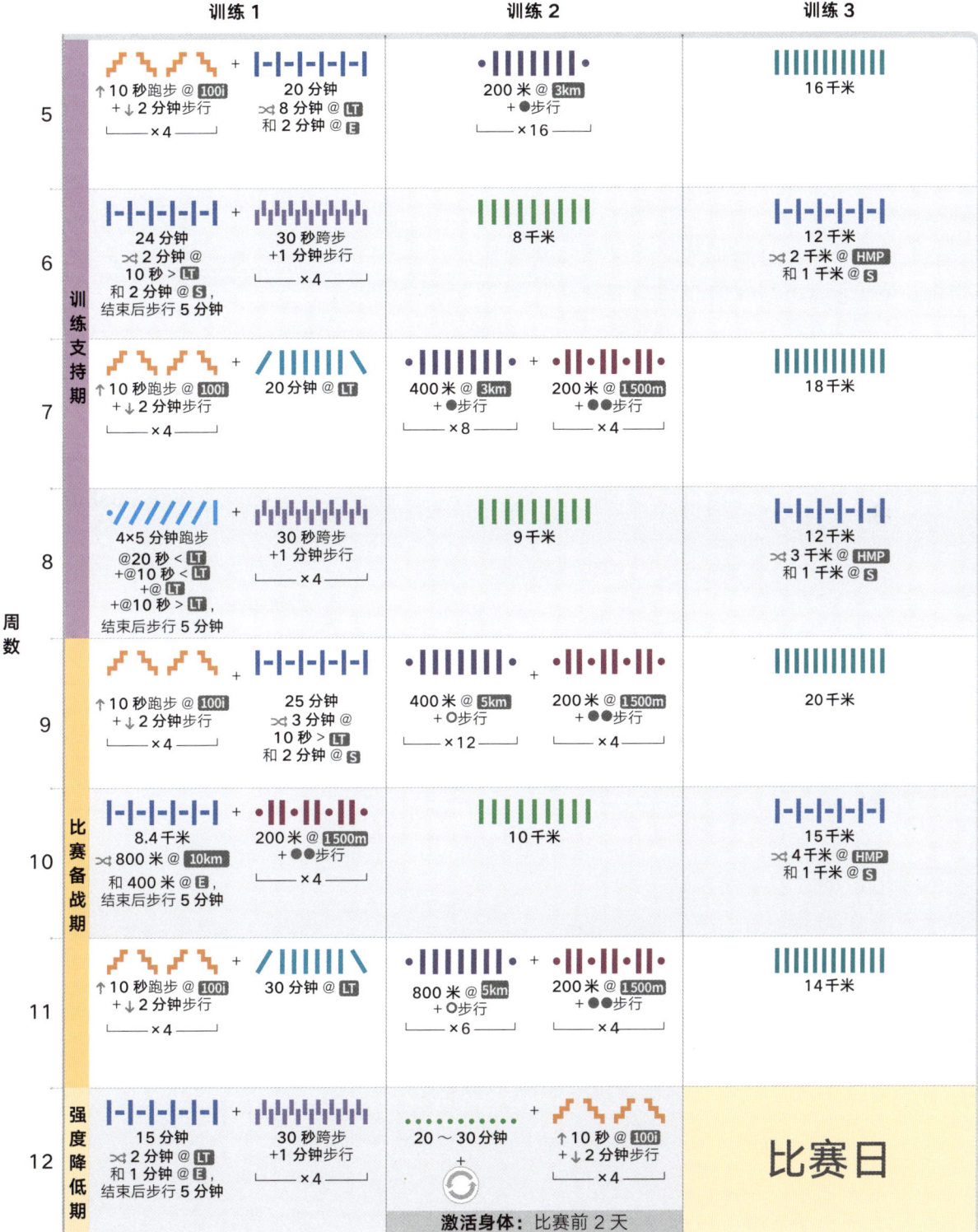

半程马拉松高阶计划

如果你已经完成至少一场重大比赛,并准备参加下一场半程马拉松,那么半程马拉松高阶计划就很适合你。24周训练可以帮助你达到比赛的目标时间。

在这个训练计划中,如果要进行的训练以马拉松配速或以上配速开始,那么在训练之前应先进行3千米慢跑,并完成动态热身。

训练适应期

这个阶段的目标是从上一场比赛中恢复过来,将训练量达到最大训练量的60%,然后再开始下一阶段的训练。训练时间通常为3周,若有需要,可以延长1周。

基础建立期

在第4~9周,训练1通过在坡道和平地上短跑来提高跑步技巧;训练2通过短程和中程连续快跑来提高有氧运动能力;训练3通过远程连续快跑来增加有氧运动训练量和训练强度。

训练支持期

进入第10周后,训练1和训练2的训练负荷较轻,可用来进行身体恢复训练。第11~15周的目标是提高有氧训练量、速度耐力、乳酸阈配速和乳酸清除能力。在训练1中,变速跑和渐变跑的难度将更大,坡度跑训练的距离将更长。训练2主要进行间歇训练,比如最大摄氧量训练和无氧能力训练。训练3主要进行远程跑,可以帮助你练习半程马拉松目标配速。

比赛备战期

第16周的训练负荷相对较轻,帮助你在第17~22周的训练开始前得到恢复。在此阶段,你要以目标比赛配速跑更远的距离。训练1通过增加变速跑的难度来提高肌肉的乳酸清除能力,通过短程冲刺训练来维持爆发力。训练2通过短程坡度冲刺和中程连续快跑来增加训练强度。训练3侧重采用半程马拉松配速进行远程跑,目标是让你的稳定配速尽量接近半程马拉松配速。

强度降低期

第23周和第24周是为期13天的强度降低期,分为3部分:最初5天要逐渐减量,因为你需要从第20~22周的最大训练量中得到恢复;接下来的4天,稍微增加训练负荷,以保持体能,但不要给身体施加压力;最后4天又要减量,在此期间,只允许在比赛前进行1次激活训练。

关于各种训练的图例符号见第182~183页

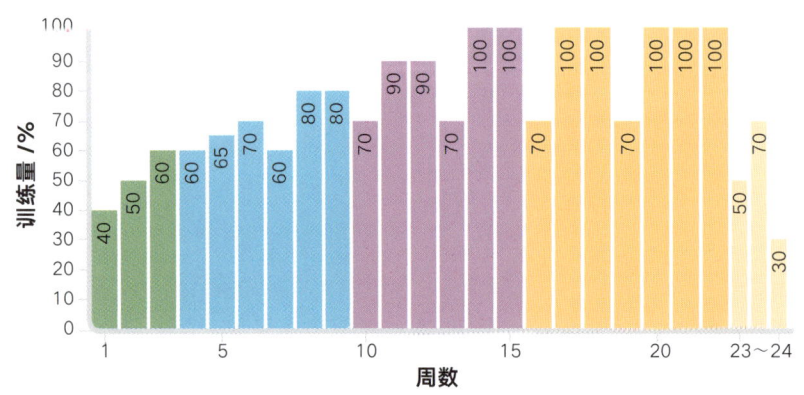

训练计划各个阶段
- 训练适应期
- 基础建立期
- 训练支持期
- 比赛备战期
- 强度降低期

每周训练量
第14周达到最大训练量,之后不再增加,直至进入为期13天的强度降低期,强度降低期可分为3个部分。

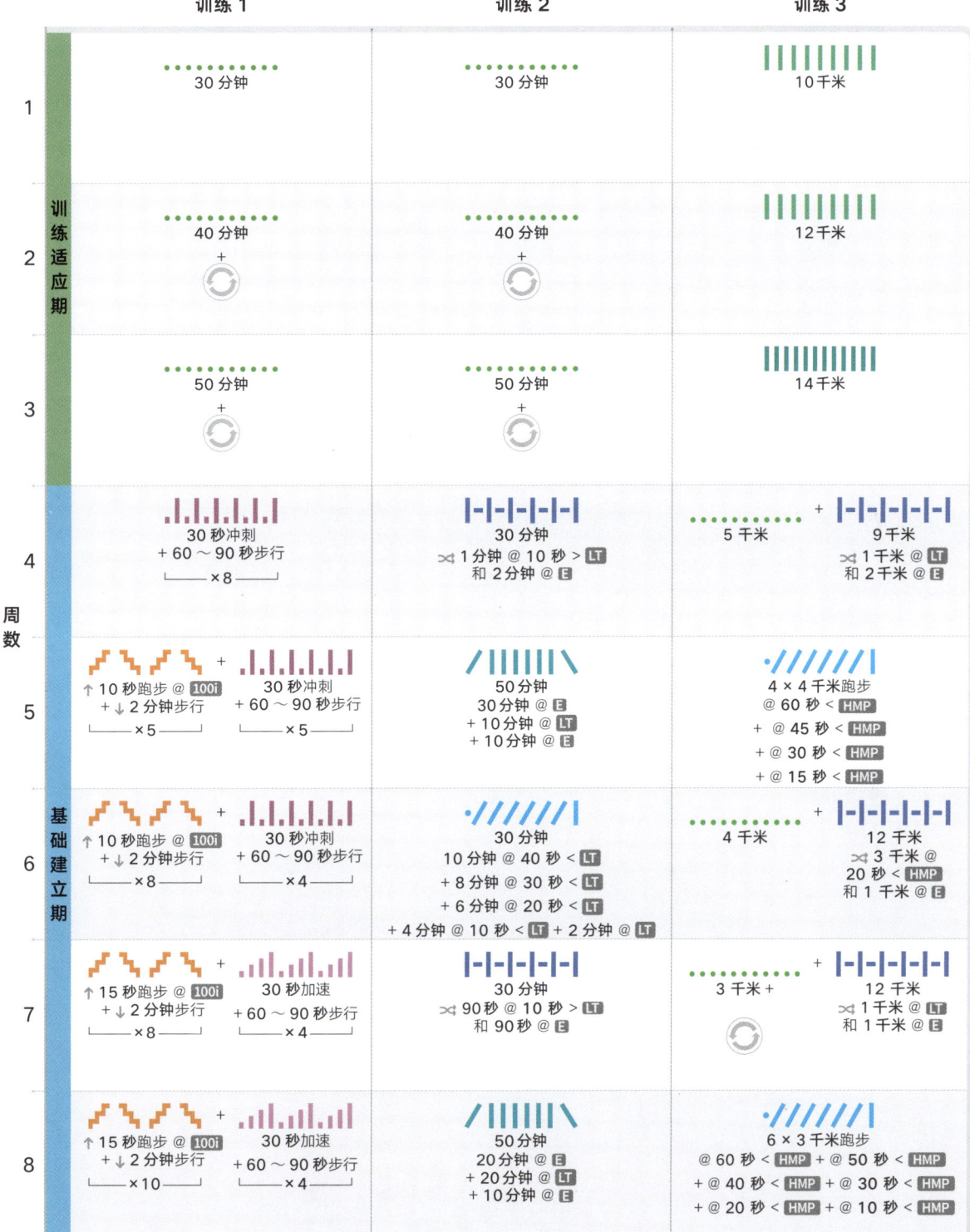

周数	阶段	训练 1		训练 2		训练 3
9	基础建立期	↑15 秒跑步 @ 100i + ↓2 分钟 步行 ×10	30 秒加速 + 60~90 秒步行 ×6	5 × 6 分钟跑步 @ 40 秒 < LT + @ 30 秒 < LT + @ 20 秒 < LT + @ 10 秒 < LT		3 千米 + 15 千米 ⋈ 4 千米 @ 20 秒 < HMP 和 1 千米 @ E
10		30 分钟 ⋈ 4 分钟 @ LT 和 2 分钟 @ E，结束后步行 5 分钟	30 秒 @ 3km ~ 1500m 1 分钟 步行 ×4	20~30 分钟 + 激活身体	10 秒慢跑 @ 100i + ↓2 分钟步行 ×4	14 千米 ⋈ 1 千米 @ HMP 和 1 千米 @ S 或者换成 5~8 千米竞速
11		↑15 秒跑步 @ 100i + ↓2 分钟步行 ×4	1 分钟跑步 @ VO2 + ↓2 分钟慢跑 ×12	1 000 米 @ 5km + ○ 步行 / 慢跑 ×6	200 米 @ 1500m + ●● 步行 / 慢跑 ×4	20 千米 3 千米 @ E + 14 千米 @ 20 秒 < HMP + 3 千米 @ E
12	训练支持期	↑15 秒跑步 @ 100i + ↓2 分钟步行 ×4	20 分钟 ⋈ 1 分钟 @ 10 秒 < LT 和 2 分钟 @ S，结束后步行 5 分钟	800 米 @ 3km + ● 步行 / 慢跑 ×5	200 米 @ 1500m + ●● 步行 / 慢跑 ×4	5 × 4 千米 跑步 @ 60 秒 < HMP + @ 45 秒 < HMP + @ 30 秒 < HMP + @ 15 秒 < HMP
13		↑15 秒跑步 @ 100i + ↓2 分钟步行 ×4	90 秒跑步 @ VO2 + ↓3 分钟慢跑 ×8	1 200 米 @ 5km + ○ 步行 / 慢跑 ×5	200 米 @ 1500m + ●● 步行 / 慢跑 ×4	15 千米 ⋈ 2 千米 @ HMP 和 1 千米 @ S
14		↑15 秒跑步 @ 100i + ↓2 分钟步行 ×4	4 × 6 分钟跑步 @ 30 秒 < LT + @ 20 秒 < LT + @ 10 秒 < LT + @ LT	1 000 米 @ 3km + ● 步行 / 慢跑 ×4	200 米 @ 1500m + ●● 步行 / 慢跑 ×4	22 千米 4 千米 @ E + 14 千米 @ 15 秒 < HMP + 4 千米 @ E
15		↑15 秒跑步 @ 100i + ↓2 分钟步行 ×4	2 分钟跑步 @ VO2 + ↓4 分钟慢跑 ×6	1 600 米 @ 5km + ○ 步行 / 慢跑 ×4	200 米 @ 1500m + ●● 步行 / 慢跑 ×4	4 × 5 千米跑步 @ 45 秒 < HMP + @ 30 秒 < HMP + @ 15 秒 < HMP + @ HMP
16	比赛备战期	30 分钟 ⋈ 4 分钟 @ LT 和 2 分钟 @ E，结束后步行 5 分钟	30 秒 @ 3km + 1 分钟 步行 ×4	20~30 分钟 + 激活身体	10 秒跑步 @ 100i + ↓2 分钟步行 ×4	16 千米 ⋈ 3 千米 @ HMP 和 1 千米 @ S 或者换成 10~15 千米竞速

		训练 1	训练 2	训练 3
17	比赛备战期	30 分钟 ⊰ 2 分钟 @ 10 秒 > LT 和 3 分钟 @ S，结束后步行 5 分钟 + 30 秒 @ 3km ~ 1500m + 1 分钟步行 ×6	↑10 秒跑步 100i + ↓2 分钟步行 ×4 + 60 分钟 ⊰ 3 分钟 @ LT 和 3 分钟 @ S	5 千米 (可选) + 19 千米 14 千米 @ 10 秒 < HMP + 5 千米 @ E
18		12 千米 ⊰ 1 千米 @ 10km 和 1 千米 @ E，结束后步行 5 分钟 + 30 秒 @ 3km ~ 1500m + 1 分钟步行 ×6	↑10 秒跑步 100i + ↓2 分钟步行 ×4 + 35 分钟 @ LT	4 × 6 千米 跑步 @ 45 秒 < HMP + @ 30 秒 < HMP + @ 15 秒 < HMP + @ HMP
19		30 分钟 ⊰ 3 分钟 @ 10 秒 > LT 和 3 分钟 @ S，结束后步行 5 分钟 + 30 秒 @ 3km ~ 1500m + 1 分钟步行 ×6	↑10 秒跑步 100i + ↓2 分钟步行 ×4 + 4 × 9 分钟 跑步 @ 15 秒 < LT + @ 10 秒 < LT + @ 5 秒 < LT + @ LT	15 千米 ⊰ 4 千米 @ HMP 和 1 千米 @ S
20		12 千米 ⊰ 2 千米 @ 10km 和 1 千米 @ E，结束后步行 5 分钟 + 30 秒 @ 3km ~ 1500m + 1 分钟步行 ×6	↑10 秒跑步 100i + ↓2 分钟步行 ×4 + 60 分钟 ⊰ 4 分钟 @ LT 和 2 分钟 @ S	5 千米 (可选) + 19 千米 14 千米 @ 5 秒 < HMP + 5 千米 @ E
21		30 分钟 ⊰ 3 分钟 @ 10 秒 > LT 和 2 分钟 @ S，结束后步行 5 分钟 + 30 秒 @ 3km ~ 1500m + 1 分钟步行 ×4	↑10 秒跑步 100i + ↓2 分钟步行 ×4 + 40 分钟 @ LT	4 × 6 千米 跑步 @ 30 秒 < HMP + @ 20 秒 < HMP + @ 10 秒 < HMP + @ HMP
22		12 千米 ⊰ 3 千米 @ 10km 和 1 千米 @ E，结束后步行 5 分钟 + 30 秒 @ 3km ~ 1500m + 1 分钟步行 ×4	↑10 秒跑步 100i + ↓2 分钟步行 ×4 + 4 × 9 分钟 跑步 @ 10 秒 < LT + @ 5 秒 < LT + @ LT + 5 秒 > LT	14 千米 @ HMP
23	强度降低期	30 分钟 ⊰ 4 分钟 @ LT 和 2 分钟 @ E，结束后步行 5 分钟 + 30 秒 @ 3km ~ 1500m + 1 分钟步行 ×4	↑10 秒跑步 100i + ↓2 分钟步行 ×4 + 20 分钟 @ LT	16 千米 ⊰ 3 千米 @ E 和 1 千米 @ HMP
24		8 千米 ⊰ 1 千米 @ HMP 和 1 千米 @ E，结束后步行 5 分钟 + 30 秒 @ 3km + 1 分钟步行 ×6	20 ~ 30 分钟 + ↑10 秒跑步 100i + ↓2 分钟步行 ×4	比赛日
		比赛前 5 天	**激活身体**：比赛前 1 ~ 2 天	

全程马拉松初阶计划

全程马拉松初阶计划可以帮助你完成首次全程马拉松。在训练开始前，你至少应具备以下能力：能够连续跑21千米，每周跑3次，并且训练量达到该计划最大训练量的60%。

在这个训练计划中，任何不是以轻松配速开始的训练，都应先进行10分钟慢跑，并完成动态热身。

训练目标

第1~4周是基础建立期，通过远程跑来增加训练强度和距离，同时进行跨步、冲刺和坡度跑训练来提高速度与爆发力。

第5~8周是训练支持期，主要通过间歇训练（比如无氧能力训练和最大摄氧量训练）来提高乳酸清除能力。增加连续快跑和远程跑的训练量，有助于提高耐力。

第9周是比赛备战期，侧重有氧运动强度，包括从全程马拉松配速训练到略高于乳酸阈配速的训练不等。在比赛前最后3周是强度将降低，要留出休息和恢复时间。

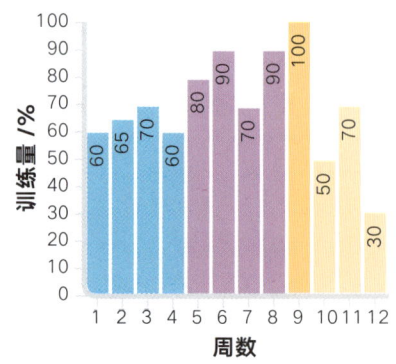

每周训练量

训练量逐渐累积，第9周达到最大训练量。比赛前是一段较长时间的强度降低期，可以让你获得充分恢复。

> 关于各种训练的图例符号
> 见第 182 ~ 183 页

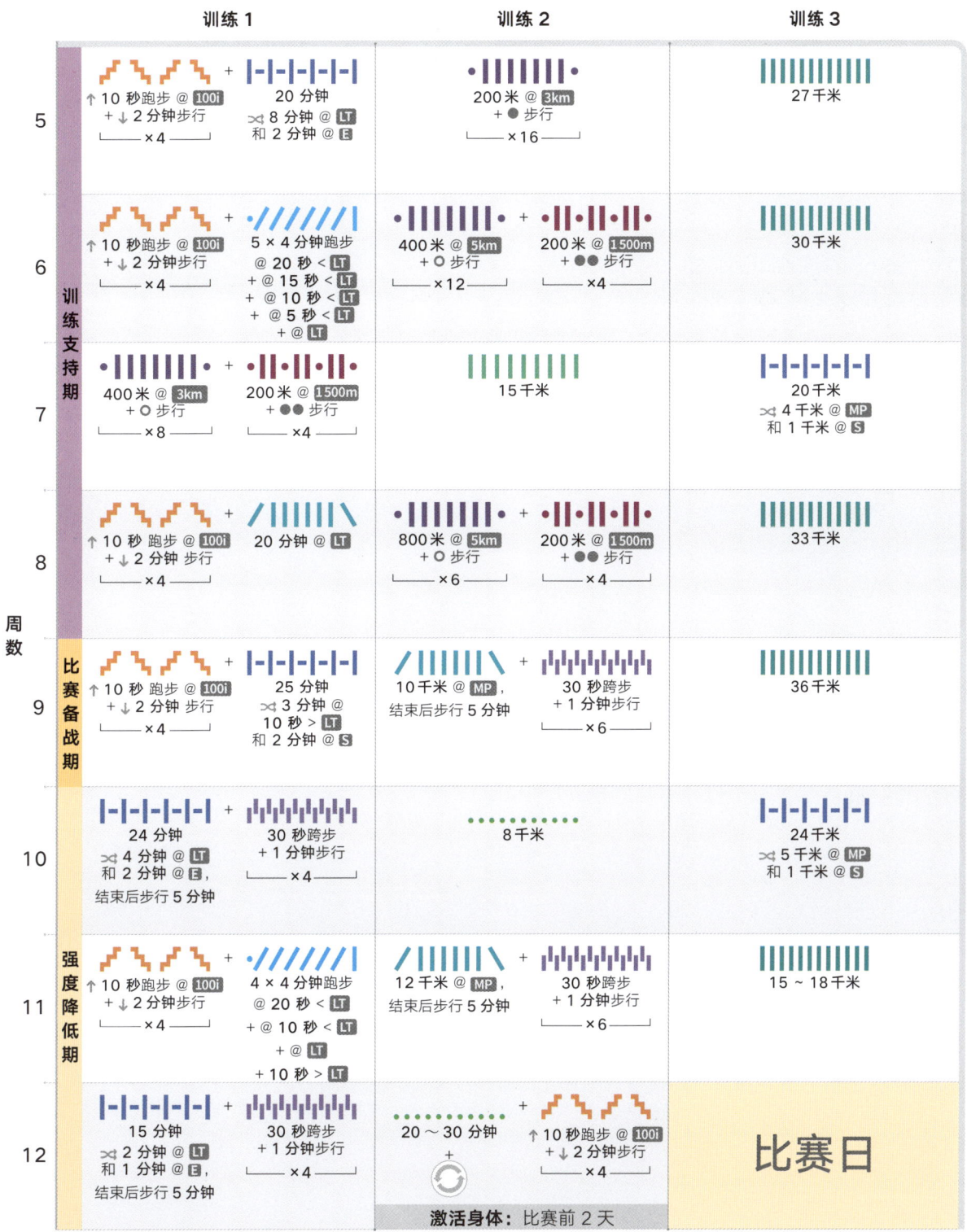

全程马拉松高阶计划

如果你已经完成至少一场重大比赛，并且准备参加下一场比赛，那么全程马拉松高阶计划就很适合你。24周训练可以帮助你提高比赛成绩。

在这个训练计划中，如果要进行的训练以马拉松配速或以上配速开始，那么在训练之前应先进行3千米慢跑，并完成动态热身。

训练适应期

这个阶段的训练可以帮助你从上一场重要比赛中恢复过来。通过连续慢跑和动态热身，将训练量提高到最大训练量的60%，然后再开始下一阶段的训练。训练时间通常为3周，若有需要，可以延长1周。

基础建立期

第4～9周通过增加有氧运动的训练量和训练强度，来提高跑步技巧。训练1主要进行间歇训练，比如在坡道和平地上短跑。训练2包括短程和中程连续快跑，可增加训练强度。训练3从远程跑转变为连续快跑，可增加有氧运动的训练量和训练强度。

训练支持期

进入第10周后，训练1和训练2的训练负荷较轻，可用来进行身体恢复训练。第11～15周的目标是继续提高有氧训练量、速度耐力、乳酸阈配速和乳酸清除能力。在训练1中，主要进行最大摄氧量间歇训练，变速跑恢复区段的配速更快，坡度跑训练的距离更长。在训练2中，连续快跑距离更长、配速更快。训练3增加远程跑的训练量，更多采用全程马拉松配速。

比赛备战期

第16周的训练负荷相对较轻，以帮助进行恢复，然后专注于有氧训练强度，配速介于全程马拉松配速与略高于乳酸阈配速之间。训练1以乳酸阈配速，进行短程连续快跑；训练2的连续快跑距离被拉长，实际上成为中程跑甚至是远程跑；训练3以全程马拉松目标配速进行远程连续快跑。在第17、19和21周，确保在训练2的全程马拉松节奏跑与训练3的远程跑之间留出2～3天的恢复时间。

强度降低期

训练量最大的那周结束后，紧接着是为期3周的强度降低期，用来进行身体恢复。第22周是强度降低的第1周，训练量降至50%；第23周通过锻炼来保持体能，但不要给身体施加过多压力；第24周只需在比赛前进行简单训练，防止身体机能变迟钝。

关于各种训练的图例符号见第182～183页

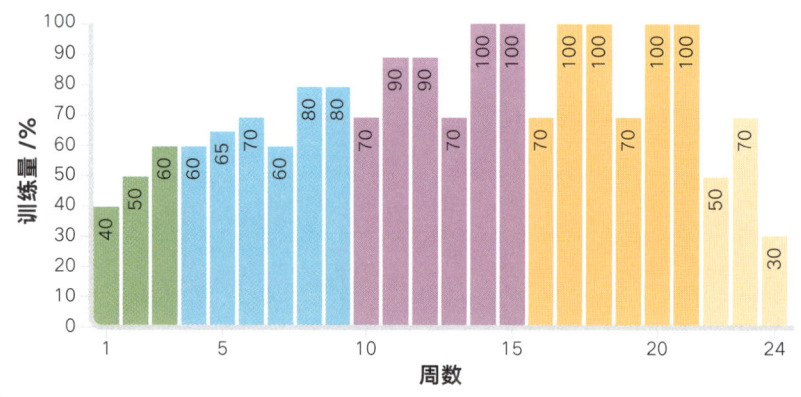

训练计划各个阶段

- 训练适应期
- 基础建立期
- 训练支持期
- 比赛备战期
- 强度降低期

每周训练量

第14周达到最大训练量，然后一直保持（不再增加），直至比赛备战期到来。

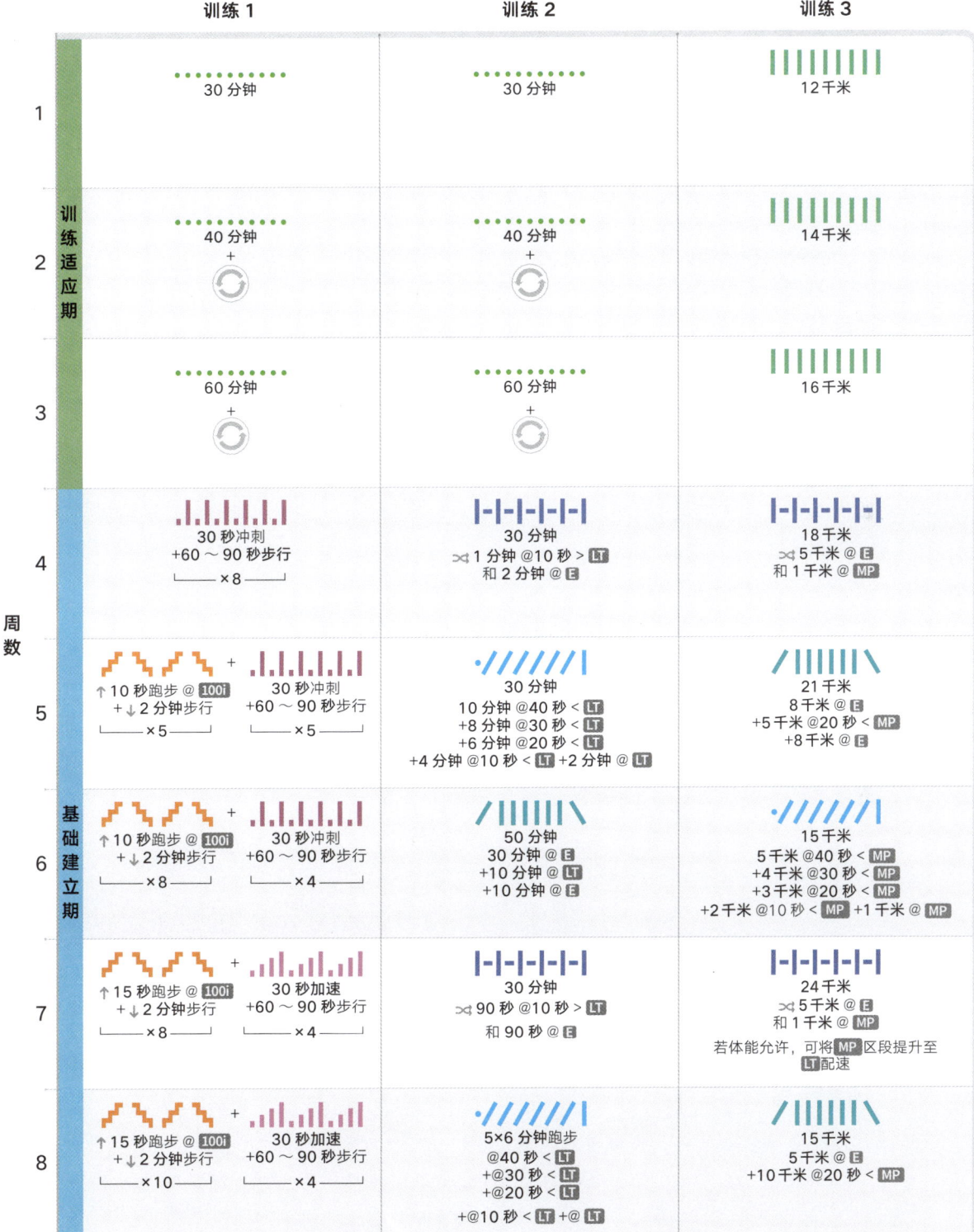

全程马拉松 高阶计划

周		训练 1	训练 2	训练 3
9	基础建立期	↑15 秒跑步 @ 100i +↓2 分钟步行 ×10 + 30 秒加速 +60~90 秒步行 ×6	50 分钟 20 分钟 @ E +20 分钟 @ LT +10 分钟 @ E	24 千米 12 千米 @40 秒 < MP +8 千米 @30 秒 < MP +4 千米 @20 秒 < MP
10		30 分钟 ⋈ 4 分钟 @ LT 和 2 分钟 @ E	20~30 分钟 + ↑10 秒跑步 @ 100i +↓2 分钟步行 ×4 （激活身体）	18 千米 ⋈ 1 千米 @ MP 和 1 千米 @ S 或者换成 10 千米竞速
11	训练支持期	↑15 秒跑步 @ 100i +↓2 分钟步行 ×4 + ↑1 分钟跑步 @ VO₂ +↓2 分钟慢跑 ×6 + 1 分钟 @ 3km +1 分钟步行/缓慢慢跑 ×6	40 分钟 ⋈ 6 分钟 @10 秒 > LT 和 2 分钟 @ E	25 千米 5 千米 @ E +15 千米 @10 秒 < MP +5 千米 @ E
12		↑15 秒跑步 @ 100i +↓2 分钟步行 ×4 + 2 分钟 @ 5km +1 分钟步行/缓慢慢跑 ×10	30 分钟 ⋈ 1 分钟 @10 秒 < LT 和 2 分钟 @ S	4×5 千米跑步 @45 秒 < MP +@30 秒 < MP +@15 秒 < MP +@ MP
13		↑15 秒跑步 @ 100i +↓2 分钟步行 ×4 + ↑90 秒跑步 @ VO₂ +↓3 分钟慢跑 ×8	5×6 分钟跑步 @30 秒 < LT +@20 秒 < LT +@10 秒 < LT +@ LT +@10 秒 > LT	27 千米 ⋈ 5 千米 @ E 和 3 千米, 然后 4 千米, 再然后 5 千米 @ MP 若体能允许，可将 MP 区段提升至 LT 配速
14		↑15 秒跑步 @ 100i +↓2 分钟步行 ×4 + 3 分钟 @ 5km +90 秒步行/缓慢慢跑 ×6	48 分钟 ⋈ 10 分钟 @5 秒 < LT 和 2 分钟 @ E	21 千米 ⋈ 2 千米 @ MP 和 1 千米 @ S
15		↑15 秒跑步 @ 100i +↓2 分钟步行 ×4 + ↑2 分钟跑步 @ VO₂ +↓4 分钟慢跑 ×6	30 分钟 ⋈ 90 秒 @10 秒 < LT 和 90 秒 @ S	30 千米 5 千米 @ E +20 千米 @10 秒 < MP +5 千米 @ E
16	比赛备战期	30 分钟 ⋈ 4 分钟 @ LT 和 2 分钟 @ E	20~30 分钟 + ↑10 秒跑步 @ 100i +↓2 分钟步行 ×4 （激活身体）	5×5 千米跑步 @40 秒 < MP +@30 秒 < MP +@20 秒 < MP +@10 秒 < MP +@ MP 或者换成半程马拉松

跑步运动解剖学

202

周数		训练 1	训练 2	训练 3
17	比赛备战期	30~45 分钟 + ↻ ↑10 秒跑步 @ 100i +↓2 分钟步行 ×10	3~6 千米 + ↻ 12 千米 @ MP	32 千米 ⋈ 3 千米 @ E 和 3 千米，然后 4 千米，再然后 5 千米，最后 6 千米 @ MP
18	比赛备战期	↑10 秒跑步 @ 100i +↓2 分钟步行 ×4 + 5×6 分钟跑步 @30 秒 < LT +@20 秒 < LT +@ LT +@10 秒 > LT	45 分钟 ⋈ 3 分钟 @5 秒 > LT 和 2 分钟 @ S	24 千米 ⋈ 3 千米 @ MP 和 1 千米 @ S
19	比赛备战期	30~45 分钟 + ↻ ↑10 秒跑步 @ 100i +↓2 分钟步行 ×10	15 千米 @ MP	34 千米 10 千米 @30 秒 < MP +8 千米 @20 秒 < MP +8 千米 @10 秒 < MP +8 千米 @ MP
20	比赛备战期	↑10 秒跑步 @ 100i +↓2 分钟步行 ×4 + 30 分钟 ⋈ 2 分钟 @ 10 秒 > LT 和 2 分钟 @ S	5×10 分钟跑步 @35 秒 < LT +@25 秒 < LT +@15 秒 < LT +@5 秒 < LT +@5 秒 > LT	25 千米 ⋈ 4 千米 @ MP 和 1 千米 @ S
21	比赛备战期	30~45 分钟 + ↻ ↑10 秒跑步 @ 100i +↓2 分钟步行 ×10	18 千米 @ MP	36 千米 ⋈ E 每次和 MP 跑 3 千米 +5 千米 +10 千米
22	强度降低期	30 分钟 ⋈ 4 分钟 @ LT 和 2 分钟 @ E	20~30 分钟 + ↻ ↑10 秒跑步 @ 100i +↓2 分钟步行 ×4	24 千米 @ MP
			激活身体	
23	强度降低期	↑10 秒跑步 @ 100i +↓2 分钟步行 ×4 + 5×7 分钟跑步 @35 秒 < LT +@25 秒 < LT +@15 秒 < LT +@5 秒 < LT +@5 秒 > LT	12 千米 @ MP	3 千米 + 15 千米 ⋈ 1 千米 @ MP 和 2 千米 @ E
24	强度降低期	9 千米 ⋈ 2 千米 @ MP 和 1 分钟 @ E 若体能允许，第 3 个 MP 区段可提升至 LT 配速	20~30 分钟 + ↻ ↑10 秒跑步 @ 100i +↓2 分钟步行 ×4	比赛日
		比赛前 5 天	激活身体：比赛前 1~2 天	

比赛的技巧

精心备赛就是充分利用你在训练中付出的努力。在赛前摄入适当营养、检查体内水分是否达到最佳,并将比赛策略付诸行动,这些举措都能帮助你在比赛日达到最佳状态。

> 大多数人一开始跑步只是为了强身健体,但一旦积累了一定经验,他们往往就想参与比赛以获得更好的表现。

摄入营养

在比赛前和比赛中摄入适当的营养,可以为你的身体提供一定的能量,以应对即将到来的激烈比赛。

比赛前补充碳水化合物

赛前饮食应当富含碳水化合物,以便在肌肉中储存糖原。因为身体需要糖原在比赛中提供能量。

如果比赛时间超过90分钟,可以在比赛前一天(大约比赛前18小时)好好享受一顿丰盛午餐,以便身体有时间消化碳水化合物。然后吃一顿简单晚餐,补充一些碳水化合物,喝一杯运动饮料补充水分。避免食用高纤维食物。如果赛程较短,可以在前一晚吃一顿富含碳水化合物的晚餐。如果比赛不是在上午举行,那么比赛当天可以吃简单点,含有碳水化合物即可。

在比赛前2~3小时再摄入少量膳食,以补充糖原储备;在日常训练中,也可以试着找到最适合你的食物以及食用的分量,从而为赛前饮食做好准备。

比赛中的能量补充

身体储存的能量其实有限,所以如果比赛时间超过90分钟,你就需要在比赛中补充能量。可以每小时摄入大约60克碳水化合物,饮用易于吸收的运动饮料、能量胶或类似食物。通过下列方框中的文字,可以确定你在训练期间的最佳摄入量。

比赛补给品

符合赛事规定的补给品可以帮助你提高比赛表现,但不要因此就取代相关的训练和营养摄取。对长跑者而言,目前推荐咖啡因和硝酸盐(发现于甜菜根汁)作为补给品。然而,并不是所有人都适合这2种补给品,因此需要在训练中测试你对它们的耐受度。

> **肠道蠕动**
>
> 多达70%的长跑者都存在胃肠不适的问题。在高强度运动中,血液从肠道流向工作的肌肉,这会损害肠道在跑步时处理食物的能力。如果在训练中已经练习过如何摄入营养,胃肠道在比赛中吸收和处理营养的能力就会更强。

补充水分

赛前与赛中的补水，取决于环境因素以及比赛的距离和强度。

与赛前和赛中大量喝水相比，其实口渴了再喝水就好。如果赛前你已储备充足水分（见下方"补水测试"），而且比赛日的天气不算太热，那你就不需要在比赛中再大量补水。许多跑者补水过量，可能会导致胃肠道问题和低钠血症（见第167页）。由于比赛中会大量出汗，所以不仅要补水，还要补充因出汗而流失的电解质。如果比赛距离较长，那就需要同时补充水分和能量，通常会饮用运动饮料。你可以在赛前的平时训练中进行试验，记录你能够吸收的热量，以及吸收的方式。

如果补水适当，尿液在赛前应呈淡黄色（而非透明色）

| 过度补水 | 理想补水 | 脱水状态 |

补水测试
尿液颜色是判断补水状况的重要指标。可利用左侧色表来评估你的赛前补水情况。

肌肉抽筋

抽筋是一种非自主性的肌肉收缩现象，会产生剧痛，如果发生在比赛中，可能会使你暂时失去行动能力。小腿和足部抽筋最为常见，但也会发生于腘绳肌和股四头肌。传统理论认为抽筋是由脱水引起的，但最新研究驳斥了这一观点。现在认为，疲劳会引起运动神经元持续放电，产生神经肌肉控制异常，从而导致抽筋。治疗抽筋的最快方法是被动拉伸肌肉（将其固定在一个位置，或者使腿部贴紧地面，保持肌肉拉伸），直至不再抽筋为止。

非自主性收缩
抽筋的小腿肌肉会突然剧烈收缩，导致脚跟跖屈。

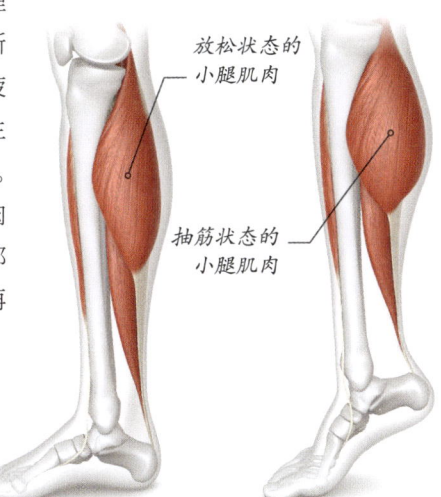

放松状态的小腿肌肉
抽筋状态的小腿肌肉

在不同时区比赛

如果你正出行参赛，比赛当地的时区与你的出发地有3小时以上的时差，那么时差可能会影响你的比赛表现。如果你跨越的时区越多，影响可能越严重，尤其是当你向东飞行、年龄较大，或缺乏旅行经验时。下文提出了若干建议，可以帮助你尽快适应新环境。

- 抵达目的地后，应尽快进行一场慢跑。这能让你在飞行后快速适应环境，唤醒大脑活力。

- 应在目的地多晒太阳。无论是在晚上向西飞行至较晚时区，还是在早上向东飞行至较早时区。

- 如果出行超过8个时区，应避免过早接触到目的地的阳光。如果向东飞行，在中午前应一直佩戴太阳镜；如果向西飞行，在傍晚前应一直佩戴太阳镜。

- 充分补水，在飞行前和飞行过程中应避免饮酒。根据目的地时间按时用餐，可帮助你调整生物钟。

- 可服用短效镇静剂帮助睡眠、服用咖啡因保持清醒，或者服用褪黑素（一种睡眠激素）帮助缓解时差。

- 应在出行前1～2天调整作息规律。如果向东飞行，提前1～2小时睡觉；如果向西飞行，推后1～2小时睡觉。

比赛策略

在比赛之前,请先设定目标A、B和C。A应是如果一切顺利且你的身体状态良好时你可以实现的目标;B是备选目标;C应是即使比赛不如预期进行,你仍然可以为之感到自豪的目标。

如果你想在比赛日表现出色,最好的方法是充分了解你的身体状况,以及如何准确地设定配速。通过系统完成训练计划,你可以掌握这些技巧。你还应该考虑比赛现场的地形因素并为之做好准备,例如,通过坡度跑训练为山地赛程做好准备。

然而,天气条件或地形变化有时不可预测,这可能会给你执行计划带来障碍。如果遇到这种情况,你需要调整比赛策略来适应赛道和天气,以费力程度为基础进行跑步(用你的身体去感受目标配速),而不是固守赛前设定的配速。

为什么比赛比训练跑得快

如果你已做好充分准备,并在强度降低期调整了训练量,那么你会在比赛当天精力充沛。比赛当天的兴奋感觉会刺激交感神经系统产生"战斗或逃跑"反应(见第36页),释放出大量的肾上腺素,让你的身体比训练时表现得更好。这会让你意识到,你是在参加比赛,而不是日常训练,这一动机虽然简单,但会对你的比赛表现产生巨大影响。

正确规划比赛策略

一种有效的策略是将比赛分为4个阶段:坚持配速期、找准位置期、自我驱动期和最后冲刺期。你可以为每个阶段都设立一个与你的整体计划相配合的小目标。你可以决定是采取均匀配速策略还是先慢后快策略。这取决于地形和天气因素,以及你对自己所设定配速的自信程度。

比赛拆解
把比赛距离拆解为多个阶段,然后在每个阶段执行你的策略。前3个阶段可以分配差不多长的距离,最后一搏留给"最后冲刺期"。

坚持配速期

目标:坚持目标配速。

- 牢记自己可以承受的起始配速(或费力程度)。
- 站在起跑线上,很容易因兴奋过度而被冲昏头脑,造成起跑过快。这可能会干扰你的早期配速,所以重要的是保持冷静,坚持自己的配速,跑出自己的节奏。
- 适应你的计划配速,并监控自觉疲劳程度与计划配速的匹配情况,尽量不要被周围的事情所干扰。

找准位置期

目标:找到合适的位置实施策略。

- 注意观察四周,如果有人跟你的配速一样,那就跟上整个团队,这样可以减轻精神负担,借用团队配速跑步。
- 如果你的目标是赢得比赛或取得靠前排名,那就发挥你的优势。速度型跑者可能会选择"跟跑反击",即跟在领跑者后面,最后再加速超过他们。耐力型跑者可能会选择当领头羊,并逐渐提高配速,消耗身后其他竞争者的精力,直至彻底甩开他们。

5千米
1.5千米 | 1.5~3千米

10千米
3.5千米 | 3.5~6.5千米

半程马拉松
7千米 | 7~14千米

全程马拉松
14千米 | 14~28千米

比赛恢复

在跑步比赛中你追我赶，势必要付出极大的努力，根据比赛距离和强度，你应该在赛后安排几天甚至几周的时间进行恢复。恢复的时候还应安排一些动态活动，但要确保这些活动冲击力较小、强度较低（见第168页）。

赛前（尤其是马拉松比赛）训练可能会对你的身心造成伤害。所以对于在基础建立期或比赛中可能突然出现的轻微疼痛，一定要予以关注。利用恢复期的时间，整理好工作情况，参加一些社交活动，处理那些训练时没空处理的事情。最重要的是，一定要对自己付出的努力和取得的成就进行奖励。

回归训练的时间主要取决于你赛后的身体感觉。一开始，你可以进行一些连续慢跑，感到双腿恢复后，再在训练中加入一些跨步或短程冲刺来激活你的神经肌肉系统。记得将这段恢复时间纳入你的计划（见第155页）当中。

 ## 比赛的高峰与低谷

你的身体会以各种极端方式回应比赛时的极端费力情形。很难说你会遇到幸运还是不幸，因为你很有可能同时碰到这2种极端情形。

"跑者愉悦"是一种在长跑时会出现的愉悦感，也是世界各地的跑者追求的目标。直到最近，科学家才能稍微解释这一现象。如今，大脑成像技术已取得长足进步，可以证实，耐力跑确实可以刺激大脑分泌大量激素。这些激素被称为内啡肽，与情绪提升和心情愉悦有关。内啡肽的释放似乎是神经系统对剧烈有氧运动的"奖励"，这可能与我们的进化史有关。

"撞墙期"是一种因肝脏和肌肉中储备糖原耗竭而引起的生理现象。当这种情况发生时，你可能会突然感到极度疲劳、身体沉重、双腿不听使唤、视力模糊、注意力不集中。大多数马拉松运动员都会在比赛后期遇到"撞墙期"。虽然这种情况可以通过补充能量（见第204页）和调整配速来缓解。但最新研究表明，在连续跑步大约90分钟后，你的生理状态和新陈代谢实际上已经发生变化，让原本可以持续的配速变得难以坚持。

自我驱动期

目标： 坚持执行计划，为最后冲刺做好准备。

- 当你感到疲劳时，可以试着放松自己，让自己对自己说话，这些都有助于撑过艰难时刻，丢掉想要放弃的想法。
- 进一步挖掘体能储备，如果有能力的话增加配速，或者至少保持你的当前配速，驱动你自己取得个人最好成绩或较为靠前的排名。

最后冲刺期

目标： 尽可能快地冲过终点。

- 利用最后一股肾上腺素和动力进行最后冲刺，全力冲过终点线。
- 当你跑到最后500米时准备加速。在较短的比赛中，你可以在最后400米时就开始"冲刺"；而马拉松比赛临近终点时，你可能只有体力冲刺最后100米。

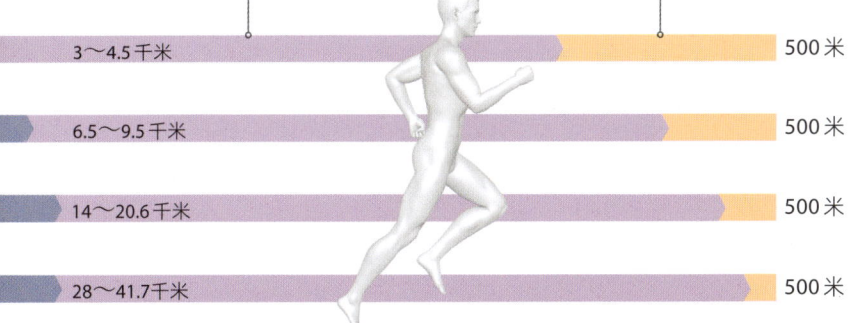

3～4.5千米　　　　　　　　　500米
6.5～9.5千米　　　　　　　　500米
14～20.6千米　　　　　　　　500米
28～41.7千米　　　　　　　　500米

词汇表

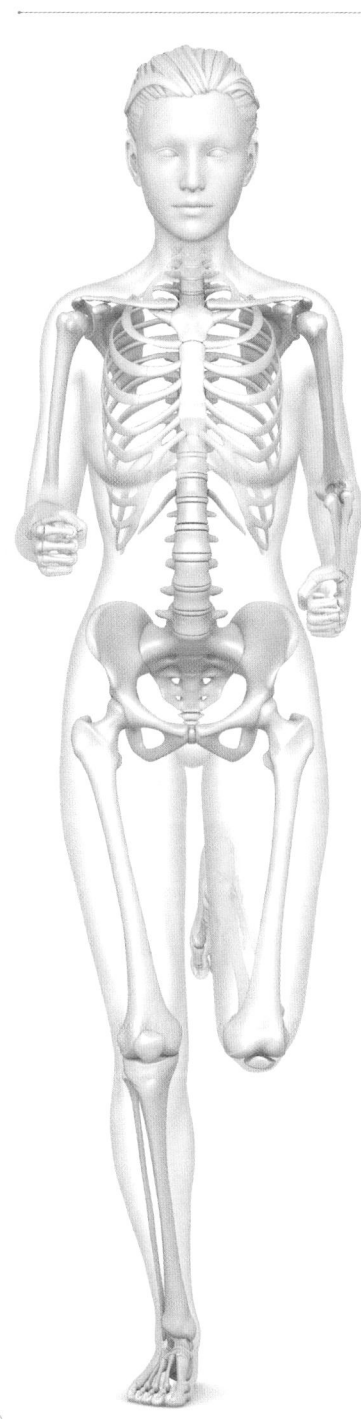

三磷酸腺苷(ATP) 一种分子,能够储存、运输和释放用于驱动肌肉收缩的能量。

有氧呼吸 在耐力运动中优先用于产生能量的方式,此时身体会利用氧气将葡萄糖转化为三磷酸腺苷。

无氧系统 最直接可用的能量系统,负责为突发性的或爆发性的动作提供能量。无氧系统由储存的三磷酸腺苷和磷酸肌酸提供能量。

无氧呼吸 身体在缺氧状态进行剧烈运动时产生能量的方式,会造成乳酸堆积,所以只能持续较短的时间。

生物力学 研究跑步过程中身体的发力和动作(跑步姿势)的学科。

向心收缩 一种肌肉收缩方式,此时肌肉会缩短。

远端 远离身体核心位置的部位。

承重早期 跑步周期的开始阶段,即前脚刚接触地面的时候,这一子阶段占据站立阶段的前15%～20%。

离心收缩 一种肌肉收缩方式,此时肌肉会拉长。

外部负荷 衡量身体完成运动量的客观指标,例如距离、时间或跑步步数等。

腾空期 跑步期间双脚离地的时间段,属于跑步周期摆动期的一个子阶段,也被称为"飞跃期"。

着地模式 足部首次触地时的部位,分为脚后跟着地、全脚掌着地和前脚掌着地。

目标配速 为达到目标赛事时间所需跑的预估配速,单位通常为千米/分钟。

地面反作用力(GRF) 身体接触地面时所受到的大小相等、方向相反的力。

心率储备(HRR) 可供运动使用的心脏活动范围,即静息心率(RHR)与最大心率的差值。

内部负荷 对训练或比赛中付出努力的度量,例如心率、呼吸频率或自觉疲劳程度等。

等长收缩 一种肌肉收缩方式,此时肌肉长度保持不变。

运动学 不考虑力的情况下,测量人体运动的一门学科(例如关节活动角度)。

运动链 将身体视为多个相连部位的概念。每个部位都会贡献一小部分动作,这些动作与相邻部位的动作连在一起后形成整体动作。

动能 由运动产生的能量。

乳酸阈 身体开始以指数级堆积乳酸之前,你所能承受的最大运动强度。

站立中期 身体质心刚好处于支撑面正上方的时间段,此时垂直地面反作用力达到最大,制动力转化为推进力。

力矩/扭矩 衡量作用在物体上的力使该物体绕轴旋转的程度。

PB 个人最好成绩。

近端 靠近身体核心位置的部位。

自觉疲劳程度(RPE)量表 衡量运动过程中耗力程度的定量指标,通常以0～10分来评估。

跑步经济性 在一定速度下进行非最大强度跑步过程中所需要的能量,通过测量稳态耗氧量和呼吸交换比来确定。遗传因素、环境条件、跑鞋、体能状况,以及生物力学等因素都会影响特定速度下的耗氧量。

跑步姿势 参见"生物力学"。

站立阶段 跑步中足部与地面接触的阶段,约占跑步周期的40%(跑步速度越快,站立阶段时间越短)。

摆动阶段 跑步中足部与地面不接触的阶段,约占跑步周期的60%(跑步速度越快,摆动阶段时间越长)。

站立末期 站立阶段的最后一个子阶段,此时髋部、膝关节和脚踝处于最大伸展状态,以推动身体前进。

脚趾离地期 足部蹬离地面以推动身体前进的瞬间。

训练负荷 全面评估身体在运动期间所承受的压力的指标,是通过训练量(外部负荷)和训练强度(内部负荷)的乘积计算得出的。

训练量 衡量训练中涉及的数量和费力程度的指标,通常以千米、英里等距离单位或持续时间来衡量。

最大摄氧量 衡量身体在最大费力程度时所消耗氧气的指标。

肌群

髋部深层外旋肌群 髋部的一组外旋肌肉。长跑者的这些肌肉通常相当紧绷。

腘绳肌远端 腘绳肌靠近膝关节的那一端,负责屈曲膝关节。

外旋肌(髋部) 将髋部外旋的肌肉。

髋外展肌 跑步期间帮助保持骨盆在冠状面内稳定的肌肉。髋外展肌能够抵抗对侧骨盆下沉。

髋内收肌 将大腿拉向身体中线的大腿内侧肌群。包括长收肌、短收肌、大收肌、耻骨肌和股薄肌。

髋伸肌 伸展髋部并将大腿向后拉的肌群。包括臀肌、大收肌和腘绳肌。

髋屈肌 屈曲髋部并将大腿向胸部抬起的肌群。包括髂腰肌(髂肌和腰大肌)、股直肌、缝匠肌和阔筋膜张肌。

内旋肌(髋部) 将髋部内旋的肌肉。

腘绳肌近端 腘绳肌靠近髋关节的那一端,负责伸展髋关节。

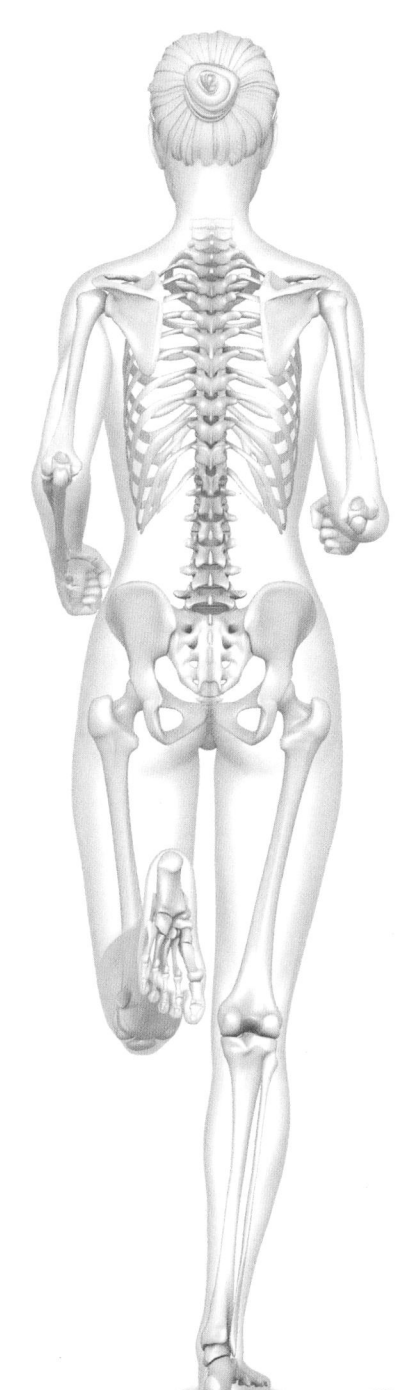

关于作者和致谢

关于作者

克里斯·纳比尔是一名临床医生，一名专门研究跑步伤害预防的学者，也是一名跑步爱好者。作为加拿大温哥华一家私人诊所康复理疗（Restore Physiotherapy）的共同创始人，他兼任加拿大英属哥伦比亚大学（UBC）物理治疗系的临床助理教授。他同时也是加拿大田径运动协会的物理治疗师，曾与英联邦运动会、泛美运动会、奥运会和世界锦标赛的团队合作。他还是一名跑步运动员，在1996年的加拿大青年田径锦标赛上获得银牌，在1997年的加拿大大学田径锦标赛上获得中距离跑铜牌。2010年，他开始参加马拉松比赛，在其教练兼本书合著者杰里·齐亚克的帮助下，多年来他不断刷新个人最好的成绩。

杰里·齐亚克于1986年开始成为一名实力型长跑运动员，2005年转任教练并工作至今，2013年成为温哥华跑步运动专卖店北岸先锋跑者（Forerunners North Shore）的共同创始人。他的竞技跑步生涯始于越野跑和田径赛，专攻800米至10 000米中距离比赛。他先后代表美国亚拉巴马州奥本大学、美国爱达荷州博伊西州立大学和加拿大英属哥伦比亚省维多利亚大学参加比赛，最终在加拿大英属哥伦比亚大学定居下来。他参赛经验丰富，借助这些经历他开始进行独立训练，目标是参加长距离比赛，最终在全程马拉松比赛中跑出了2小时17分24秒的好成绩。他还担任高中越野跑和田径赛的教练，以及一些半程马拉松和全程马拉松培训班的指导顾问。他40多岁时仍在继续参加各种距离的比赛，也乐于通过他的店铺、跑步培训班及在线指导分享他对跑步的知识与热情。

Acknowledgements

Author's acknowledgements

Chris – I owe a great deal of thanks to many people in my life for making this book possible. To Kate, Bella, and Roewan for your continual support. To my mother, who still inspires me by winning her age group, and to my late father, who first advised me on the "sit and kick" strategy. To my many coaches over the years—especially my co-author and friend, Jerry Ziak—whom I have learned from immensely. To my friends and peers—Paul Blazey, Lara Boyd, and Tara Klassen—who helped in proofreading, editing, and advising. And to the editorial team at DK, who were an absolute pleasure to work with: Salima, Alastair, Clare, Tia, Arran, and many more.

Jerry – I would like to thank my family for their ongoing support of my passion for running. I am also indebted to all my former coaches and particularly to my childhood coach and lifelong friend, Darren Skuja, who ignited my love for the sport at a young age.

Publisher's acknowledgements: DK would like to thank Mark Lloyd and Karen Constanti for additional design, Constance Novis for proofreading, Ruth Ellis for indexing, and Myriam Megharbi for invaluable help with picture rights clearance.

Picture credits: The publisher would like to thank the following for their kind permission to reproduce their photographs:
(Key: a-above; b-below/bottom; c-centre; f-far; l-left; r-right; t-top)

16 Science Photo Library: Professors P.M. Motta, P.M. Andrews, K.R. Porter & J. Vial (clb). 27 Stuart Hinds: Based the figure "Types of FAI (Femoral Acetabular Impingement)" (br). 32 Science Photo Library: Steve Gschmeissner (cb); Professor P.M. Motta & E. Vizza (crb). 33 Science Photo Library: Professors P. Motta & T. Naguro (clb). 34 Science Photo Library: CNRI (cla); Ikelos Gmbh / Dr. Christopher B. Jackson (clb). 35 Based on fig.7 from Introduction to Exercise Science by Stanley P. Brown (Lippincott Williams and Wilkins, 2000): (bl). 50 Practically Science: Based on a figure by Eugene Douglass and Chad Miller from "The Science of Drafting" (bl). 51 The Conversation: Based on The Impact of altitude on oxygen levels graph by Brendan Scott (b). 55 Journal of Sports Science and Medicine: Based on fig. 2, 3 and 4 from "The Proportion of Lower Limb Running Injuries by Gender, Anatomical Location and Specific Pathology: A Systematic Review." Francis, Peter et al. Journal of sports science & medicine vol. 18,1 21–31. 11 Feb. 2019 (r/graph). 72 Springer Nature: Based on fig. 1(a) and 1(c) from Foot strike patterns and collision forces in habitually barefoot versus shod runners. Lieberman DE, Venkadesan M, Werbel WA, Daoud AI, D'Andrea S, Davis IS, Mang'eni RO & Pitsiladis Y. Nature 463, 531-535 (2010), DOI: 10.1038/nature08723 (b). 147 Data based on fig. from Clinical Biomechanics of the Spine by A. A. White and M. M. Panjabi (Philadelphia: Lippincott, 1978): (t). 159 © The Running Clinic: Based on a diagram by The Running Clinic (t). 164 McMillan Running: data generated by McMillan Running Calculator - mcmillanrunning.com. 170–171 Springer Science and Bus Media B V: Based on fig.1 in "Do we really need a central governor to explain brain regulation of exercise performance?" Marcora, Samuele (2008). European journal of applied physiology. 104. 929-31; author reply 933. DOI: 10.1007/s00421-008-0818-3. / Copyright Clearance Center - Rightslink (b). 172 University of Colorado Colorado Springs: Based on The Athlete's Plates developed by Meyer, NL with UCCS' Sport Nutrition Graduate Program in collaboration with the US Olympic Committee's (USOC) Food and Nutrition Services (b).

All other images © **Dorling Kindersley**

For further information see: **www.dkimages.com**